偵訊技巧、筆錄製作與移送實務

·增訂第三版·

何招凡 著

五南圖書出版公司 印行

推薦序

結合理論與實務傳承實務經驗

偵訊與筆錄製作爲刑事案件偵查的必經程序，且爲釐清犯罪過程之重要關鍵，有利於偵查人員蒐集與核實證據。查明案件事實，是所有警察同仁必備之知識，亦爲必須熟識之技能。

隨著人權意識日漸抬頭，刑事訴訟法對證據能力及程序正義的要求越趨嚴謹，許多刑事案件物證的取得，必須仰賴偵訊，以取得嫌疑人的供詞或關鍵人的訊息，由此可見偵訊的重要性。

本書除講述偵訊、筆錄及移送書製作之技巧，更彙集相關範例與缺失檢討，結合理論與實務，對有意從事警察工作者，是學習教材；對實際從事刑事工作者，是指導手冊，對偵訊品質的提升，有莫大助益。

何君歷任本局國際刑警科偵查員、組長、科長，外勤偵查隊組長、副隊長以及臺東、宜蘭、臺中縣等地刑事警察大隊大隊長，從事偵查工作三十餘載，偵破重大案件無數。今以其豐厚實務經歷，輔以專業學養，將多年心血彙輯成冊，以指導警界新進、傳承實務經驗，值得每位警察同仁詳加研讀，靈活運用。

前刑事警察局局長

劉柏良

推薦序

跟著老刑警一起學習偵訊與製作筆錄

　　偵訊是犯罪偵查的重要工作之一，透過偵查人員與犯罪嫌疑人的對談過程，有效地取得犯罪事實以釐清真相。大部分的犯罪者不會在第一時間就承認犯罪，如何以「偵訊技巧」突破心防，絕對是一門專業的技術。每件犯罪案件都是不同的個案，有著不一樣的人事時地物，偵訊過程中，嫌犯的態度也可能不時轉變，因此，偵訊沒有一定的公式，而是需要藉由學習、訓練及經驗的累積，提升自我能力與精進技巧。

　　「偵訊就是拆解謊言的過程，嫌犯在偵訊初期，預期如果認罪必然被判刑，因此最好的目標就是不認罪」。相信很多菜鳥刑警第一次面對否認犯行的嫌犯，可能手足無措不知道該如何開始偵訊，如何製作筆錄。早年警察有所謂「師徒制」，剛畢業的年輕警察跟著老學長學習辦案，從布線到跟監，逮到嫌犯後，還能讓嫌犯一五一十的供出實情，這就是「老刑警」長年累積的經驗。隨著時代的變遷、科技的進步及法律的修訂，辦案的方式與技巧也跟著轉變，年輕一輩對於科技辦案的學習能力與速度也許較前輩來得快，但是偵訊技巧與筆錄製作，相信還是具有經驗的老刑警來得有一套。

　　招凡兄從警生涯近四十年，幾乎都在刑警的工作崗位上，他將偵查的工作經驗書寫成冊，理論與實務並重，以實際案例說明如何偵訊與製作筆錄，透過案情描述、偵辦情形、偵訊過程及筆錄內容，讓人彷彿跟著偵查人員一起經歷了整個辦案過程；同時書中羅列了各式案類的筆錄範本，說明筆錄製作的注意事項，並以案例說明移送書之缺失與解析，字裡行間可看出犯罪偵查的經驗傳承，閱讀本書就像跟著老刑警一起學習偵訊與製作筆錄。

前內政部警政署署長

陳國恩

推薦序

　　「法律的生命不是邏輯，而是經驗」，這本書可說是最好的印證，作者招凡兄將他三十多年來從警的經驗，深入淺出的娓娓道來，言簡意賅的以3篇計11章架構，沒有艱澀難懂的學說鋪陳，有的只是恰如其分的實際案例說明，可說是一本非常實用的工具書。

　　和招凡兄是在民國92年他擔任臺中縣警局刑事大隊長時相識的，當然戰功彪炳，參與各類型重大刑案不在話下，但有別於其他大隊長的是，他為了偵辦財產犯罪，建構了贓物追查系統，費心地與轄內各當鋪、資源回收場等溝通「登錄」的重要性，而為提攜後進，精進同仁偵查職能，他又集訓無外勤經驗的各分局偵查隊副隊長、分隊長「拔階實作」，統稱「星光班」，個人時任臺中地檢檢察官也躬逢其盛地參與講授，可見招凡兄對「程序」、「證據」重視的程度，而這也正是辦案的不二法門，也是貫穿本書的中心理念。

　　不僅刑警，哪怕是交通或行政，只要是警察，都或有要製作筆錄的時候，事實上，偵訊也是檢察官工作的基本學能之一，邇來許多後進，對於偵訊常流於照本宣科，可說「程序照走、案件照了、真相都沒有」，這也體現了偵訊不僅必要也重要，當然時代改變了，偵訊技巧絕非報章傳媒所寫的「曉以大義」那麼簡單，甚或穿鑿附會些八卦故事，而是在符合「程序」、「證據」規範下，透過「同理心」、「觀察力」，打進拉出以發覺真相，招凡兄花了不小的篇幅經驗分享，言之為策略與技巧，非常實用。

　　雖已離開警界，但招凡兄不忘初心，配合警政署最新函頒「警察偵查犯罪手冊」而修訂本書，使之與時俱進，更切合實用，並樂於與身為老友的我分享，故特此向大家推薦。

臺灣彰化地方檢察署檢察長

洪家原
民國111年8月1日

修訂序

　　本書出版迄今已將近五年，隨著時空環境變化，許多法令亦隨之增修變更，例如警察偵查犯罪手冊於108年10月4日才完成第12次的修訂，僅僅二年，又於110年11月26日再大幅度的修訂，因此為使本書更符合法制現況及實務運作，自亦有修訂之必要。

　　此次主要是配合警政署最新函頒之警察偵查犯罪手冊及其他法令之增修，全面檢視修訂，範圍幾乎涵蓋各篇章節，使內容符合各種偵查法令與警察法規。其次，第二篇第二章筆錄案例，原只有一、汽機車失竊案報案筆錄；二、住宅竊盜案報案及嫌疑人筆錄；三、機車搶奪案報案人及嫌疑人筆錄；四、酒駕公共危險案嫌疑人筆錄等六則筆錄案例。然近年來公共危險與毒品案，一直高居我國刑案發生數前兩名，且吸毒者為購買毒品吸食而犯下財產性之犯罪，時有所聞，此由警方查獲之強盜、搶奪、竊盜及毒品等案件之嫌疑人，大多數都有毒品前科可以得到驗證，而施用毒品必然涉及持有與販賣，因此此次修訂特增加一則涉及施用、持有及販賣毒品之筆錄案例，以符合實務需要。

　　本書編撰的目的，是希望提供一本有系統的偵訊與移送實務教材，除可以提供授課教師及學生使用外，也可以作為第一線外勤警察同仁的教育訓練手冊。因此筆者於出版之初，特提供本書和授課用的PPT檔給104特考班之授課教官參考，很欣慰的收到一位教官的回饋，內容如下：「我是104特考班第11、12教授班『偵訊與筆錄製作實務』的授課教官，時光飛逝，這批學生即將畢業了，感謝何老師無償提供『偵訊技巧、筆錄製作與移送實務』之PPT檔內容，讓我們有更豐富的內容來教導學生，我也向五南圖書訂購30本何老師的書，送給成績優異的學生，特此感謝何老師。」由於特考班之偵訊課程師資，幾乎均為縣市刑警大隊及分局之現任偵查隊長，這些實務工作者的肯定，使筆者更確信本書之實用性。

　　最後特別感謝彰化地檢署洪檢察長家原兄於百忙中撥冗為本書撰文推薦，我是在臺中縣刑大服務的時候與時任臺中地檢署檢察官的洪檢察長相識，他的法學素養豐厚，為人沉穩、低調，辦案練達周全，在他的指揮與支持下，再困

難棘手的案件，都能迎刃而解。十多年後我們有緣重逢，仍然津津樂道當年共事情景，衷心企盼洪檢察長能更上一層樓，為國家社會盡更大的力量。

何招凡　謹識
民國111年8月

序

　　民國73年7月筆者進入刑事警察局國際刑警科負責偵辦跨國刑事案件，由偵查員、警正偵查員至組長，約十年之間，累積了一些實際的偵訊經驗，也曾經在美國緝毒局的安排下，前往美國洛杉磯偵訊我國籍走私安非他命嫌犯夏〇聖；84年底由國際刑警科調派偵查第一隊第二組（民國100年改為偵查第一大隊第二隊）組長，當時的刑事局長張友文要求各外勤偵查隊應發展專業分工，偵一隊的專業分工為命案，為爭取專業分工績效，就去找各單位未破的積案看看能否突破。筆者發現陷入膠著未破的命案，都是沒有採到可資比對的跡證，在調卷分析、偵查後所鎖定的嫌犯，由於都沒有具體、明顯的跡證可資運用，均是依靠偵訊突破其心防而破案。僅僅民國85年一年，完全靠偵訊破獲的命案就有：陳〇文涉嫌殺害售屋女子劉〇容命案、四海幫小弟陳〇寧涉嫌殺害該幫大哥王〇維命案、國人黃〇河涉嫌在印尼巴譚島殺害國人林〇龍命案及遠赴美屬薩摩亞偵破大陸船員張〇奎等四人涉嫌殺害我國籍錦富祥號漁船船長葉〇財命案等，突顯了偵訊的重要性。

　　偵訊可以說是刑案偵查的核心，大家都說偵訊很重要，然而國內除警大及警專有基礎的偵訊課程外，兩校畢業生分發到實務單位後，未見再有規劃編排更專業的偵訊訓練或講習，即使專業的偵查人員亦復如此，因此，外勤同仁之偵訊能力就只能靠自己的經驗歷練、摸索。筆者於民國87年自刑事局外派擔任臺東縣、宜蘭縣及臺中縣警察局刑事警察大隊大隊長前後達十一年，深深感到基層同仁的偵訊能力普遍不足，而且隨著刑事訴訟法的修止，保障人權的相關規範陸續被加到訊問程序中，更增加了取得嫌犯自白的難度，因此在資深刑警普遍憂心刑事人才逐漸斷層之際，刑事偵查及偵訊經驗實有傳承必要。

　　偵訊能力能經由自我學習而精進、進步，經驗的傳承則能夠縮短偵查人員自行摸索學習而精進、進步的歷程。國內不乏經驗豐富、偵訊能力高超的人才，然在實務界恐無暇整理個人難得的經驗，可以有系統的傳承其經驗，且個人經驗亦有其局限性，如無適當的教材，恐亦難以有系統的傳承其經驗，此為

筆者編撰本書之構思緣起，希望提供一本有系統的偵訊實務教材。

民國98年3月筆者自臺中縣警察局調回刑事警察局偵四（大）隊擔任副（大）隊長後，即開始著手撰寫「偵訊實務講義」，隨後配合警專基特班「偵訊筆錄與移送作業」課程，增加移送部分，於民國98年8月完成「偵訊與移送實務」一書。民國103年11月筆者取得內政部警察學科教官資格後，於104年3月退休，隨即在警察大學及保一總隊擔任102、103年二等特考訓練班、103年三等特考訓練班及102年四等特考訓練班等有關偵訊與偵查之相關課程，由於特考班學生畢業後不可能馬上擔任刑事警察，而移送作業一定是由偵查單位的刑事人員負責，因此特考班學員於分發後的短期內，不可能辦理有關刑案移送的工作；另外，筆者認為學習偵訊的重點在於拆穿謊言及突破心防，至於製作筆錄部分，則警察機關已制定制式的格式，員警只要從電腦內下載筆錄格式詢問記錄即可，不需花太多時間講授如何製作，因此專書及授課的重點均集中在偵訊技巧。

使學生具備基本的筆錄製作能力，畢業分發至實務單位後能夠立刻獨當一面製作筆錄，是警大與警專有關「偵訊筆錄製作」課程之教學目標與理想。為此，筆者在期中或期末考時均有出一題筆錄製作的情境題，讓學生依據案情製作報案人及（或）犯罪嫌疑人的筆錄。筆錄內容基本上應該包括人、事、時、地、物、如何、為何，以及犯罪構成要件，但是筆者發現幾乎沒有學生在答卷製作的筆錄內容完整地包含所有上述要件，顯示不只是偵訊技巧而已，對於新進人員而言，有能力完成一份基本的警詢筆錄，應該是授課的優先重點，其次，才是偵訊技巧。此外，本書編撰的目的，除了作為新進人員的授課教材外，亦希望有助於提升現職偵查人員的偵訊與移送能力，因此移送的部分，除原有基本的撰寫要領外，亦有必要更深入探討。基於上述考量，筆者乃依偵訊、筆錄製作與移送之犯罪偵查程序重新編撰成本書「偵訊技巧、筆錄製作與移送實務」，內容除以原「偵訊與移送實務」為基礎，加強偵訊部分之論述後重新編撰外，增加新的一篇專論筆錄製作，除敘述筆錄製作之要領外，亦著重於筆錄製作案例，使學生容易參考學習製作，並以筆者親自偵辦、偵訊及製作筆錄的實際案例，檢討偵辦過程、偵訊過程及解析筆錄內容；有關移送部分，亦更深入探討，增加了檢方立案審查警察機關移送案件所發現的缺失與具體改善建議，且均附有實際案例，使偵查人員很清楚的就能瞭解警察機關移送案件

容易發生的缺失，並且知道如何改善，因此本書是一本適合授課教（師）官、初學者的教科書，也可以做爲警察機關及外勤同仁的教育訓練手冊。

何招凡 謹識
民國105年2月

目錄

導論

　　司法警察機關於刑事訴訟程序中之主要任務，在於確實依據法定程序與鑑定所需之科學技術，合法蒐集一切對於被告有利或不利之證據，供為法院審認被告有無刑事責任及其範圍之判斷依據。證據可分為人證與物證二大類，人證之取得方式為製作詢問筆錄，詢問之對象包含：被害人、告訴人、告發人、證人及犯罪嫌疑人等，由偵查人員依照法定程序以言詞方式，查問案件事實與其他與案件有關的情況，再把被詢問對象口頭的自白轉換成書面自白（亦即製作調查筆錄），供法院裁判時之書證，因此詢問是刑事案件偵查中的必經程序。

　　但是即使罪證明確，大部分的犯罪人都會否認他們的犯罪事實，偵查人員必須充分掌握案情，才能在訊問時辨別嫌犯供詞的真偽，並據以拆穿嫌犯的謊言。因此有效的訊問必須先偵查再訊問，偵訊至產生嫌犯最終自白後，再製作筆錄將嫌犯口頭自白轉換成書面自白。亦即筆錄內容之真實性，取決於筆錄製作前之偵訊結果。

　　全案經調查完畢，認有犯罪嫌疑者，應將全案移送管轄檢察署偵辦，由檢方根據移送之資料，進一步偵查後決定起訴與否。因為承辦案件之偵查人員對案情、證據最為瞭解，如認嫌疑人確涉有罪嫌，其形成之心證應最接近真正的犯罪事實，因此據此所撰寫之移送書的犯罪事實及所列舉的證據，對甫接案閱卷之檢察官必有極大的引導作用。

　　本書即根據偵訊、筆錄製作與移送的相關性依序編撰，首先在第一篇闡述偵訊技巧，內容除偵訊的基本概念包括偵訊整備、偵訊的功能、偵訊的時機與步驟外，重點在於第四章偵訊之策略與技巧，首先解析偵訊心理，再針對證人及被害人、諮詢人員及犯罪嫌疑人等不同對象的特性，分節探討不同的偵訊要領、策略，及提醒偵訊人員應注意的事項，最後再以案例來研討偵訊技巧之運用。

　　第二篇筆錄製作，先分別敘述犯罪嫌疑人及證人二大類筆錄之製作要領，說明兩種筆錄內容應包含的部分，及每一部分應該詢問的問題，並以警察機

關現行使用的兩種筆錄格式說明，以利理解；其次以汽機車失竊、住宅竊盜、機車搶奪、酒駕公共危險及毒品等實務上發生最多的刑案爲例，實際製作報案人及犯罪嫌疑人之筆錄，以筆錄案例說明應如何製作警詢筆錄，再以筆者親自偵訊及製作筆錄的兩個命案及我國首次在海外偵訊詐騙集團嫌犯的案件，敘述每個案件的偵辦過程，檢討偵訊過程，詳細分析筆錄內容，以實際案例具體說明如何偵訊與如何製作警詢筆錄。此外，在第三章，提供重大刑案、竊盜、槍毒、經濟、一般及其他等六大類案件六十三則筆錄範本，每一案件的範本均包含有法律依據及筆錄範例二部分，部分案件則另附加注意事項，目的在於提供外勤同仁偵訊時知道該問什麼，提示偵查人員，各種案件依據其法條構成要件，所必須詢問到的基本問題，使外勤同仁於必須製作筆錄時，對於不熟悉的案件可以參考運用。

第三篇移送實務，首先敘述移送書製作之要領，重點在於犯罪事實及偵辦意見之撰寫，並分析基層同仁所撰寫移送書之犯罪事實比較容易發生之缺失，再以實際案例解析偵查人員「缺失在哪裡」及「如何修正」。其次，因應刑法一罪一罰之修訂，每一嫌疑人及其每一犯罪行爲，均須逐案分別敘述其「犯罪事實」、「證據」及「所犯法條」，因此移送書之書寫態樣呈多樣化，有「單一犯罪嫌疑人觸犯單一罪名」、「單一犯罪嫌疑人觸犯（同一）數罪名」、「單一犯罪嫌疑人觸犯（不同）數罪名」、「數犯罪嫌疑人觸犯單一罪名」、「數犯罪嫌疑人觸犯數罪名」、「集團性犯罪」等多種不同格式，本篇將每一種犯罪型態應使用的移送書格式，均以實際案件做成範例，辦理移送作業的偵查人員只要依個案之犯罪型態，參照該型態之範例格式套用書寫即可，不致爲看似複雜的多樣格式所混淆。案件移送至管轄檢察署後，由立案審查之檢察官對於司法警察機關之移送案件，認爲調查未完備者，得將卷證發回，並得限定時間，命其補足，或發交其他司法警察（官）調查，司法警察（官）應於補足或調查後，再行移送或報告。本篇提供臺灣臺中地檢署前針對臺中地區各警察機關移送之案件，立案審查結果後核退補足調查的事由、核退案例、各項移送缺失及改善建議，最後提出刑事訴訟法要求對檢警衝擊與改善建議，警察機關如確能參考該署立案審查發現之移送缺失與改善做法，必能有效提升偵查與移送案件之水準與品質。

另外，司法警察蒐集犯罪證據，必須符合刑事訴訟程序之規定，始具有證據能力，除刑事訴訟法外，警察偵查犯罪手冊對於偵查、偵訊、通知及詢問、

製作筆錄及案件移送的程序、要領、做法等，均有具體明確的規範，司法警察必須瞭解並遵循這些規範，因此，本書最後以附錄的形式，對於警察偵查犯罪手冊有關通知及詢問與移送的規定，盡可能就法律依據及筆者從事實際偵查、偵訊、製作筆錄及撰寫審查移送書之經驗與心得，逐點解析，提供一些應注意事項及意見，希望偵查人員在偵查犯罪的過程中，能知曉偵訊、筆錄製作與移送作業之技巧與程序之規則與規範，並參酌前人的經驗與心得，避免重複或減少錯誤及疏失，進而提升警察機關犯罪偵查之能力與效率。

第 *1* 篇

偵訊技巧

第一章　偵訊整備

第一節　偵訊之意涵

一、偵訊的意義

　　偵訊是偵查的一環。「偵訊的目的在於產生自白，而自白階段的產生是刑事訴訟階段中最為隱密、最不公開的程序，但卻最具決定性的階段」[1]。因為偵訊的對象是人，而人是很複雜的動物，具有理性與自由意志，也受感情及情緒影響，使偵訊之進行，有時簡單、易行，有時卻複雜、困難。有人說「偵訊不只是『技術』，而是『藝術』」[2]，因此，對於偵訊的定義，也有各種不同的描述，例如：「偵訊，即偵查訊問，乃以偵查罪行，蒐集證據為目的，而實施簡單、不拘形式之訊問」[3]、「訊問，是指偵查人員依照法定程序以言詞方式向犯罪嫌疑人查問案件事實與其他與案件有關的情況的一種偵查行為」[4]、「偵訊簡單而言，實際上就是偵訊者與被偵訊者，雙方透過語言的溝通，針對某一特定事實，調查並釐清事實的真相」[5]。以上定義之共通性為均缺乏一種偵訊必須運用技巧與策略的描述，亦即缺乏偵訊技巧與策略存在的空間，然而偵訊之策略與技巧，才是研究探討偵訊的價值所在。美國聯邦最高法院在1980年就羅德島訴英斯案的判決中認為，偵訊「不僅表示懷疑，並且包含為了警方立場（而非為了被逮捕或羈押者立場）採取必要的言語或行為，誘使嫌

1　王兆鵬，尊重嫌犯的人格尊嚴與精神自由，摘自Fred E. Inbau & John E. reid & Joseph P. Buckley著，高忠義譯，刑事偵訊與自白〈專文推薦〉，臺北：商周出版，2000年2月1日，頁9。

2　蔡碧玉，偵訊的技術與藝術，摘自Fred E. Inbau & John E. reid & Joseph P. Buckley著，高忠義譯，刑事偵訊與自白〈專文推薦〉，臺北：商周出版，2000年2月1日，頁16。

3　張博文編著，偵訊學理論與實務，臺北：華泰圖書文物，1994年7月，頁1。

4　陳碧，訊問，何家弘主編，新編犯罪偵查學，北京：中國法制出版社，2007年7月，頁281。

5　徐國禎著，揭開偵訊的神祕面紗——暴力篇，臺北：五南圖書，2008年4月，頁5。

犯做出對自己不利的證詞」[6]。此定義與上述其他定義最大的不同之處有二：其一為偵訊包括言語與非語言之運用；其次為在嫌犯不願說實話時，運用技巧「誘使」嫌犯認罪自白。然而警方認定的嫌犯未必是真正的犯罪行為人，且偵訊的對象也不只是嫌犯，而偵訊的目的在於獲取實情，因此筆者將偵訊定義為：「偵訊者於偵查案件過程中，為釐清或獲取事實真相，在訊問的過程中，採取必要的言語或行為，誘使被訊問者說實話，以獲取偵查所需訊息之偵查作為」。

　　廣義的偵訊包含詢問、訪談、晤談、諮詢等；狹義的偵訊則僅指正式的問答及記錄，通常是以製作筆錄的方式呈現，亦即「查明確定被訊問人知道的事實，使其證詞成為正式固定的紀錄。」[7]

　　有關英文中偵訊的用語，常出現Interview和Interrogation，有人問到底偵訊應該用哪個字彙才正確，事實上Interview和Interrogation的區別很模糊，但是可以根據接觸的目的來說明。「Interview是為了獲得訊息所實施的一個正式記錄重點的談話；談話的對象實際上可能包含證人、提供訊息的人、合作的民眾及嫌疑人本身等任何人。另一方面，Interrogation是有系統（一定程序）的訊問個人，通常是為了確定此人或其他人涉及一個犯罪行為的程度。」[8]對照本文剛開始偵訊意義的敘述，則將廣義的偵訊用Interview，狹義的偵訊用Interrogation，應該是一種簡易的區別。

二、訊問與詢問

　　刑事訴訟法第41條規定：「訊問被告、自訴人、證人、鑑定人及通譯，應當場製作筆錄。」第74條規定：「被告因傳喚到場者，除確有不得已之事故外，應按時訊問之。」同法第71條之1第1項前段規定：「司法警察官或司法警察，因調查犯罪嫌疑人犯罪情形及蒐集證據之必要，得使用通知書，通知

[6] Fred E. Inbau & John E. reid & Joseph P. Buckley著，高忠義譯，刑事偵訊與自白，臺北：商周出版，2000年2月1日，頁305。

[7] Interviewing, Partners in Training, International Financial Fraud Training Program, Federal Law Enforcement Training Center, Department of the Treasury, p. 10-3.

[8] Drug Enforcement Handbook, U.S. Department of Justice, Drug Enforcement Administration, p. 23.

犯罪嫌疑人到場詢問。」第196條之1規定：「司法警察官或司法警察，因調查犯罪嫌疑人犯罪情形及蒐集證據之必要，得使用通知書，通知證人到場詢問。」亦即「訊問」係指對檢察官或法官之規定用語，凡於司法程序中由檢察官或法官，對於被告、證人、關係人或被害人之問答稱之；而「詢問」則只用於司法警察（官），對於犯罪嫌疑人、證人、關係人或被害人之問答稱之。[9]復依刑事訴訟法第100條之2規定，司法警察（官）詢問犯罪嫌疑人時，準用第九章（第94條至第100條）有關被告訊問之規定。因此雖然警察機關的文書上記載詢問或偵詢，口語習慣上還是稱呼偵訊，惟無論使用訊問或詢問，偵訊或偵詢，其內容並無區別，實質上均為司法警察（官）在偵查刑案的過程中，與犯罪嫌疑人或證人、關係人、被害人間之問答，故本書內容並無嚴格律定使用偵訊或偵詢及訊問或詢問。

不過，筆者認為兩者還是有區別的，「詢問，是指偵查人員用談話或問話的方式向證人、被害人調查瞭解案件情況的活動。」[10]「訊問，是指偵查人員依照法定程序以言詞方式向犯罪嫌疑人查問案件事實和其他與案件有關的情況的一種偵查行動。」[11]亦即對於證人、關係人或被害人的問話，以使用詢問為宜，對於犯罪嫌疑人則以使用訊問較貼切。

三、偵訊與筆錄製作

不論犯罪嫌疑人是經通知、逮捕或主動到場說明，基本上都應即時訊問，由偵查人員依照法定程序以言詞方式，向犯罪嫌疑人查問案件事實與其他與案件有關的情況，再把嫌犯口頭的自白轉換成書面自白（亦即製作調查筆錄），供法院裁判時之書證，因此訊問犯罪嫌疑人是刑事案件偵查中的必經程序。但是除了現行犯當場被逮到之外，即使罪證明確，大部分的犯罪人都會否認他們的犯罪事實，因此偵查人員必須「先查再問」，在充分掌握案情後，才能在訊問時辨別嫌犯供詞的真偽，並據以拆穿嫌犯的謊言。有效的訊問必須先偵查再訊問，偵訊至產生嫌犯最終自白後，再製作筆錄將嫌犯口頭自白轉換成書面自白。

9　警察百科全書（七），刑事警察，臺北：正中書局，2000年，頁78。

10　何家弘主編，新編犯罪偵查學，北京：中國法制出版社，2007年7月，頁267。

11　何家弘主編，同上註，頁281。

犯罪人為了躲避刑責及其衍生的損害而說謊，偵查人員為了破案，必須拆解嫌犯的謊言，才能查明事實。但是要一個人改變態度、信念或觀念絕非容易，更何況是要改變犯罪人對於原先不認罪的態度。要說服一般人改變，通常必須花費相當的時間，要說服犯罪嫌疑人改變，更無可避免地必須採取一些偵訊技巧或策略，才能誘導嫌犯說實話。偵訊能力除藉由偵訊技巧與策略之學習外，尚須不斷地累積偵訊經驗，才能不斷精進，偵訊的結果決定筆錄內容的真實性；筆錄之製作除必須符合法定程序及規定要件外，必須涵蓋犯罪發生完整的經過，至於筆錄內容之真實性，則取決於筆錄製作前之偵訊結果。因此偵訊是筆錄製作前端的動態偵查作為，筆錄製作則是偵訊後完成訊問的靜態文書紀錄。

四、警詢筆錄之證據能力

證據需經蒐集、調查程序，確認在程序上合法取得，以及實質上與事實相符後，始得作為認定犯罪事實之依據。依據法定程序所蒐集之證據，有作為證據之資格，刑事訴訟法規定用語為「得為證據」，未依據法定程序取得之證據，無作為證據之資格，刑事訴訟法規定用語為「不得為證據」。取得作為證據資格之證據，經調查判斷認為與事實相符，具有高度可信性，得作為認定犯罪事實之依據。

司法警察所蒐集之證據，如不符合刑事訴訟法關於證據能力與證據證明力之要求，所取得之證據，即不得作為認定犯罪事實有無之依據。所謂證據能力，為證據資料容許為訴訟上證明之資格，屬於證據之形式資格要件，通常為法律所規定，並不許法院自由判斷。所謂證據證明力，在於具有證據能力之證據，能否作為證明被告犯罪事實之存在價值，許由裁判官本於確信自由判斷，但不得違背經驗法則及論理法則。[12]

司法警察機關於刑事訴訟程序中之主要任務，在於確實依據法定程序與鑑定所需之科學技術，合法蒐集一切對於被告有利或不利之證據，供法院審認被告有無刑事責任及其範圍之判斷依據。

---

[12] 刑事訴訟法第155條第1項：「證據之證明力，由法院本於確信自由判斷。但不得違背經驗法則與論理法則。」

　　司法警察機關於刑事訴訟程序所取得之證據，可分為人證與物證二大類，人證之取得方式為製作詢問筆錄，詢問之對象包含：被害人、告訴人、告發人、證人及犯罪嫌疑人等。

　　司法警察所製作之調查筆錄（即警詢筆錄），原則上可以區隔為程序要件與實體要件二部分，程序要件係指司法警察製作調查筆錄所必須遵循之刑事訴訟程序規定，將詢問對象之口頭陳述轉換為靜態的文字紀錄（即製作警詢筆錄），使警詢筆錄取得作為證據資格之證據「得為證據」；至於實體要件則為司法警察機關調查筆錄之內容，經調查判斷認為與事實相符，且與刑事實體法之法定構成要件相符。因此調查筆錄之製作必先符合法律規定之證據資格，始有證據之證明力如何，亦即實質證據價值之自由判斷問題。

　　警詢筆錄不得作為證據之規定有二：（一）依刑事訴訟法第100條之1規定：「訊問被告，應全程連續錄音；必要時，並應全程連續錄影。但有急迫情況且經記明筆錄者，不在此限。筆錄內所載之被告陳述與錄音或錄影之內容不符者，除有前項但書情形外，其不符之部分，不得作為證據。」（二）依刑事訴訟法第158條之2第1項規定：「違背第九十三條之一第二項（本條第一項各款之情形，其經過時間內不得訊問）、第一百條之三第一項（司法警察官或司法警察詢問犯罪嫌疑人，不得於夜間行之）之規定，所取得被告或犯罪嫌疑人之自白及其他不利之陳述，不得作為證據。但經證明其違背非出於惡意，且該自白或陳述係出於自由意志者，不在此限。」同條第2項規定：「檢察事務官、司法警察官或司法警察詢問受拘提、逮捕之被告或犯罪嫌疑人時，違反第九十五條第二款（應先告知得保持緘默，無須違背自己之意思而為陳述）、第三款（應先告知得選任辯護人。如為低收入戶、中低收入戶、原住民或其他依法令得請求法律扶助者，得請求之）之規定者，準用前項規定。」

第二節　偵訊之準備工作

一、適當之處所[13]

（一）注意偵訊之隱私

偵訊的成功與否，其中一項關鍵的心理因素就是隱私，偵訊者是否能在沒有人打擾的情況下單獨訊問嫌犯。

在一般交際中，我們能夠明白避免在其他人在場的情況下，要求對方透露其祕密；而會找一個適當的時間或地點私下地談談。在犯罪訊問時也有同樣的心理機制正運作著，甚至因為所要透露的事情是犯罪案件，對隱私的要求將更高。

（二）適當之偵訊處所

1. 營造隱私的氛圍。
2. 去除所有的門鎖及其他有形的障礙。
3. 去除所有的干擾。
4. 燈光必須適當調節。
5. 儘量減少噪音。
6. 適當地安排座位。
7. 偵訊時應全程錄影，以避免偵訊者被誣指施暴、威脅或利誘；或女性嫌犯誣控偵訊者有不當的行為。
8. 應採取適當的措施以防止自殺或脫逃。

警察機關有訂定偵詢室設置標準，凡新建外勤辦公廳舍均須設置偵詢室，詳細規定偵詢室空間大小、內部四周牆壁必須有一定高度的防撞、防火材質泡棉、外部則需有可供被害人、證人等指認嫌犯之單面透視鏡等。但實務上，因為數量太少，除刑事警察局約有十間外，一般之警察外勤單位，很少有超過兩間以上，且外勤單位之辦公廳舍人員進出頻繁，不易保密，因此除非重大特殊案件或詢問之對象，使用頻率不高，如確有使用必要，經常另覓他處偵訊。標

---

[13] Fred E. Inbau & John E. reid & Joseph P. Buckley著，高忠義譯，前揭註，頁54-60。

準的偵詢室內部，一般只有一張長方形桌子，三張椅子、製作筆錄用的電腦及錄音錄影設備等物品，偵訊者（背對入口）與被偵訊者（面對入口背對牆壁）面對面坐在桌子的長邊問答，筆錄記錄人則坐在偵訊者旁邊以電腦打字製作筆錄。如非特殊重大案件，外勤警察機關受理報案或偵訊犯罪嫌疑人、被害人或關係人等人時，製作筆錄之員警一般都在自己的辦公桌上，使用自己的電腦及同步錄音錄影設備，詢問對象則坐在其辦公桌（左或右）側面，方便問答及製作筆錄。

二、適當之偵訊者[14]

　　對任何人來說，如果他犯了一點小錯，即使不會被懲罰，甚至也沒人會對他指指點點、說長道短，要他認錯仍得要費一番工夫。所以，沒有理由期待一個犯罪行為人於接受偵訊時會毫不遲疑、毫不猶豫地認罪，所以偵訊者必須要有充分的耐性。對偵訊工作而言，缺乏耐性絕對是有害無益的。[15]學習偵訊的重點在培養發展說服的技巧，這些技巧能協助偵查人員在訊問被害人、證人和嫌疑人時，增加他們合作的程度和減低勉強及敵意的程度。[16]

　　成功的偵訊者必須運用很多身體的或心理的影響力，以使被偵訊者吐露出可能對他自己不利的訊息。換言之，偵訊者必須逐漸地突破被訊問者的心防，而不是設法迫使他們做出陳述（即強迫取供）。[17]

　　擅長於尋找目擊者、蒐證或其他調查工作的警察，可能在訊問嫌犯上顯得相當笨拙。急性子在調查工作上或許是個優點，但在偵訊室裡頭急躁卻是很嚴重的缺失。

---

[14]　Fred E. Inbau & John E. reid & Joseph P. Buckley著，高忠義譯，前揭註，頁68-75。

[15]　Fred E. Inbau & John E. reid & Joseph P. Buckley著，高忠義譯，前揭註，頁256。

[16]　Interview for C.I., Office of General Training Behavioral Science Division, Federal Law Enforcement Training Center, Department of the Treasury, p. 1.

[17]　Drug Enforcement Handbook, U.S. Department of Justice, Drug Enforcement Administration, p. 23.

（一）偵訊者必須具備的條件

1. 應該具備某些特質，例如對人性有相當的掌握；耐性也是不可或缺的條件。
2. 必須對自己的工作抱持著高度的興趣，掌握偵訊的策略與技巧。
3. 應該知曉支配偵訊程序的規則與規範，對有助於取得自白的策略或技巧有相當地掌握。

（二）偵訊者的態度與行爲

1. 避免讓應訊者認爲你就只是千方百計想要逼他招供或定他罪的探員。最好扮演一個想要查出事實真相的人。
2. 偵訊時不要使用太確切的字眼，例如謀殺、強姦、刺死、偷竊等，以避免貼上刺耳的罪名，除非情況已經非常明確。談論犯罪行爲時，最好使用較模糊的字眼，比如「這件事」、「那件事情」等等。
3. 偵訊者要耐性地坐在位子上，不要在房間裡頭踱來踱去。
4. 使用嫌犯所用或能夠理解的詞彙，但並非去模仿嫌犯說話的方式。
5. 不管嫌犯涉及的是什麼罪，都應該以禮相待，給予應有的尊重。
6. 就算知道嫌犯正在扯謊，也不要表現出任何怨恨或甚至驚訝，最有效的做法是讓嫌犯知道偵訊者對於他撒謊或說實話瞭若指掌。
7. 妥善的安全檢查，確保嫌犯沒有攜帶任何武器。若沒有發現嫌犯藏有武器的話，有可能：(1)在獨處的時候自殺；(2)危害執法人員；(3)持械脫逃。
8. 偵訊任何人，不論是嫌犯、目擊者或可能的證人，盡可能地把自己當作這些人，易地而處，以這些人的角度看事情。
9. 如果嫌犯有任何優點，儘管是極微不足道的，仍要找出來好好誇他一下。藉由強調其優點，可能順利讓嫌犯認罪。

偵訊相當專業，偵訊人才需要培訓，如果將偵訊工作交給欠缺有效偵訊能力的人，並不恰當，例如筆錄製作耗時太久，可能引起民眾反感，質疑警察專業不足；或遇嫌犯否認時，沒有能力突破，遑論擴大偵破；或偵訊未符合刑事訴訟法規定，致筆錄沒有證據能力，或筆錄內容欠缺要件，該問未問，或對不完整的回答沒有追問釐清等等。但是我國警察機關並沒有設置專業偵訊人員之

機制，因此外勤單位之主管幹部，應適才適所分配工作，遇有重要需偵訊之案件，應視情況指派適當人員擔任，或請求上級支援。對於新進或較沒有經驗的同仁，於偵訊時指派其擔任筆錄之記錄人，是最方便可行的培訓方式。

第三節　偵訊之基本認識

一、偵訊之特性（常遭遇的困難）[18]

　　偵查中所常遇到的困難大致相同，大部分只有靠私下或合理的時間下訊問才能查出來。可以三點論述說明之：

　　（一）許多刑事案件，通常破案的關鍵來自於嫌犯的自白或認罪，或是藉由其他嫌犯的供詞來釐清案情。

　　（二）除了現行犯當場被逮到之外，大部分的犯罪人都會否認他們犯罪的事實，除非經過可能長達數小時的私下訊問，才會認罪。

　　（三）偵訊者與犯罪人或者可能無辜的嫌疑犯打交道時，必須採取非常手段。

二、偵訊原則（如何準備對嫌犯偵訊？）[19]

　　（一）偵訊的基本原則「先查再問」，在對嫌犯實施偵訊之前，必須盡可能對案情做最詳細調查，而不是未做調查就貿然偵訊。

　　（二）在偵訊之前，甚至最好是在與嫌犯有任何接觸之前，偵訊者必須對案情有充分的掌握。

　　（三）有時候盡可能掌握關於被害人的訊息，跟掌握嫌犯的訊息一樣重要。能夠充分掌握訊息的人，才能問出關鍵，提升偵訊的效率。

　　（四）不要完全依賴法醫就被害人死亡時間，或致命傷發生時間的推估。

　　（五）當大部分的情況證據都指向某個特定的人，通常那個人就是犯人了。偵查人員可能會預設那種有好身分、好地位的人「不會做出那種事」，就

18　Fred E. Inbau & John E. reid & Joseph P. Buckley著，高忠義譯，前揭註，頁22-26。

19　Fred E. Inbau & John E. reid & Joseph P. Buckley著，高忠義譯，前揭註，頁30-36。

對原先的經驗法則產生動搖。不能只因為嫌犯的專業身分、社會地位或其他的優勢，而對於指出其犯罪的有力證據視而不見。

（六）必須分別和偵訊過的機關和人員談，才能清楚掌握案情的細節。

（七）詢問關係人的時候，應該問他，就他所知到底發生了什麼事情？他認為誰是主要嫌犯？為什麼？（提供動機）

（八）花錢買來的小道消息，可信度必須審慎評估。問清楚這些消息是否只是線民的臆斷，欠缺事實基礎？或是其真正的觀察？或為了拿錢而提供不確實的消息。

（九）對於那些被匿名檢舉的犯罪嫌疑人，必須存疑。要瞭解檢舉人是否有特殊動機，例如私人恩怨。

（十）如果可能的話，在偵訊嫌犯之前先跟那些可能是真的被害人、指控人，或自稱是目擊者的人私下談談。

（十一）和那些在交談中容易情緒失控、過度焦慮的被害人面談時，可提供書寫工具，讓他們安靜地寫下凶手所做的事情或說的話。這種做法有幾種好處：1.假報案的人，通常對於事發前的描述多於案發當時的描述，相反地，真正的被害人則會以案發當時種種的情況作為描述的重點；2.真正的被害人通常會描述一些案發時的感受，比如說「後來他打我的臉，真的好痛、好痛」，而假報案的人則通常沒有那麼豐富的想像力；3.能夠把事情發生的先後順序完整無缺地串連起來的人，通常不是真正的被害人。

第二章　偵訊之目的與功能

第一節　偵訊之目的

一、偵訊之目的

　　偵訊犯罪嫌疑人爲警察偵查犯罪活動中無可避免的重要實質偵查程序，並常成爲釐清犯罪過程的最重要關鍵。[1]偵訊的目的在於「成功地誘導受訊問者說實話」[2]以「獲取與調查有關的資訊」。[3]

二、偵訊的重要性

　　偵查訊問的價值首先在於其能通過獲取犯罪嫌疑人的口供，迅速、有效地發現犯罪事實和查獲犯罪嫌疑人，以及較爲簡單、快捷、經濟地證明犯罪。[4]

　　由偵訊蒐集到的資料對於成功地完成調查案件非常重要。[5]蓋經由偵訊，可發現線索，確定案情，決定證據之價值，明瞭事實之原委，辨別罪責之輕重。是以偵訊實爲偵查之基礎，與刑案之偵破關係甚大。[6]特別是有罪供述，能詳盡反映作案的動機、手段、過程等，能夠最全面、詳細、具體地反映案件整個情形。[7]因此偵訊可以說是刑案偵查的核心。

---

[1]　廖訓誠，警察詢問過程影響因素之研究以陌生人間性侵害案件爲例，中央警察大學犯罪防治研究所博士論文，2010年6月，頁2。

[2]　Fred E. Inbau & John E. reid & Joseph P. Buckley著，高忠義譯，刑事偵訊與自白，臺北：商周出版，2000年2月1日，頁422。

[3]　Interviewing, Partners in Training, International Financial Fraud Training Program, Federal Law Enforcement Training Center, Department of the Treasury, p. 10-3.

[4]　何家弘主編，新編犯罪偵查學，北京：中國法制出版社，2007年7月，頁281。

[5]　Interview for C.I., Office of General Training Behavioral Science Division, Federal Law Enforcement Training Center, Department of the Treasury, p. 1.

[6]　張博文編著，偵訊學理論與實務，臺北：華泰圖書文物，1994年7月，頁1。

[7]　何家弘主編，前揭註，頁299。

　　偵訊筆錄是一種非常重要的刑事訴訟證據，首先，口供能為查明案件事實、準確定罪量刑發揮重要作用。在追尋案件事實證明案件過程中，犯罪嫌疑人對自己是否犯罪、罪行的輕重以及犯罪的動機、目的、具體過程和細節比其他任何人都知道得更清楚。因此，其自願、真實的口供，比其他證據有更直接、更充分的說服力。特別是在有些犯罪事實只有犯罪嫌疑人自己知道，別人或別的證據無法知道或證明的情況下，他所做的無罪或輕罪的辯解，提出的一些事實根據和申辯理由，可以使偵查人員更全面、更清楚地瞭解案件全貌；犯罪嫌疑人口供還可以反映其認罪態度、主觀惡性、悔改表現等量刑應酌情考慮的情節。其次，口供能為蒐集其他證據、及時追捕同案共犯提供依據。最後，口供中的申訴與辯解，有助於提高案件質量，防止冤假錯案的發生。[8]

　　偵訊的對象可分為被害人、證人和犯罪嫌疑人（或被告）三類。中國大陸於2007年曾就（一）物證；（二）證人證言；（三）視聽資料；（四）被告口供；（五）被害人陳述；（六）鑑定結論；（七）勘驗、檢查筆錄等七種法定證據與刑事錯案的關係，以問卷調查與訪談相結合的方式，對法官、檢察官、律師和警察共139人進行調查，這是一個單選題，被調查者中選擇物證的6人，占4%；選擇證人證言的53人，占38%；選擇視聽資料的7人，占5%；選擇被告口供的52人，占37%：選擇被害人陳述的15人，占11%；選擇鑑定結論的25人，占18%；沒有人選擇勘驗、檢查筆錄。[9]上述調查結果顯示，共有75%的被調查者認為證人證言和被告口供是影響刑事錯案最大的兩種證據，如果加上選擇被害人陳述的11%的被調查者，合計達86%的被調查者認為證人證言、犯罪嫌疑人（或被告）口供和被害人陳述是影響刑事錯案的因素，而此三種對象之證言、口供和陳述，均賴偵訊後製作之筆錄取得，偵訊的重要性由此可見。

第二節　偵訊之功能

　　「偵訊」可以說是刑事偵查的核心，大多數的刑事案件固然都是透過「訊

8　何家弘主編，前揭註，頁282。

9　何家弘，冤案講述——刑事司法十大誤區，臺北：元照出版，2014年5月，頁72-73。

問」取得有利於釐清案情的供述證據，但事實上許多案件物證的取得，也都是透過偵查人員成功的訊問，才有以致之。[10]訊問犯罪嫌疑人是刑事案件偵查中的必經程序，有利於偵查人員蒐集、核實證據，查明案件事實；有利於發現新的犯罪線索和其他應當追究刑事責任的犯罪分子；有利於犯罪嫌疑人如實供述罪行或行使辯護權。[11]「許多刑事案件，通常破案的關鍵仍來自於犯人的自白或認罪，或是藉由其他嫌犯（或證人）的供詞來釐清案情」，尤其是欠缺物證也沒有任何線索的案件，「如果不是藉由偵訊取得嫌犯的供詞或關鍵人的訊息，他們（偵查機關）還有機會破案嗎？」[12]本書第二篇「筆錄製作」第二章「筆錄製作案例」第二節之「偵訊與筆錄製作案例解析」中第一、二個案例，就是欠缺跡證、線索，完全依賴「偵訊」破案的案件。

就偵查人員而言，偵訊有下列作用：

一、證明犯罪之有無，釐清案情

偵訊者應該問一些警方還不知道的事情，好讓警方能藉著後續的偵查來確認嫌犯所說的是真是假。讓嫌犯把案情的所有細節，以及嫌犯在犯案之後所做的事情完完整整地說出來。特別要追問那些只有真正兇手才可能知道的事情。[13]偵查人員判斷犯罪嫌疑人口供的真實性，就要特別注意考察供述是否能講出那些作案的人應該知曉的案情細節。真實供述應包括細節情況，而虛假的供述往往缺乏對具體細節的描述。[14]

警方的偵訊，不只是使受詢者認罪或確認兇手是誰，反而經常藉由偵訊才使得輿論所誤認的犯人洗刷冤屈。[15]對於可能無辜的嫌犯，如果不是經由訊問，讓他們無辜的事實得以確定，他們可能繼續被懷疑。[16]因此就所偵查的案件而言，偵訊：（一）有助於確認嫌犯到底有罪或無罪；（二）當嫌犯有罪

---

[10] 蔡碧玉，偵訊的技術與藝術，摘自Fred E. Inbau & John E. reid & Joseph P. Buckley著，高忠義譯，刑事偵訊與自白〈專文推薦〉，臺北：商周出版，2000年2月1日，頁13。

[11] 陳碧，訊問，何家弘主編，新編犯罪偵查學，北京：中國法制出版社，2007年7月，頁281。

[12] Fred E. Inbau & John E. reid & Joseph P. Buckley著，高忠義譯，前揭註，頁23。

[13] Fred E. Inbau & John E. reid & Joseph P. Buckley著，高忠義譯，前揭註，頁68。

[14] 何家弘主編，前揭註，頁302。

[15] Fred E. Inbau & John E. reid & Joseph P. Buckley著，高忠義譯，前揭註，頁23。

[16] Fred E. Inbau & John E. reid & Joseph P. Buckley著，高忠義譯，前揭註，頁133。

時，誘使嫌犯認罪。[17]

雖然物證更具證據力，所謂證據說話，只要蒐集到足夠、有力的證據，即使嫌犯否認犯行，仍足以定罪；但只要嫌犯堅不吐實，犯案動機、過程、是否有其他共犯等未能釐清，仍爲不完整。如果沒有結合「人的供述」，而僅憑「物證」、「文書證據」還原事實，或多或少都需要一點點的推論來瞭解真相，因此，勢必借助「人的供述」始能瞭解事件全貌。[18]因此偵訊的目的是要使嫌犯認罪並供出全部實情，才能有助於完全釐清案情。查明案情，也是刑案偵查最根本的目的。

二、確認共犯人數及贓物，追查共犯及贓證物

偵訊所得可作爲進一步調查的基礎。[19]由被訊問人提供之訊息追查其他共犯，確認並取出贓證物，鞏固犯罪證據。「在偵查中，不管真實的口供還是虛假的口供都有可能爲破案或蒐集其他證據提供線索和機會，爲及時追捕其他犯罪嫌疑人提供幫助。在實際偵查工作中，很大一部分案件的同案人都是依靠先抓獲的犯罪嫌疑人的口供，來查找其他同案人的藏匿地點，發現作案現場、作案工具以及贓款贓物的去向。」[20]

確認共犯之存在，係對不法犯罪行爲追訴、勿枉勿縱之具體實現，對於共犯之追查是偵訊時亟爲重要之偵訊觀念。偵訊在案情隱誨未明之際，嫌疑犯仍有部分仍須繼續追查時，從同案涉嫌人的陳述中，研判嫌犯所在，亦屬偵訊者在偵訊工作中重要的偵訊目標。或者，當涉嫌對象不明或模糊時，透過偵訊來取得涉嫌人的特徵資料，作爲進一步追查涉嫌人的有關線索資料。[21]

---

[17] Fred E. Inbau & John E. reid & Joseph P. Buckley著，高忠義譯，前揭註，頁193。

[18] 劉至剛，偵訊自白的形成因素——以調查局調查官及受刑人爲例，犯罪與刑事司法研究，第14期，2010年3月，頁3。

[19] Interviewing, Partners in Training, International Financial Fraud Training Program, Federal Law Enforcement Training Center, Department of the Treasury, p. 10-3.

[20] 何家弘主編，前揭註，頁282。

[21] 徐國禎著，揭開偵訊的神祕面紗——暴力篇，臺北：五南圖書，2008年4月，頁42、39。

三、完成偵查法定程序

　　一個案件的偵查工作可能無法或無需現場勘查或物證檢驗，但是絕不能省略掉對犯罪嫌疑人的詢問。[22]因為「查明確定被詢問人知道的事實，使其證詞成為正式固定的紀錄」才能成為有形的具體證據。「偵訊者發動偵訊工作，當然須傾全力取得犯罪行為人口供，讓自白與證據相互對照呼應，使犯罪行為無所遁形[23]」。此外，在刑事訴訟的程序上，也應給予犯罪嫌疑人說明的機會。[24]通過合法程序和方法獲取的犯罪嫌疑人供述和辯解才能作為證據使用。另「在法定程序的保護下，個人不再是國家權力可以任意處置的對象，而成為一個具有相對獨立地位的訴訟主體。因此在訊問中，事實真相不再是唯一目的，訊問過程的公正性、訊問過程中被追訴者訴訟主體地位的確認和權利的保護，也成為偵查訊問制度追求的價值目標之一。」[25]

四、擴大偵辦

　　「偵訊所得可成為進一步調查的基礎」由偵訊所得追查其他共犯及贓證物，「由犯追贓」，「以贓追犯」，再追查嫌犯及其共犯所涉的更多案件。因此，「除查閱案卷資料之外，還應調閱有關內部通報資料，注意本地區或其他地區已破和未破的案件中，有無在作案時間、作案手法、作案目標和現場上遺留的痕跡物證等方面，和本案有共通性或存在類似之處，以便在訊問中發現餘罪，或者獲得其他案件的線索。」[26]

　　姑且不論以犯罪為宗旨之犯罪集團，即使是個人犯罪，只要其動機是為了財物，通常會持續犯案，例如詐欺、竊盜、強盜、搶奪等犯罪。這就是所謂的少數人犯大多數的案件。因此，偵查人員要有擴大偵辦的思維及觀念，抓到一個搶奪犯，他可能只犯這一件就被抓到嗎？查獲一個侵入住宅竊盜犯，他可能

---

[22]　廖訓誠，前揭註，頁2。

[23]　徐國楨著，前揭註，頁43。

[24]　刑事訴訟法第96條：「訊問被告，應與以辯明犯罪嫌疑之機會；如有辯明，應命就其始末連續陳述；其陳述有利之事實者，應命其指出證明之方法。」

[25]　何家弘主編，前揭註，頁283。

[26]　何家弘主編，前揭註，頁287。

只侵入一間住宅嗎？事實上，偵查績效良好的警察機關或人員，大多是查獲犯罪集團或有效擴大偵辦的結果。

五、發展新偵查方向，發掘新犯罪情報

由偵訊中取得被詢問人的合作及配合，其供詞可能提供偵查人員新的啟示，發展新的偵查方向，或協助偵查人員釐清所偵查案件的案情。此外，被詢問人尚可能提供其他的犯罪情報，如某人或某些人吸販毒、竊盜、持有槍械、從事貸放重利及暴力討債等，把被詢問人當成諮詢人員，只要獲得諮詢人員的配合，就可能挖到寶。犯罪嫌疑人提供所涉案件以外的犯罪情報，應另外製作筆錄，如其不願意具名，可說服其以祕密證人方式製作檢舉筆錄，俾據以為發動偵查之依據。

偵訊「從積極方面而言，是要從每一案件中隨時發掘新的線索和新的事證，以作為繼續偵查和擴大發展的目的」。[27]

六、獲取與偵查有關的背景資料

偵查經驗與素養是由偵查案件中不斷累積而來的，只有幫派分子才知道幫派的情形，如組織架構、幫規、幹部、成員、聚集處所、經濟來源、武力等。因此如果被詢問人與幫派有關，偵查人員除針對所偵查案件進行偵訊製作筆錄外，如果情況允許，應再進行非正式的晤談，設法詢問被詢問人所知與幫派有關的資料，累積自己的偵查素養；又如查獲走私或販毒案件，當然也要瞭解與走私或販毒有關的資料，如走私方式、走私代價、藏毒方式、大中小盤毒品價格、其他與走私或販毒有關之集團或個人等。這種由被詢問人提供與偵查有關之背景資料，通常並不需要製作筆錄，而是由偵查人員自行記錄留存。

七、有助於縮短偵查審判時間

「遲來的正義，不是正義」是很多人，尤其是被害人或其家屬的心聲。因此就犯罪被害人的觀點，迅速、正確判決所帶來的及時正義，才是國家司法

---

[27] 徐國禎著，前揭註，頁32。

制度賴以存續的理由。在偵審過程中，嫌犯或被告如堅不自白，執法或司法審判人員，必須就嫌犯或被告之辯解，調查舉證一一駁斥，如此勢必延宕偵審時間。依據日本公布之平成24年（2012年）資料，第一審法院（地方裁判所）對被告於審理時，承認所有起訴事實，且「自白」案件的平均審理時間為2.5個月，對「否認」案件的平均審理時間為8.5個月。因此，涉嫌人的自白確實有助於縮短案件審理時間。[28]縮短偵審時間，盡早將犯罪人定罪，有助於撫平被害人及其家屬之傷痕，及滿足社會大眾對於正義之需求心理。

28　「自白」係指被告於審理時，承認所有起訴事實，且於法律上未主張有妨礙犯罪成立之理由或減免理由等事實。「否認」係指被告於審理時，對於起訴事實之全部或一部有所爭執，或雖承認起訴事實，但於法律上主張有妨礙犯罪成立之理由或減免理由等事實，及被告自始保持沉默者。摘自日本最高法院檔案資料庫2013版。（此資料係前刑事警察局駐日聯絡官陳文哲先生提供）

第三章　偵訊時機與步驟

第一節　偵訊時機

一、必須符合得偵訊的要件

　　未遵守合法程序從嫌犯取得的自白，即使具備任意性也會失去證據力。我國刑事訴訟法第71條之1第1項前段規定：「司法警察官或司法警察，因調查犯罪嫌疑人犯罪情形及蒐集證據之必要，得使用通知書，通知犯罪嫌疑人到場詢問。」第93條第1項規定：「被告或犯罪嫌疑人因拘提或逮捕到場者，應即時訊問。」因此，合法通知及逮捕嫌犯是能夠進行偵訊的兩個條件。此外，法律未禁止嫌犯自願至警察機關向警方說明案情。因此，如果欠缺逮捕嫌犯的正當理由，警方可以徵得嫌犯的同意，自願到警局說明案情，否則就必須等掌握足夠證據（物證、情況證據或直接證據）依法通知到場詢問，或拘提、逮捕後即時訊問。[1]又如嫌犯主動向警方說明，不論是自首或投案，依據刑事訴訟法第229條第3項規定：「被告或犯罪嫌疑人未經拘提或逮捕者，不得解送。」警察人員於詢問製作筆錄後，不得逕行將自首或投案的犯罪嫌疑人強制隨案移送，惟如自行到場之犯罪嫌疑人有刑事訴訟法第76條各款得「不經傳喚逕行拘提」之情形者，警察機關可檢具相關事證，報請檢察官核發拘票拘提犯罪嫌疑人隨案解送檢察官，或有符合刑事訴訟法第88條之1第1項各款情形之一而情況急迫不及報告檢察官者，得逕行拘提之，但於執行後，應即報請檢察官簽發拘票。如檢察官不簽發拘票時，應即將被拘提人釋放。

　　研究發現，犯罪人普遍認為警察詢問應更重視詢問前之證據蒐集及令狀聲請等程序之合法性，建議警察在詢問前之偵查蒐證應更加完整，並以此為基礎，向檢院聲請令狀，將有助於詢問過程自白之取得。[2]另一項研究也顯示，

---

[1]　Fred E. Inbau & John E. reid & Joseph P. Buckley著，高忠義譯，刑事偵訊與自白，臺北：商周出版，2000年2月1日，頁309。

[2]　廖訓誠，警察詢問過程影響因素之研究以陌生人間性侵害案件為例，中央警察大學犯罪防治研究所博士論文，2010年6月，頁139。

超過七成五以上的調查員認爲「當日搜索、送達、詢問」及「當日拘提、搜索、送達並詢問」，最能取得自白。[3]

二、基本原則：先查再問

　　詢問應先行進行必要的偵查及蒐集調齊相關資料，瞭解受詢人與全盤案情後實施。[4]偵訊人員應深入瞭解各項相關查訪、訪談及調查筆錄內容、偵查報告、現場勘察採證報告、鑑驗報告、相驗報告等，研析這些資料的內容代表的意義，有疑問就趕快請教人，整個融會貫通後，才能眞正充分掌握案情。[5]

　　偵訊的基本原則：「先查再問」。在對嫌犯實施偵訊前，必須盡可能對案情做最詳細的調查，而不是未做調查就貿然偵訊。[6]能夠充分掌握訊息的人，才能問出關鍵，提升偵訊的效率。[7]否則對案情根本不瞭解，將無由下手偵訊，即使勉強偵訊，所得資料，必然支離破碎，難以發現眞實，不易達偵訊的目的。[8]此外，先行瞭解被偵訊者的背景資料（例如家庭、經歷、交往、興趣嗜好等），研判犯案動機，亦有助於建立信任融洽關係，達成偵訊目的。

　　被詢問人通常會看偵訊者到底掌握多少資料，盤算自己是不是被掌握，再決定要不要說實話。如果偵訊人員蒐集完整資料，瞭解案情，當場點破被詢問人的不實供述，縱使被詢問人繼續嘴硬，堅持說謊，但自信已受到打擊。[9]

　　「先查再問」固然是對嫌疑人偵訊的基本原則，即使是查訪被害人或證人、關係人等，先查再問基本上仍有其適用性。因爲他們不知道偵查人員要的是什麼，所以通常只回答偵查人員的問題，以致可能遺漏了有價值的訊息，是

3　劉至剛，偵訊自白的形成因素——以調查局調查官及受刑人爲例，犯罪與刑事司法研究，第14期，2010年3月，頁119。

4　警察偵查犯罪手冊第109點：詢問開始前，詢問人員應先行瞭解全盤案情，另對受詢人身分之查證、個性、習癖及生活環境等，亦應作充分之瞭解。

5　警察偵查犯罪手冊第113點：實施詢問時應結合「現場勘察、物證蒐採、檢驗結果、屍體解剖報告及調查訪問」等所得情資，作爲「案情研判」依據，並運用偵訊技巧爲之。

6　Fred E. Inbau & John E. reid & Joseph P. Buckley著，高忠義譯，前揭註，頁37。

7　Fred E. Inbau & John E. reid & Joseph P. Buckley著，高忠義譯，前揭註，頁31。

8　張博文編著，偵訊學理論與實務，臺北：華泰圖書文物，1994年7月，頁8。

9　翁景惠口述，王宛如執筆，證據：臺灣福爾摩斯翁景惠回憶錄，臺北：早安財經文化，2003年，頁174-175。

以偵查人員如果先調查盡可能瞭解掌握相關資料後才問，才知道要問什麼，也才能瞭解被詢問人是否能提供有用的訊息。

三、訊息有限，即時偵訊

偵訊的基本原則雖是：「先查再問」。但實際上偵訊的時機，並無特定的規則可言。[10]

偵查犯罪仍需以證據爲導向，「在某些案件中不容許延後偵訊，這時候偵訊者只能根據手上有限的消息來實施偵訊」[11]，再從偵訊過程獲得的資訊，去查證以及尋找相關的證據。亦即依據偵訊所得，查證所供是否實在，或瞭解有哪些事實應該調查，決定偵查方向，展開調查。

在刑案偵查的初步階段，調查人員所掌握的訊息非常有限，甚至不足以判斷某個嫌犯是有罪或無罪，在此情形下如果認爲有訊問的必要時，有三種可能採取的訊問方法：[12]（一）假設被詢問人有罪；（二）假設被詢問人無罪；（三）無預設立場，讓被詢問人自己提出有罪或無罪的訊息。偵查人員應瞭解這三種方法的利弊得失，決定採取何種訊問的態度。

（一）假設有罪

1. 優　點

(1) 嫌犯因不夠沉著而露出馬腳，或者只好招了。「對確實有罪的訊問對象，可利用其剛剛被拘、被捕（被傳或通知）心慌意亂、情緒緊張、猜疑焦慮、心裡無底，尚未來得及考慮如何充分對付審訊的時刻，出其不意，攻其不備，突擊訊問，促使其如實地供述罪行。」[13]

(2) 測試嫌犯對於偵訊者認爲他有罪的反應態度。有罪的嫌犯通常對偵訊者認爲他有罪的假設，沒有憤怒的表現，且有非語言的反應，如玩弄衣服上的

[10] Interviewing, Partners in Training, International Financial Fraud Training Program, Federal Law Enforcement Training Center, Department of the Treasury, p. 10-6.

[11] Fred E. Inbau & John E. reid & Joseph P. Buckley著，高忠義譯，前揭註，頁38-39。

[12] Fred E. Inbau & John E. reid & Joseph P. Buckley著，高忠義譯，前揭註，頁97-99。

[13] 何家弘主編，新編犯罪偵查學，北京：中國法制出版社，2007年7月，頁289。

線頭、雙腳一開一合、在椅子上動來動去、拍拍衣服上的灰塵或在問話的時候，把頭轉向別的地方，注意這些小動作，有助於判斷他是否有罪。無辜的嫌犯則通常會生氣，甚至極為憤怒或覺得嚴重受辱。

2. 缺　點

(1) 嫌犯如果沒有一下子就露出馬腳或認罪，在之後的訊問中，就會站穩替自己辯護的立場，而如發現警方只是唬人，就會對自己更有信心，繼續扯謊，堅不吐實。

(2) 無辜的被詢問人因為有罪的假設而心慌意亂，致讓警方更不能確定他真的無辜，或者因此漏掉了一些可能很重要的訊息。

（二）假設無罪

1. 優　點

(1) 讓無罪的被詢問人較放心，因此偵訊者較能得到足夠的訊息，以證實其清白，也較能從無辜的被詢問人口中，得知一些重要的訊息。

(2) 讓有罪的嫌犯減少戒心，也就較容易在回答問題時有所疏忽。也較容易做出矛盾的陳述，不止透露出罪嫌，也可能做為誘導他認罪的契機。

2. 缺　點

偵訊者讓自己相信被詢問人無辜，所提出的問題多少會偏向如何確認被詢問人的清白；要提出反向的問題就會破壞這種方法所預定的假設，以致於較為困難。亦即，偵訊者把自己綁住了，以致於面對被詢問人有態度的轉變或矛盾的陳述，無法適當調整自己的方法，以提出有效的質疑。

（三）不預設立場

這方法沒有前兩種方法的優點及缺點。因此有人認為在一般的案件中這是最可行的方法。因為偵訊者所掌握的資訊，既不特別支持嫌犯有罪，也不特別支持嫌犯無罪，因此不適於採用前兩種假設立場。

偵訊者可以提出「你知道我們為什麼來找你嗎？」與「你知道些什麼？」兩個問題，其他的包括：

1. 標準的偵查問題，例如嫌犯與被害人的關係；案件發生前或發生時，嫌

犯人在何處；他們最後一次見面的時間、地點及見面的目的等；和其他
相關的事項。

2. 由嫌犯產生的語言或非語言反應，分析判斷嫌犯說實話或謊話。

美國財政部有關偵訊之訓練課程，雖是針對稅務案件，但對於下列三種情
形建議立即偵訊，亦可做為偵辦刑案時衡量偵訊時機之參考：[14]

1. 在最初調查階段中，想從被詢問人（納稅義務人）處獲得相關的說明。

2. 缺少足夠的證據或證人（未能完全知道帳簿、憑證所在地或證人）時。

3. 在最初調查階段中，想確定對象合作的程度。

第二節　提問方式

一、提問方法（Methods of Formulating Questions）[15]

（一）問　題

好的問題有幾個基本特徵：

1. 簡單且侷限一個主題。

2. 清晰容易回答。

3. 不要使用刺激驚嚇的字眼。「偵訊時，不要使用太確切的字眼，例如謀
殺、強姦、勒死、刺死、偷竊等等，除非情況已非常明確。就心理學角度來
看，在談論犯罪行為時，最好使用推測性或較模糊的字眼，比如說『他』、
『這件事』、『那件事』等等。嫌犯當然知道所指的就是犯罪行為，但用這樣
的代稱詞，可以避免貼上刺耳的罪名。」[16]

---

[14] Interviewing, Partners in Training, International Financial Fraud Training Program, Federal Law Enforcement Training Center, Department of the Treasury, p. 10-6.

[15] Interview for C.I., Office of General Training Behavioral Science Division, Federal Law Enforcement Training Center, Department of the Treasury, p. 12-17.

[16] Fred E. Inbau & John E. reid & Joseph P. Buckley著，高忠義譯，前揭註，頁69。

（二）問　法

理想的問題，以開放性問題爲宜，能夠容許受詢問人做任意的陳述，不適宜的問題在問題的構成上，便先已排除特定回答選項的可能，藉故限定受詢問人所能回答的範圍。[17]

應該要避免使用下列幾種問法：

1. 誘導式問題（Leading Question）

以暗示想要的答案的方式問話，通常是回答「是」或「不是」。例如：「你說看到一部車，那部車是紅色的嗎？」

但有兩種例外情形，可能有利於案情。第一，當被詢問人記不起來特定的事項如顏色、高度、距離等，助其回憶期能獲得更多的訊息時。其次爲，測試被詢問人之前之供述眞僞時。例如：「你說是在星期一看到他，或者是星期二？」

另外，否定式的問題不但暗示要回答「不是」，而且就是意指「不是」就是正確的回答，這是很多偵查人員，甚至很有經驗的偵查人員常犯的錯誤。

> 例如：「你不知道他的名字吧，你知道嗎？」
> 「你沒有看見他吧，你有看見嗎？」
> 「你不知道車牌號碼吧，你知道嗎？」

否定式的問法暗示被害人或證人不知道答案，更有甚者他們不必盡量去回想正確的訊息；就嫌犯而言，否定式的問法暗指回答「不是」是被期待的答覆。

2. 複合式問題（Compound Questions）

面對包含多項問題的問話，被詢問人可能只會回答所記得的或威脅最少的問題，當偵查人員沒有就其他沒有回答的問題再提問時，這些問題的答案經常會被遺漏。就嫌犯而言，他會衡量每個問題回答的意涵，選擇最不會受到牽連或最沒有壓力的問題回答，並且利用這些回答掩飾眞正的事實，因爲大多數問

---

[17] 劉至剛，前揭註，頁39。

過複合式問題的人，不會再回頭問第二次相同的問題。

另外，雙重負載（double-barreled）的問題，亦即把兩個或者更多個問題合成一個問題，可能因為不易回答，而導致回答模稜兩可。[18]對於含糊、未切題或不完全的回答，要注意被詢問人是故意的或者是誤解問題。使每個問題只有一個主題，能避免複合問題所可能造成的問題。

3. 複雜的問題（Complex Questions）

複雜、難懂而且不只一個項目的問題，容易使被詢問人搞不清楚而回答「不知道」或非故意性地給予錯誤的答覆。人的心智、教育及社會化程度等，都會影響其理解事物的能力，複雜的問題如超出被詢問人理解能力的程度，必然影響其回答內容的真實性。

（三）問題順序

問題的順序應由「一般至特定」（general to specific），「一般的問題」或敘述性回答人、事、時、地、物、如何、為何，鼓勵被詢問人多談，使詢問人獲得被詢問人對於相關案情可能知道的概況。

「特定的問題」要求特定或精準的回答，回答內容被限定在明確的範圍內。使用特定的問題以得到更詳細的資料，或在一般問題敘述性回答後追問讓被詢問人加以進一步說明。

（四）追　問

「對於任何不完整的回答，要繼續追問直到你想要合理得到的所有資料為止。」[19]例如，以前面陳述過的事實或已知的訊息繼續問下個問題：「你前面講過去便利商店，你是怎麼去的？」

從被詢問人的陳述中發現前後矛盾、不合邏輯、不合常理或者與其他證據矛盾等可疑情節時，應當就這些情節進行反覆具體的追問。可疑情節的出現，

---

[18] W. Lawrence Neuman著，朱柔若譯，社會研究方法，臺北：揚智文化，2000年11月，頁439。

[19] Interviewing, Partners in Training, International Financial Fraud Training Program, Federal Law Enforcement Training Center, Department of the Treasury, p. 10-20.

可能是被詢問人故意編造謊言，也可能是陳述或者記憶中的偏差，或者是偵查人員的理解出現錯誤，或者是其他證據有問題。[20]

二、訊問技巧／方式（Questioning Techniques）[21]

（一）自由敘述（Free Narrative）

是對一件事情主動有條理按順序地說明，能夠迅速獲得被詢問人所知或所願告知的事情的概況。此法通常是由要求被詢問人說出他對這個事件之所知開始。此種訊問方式是一種開放式（open-ended）的敘述，其優點是被詢問人可能主動說出很多訊問者所不知與案件有關之資料，但也有可能天馬行空地講了很多與案件無關的事情，因此，詢問人必須適時引導被詢問人的話題，避免偏離主題。

透過被詢問人的自由陳述，偵查人員可以大致瞭解對方所掌握的情況，還可以對被詢問人的個性、陳述能力及作證態度做出初步的分析判斷。在此過程中，被詢問人並不瞭解詢問人關注哪些細節或者已經做出什麼判斷，因而有利於避免其作偽證、隱瞞事實或者「投其所好」的心理。只有當其陳述離題太遠時，可以適當地提問來截斷對方的陳述，使之回歸正題。否則頻繁的插話和打斷，可能使被詢問人喪失陳述的主動性，使其正常的聯想、回憶受到干擾，甚至可能導致錯誤的暗示。[22]

（二）直接訊問（Direct Examination）

針對特定事件使用七何（人、事、時、地、物、如何、為何）有系統的訊問，其目的在獲取新訊息或填補被詢問人在自由陳述時所遺漏的細節。此外，刑案偵查結果，必須決定犯罪嫌疑人究竟涉嫌何種犯罪類型，因此偵訊時除七何外，必須再特別注意犯罪構成要件。

20　何家弘主編，前揭註，頁273。

21　Interview for C.I., Office of General Training Behavioral Science Division, Federal Law Enforcement Training Center, Department of the Treasury, p. 17-21.

22　何家弘主編，前揭註，頁273。

（三）交叉混合訊問法（**Cross Examination**）

使用探究的問題以測試嫌犯或證人之前供述之可信度。讓被詢問人對特定事件重複多次供述。偶爾使用不同的問法，注意被詢問人回答是否不一致。如果回憶的是事實，回答的內容將會是一致的；如非事實，則須使用更多的謊言，不是忘記他們之前所講的，就是虛構的細節與之前的供述不一樣。

允許使用暗示性問題。例如：「在明亮的月光下，你看得見被害人王○○吧？」、「你估計到那裡的距離大約一公里吧？」如果被詢問人杜撰事實，他的供述經常會與暗示的答案一致，這種訊問在測試證人供詞之可靠度上非常有效。

以好像不知道的樣子，詢問已知的訊息，或以好像知道的樣子，詢問尚不知道的訊息。特別探究供詞中模糊或閃爍迴避的部分。這些被刻意略過的訊息範圍，常是因為被詢問人特別的為難，因此通常要懷疑這些被忽略的細節與他有直接的關係。這些經常涉及與案件有關聯，但是以前未揭露的訊息。

注意說謊的身體徵兆，如焦躁、內疚感、口乾、手汗等。

指出矛盾的地方，要求被詢問人解釋供詞中不一致或矛盾之處。就已知之事實與被詢問人之供述比較，要求被詢問人對於不利的證據逐項解釋。

第三節　偵訊之步驟

偵查案件必須先確定偵訊對象可能涉嫌或相關的罪名及其構成要件，同時進行必要的偵查及蒐集調齊相關資料瞭解受詢問人及全盤案情後，再實施偵訊。其步驟如下：

一、建立投契之關係（Rapport）

嘗試表現真誠的態度和被詢問人建立信任和諧的關係，以獲得其完全的合作。

（一）建立投契關係的做法[23]

1. 立即表明自己的身分。
2. 先和被詢問人談論明顯是他有興趣的事情。大多數人喜歡談自己。
3. 藉由和善的談話建立信心及信任。
4. 維持非正式及從容的談話。
5. 展現愉快可親的情緒反應，避免不愉快的表情。
6. 雖催促但絕不要使他匆忙回答或給他壓力回答。
7. 對被詢問人的問題表現出興趣和同情，真正的傾聽。
8. 不要使用影射被詢問人可疑的問題。
9. 可能的話，直到被詢問人表現出友善和合作時，才開始進行偵訊。
10. 在偵訊過程中的任何時候，當被詢問人好像有敵意或表現沉默時，要嘗試再去重新建立信任和諧的關係。

（二）建立投契關係之建議

美國財政部有關偵訊之訓練課程，建議偵訊人員學習表現出下列的態度及言行舉止，可提供做為與被詢問人建立信任和諧關係的參考：[24]

1. 以一種友善和藹的態度介紹自己，並向證人或被詢問人說明自己的來意（查訪或詢問的目的）。
2. 不要立刻談論有關技術性的問題，保持談話的非正式性。
3. 建立信任與友好。
4. 要專注、專業，同時展現愉快的情緒反應，避免不愉快的表情。
5. 保持公正，減少偏見；不要對被詢問人有偏見。
6. 保持開放的心接受所有訊息，不論它們的種類、性質如何。
7. 依據每一項訊息的事實去做評估。
8. 除非是偵訊上的策略，否則應避免試圖給予被詢問人印象。偵查人員可

[23] Interview for C.I., Office of General Training Behavioral Science Division, Federal Law Enforcement Training Center, Department of the Treasury, p. 6-7.
[24] Interviewing, Partners in Training, International Financial Fraud Training Program, Federal Law Enforcement Training Center, Department of the Treasury, p. 10-7 to 10-8.

能不經意的以一種會給予被詢問人印象的方式表現他們自己及問話，這樣導致嘲諷、憤怒、厭惡，減輕了被詢問人對偵查人員的尊重。

9. 說實情；除非能履行才做出承諾。

10. 評估被詢問人的體力及智力，千萬別低估他們。某些時候，被詢問人的這些能力可能會勝過偵查人員，但你的職務及所受的專業訓練應該能讓你有能力成功的偵訊任何個人，因此在偵訊時總是要想像被詢問人很聰明靈光。

11. 除非是臨時策略，應避免表現出嘲弄輕視的態度，如嘲諷、不切題、暗示被詢問人可疑、威脅及有關人格、宗教、政治和類似爭議的事情。

12. 避免在屋內走來走去或顯露出緊張的樣子（偵訊者要耐性地坐在位置上，不要在房間裡頭踱來踱去；要讓嫌犯在偵訊中保持專注，就要減少讓他分心的事物。而且偵訊者一下站、一下坐或踱來踱去，就表示他欠缺耐心，會讓有罪的嫌犯以為他只要繼續扯謊，偵訊者自己撐不下去就會放棄了）。[25]

13. 說話的語調平穩；不要大聲叫嚷。

14. 避免引起被詢問人的敵對。

15. 透過熟練專業的動作，使被詢問人對你的能力產生印象。

16. 使被詢問人產生你是個發現事實者的印象，而不是只對罪證有興趣（避免讓應訊者認為你就只是個千方百計想要逼他招供或定他罪的探員，最好是扮演一個想要查出事實真相的人）。[26]

17. 支配主導，但不專橫跋扈。

18. 表現出認真專注及信心。

19. 做一個好的傾聽者，對被詢問人的問題表現出興趣及同情。

20. 有耐心，雖然要催促被詢問人，但不要他們匆促回答。

二、瞭解全盤案情

首先使用開放性的問法，有系統的引導被詢問人說出他對這個事件所知道的事實，瞭解被詢問人所能提供相關案情的全部資料，並筆記摘要及重點。「因為詢問人有很多資訊，包含言語及非言語的，因此就必須有一些保留這些

---

[25]　Fred E. Inbau & John E. reid & Joseph P. Buckley著，高忠義譯，前揭註，頁71。

[26]　Fred E. Inbau & John E. reid & Joseph P. Buckley著，高忠義譯，前揭註，頁69。

資料的方法，最常用的就是將重點立刻記錄下來，藉著檢視這些紀錄，常能幫助詢問人回想起在訊問後已經忘記的事情。」[27]

三、製作筆錄

依據瞭解的案情，參照筆記摘要及重點，擬定大綱，再擬定一連串相關聯的問題，依序引導被詢問人回答所期望的答案，並正式記錄製作筆錄（擬定大綱，安排問項順序，正式記錄問答）。開始訊問記錄時，應先問些被詢問人的背景問題，如年籍資料、教育程度、刑案資料、家庭狀況及工作情形等，通常接著以「你今天為何事前來本局？」「○○○於○時○地遭人傷害（罪名案類），你是否知道？」等問題引導進入案情後，就人、事、時、地、物、如何、為何及所觸犯罪名的犯罪構成要件等詢問，有關如何製作筆錄，請參考本書第二篇「筆錄製作」之第一章「筆錄製作要領」。

四、注意追問（follow up questions）

問題的順序應由「一般至特定」，「一般的問題」或敘述性回答人、事、時、地、物、如何、為何，鼓勵被詢問人多談，使詢問人獲得被詢問人對於相關案情可能知道的概況。

「特定的問題」要求特定或精準的回答，回答內容被限定在明確的範圍內。使用特定的問題以得到更詳細的資料，或在一般問題敘述性回答後追問讓被詢問人加以進一步說明。通常這樣的詢問程序，是一直進行到詢問人確認得到所需的資訊為止。[28]

「對於任何不完整的回答，要繼續追問直到你想要合理得到的所有資料為止。」[29]

---

[27] Interview for C.I., Office of General Training Behavioral Science Division, Federal Law Enforcement Training Center, Department of the Treasury, p. 24.

[28] Interview for C.I., Office of General Training Behavioral Science Division, Federal Law Enforcement Training Center, Department of the Treasury, p. 16.

[29] Interviewing, Partners in Training, International Financial Fraud Training Program, Federal Law Enforcement Training Center, Department of the Treasury, p. 10-20.

　　問題要連貫、有邏輯，由大而小而細，環環相扣，特別要注意追問。通常是先問一個「一般問題」後，由所回答的內容中，針對不完全清楚或想要進一步瞭解的地方，追問一個或數個「特定問題」，至獲得此一般問題所要的所有訊息為止；再依序訊問另一個「一般問題」，及追問必要的「特定問題」。

五、檢視筆錄內容，補正疏漏

　　認為該問答的都已完成後，從人、事、時、地、物、如何、為何及犯罪構成要件等，逐項檢視是否有疏漏並立即再訊問補正。新進或較無經驗之詢問人於初步完成筆錄後，可請主管幹部或資深經驗較豐富的同事幫忙檢視筆錄內容是否完整，提供有無必須增補的意見。刑事訴訟法規定，訊問犯罪嫌疑人之筆錄，應採一人詢問，另一人記錄之方式製作。因此負責記錄之人員可就詢問人疏漏的問題，提醒詢問人或協助詢問被詢問人，以確保詢問內容之完整性及獲取所期待的所有資料訊息。

六、完備法定要件

　　製作偵訊筆錄應依據刑事訴訟法相關規定為之，例如：權利告知（告知犯罪嫌疑及所犯所有罪名、得保持緘默，無須違背自己之意思而陳述、得選任辯護人及得請求調查有利證據）、夜間不偵訊（詢問犯罪嫌疑人，不得於夜間行之）、全程連續錄音（必要時，應全程連續錄影）、問錄分離（詢問犯罪嫌疑人之筆錄，應採一人詢問，另一人記錄之方式製作）等，因此要注意確定偵訊過程均符合法律規定。

七、偵訊後的晤談

　　實際進行偵訊是磨練偵訊技巧最好的機會，除了從資深偵查人員之偵訊過程中觀察、學習外，更可以從認罪的嫌犯獲得寶貴的經驗。犯罪可以說是犯罪人理性選擇的結果，因此，「若研究人員能獲得犯罪者的充分合作，重建其決定過程，則可以設計良好的犯罪對抗政策以減少犯罪。」[30]

30　克拉克和康尼絲（Clarke, Ronald and Derek Cornish）認為大部分的犯罪都有或多或少的計畫

　　一個嫌犯在認罪之後，通常也會願意談談他爲什麼會認罪，甚至回答偵訊者，到底偵訊者使用的技巧起了什麼作用，才讓他招了。因此，如果時間及環境許可的話，偵訊者在嫌犯自白之後，可以再和他談談。這種經驗有幾項好處。首先，偵訊者從這個已經認罪的嫌犯身上所學到的，可以用在以後對其他嫌犯的偵訊工作上，特別是那些案情相似的；第二，藉著這種自白後的晤談，偵訊者可以更適切地掌握人性，這是在別的地方所學不到的。而且，對人性越能適當地掌握，對於所有的犯罪案件及涉案的嫌犯就更能理解與同情，嫌犯通常較容易向能理解他們苦衷的偵訊者自白。[31]此外，本篇第二章第二節提及之偵訊七大功能，其中諮詢發掘犯罪情報與獲取與偵查有關的背景資料，很多都是被詢問人在偵訊後與偵訊者的談話中吐露出來的。

　　自白後的晤談應該包括下列問題：[32]

　　（一）你在偵訊過程中，想最多的是哪件事？

　　（二）你是否有想過要說什麼或做什麼，以便弄混偵訊者的方向呢？

　　（三）你覺得你在認罪的過程中需要克服的最大障礙是什麼？

　　（四）偵訊者原先如果怎麼說或怎麼做，可以讓你更容易認罪呢？

　　（五）在偵訊過程中，偵訊者有沒有說什麼話或做什麼事，讓你本來想要認罪，卻又欲言又止？

　　（六）你覺得偵訊者說了什麼或做了什麼，是讓你願意說實話的關鍵？

　　（七）你是否願意就今天的偵訊提供一些評論或觀察心得呢？

　　（即便是刹那間的計畫）和預見，因此可說是有適度的理性。有企圖要犯罪的人會思考犯罪的成本和利益，以及其他替代行爲方式的成本和代價，包含任何可能的社會和道德成本，他們稱之爲「理性選擇理論」（Rational Choice Theory）。參見許春金著，犯罪學，臺北：三民書局，2007年1月，修訂5版，頁202。

[31]　Fred E. Inbau & John E. reid & Joseph P. Buckley著，高忠義譯，前揭註，頁252。

[32]　Fred E. Inbau & John E. reid & Joseph P. Buckley著，高忠義譯，前揭註，頁253-254。

第四章　偵訊之策略與技巧

第一節　偵訊心理

一、說謊的心理

　　《刑事偵訊與自白》一書的作者之一萊德根據心理學上的理論與原則，提供適當的心理模型說明偵訊與自白的目的，藉此說明偵訊策略及技巧如何能成功誘導被偵訊者說實話。就心理層面言，偵訊可被當作拆除謊言的過程。因此要瞭解什麼樣的心理條件可以讓嫌犯認罪，就必須瞭解嫌犯說謊時的心理狀態[1]。亦即瞭解嫌犯說謊的動機。

（一）說謊的動機

　　嫌犯說謊是爲了個人的利益，躲避說實話可能帶來的後果。這種後果主要具有以下兩種屬性之一，或者同時具備這兩種屬性：

1. 現實的後果

　　判處徒刑及執行徒刑，自由受到限制；金錢財產遭受損失，如財物被沒收、裁處罰鍰、負擔損害或民事賠償等。

2. 個人的後果

　　影響自我認同。失去尊嚴、失去榮譽或個人的形象。這對某些人來說或許非常重要，因此必須藉由欺瞞來加以保護。某個不法行爲所帶給行爲人的困窘程度越高，嫌犯在訊問時就會有越嚴重的心理障礙必須克服。這就是爲何很多政治人物因貪腐被起訴或判決有罪，即使罪證確鑿，仍然堅不認罪，且高呼政治迫害，因爲如果認罪，無異斷送其政治生命。

---

[1]　Fred E. Inbau & John E. reid & Joseph P. Buckley著，高忠義譯，刑事偵訊與自白，臺北：商周出版，2000年2月1日，頁422-428。

（二）制約反應鼓勵說謊

撒謊是因為想要避免說實話的後果，但是社會直接經由法律或間接透過教育，規定做了什麼事就會有什麼後果。因為有這些後果，整個社會事實上就是藉由制約反應鼓勵嫌犯要撒謊撒得漂亮。制約反應就是藉由給予懲罰或獎勵來控制或改變行為模式的一種方法。如果嫌犯坦承犯案，老實交待犯行，社會就會藉由起訴、判刑來懲罰此一行為。反之，如果嫌犯說謊而成功逃避刑責，避免處分，而且能夠享受犯罪所得之利益。因此，雖然社會並沒有鼓勵說謊，但卻間接地獎賞了嫌犯圓滿的謊言。但是社會上對於撒謊的瞭解及描述還存在矛盾、對立的地方。

（三）撒謊的矛盾與對立

撒謊撒得好可以得到獎賞，因為本來要給他的處罰就被躲掉了；但相對地，父母、教會、學校及其他社會機構都一直說，誠實永遠是最好的。每個人都期望自己生活在一個眾人都誠實或值得信賴的社會，因此雖然一個人藉著高超的說謊技巧，可以避免發生那些不想要的後果，但同時他心裡頭因為已經內化了說謊不好的信條，因而產生內心的矛盾。

（四）說謊的結果（產生焦慮）

心理上來說，因為說謊而感到矛盾衝突的結果，嫌犯會有很深的挫折及焦慮。只要當事人所想和實際上有衝突或認知上有不一致的時候，就會產生焦慮。所期望的和現實的距離越拉越遠，認知上的差異越來越大，就會產生更大的焦慮。嫌犯這種越來越焦慮的狀態，部分說明了有些嫌犯為什麼願意在接受訊問時認罪。嫌犯想避免說實話可能帶來的後果，又不願意讓撒謊所造成的內部焦慮越來越嚴重。從案例來看，只要嫌犯自願認罪，通常就不會有太大問題。藉由認罪，嫌犯才能從某個犯罪行為所累積的沉重壓力下獲得解脫。

（五）焦慮的徵狀

嫌犯確實有罪或者說謊時所反應出來的行為徵候，正是企圖藉此來減緩當時的焦慮。行為徵候包括語言及非語言反應，語言反應主要是觀察辨識誠實

及不誠實。非語言反應的線索，像是姿態、體態、臉部表情、還有其他肢體動作，往往可以補充或修飾所說出來的話的眞義。

（六）紓解焦慮的防衛機制

　　焦慮是每個人日常生活上都會有的情緒。但藉由特定行爲或特定的心理機制卻能適當加以控制，這種作用極其自然，大部分人甚至不知道自己已經進行控制。對抗焦慮的過程：「人的身體和心理會自動自發、協同一致地減緩焦慮感，即使可能在不自覺當中，影響了心理機能的正常運作或身體功能的正常作用。」

　　防衛機制是個人爲了紓解焦慮或罪惡感或維持自尊，而採取的反應。防衛機制可能在人的心智活動中扭曲或否定現實的情況。

1. 合理化作用（Rationalization）

　　行爲人對他所做的行爲重新提出一套不同的解釋，以規避後果所可能課予行爲人的責任。例如職員侵吞公司存在銀行的款項，可能宣稱只是暫借，之後會還錢，藉此來合理化偷竊的本意。

2. 投射作用（Projection）

　　個人把自己的想法或行爲所受到的責備，推卸給另外一個人或是地點、事物種種情境。例如，一個竊取公司財物的職員可能怪罪老闆沒有給付加班費，藉此來推卸責任。在他的心裡頭，他根本沒有偷竊，只不過拿了原本應該屬於他的東西。

　　防衛機制在個人心中會產生曲解現實或否定現實的功能，但並非個人就完全和現實脫節；而是現實的情況被重新解釋過了。

　　爲規避責任、後果而撒謊，必然伴隨著焦慮的情緒。在撒謊的同時，藉由一些小動作或防範機制，行爲人可以容忍因爲撒謊所產生的焦慮感。

二、偵訊的心理基礎[2]

　　一個人之所以願意認罪（說實話），應該是他認為與其繼續撒謊而焦慮不安，倒不如認罪面對可能的後果。相反的，如果嫌犯認為寧可因為撒謊而焦慮也不願意說實話，面對可能的後果，那麼他就會繼續撒謊下去。影響這兩種不同決定的變項，就是嫌犯要繼續焦慮還是要接受懲罰；在偵訊時可在心理上加以操作。偵訊是拆解謊言的過程，所以目的就是要減緩刑責對嫌犯產生的壓力，同時強化因為撒謊所造成的焦慮情緒。

（一）嫌犯認罪的概念

　　使嫌犯認罪的四個概念：

1. 預　期

　　指某個特定的欲望或目標在聽者心中是可期待的或必然的。嫌犯預期如果認罪則被判刑的後果是必然的，因此，最好的目標就是不要認罪。

　　人對他所遭遇到情境的解釋受到他態度的影響，而每一個人的態度是不一樣的。態度是一個人對一些理念、物體或人所持有相當穩定的一種看法。每一個態度都是信仰、感情與評估的混合，再按照這樣的態度去做某些行為。[3]

2. 勸　說

　　是一種溝通的技巧，藉勸說來改變聽者的態度、信念或觀念。如能改變某人原來預期某個結果較好或必然的想法，其預期就會產生改變。

　　雖然態度是一種穩定的心智狀況，它的穩定性卻是不時的受到威脅、衝激，使態度因而改變，「說服性的溝通」是一種可以改變態度的方法。[4]

3. 信　念

　　信念並不是事實，因此可以藉由不同的解釋觀點或外部操作來加以改變。偵訊者可以藉由改變嫌犯的信念來合法改變嫌犯對認罪後結果的認知，或者對

---

[2]　Fred E. Inbau & John E. reid & Joseph P. Buckley著，高忠義譯，前揭註，頁428-439。

[3]　Gleitman. H著，洪蘭譯，心理學，臺北：遠流出版，1995年，頁400、431。

[4]　Gleitman. H著，洪蘭譯，前揭註，頁400、431。

於因為撒謊所產生的焦慮的認知。

4. 行為（自白）

藉勸說改變嫌犯的信念與預期，產生行為的改變，即由撒謊轉變成同意自白。

（二）勸說行為的變項

勸說目的在於改變行為人的預期，判斷勸說行為是否有效改變聽者預期有四項標準：

1. 可信度

必須能夠讓聽者把勸說者當作可靠的消息來源，勸說行為才能奏效。可信度是由誠懇、充分掌握訊息，以及適切的態度一起構成的。

「說服性的溝通」決定於二個部分，一個是訊息來源是否可信賴、可靠；另一個是訊息的內容。例如訊息來源者的「資格」，假如是個公認的專家，他所送出的訊息就會比一個默默無名的小卒來得有說服力。另外，「信任」也很重要，假如我們認為一個人說服我們是因為他可以因此獲利，則這個說服的力量就不大了；反之，如果與他自己的利益相衝突時，最有說服力。[5]

2. 對聽者態度的掌握能力（察覺力）

態度是可以用某些說服的方法來改變，但是由於認知的一致性，一個人的態度其實是相當穩定的，要改變一個態度其實要花很大的功夫的。[6]

評估的兩個因素：瞭解嫌犯想隱瞞什麼（怕什麼），以及嫌犯對焦慮的容忍能力（承受哪一層次的焦慮）。前者之訊息最大的來源是嫌犯自己，偵訊者可以問一些有探詢效果的問題，嫌犯在回答問題時，可能透露出他心中最擔心的後果是什麼。後者可以在嫌犯面對直接指控的沉默之後，清楚看出來。如果嫌犯確切的回答，那麼他承受焦慮的能力就較高，如果嫌犯只是含混地反駁，則其忍受焦慮的能力較低。另嫌犯在偵訊時的肢體動作，也可以透露他忍受焦

5　Gleitman. H著，洪蘭譯，前揭註，頁402、431。
6　Gleitman. H著，洪蘭譯，前揭註，頁402、431。

慮的能力。能夠繼續端坐者較在椅子上晃來動去者，對焦慮有更高的容忍力。

3. 內化勸說者的訊息

如果勸說者能夠讓聽者把所要傳達的訊息內化於自己心中，就能夠有效地改變原先的預期心理。在內化之前，勸說者必須先讓聽者能夠瞭解他所要傳達的訊息與自己目前的信念有什麼不同。要瞭解新訊息就必須有適當的智能、理解力及意志力。有妄想症的人就欠缺上述條件，因此不可能對他進行有效的勸說，因為這種人根本不可能用和正常人一樣的模式來理解新的觀念。

內化訊息有三階段的過程：

(1) 知悉：表示已經明白、認知或理解某個想法或意見。

(2) 接受：就是同意、看法一致。

(3) 信念：必須經由某種動力才能夠建立。要內化某個訊息，就必須先有動機去做某件事。

偵訊者必須明確地傳達出嫌犯說實話的目的；傳達要求嫌犯說實話的訊息，必須包含哪些對於嫌犯來說可信且解釋得通的劇本素材。最後，必須給予相當的動力使嫌犯內化或相信這樣的訊息。這種動力，典型上是透過二選一的題目來達成。藉此選擇讓嫌犯決定認罪因而將焦慮排除到最小，或者繼續承受最重的焦慮。

4. 聽者的反應

偵訊者必須隨時注意嫌犯的反應，以確定嫌犯是否接受這個話題，是否應該加深嫌犯的焦慮感，以及改變的時機是否正確。勸說是一種隨時修正與改變的動態過程，以確保勸說者掌握主動權。

最難引導自白的兩種嫌犯類型分別是，具有極高的焦慮忍耐度（無罪惡感、懊悔，不斷異議及爭吵），以及無涉情緒的嫌犯（毫無反駁地接受異議或沮喪）。

三、偵訊的心理動態

運用偵訊的策略與技巧使嫌犯改變預期轉而說出實話。讓一個嫌犯從相信他所能做的最糟的事就是自白這樣的預期，到相信自白是可以接受的。

偵訊是拆解謊言的過程，其目的就是要減緩刑責對嫌犯產生的壓力，同時

強化因為撒謊所造成的焦慮情緒。

（一）瞭解與掌握人性

偵訊者必須對人性有相當的瞭解與掌握：

1. 否　認

要某個人承認他所犯的錯，不管這個錯誤是輕微或嚴重，都是一件不容易的事。大部分的犯人都會否認他們犯罪的事實，除非經過可能長達數小時的私下訊問，才會認罪。主動認錯或自找麻煩並非正常的人格特質，人們通常在沒被逮到之前，是不會主動承認錯誤的，而必須先經過訊問。偵訊者應該認識到嫌犯否認是一種常態。

2. 保護隱私

一般的交際中，我們會避免在有其他人在場的情況下，要求對方透露其祕密，而找一個適當的時間或地點私下的談談。偵訊犯罪嫌疑人或關係人時，因為所要透露的事情是犯罪案件，對隱私的要求將更高，也就是犯人或目擊者只有在與偵訊者單獨相處，而沒有第三者或其他的一群人在場時，才較容易透露祕密。

（二）瞭解說謊的心理運作

偵訊者要瞭解什麼樣的心理條件可以讓嫌犯認罪，就必須瞭解嫌犯說謊時的心理狀態。

1.說謊的動機：嫌犯說謊是「為了個人的利益」，為了躲避說實話可能帶來的現實的或個人的後果。

2.說謊產生的矛盾：每個人都期望自己生活在一個眾人都誠實或值得信賴的社會，雖然藉著說謊可以避免發生不想要的後果，但同時心裡已經內化了說謊不好的信條，因而產生內心的矛盾。

3.說謊的結果：因為說謊而感到矛盾衝突的結果，嫌犯會有很深的挫折及焦慮。

4.焦慮的徵狀：嫌犯可能藉由身體的移動或一些小動作來減緩焦慮。

5.一個人之所以願意認罪（說實話），應該是他認為與其繼續撒謊而焦慮

不安，不如認罪面對可能的後果。

　　6.如果嫌犯認為寧可因為撒謊而焦慮也不願意說實話，面對可能的後果，那麼他就會繼續撒謊下去。

（三）偵訊心理之運用[7]

　　偵訊的目的就是要減緩刑責對嫌犯產生的壓力，同時強化因為撒謊所造成的焦慮情緒。

1. 減輕預期的後果（減緩刑責對嫌犯產生的壓力）

　　預期的後果通常透過合理化及推卸責任的論調來減輕焦慮。因為減輕焦慮是被偵訊的嫌犯所希冀的目標，絕大多數的嫌犯都會合理化或推卸其犯罪行為。

　　嫌犯會使用下列五種「中立化技巧」來減低其行為的後果：[8]

　　(1) 否定責任（怪罪酒精、藥物、健忘症、壓力）。

　　(2) 否定造成傷害（被害人未受傷、公司不會破產）。

　　(3) 否定被害人的存在（他活該被搶；她想要發生性關係）。

　　(4) 反譴責（每個人都偷竊）。

　　(5) 訴諸更高的忠誠（嫌犯這麼做不是為了自己）。

　　透過二選一的問題讓嫌犯挑選，藉此可以減輕嫌犯的心理壓力，而比較願意說實話。偵訊者從主題中增加的選擇性問題所呈現的，是一種在最大後果（高度焦慮）和最小後果（低度焦慮）中做選擇的情況。

　　選擇性問題的例子：

　　(1) 你已犯過許多次，還是第一次？

　　(2) 你拿走的是5,000元，還是1,000元？

---

[7]　Fred E. Inbau & John E. reid & Joseph P. Buckley著，高忠義譯，前揭註，頁439-442。

[8]　瑪札（Matza, David）和西克斯（Sykes, Graham）之中立化技術理論，認為青少年犯罪者仍保有傳統的價值理念和態度，但他們卻學習到一些「技巧」使他們能中立化這些價值，而終能「漂浮」於合法與不合法行為之間。當青少年違反社會規範時，他們往往發展出一套特有的合理化說法，使他們能夠暫時地離開社會規範而參與犯罪行為。參見許春金著，犯罪學，臺北：三民書局，2007年1月，修訂5版，頁347。

(3) 你做這件事是有計畫性的或臨時起意的？

(4) 你做這件事是基於故意或只是個意外？

(5) 是你的主意或你只是跟隨其他人做？

從主題增加的選擇性問題，應該建構出一個夠強的負面後果的情況，嫌犯才會相信如果不對其中一點承認，沉默將意味另一種情況會被採信。

2. 增加預期的焦慮（強化撒謊所造成的焦慮情緒）

增加焦慮的言語陳述或動作，必須視嫌犯在偵訊環境中對自己的反應如何而定。要瞭解哪些確信可能產生焦慮，只需考慮哪些價值及特質是人們所教育及保護的。以下是某些典型的人們想擁有的人格特質：忠誠、負責、正直、宗教信仰、愛及同情心、聰明才智、成就、受人尊重。提醒嫌犯：因為他們的謊話而違反的人格特質。

第二節　證人及被害人之詢問

除了諮詢人員（即線民）須有某些特別的考量外，偵訊的對象有三種：被害人、證人（關係人）、犯罪嫌疑人。通常先詢問被害人，其次關係人，最後才是犯罪嫌疑人。[9]這些人會有不同程度的合作、不情願或勉強、敵意等。友善及合作的證人經常能提供有助於從有敵意及不合作的證人處獲取訊息的資料，因此最友善及最合作的證人通常要最先訊問。[10]詢問關係人的時候，應該問他，就他所知到底發生了什麼事情？他認為誰是主要的犯罪嫌疑人？為什麼？當偵訊者具體使用一些策略或技巧，就能問出一些相當有幫助的訊息。[11]因為關係人可能因不瞭解什麼訊息有助於偵查，或什麼訊息是偵查人員想要的，而不會主動提供，因此偵訊者應引導關係人提供可能有助於偵查的訊息。

---

[9]　Interview for C.I., Office of General Training Behavioral Science Division, Federal Law Enforcement Training Center, Department of the Treasury, p. 27.

[10]　Interviewing, Partners in Training, International Financial Fraud Training Program, Federal Law Enforcement Training Center, Department of the Treasury, p. 10-5.

[11]　Fred E. Inbau & John E. reid & Joseph P. Buckley著，高忠義譯，前揭註，頁33。

　　偵查中的詢問，是指偵查人員用談話或者問話等方式向證人、被害人調查瞭解案件情況的活動，其目的在於從被詢問人處獲得有助於發現真相、獲得證據和查獲犯罪嫌疑人的各種資料和線索。[12]

一、詢問之準備[13]

　　首先，要明確詢問的目的。在詢問前要詳細瞭解案件的全貌、詢問的內容要點，以及為什麼要詢問這些問題等。

　　其次，擬定調查詢問題綱。包括：應從哪些方面提出問題、怎麼引出話題、問題的順序、採取的方法、詢問的時間地點等。

二、詢問步驟[14]

（一）確定被調查詢問對象

　　被調查對象如不明確，必須透過分析研判找出可能知情的人，以確定應該調查詢問的對象。一般情形下主要是圍繞案件現場，被害人、犯罪嫌疑人周圍，作案的來去路線及逃逸方向，可能感知案件有關情況的群眾等方面去尋找確定。

（二）瞭解被詢問的對象

　　詢問前可以透過被詢問對象的所在單位或地區的有關人員、親朋好友等瞭解其年齡、職業、文化水平、社會經歷、個性愛好，以及與案件中有關人、事、物的關係，同時還要瞭解被調查詢問人跟犯罪嫌疑人、被害人的關係，為有目標的調查詢問奠定一個良好的基礎。

（三）選擇適當的時間和環境

　　在時間上，除非緊急情況，原則上應選擇不使對方感到為難的時間，使對

12　何家弘主編，新編犯罪偵查學，北京：中國法制出版社，2007年7月，頁268。

13　何家弘主編，前揭註，頁269。

14　何家弘主編，前揭註，頁270。

方易於接受，並可以專心地回憶調查的內容。在環境上，應選擇有利於保密、對方可以毫無顧忌談話的場所、地點進行。另外，有一些案件也可以借助被詢問人害怕被家人知道的心理，可以利用家人不在時到其家中進行詢問。

（四）製造適宜調查詢問的氣氛

能否製造宜於調查詢問的氣氛，是能否消除被詢問對象的疑慮、緊張和不安等消極情緒，及能否打開心扉進行陳述的重要因素。因此，在開始詢問時，應根據被詢問對象的年齡、職業、興趣等先進行一般性問話，盡快消除對方的緊張不安，使其感到親切和信賴，從而製造適宜調查詢問的氣氛。

1. 引出話題

如同一般社交一樣，例如，天氣、新聞、被詢問人周圍發生的事件、被詢問人的興趣、愛好，以及衣食住行等人們日常關心的問題，都是製造適宜氣氛的話題。

2. 消除不安

只要沒有什麼妨礙，應盡快使對方理解詢問的目的，以免引起不必要的擔心，同時還要消除被詢問對象害怕日後遭受牽連和打擊報復的想法，要喚起被詢問人的正義感，使其認識到假如不提供協助，還有更多人受到侵犯和傷害。

3. 引起興趣和關心

一般來說，自己身邊一旦發生了如殺人或搶劫等案件，就會擔心不知何時自己或家屬有可能也身受其害而變得特別關心。因此，利用這種心理，盡可能設法引起被詢問人的興趣和關心，有助於調查詢問的成功。

4. 注意調查詢問的用語和態度

偵查人員要注意自己的行為舉止，講究問話藝術，並根據不同被詢問對象而採取不同的問話和態度。

三、詢問策略

（一）一般策略[15]

1. 和被詢問人建立良好的心理關係

　　詢問一定程度上是情感、信息的交流，需要雙方相互信任和瞭解。被詢問人是否願意和偵查人員合作，除偵查人員的個人魅力和工作能力外，很大程度上取決於他們的言談舉止和談話方式。

2. 由被詢問人自由敘述，詢問人輔助提問

　　經由被詢問人的自由敘述，偵查人員可以大致瞭解對方所掌握的情況，還可以對被詢問人的個性、陳述能力，以及作證態度做出初步的分析判斷。只有當其陳述離題太遠，完全偏離了詢問的本意，偵查人員可以適當地透過輔助提問來截斷對方的陳述，調整其陳述的重點，使之回歸正題。否則，頻繁的插話和打斷，可能使得被詢問人喪失陳述的主動性，使其正常的聯想、回憶受到干擾，甚至可能導致錯誤的暗示。

3. 對可疑情報的追問

　　可疑情節是指那些前後矛盾、不合邏輯、不合常理或者與其他證據矛盾的情節。可疑情節可能是被詢問人故意編造謊言，也可能是陳述或者記憶中的偏差，或者是偵查人員的理解出現了錯誤，或者是其他證據有問題。發現可疑情節，應該是一個突破口。對可疑情節的追問，首先，可以考察被詢問人的作證態度；其次，可以使數個證人、被害人關於同一情況的陳述得到核實印證；再次，有利於偵查人員分析陳述的確切程度，考察被詢問人的陳述是基於客觀事實還是個人的推測。

（二）對不同對象的詢問策略

1. 根據詢問對象與案件的利害關係，選擇詢問方式

　　有些證人與案件之間有著錯綜複雜的利害關係，他們在被詢問時，有著不

---

[15]　何家弘主編，前揭註，頁272、273。

同的心理防禦機制，因此要有不同詢問策略：[16]

(1)犯罪嫌疑人的親友、同事或鄰居等

因其與犯罪嫌疑人之間有著直接的利害關係，他們之中有的人會拒絕作證，有的人會作偽證，有的人會縮小事情的嚴重性等等。詢問他們要有策略：向他們說明法律法規，告訴他們作證的重要性，再循循善誘進行發問。如果他們不合作，就嚴肅的告知作證之法律規定，說明作證的利害關係。[17]案件有一些牽連的證人，多半能提供有價值的情況，但往往害怕牽涉到自己。詢問時，先要曉以大義，如果不合作，再鄭重的告知（透露部分或暗示）偵查人員已經掌握的證據，這樣可使他們選擇配合。

(2)案件受害者及其親友

這些人當中，有的因為報仇心切，可能會誇大其辭；有的因為擔心遭到報復，而不敢揭發；有的怕影響自己的名譽，而忍氣吞聲。詢問時要親切和藹，充分體現對受害者及其親友的同情與關愛，有些話要說得含蓄一點。詢問時先要進行安慰，問到要害處時，切忌使用刺激性的口語，如果詢問對象處於很激憤的狀態，可以暫時轉移話題，等他們情緒平穩後再把話題拉回來。

(3)出於個人考慮不願作證的人

一般都出於某種因素，如強暴案被害人，由於受傳統思想的影響，擔心事情曝光會給自己帶來一些麻煩，於是迴避作證，因而，詢問的口氣要表現出對被害人的同情和安慰，要選擇溫婉含蓄的口語問清有關問題，切忌使用冷淡、責怪甚至諷刺性的口語。

2. 可能合作的證人或關係人[18]

偵訊人員必須遵守以下的一些規則：

(1) 盡可能鼓勵證人自己從頭到尾完整地描述案發經過，偵訊人員再找出其中一些重點提出問題加以釐清。

---

[16] 何家弘主編，前揭註，2007年7月，頁276。

[17] 刑事訴訟法第176條之1規定：「除法律另有規定外，不問何人，於他人之案件，有為證人之義務。」同法第178條第1項規定：「證人經合法傳喚，無正當理由而不到場者，得科以新臺幣三萬元以下之罰鍰，並得拘提之；再傳不到者，亦同。」

[18] Fred E. Inbau & John E. reid & Joseph P. Buckley著，高忠義譯，前揭註，頁261-263。

(2) 適時給予鼓勵與支持，例如說：「這對我們是很大的幫助」、「你的記憶力蠻好的」。

(3) 把證人和其他人分開來，以避免造成他的困窘。

(4) 避免使用誘導性的問題，引出特定的答案（例如，那部車子的車身是黃色的，而且頭部是白色的吧！），應該使用無預設答案的問題，用字遣詞要配合證人的口語，並且讓他能夠理解。

(5) 對證人以及他所說的一切，要保持高度的興趣，避免諷刺、批評或表現出任何的憤怒或敵意。

(6) 要有耐性。如果證人覺得偵訊者失去耐性，他可能就打住不說了。

(7) 利用素描的方式建構案發現場的情況。

(8) 要仔細區分推論和事實。

(9) 留意證人所表現出的語言上或非語言的行為徵候。這可能表示某個討論的題目需要進一步地追問，或證人對某方面還沒有完全地坦白。

(10) 需注意到是不是有什麼原因讓證人欲言又止，例如擔心自己以前幹的什麼壞事又被抓到，或者他出現在這個地方被人知道的話會造成一些困擾。偵訊者應該向證人保證，警方只對他在案發當時看到或聽到的感興趣而已。

3. 配合度不高的證人或關係人[19]

有些證人或可能的告發人對於他所知道關於別人的犯罪事實，仍然企圖加以隱瞞。訊問這類人的時候，下面幾項建議將有助於獲得偵訊者想要的資訊：

(1) 向願意配合卻有所顧慮的證人或關係人保證，警方絕對會提供必要的保護措施，使他免於被犯罪嫌疑人或他的親戚或朋友傷害。

警方應做出幾項明確的保證：①只要證人或告發人只為了自己的良心而作證，並不是出於自私的動機，極少會因為作證而被報復；②證人所說的警方一定會嚴加保密；而且如果情況允許，在法庭上無須公開作證時，犯罪行為人或其他任何人，都不會知道證人或他的告發人，曾經對警方透露什麼；③如果證人有必要在庭上公開指證，他之前和警方合作的內容也不會被洩露出去，一切會安排成完全是法庭傳喚證人出庭作證，證人只是受命如此而已；④如果證人要求或情況需求的話，警方會派人專責保護他的安全。

---

[19]　Fred E. Inbau & John E. reid & Joseph P. Buckley著，高忠義譯，前揭註，頁263-265。

(2) 如果證人或關係人因為刻意迴護犯罪嫌疑人，或天生有反社會傾向，或對警察懷有敵意，因此拒絕與警方合作，可試著切斷他和犯罪嫌疑人之間的忠誠問題，或者直接把他當成犯罪嫌疑人，提出指控，並加以偵訊。

　　向證人說犯罪嫌疑人已經背叛了他，就可能切斷證人和犯罪嫌疑人間的忠誠聯繫。偵訊者將其當做嫌犯實施偵訊，證人或關係人就要面對被當成嫌犯，為他沒有做的事情被調查，此時為了自己的利益，可能就得放棄迴護嫌犯。

　　「有敵意或不願作證的證人最困難進行訪談，要嘗試瞭解其原因，設法克服。不幸的是，不管偵查人員好話說盡，就是有一些人不會受到影響，而且對偵查人員的友善方式，懷有恨意。對這些人就必須用嚴肅、不帶感情、公事公辦的態度對待。」[20]

四、誤證的情況

　　刑案能否偵破主要是依賴證據，證據包含人證及物證；而各種人證中，又以目擊證人（包含被害人）的指證，最為關鍵。目擊證人的供述與指證，靠的是記憶的正確性及完整性。但是，人類的記憶經常受到種種因素的影響而出錯，導致目擊證人證詞的不完整與不正確。因此，幾乎所有關於目擊證人的研究皆強調，許多誤判是因為證人的錯誤指認與證詞所造成，美國2007年的誤判案件中有75%是肇因於證人的錯誤指認與證詞。[21]中國大陸2007年就物證、證人證言、視聽資料、被告口供、被害人陳述、鑑定結論及勘驗檢查筆錄等七種法定證據與刑事錯案之關係，對於法官、檢察官、律師和警察等共140人發放問卷調查（回收139份），結果亦顯示證人證言最容易導致刑事錯案。[22]

　　許多因素會限制從目擊證人那裡獲得正確的資訊，其中有些是難以克服的障礙，例如出於個人考慮不願作證、犯罪嫌疑人之親友或有直接利害關係而有

---

[20] Interviewing, Partners in Training, International Financial Fraud Training Program, Federal Law Enforcement Training Center, Department of the Treasury, p. 10-25.

[21] 郭若萱、林燦璋，對目擊證人使用認知詢問法之分析，警學叢刊，第41卷第6期，中央警察大學，2014年5月，頁98-99。

[22] 分別為物證，占4%；證人證言，占38%；視聽資料，占5%；被告口供，占37%；被害人陳述，占11%；鑑定結論，占18%；沒人選擇勘驗檢查筆錄。參見何家弘著，冤案講述——刑事司法十大誤區，臺北：元照出版，2014年5月，頁72-73。

所保留、對警察不友善配合度不高、表達能力有問題無法接受有效詢問等，可能改善的方面為人類的記憶問題。

（一）記憶錯誤的型態[23]

記憶功能的缺失區分為七種類型：健忘、失神、空白、錯認、暗示、偏頗、糾纏。健忘、失神、空白三者，屬於「不作為」（omission）之缺失，指的是我們明明希望想起來的事實、事件或觀念，卻偏偏想不出來。錯認、暗示、偏頗、糾纏四者屬於「作為」（commission）之缺失，亦即雖然記憶看似存在，卻是不正確或不受歡迎的。

1. 健忘

健忘（transience）是指記憶隨著時間過去而減退或喪失。健忘是記憶的基本特性，也是許多記憶問題的禍根。

2. 失神

失神（absent-Mindedness）是注意力與記憶之間的介面出了問題。種種心不在焉的記憶錯誤，通常是因為心有旁鶩，以致對該記住的事沒留神。這時相關的資訊並非隨著時間而消逝，而是一開始就沒留存於記憶中。

3. 空白

空白（blocking）是指腦子裡努力想找出某一資訊，卻終歸徒勞無功。例如，我們都曾有過看到熟面孔卻叫不出名字的經驗。其實這個名字並不曾從我們的記憶中消逝，因為幾個鐘頭或幾天後，我們可能突然想起來原先百思不得的名字。

4. 錯認

錯認（misattribution）是指將記憶錯認了源頭，把幻想誤為真實，或是把報上讀到的消息誤記為由朋友告知。這種情況遠比我們想像中來的普遍，在司法判決上尤其可能影響深遠。

---

[23]　Daniel L. Schacter著，李明譯，記憶七罪，臺北：大塊文化，2002年，頁13-14。

5. 暗示

暗示（suggestibility）指的是喚起過去記憶時，因受到引導性的問題、評論或建議的影響，而使得記憶遭到扭曲。這種記憶的缺失也與法律審判息息相關，甚至可能導致嚴重後果。

6. 偏頗

偏頗（bias）之缺失反映了我們現有的知識與信念，對自己過去回憶的強大影響力。我們常會不知不覺地根據自己目前的知識與信念，重新編排甚至全盤改寫先前的經驗。由此產生的是，對特定事件的偏差演繹或是無中生有的情節，這些與其說是「當時」的情景，還不如說是「現在」的感受。

7. 糾纏

糾纏（persistence）是指那些我們明明想澈底忘掉的資訊或事件，卻一再反覆地回想起來。

（二）誤證的情況[24]

證人的證詞，未必完全客觀正確，即令目擊證人確是誠實無欺，亦可能因知覺或記憶的錯誤或接受不正確的暗示，因而作誤證。證人可能導致誤證的情況如下：

1. 現場知覺之錯誤

刑案發生現場之目擊者接受詢問，多視其最初觀察的印象如何而定，但其觀察的不正確性卻頗為常見。此種不正確之形成，乃肇因於證人在視知覺、空間知覺、聽的知覺、動的知覺、時間知覺，以及注意範圍錯誤之影響所致。

2. 記憶之誤差

除了上述健忘、失神、空白、錯認、暗示、偏頗、糾纏等七種記憶功能的缺失外，證人之記憶，往往受到觀察之次數、間隔之時間、情緒之因素、倒攝抑制之影響以及指認之錯誤[25]等因素，而有若干的誤差存在。

24　馬傳鎮，犯罪心理學新論，臺北：心理出版，2008年，頁462-467。
25　記憶上發生倒攝抑制作用，亦即對前發事件不復記憶或是記憶發生錯誤，此種情況尤以證人

3. 暗示之不良影響

證人接受不當的暗示或詢問的問題，都有可能影響證詞的客觀性：

(1)成年證人感受暗示之影響

成人證人在心理上易與環境隨和，而感受暗示。當案件發生後，證人可能只瞭解一部分情節，但因受親友的言論、輿論報導、其他證人的陳述或當事人的供詞等影響，而增減匿飾其證詞，故證人必須分別詢問，尤應爭取時間，越快越好。

(2)兒童或心智遲滯證人之危險

許多實驗證明兒童遠較成人更易接受暗示；因之，有時嚴重的誤判，可能由於信任兒童證人的證詞所致。另心智遲滯而智商甚低之成人，與兒童同樣易受他人暗示感染。

(3)詢問題目之形式

證人在詢問過程期間，可能在無意當中接受偵訊者誘導式問題的暗示，而為不確實之證詞。以暗示想要的答案方式問話，通常是回答「是」或「不是」。例如：「這個人你在那個地方見到的，不是嗎？」之類的問話，極具暗示性；證人可能並未在那個地方看到任何人，但是在這種問句之下，很容易做肯定的答覆。否定式的問句則比肯定式的問句更具暗示性。否定式的問題不但暗示要回答「不是」，而且就是意指「不是」就是正確的回答。

4. 不適當證詞心理之影響

證人亦可因以偏概全之心理、主觀與偏見之心理、畏懼恐懼與避重就輕之心理，以及同情與求全之心理等情況，而說出不正確的證詞。

五、詢問要領

在真實的詢問環境中，證人記憶錯誤常見的類型為健忘、失神、空白、錯認、暗示、偏頗等問題，經由適當的詢問技術，確實可增進目擊證人的記憶。歷年來國外的相關研究已證實，「認知詢問法」可有效增強證人的記憶以及回

當時受攻擊而陷入昏迷者為然。指認錯誤發生的主因，是由於原物與誤認物之間有某些相同因素所致。

憶的正確性。

（一）認知詢問法

認知詢問法（Cognitive Interview, CI）[26]是由四個記憶增強技巧，加上數個可增加證人對事件回憶的特殊方法（特殊記憶術）組成：

1. 記憶增強技巧

(1)重建情境（Reconstruct the Circumstances）

試圖在心中重建事件的背景，回想犯罪現場周圍環境，如房間、燈光、氣候、氣味以及鄰近的人或物，同時試著回想當時的感受是什麼，以及對事件的反應。

(2)完整陳述（Be Complete）

完整敘述所有的事情，即使認為不重要，或是只有片段也不要遺漏任何細節。完整陳述有兩個正面效果：①許多人對於有偵查價值的項目及資訊沒有概念，因此會保留自以為不重要的資訊；②有時透過思考不重要的細節會讓人想起重要的細節。

(3)以不同順序回憶（Recall in Different Orders）

試著以相反的順序描述事件（倒敘），也可從印象最深的事件開始描述，之後按照時間順序或以相反順序回憶。

(4)改變觀點（Change Perspectives）

試圖以不同觀點回憶事件，或採用事件中其他在場人的觀點。以不同觀點回憶也會想起關於犯嫌行為的新細節。

2. 特殊記憶術（Specific Mnemonics）

證人敘述完成後，詢問者認為有需要時，再利用一系列特殊技巧去引出特定的資訊項目，包含詢問下列事項：

---

[26] 郭若萱、林燦璋，前揭註，頁102-104。

(1)身體外觀（Physical Appearance）

犯嫌是否會讓你想起某個你認識的人？如果是，試著想為什麼？是否身體或衣著有不尋常的的地方？

(2)名字（Names）

如果你有聽到一個名字但是想不起來，試圖想第一個字，或是名字共有幾個字。

(3)數字（Numbers）

如果有數字，數字是多還是少？是幾位數？其中有文字或其他符號嗎？

(4)說話特徵（Speech Characteristics）

聽到的聲音是否會讓你想起某人的聲音？如果是，試著想為什麼？聲音是否有不尋常的地方？

(5)對話（Conversation）

回想你對嫌犯所說的話的反應，以及其他人的反應，有使用不尋常的字眼或語氣嗎？

（二）修正版認知詢問法[27]

修正原始版本的認知詢問法，除了保有原始版本的四個記憶增強技巧，另納入有效與證人溝通的技巧，並建議詢問要在適當的環境下進行，以確保證人在檢索記憶時可專注而不被打斷。修正版本的認知詢問法包含下列幾個基本原則及步驟：

1. 建立投契關係（Rapport Building）

讓整個詢問是個別化的，確保證人是感到舒適以及不會被打擾的。

2. 移轉控制權（Transfer of Control）

詢問者應確保證人在陳述時不會被打斷，並讓證人決定詢問的步驟，盡可能使用開放式問題。

---

[27]　郭若萱、林燦璋，前揭註，頁104-105。

3. 證人兼容的問題（Witness-Compatible Question）

用統一形式的問題詢問所有的證人，無法有效觸動所有證人的記憶，因此詢問者的問題要有彈性，並視個別證人的需要去修改詢問的型態，比起固定不變的詢問型態（強迫證人調整記憶去配合詢問者的問題），是更有效的。

4. 專注檢索及延伸檢索（Focused Retrieval & Extensive Retrieval）

任何干擾記憶檢索的過程，例如噪音或打斷證人敘述，都會阻礙證人回憶。證人通常不會專注於記憶檢索，因此有效率的詢問者必須想辦法讓證人更加專注。另外，通常證人越試著檢索特殊事件，就會回憶起越多資訊，因此詢問者應促使證人試著檢索。許多證人會在首次回憶失敗就停止，詢問者應鼓勵證人繼續試著檢索。

（三）認知詢問法之執行程序[28]

認知詢問法在證人開始敘述前，會先給予證人引導（即前述四個記憶增強技巧），而在敘述完成後，再以特殊記憶術幫助證人回憶案發狀況，其執行程序可分為下列五個部分：

1. 引言（Introduction）

詢問者嘗試：(1)與證人發展投契關係；(2)傳達偵查上對廣泛、詳細資訊的要求；(3)鼓勵證人主動提供資訊。

2. 開放式敘述（Open-Ended Narration）

證人開放式的敘述，可讓詢問者根據證人的陳述去推斷事件的圖像，並發展出適當的探索記憶策略。如果證人最初的開放式敘述沒有被打斷，便可傳達關鍵事件的大量資訊。

3. 探究（Probing）

詢問者引導證人最富饒的資訊來源（即心理圖像），並極盡利用此來源以充實資訊內容，如要證人回想看到犯罪者的最佳角度，盡可能詳盡的描述所看

---

[28]　郭若萱、林燦璋，前揭註，頁105-106。

到的圖像。後續有關此圖像的問題是爲了得到額外的資訊，也會因此獲得與此特定圖像無關的其他資訊。

4. 檢視（Review）

詢問者要澄清任何不確定或不一致、矛盾的陳述，要證人：(1)指正任何錯誤或疏漏；(2)如有想起任何新的資訊要告知詢問人。詢問者也應以非挑釁的態度指出證人模稜兩可或矛盾的敘述，並要證人予以澄清。

5. 結束（Close）

詢問者應完成警方調查所需的官方資料，並鼓勵證人事後如有想起新的資訊，可再和警方聯絡。

（四）認知詢問法之實踐

美國聯邦執法人員訓練中心將上述認知詢問法運用於偵訊的訓練課程，該中心編製之「有效詢問被害人及證人」要領如下：[29]

1. 準備工作

(1) 建立和諧融洽的關係。
(2) 使用一個安靜、沒有干擾、不會分心的處所。
(3) 瞭解並移除情緒障礙。
(4) 關心並問候，讓他們表達他們的情感或關切。
(5) 使他們像是憤怒或恐懼的感覺，轉化爲有利於偵詢之進行。
(6) 說明此次的談話和偵查人員的調查。

2. 重建情境

(1) 請他們想想當時的感覺。
(2) 讓他們專注回想發生的事情。
(3) 請他們描述天氣、周遭環境、氣味及人、物等。

---

[29] 摘自筆者在該中心受訓時之偵訊課程教材。

3. 敘述每件事

(1) 請他們專注在發生的事物上，並且告訴你每件事。

(2) 不要排除任何事情，即使你感覺不重要。

(3) 讓他們連續敘述，不要中斷。

4. 向後重建

由最近發生的事開始說起。

5. 改變觀點

請他們假設他們是在現在或附近的其他人，他們能看到什麼？有需要的話，慢慢的詢問下列問題：

(1) 容貌：此人有無讓你想到任何人？是誰？爲什麼？

(2) 言語：說話的音調有沒有使你想到何人？爲什麼？

(3) 名字：嘗試回憶他們的稱呼？

(4) 反應：對於發生的事情，你的反應是什麼？

6. 摘述談話情形完成訪談

7. 訪談後

(1) 鼓勵被害人如果回憶起這件犯罪的情節時，立即告知偵查人員新的訊息。

(2) 將被害人轉介至特定機構，協助減少情緒障礙，俾有利於提供進一步的訊息及有效的證詞。

六、詢問結果審查要領[30]

（一）對詢問對象的審查

1. 詢問對象與當事人和案件的結果是否有利害關係：與案件有利害關係的證人，可能出於個人恩怨或其他目的，對與案件有關的事實眞相隱瞞、歪曲，甚至無中生有，對當事人進行包庇或者陷害。

---

[30] 何家弘主編，前揭註，頁277-278。

2. 詢問對象是否受到當事人或與案件有利害關係人的指使、收買或者恐嚇等，而作虛假證言：案件的當事人為了逃避懲處或者開脫罪責，以及其他個人的目的，可能親自或通過其他人指使、收買或威脅證人作偽證或隱瞞罪證。

3. 詢問對象感知能力、記憶和表達能力是否正常：主要審查那些與其陳述內容有關的能力，分析其能力上有無可能導致陳述失真的情況，必要時可以經由實驗加以驗證。

（二）審查詢問結果的內容

這是審查詢問結果最重要的方法：

1. 陳述是否符合情理，內容情節是否符合事物發展的一般規律，是否合情合理，內容本身有無矛盾。

2. 陳述前後有無矛盾或疑點。

3. 不同主體的陳述之間有無矛盾，與其他證據之間有無矛盾。

（三）審查詢問結果的來源

瞭解詢問對象是怎樣知道案件情況的？是直接聽到、看到的，還是親自感受到的，或是其他人轉告的。對於親自耳聞目睹的，要審查被詢問對象感知案情時的客觀條件，如光線、距離、聲音強弱等，據此判斷其正確感知案情時的能力。如果是間接知道的，要考慮在輾轉傳播過程中有沒有加油添醋、無中生有的情況。因此，必須問清楚是聽誰講的，在什麼時間、地點講的，有無其他人在場，並要盡量找到原始證人來提供證言。如找不到直接知道案件情況的人，對於間接知道案件情況的人所提供的證言，要經過多方查證，謹慎使用。

七、證人之保護與保密

（一）保護之對象[31]

證人保護法規定之證人，係指其指證案件為證人保護法第2條之刑事案件，且願意在檢察官偵查中或法院審理中到場作證，陳述自己見聞之犯罪事

---

31 證人保護法第3條及警察偵查犯罪手冊第106點第1項第2款。

證，並依法接受對質及詰問者。

（二）保護措施

　　證人保護法規定之保護措施有身分保密、人身隨身安全保護、禁止或限制特定人接近、短期生活安置。[32]

　　證人採取身分保密之保護措施時，應注意事項如下：[33]

　　1. 製作筆錄或文書時，證人之真實姓名及身分資料應以代號為之，不得記載證人之年籍、住居所、身分證統一編號或護照號碼及其他足資識別其身分之資料；證人之簽名亦以按指印代之，並另製作代號及真實姓名對照表，連同詢問錄音（錄影）資料以密封套密封附卷。

　　2. 載有保密證人真實身分資料之筆錄、錄音（錄影）、文書原本或其他足以顯示應保密證人身分之文書，應另行製作卷面封存之；於移送檢察官偵辦時，不得與其他真實姓名筆錄或文書同時裝訂於同一卷宗。

　　3. 封存之筆錄、錄音（錄影）或文書，除法律另有規定者外，不得供閱覽或提供偵查、審判機關以外之其他機關、團體或個人。

　　4. 對依證人保護法有保密身分必要之證人，於偵查或審理中為訊問時，應以蒙面、變聲、變像、視訊傳送或其他適當隔離方式為之。於其依法接受對質或詰問時，亦同。

（三）窩裡反條款[34]

　　又稱污點證人或共犯窩裡反條款，指對於集體性犯罪如幫派組織、走私、販毒、賄選、洗錢、證券交易等本法所訂刑事案件，為鼓勵其共犯成員供出該集團犯罪之方式及成員，不讓僥倖之徒逍遙法外，爰設減輕或免除其刑之規定。

　　證人保護法第2條所列刑事案件之被告或犯罪嫌疑人，於偵查中供述與該案案情有重要關係之待證事項或其他正犯或共犯之犯罪事證，因而使檢察官得

32　證人保護法第11、12、13條及警察偵查犯罪手冊第106點第3項。

33　證人保護法第11條及警察偵查犯罪手冊第106點第4項。

34　參見臺北地方法院檢察署網站：證人保護法解說。最後更新資料：105年1月4日。

以追訴該案之其他正犯或共犯者，以經檢察官事先同意者爲限，就其因供述所涉之犯罪，減輕或免除其刑。[35]所稱「於偵查中供述」，包括警察調查階段。

八、其他詢問證人應注意事項

（一）得拒絕證言之情形

司法警察或司法警察關詢問證人或關係人等人時，如證人有下列情形之一者，應告知得拒絕證言：[36]

1. 現爲或曾爲犯罪嫌疑人之配偶、直系血親、三親等內之旁系血親、二親等內之姻親或家長、家屬者。

2. 與犯罪嫌疑人訂有婚約者。

3. 現爲或曾爲犯罪嫌疑人之法定代理人或現由或曾由犯罪嫌疑人爲其法定代理人者。

（二）詢問中發現證人涉有犯罪嫌疑之處置

「經以證人或關係人等人之身分通知到場接受詢問後，認有犯罪嫌疑，應告知緣由及相關權利事項，俟其同意後，再就有關犯罪事實重詢問。」[37]

嫌疑人除非同意詢問，否則必須合法通知「與以辯明犯罪嫌疑之機會」，到場詢問時則應依法告知緣由及相關權利事項。通知證人詢問，發現證人就是犯罪嫌疑人，於偵詢中很容易就接續問下去，而疏忽了詢問其是否同意及未告知緣由與相關權利事項，移送時就將證人筆錄充當犯罪嫌疑人筆錄，雖相關犯罪事實均已詢問，然卻不合法定要件。

35　證人保護法第14條第1項。

36　刑事訴訟法第180條第1項及警察偵查犯罪手冊第105點。

37　警察偵查犯罪手冊第107點。

第三節　諮詢人員之諮詢[38]

破案靠情報，情報靠布建。諮詢人員即俗稱之線民，運用線民的目的在於期望線民提供有用的犯罪情報，以確立偵查方向，盡速破案或協助破案。「警察人員基於偵防犯罪需要，應於其轄區內廣為情報諮詢布置，秘密掌握運用。」[39]

運用線民時須有某些特別的考量。如同對合作的民眾和證人一樣，偵查人員必須掌控諮詢的情形，以能獲得最多、最有用的情資的方式進行。可以繼續運用成功偵訊的一般原則。此外，必須遵守保護自己安全及防止訊息洩漏給線民的原則。

一、會面場所

通常不要在偵查人員的辦公室、線民家或工作處所碰面，中立的場所是選項。一旦線民積極配合，偵查人員就能在和線民簡單的碰面或電話中獲得情報。決定與線民碰面的場所要考量下列因素：

（一）偵查人員的安全。

（二）隱密性，不能被他人看到。

（三）時間不會中斷。

（四）行政作業的空間。

二、諮詢性質及內容

（一）諮詢性質

諮詢的目的，簡言之，在於為獲取與犯罪偵防有關的情報。其性質有二：[40]

---

[38] Drug Enforcement Handbook, U.S. Department of Justice, Drug Enforcement Administration, p. 27-28.

[39] 警察偵查犯罪手冊第38點。

[40] 警察偵查犯罪手冊第40點。

1. 一般諮詢

基於維護治安工作需要，在社會各階層、各行業物色適當對象，吸收諮詢。是平時、經常性工作，「諮詢之對象以社會各階層、各行業熱心公益及樂於協助維護社會治安人士爲原則」。

2. 專案諮詢

針對特殊治安工作或偵辦重大案件需要，專案諮詢布置。其目的在於獲得諮詢人員提供特定犯罪或案件之情報，必要時甚至需自犯罪組織或集團中「拉出」運用。

（二）重點諮詢地點[41]

指下列犯罪人常會去消費流連、潛逃、藏匿、治療、易銷贓及易發生犯罪之場所，應定爲重點諮詢地點：

1.酒家、茶肆、舞廳、旅館業、三溫暖、歌廳、資訊休閒服務業（網咖等）、撞球場、電子遊戲場、夜總會、視聽中心（KTV等）、夜市、PUB或其他特定遊樂營業及易爲不法分子混跡藏匿之處所。

2.港口、機場、醫院、診所等罪犯可能潛逃、藏匿之處所。

3.當舖業、銀樓珠寶業、舊貨業、資源回收業、委託寄售業、車輛修配保管業、中古車輛買賣業等易爲銷贓處所。

4.其他有事實足認藏匿人犯或易於發生犯罪行爲之處所。

（三）專案諮詢內容

諮詢內容視諮詢布置之目的而定，就偵查犯罪而言，專案諮詢之目的在於爲特定案件之偵查和取證提供有用資訊，這些資訊就是詢問諮詢人員的內容，茲以《聯合國打擊跨國有組織犯罪公約》有關諮詢人員與執法當局合作之規定爲例，說明諮詢之內容：[42]

鼓勵參與或曾參與有組織犯罪集團的個人（即所謂的「拉出」）：

---

41 警察偵查犯罪手冊第41點。
42 聯合國打擊跨國有組織犯罪公約第26條第1項。

1. 為主管當局的偵查和取證提供有用資訊，例如：
   (1) 有組織犯罪集團的身分、性質、組成情況、結構、所在地或活動。
   (2) 與其他有組織犯罪集團之間的聯繫，包括國際聯繫。
   (3) 有組織犯罪集團所實施或可能實施的犯罪。
2. 為主管當局提供可能有助於剝奪有組織犯罪集團的資源或犯罪所得的切實而具體的幫助。

三、諮詢要領

（一）遴選諮詢對象，應視實際需要審慎遴選，把握運用，慎防被反諮詢。[43]

（二）凡經遴選諮詢工作請求合作之對象，應注意其身分保密，並不得給予任何名義及證明文件。[44]

（三）交付諮詢對象任務，應謹慎保密、講求方法，並應以蒐集危害國家安全、社會犯罪偵防有關情報為要點，不得使其直接參與辦案行動。[45]

（四）警察人員應與諮詢對象加強聯繫，培養情感，增進良好關係，使能主動提供各種犯罪情報資料，協助偵防犯罪。與諮詢對象聯繫，應注意警察人員與特定對象接觸交往規定等相關規定。[46]

（五）情報之處理，應依登記、分析、研判及運用等程序為之。有運用價值之可靠情報，應派人循線偵查及蒐集證據。所報未詳盡者，應指導原報人繼續深入調查，或另交其他適當人員深入調查；不能運用者，得銷毀之。[47]

（六）諮詢人員提供情報線索，應詳核其動機、目的及可靠性。因而及時防止治安事故發生，或偵破重大案件時，應立即簽報，予以適當獎勵及支應必要費用。前項獎勵及費用之核發，應依警察機關獎勵民眾提供犯罪線索協助破案實施要點辦理。[48]

---

[43] 警察偵查犯罪手冊第39點。

[44] 警察偵查犯罪手冊第42點。

[45] 警察偵查犯罪手冊第43點。

[46] 警察偵查犯罪手冊第44點。

[47] 警察偵查犯罪手冊第45點。

[48] 警察偵查犯罪手冊第46點。

四、諮詢應考量事項

諮詢線民應考量的事項包括：

（一）對線民可能遭遇的任何個人困難表示同情，特別是如果這些困難影響到他的線民工作表現。

（二）激勵能引起線民提供情資的任何動機。

（三）問一些已知的訊息，以驗證線民的可靠程度。

（四）已知線民提供訊息是沒有價值的或與已知的事實矛盾時，要不動聲色。偵查人員在與線民談話時要保密，要謹記在心，線民可能是想從偵查人員口中得知警方對於某些方面知道些什麼。

（五）確實辨明情報真偽。線民經常是因為「參與其間」之故，是以其情報在偵查蒐證階段非常有幫助，但處理情報仍需細心及經驗配合，詳細就其提供情報之動機、於何種情況下得到，以及本人是否參與等問題，加以查對瞭解，避免被利用為打擊異己的工具，或導致整個偵查行動的失敗。[49]

偵查人員要培養把一般概括性的、刻意模糊的問題引導到有價值的特定問題上的能力。偵查人員可以表現出對舊的訊息有興趣，以便將談話引導到可能獲得有用的新情資上。同樣的，為了保護警方對某些訊息掌握的程度，在還沒有談到重要的訊息前，偵查人員可以儘量保持被動性。

和線民談話結束時應該對於他的協助表示感謝，偵查人員應該向他說他提供的情資很有價值。

要認知線民提供情資可能是基於報復、嫉妒或為了報酬；也要知道對線民尊重也是有用的。

五、鼓勵與保護

檢警調等執法機關經常宣導鼓勵民眾檢舉犯罪。民眾提供犯罪情資或檢舉犯罪，固可能使犯罪行為人或集團遭受法律制裁，有利治安之維護，但也可能導致其生命、身體、自由、財產受到危害。擔心遭到報復為大多數人不敢或

---

[49] 謝立功、蔡庭榕、簡建章、柯雨瑞合著，跨境犯罪偵查之理論與實務，桃園：中央警察大學，2002年4月，頁167-168。

不願挺身檢舉犯罪的原因，尤其是有組織犯罪集團，一般民眾更是避之唯恐不及，遑論挺身檢舉。為鼓勵民眾勇於檢舉犯罪集團，不必擔心遭到報復，我國組織犯罪防制條例訂有下列鼓勵及保護之措施：

（一）提供檢舉獎金

　　諮詢人員提供情報線索，如因而及時防止治安事故發生，或偵破重大案件時，除依警察機關獎勵民眾提供犯罪線索協助破案實施要點立即簽報予以適當獎勵外，[50]組織犯罪條例明定：「檢舉人檢舉之犯罪，經法院判決有罪者，給予檢舉人獎金。」[51]

　　此外，要瞭解還有哪些獎金及金額可提供作為誘因，以鼓勵諮詢人員勇於或認真用心蒐集提供犯罪情報，例如鼓勵檢舉賄選要點、防制毒品危害獎懲辦法、檢舉組織犯罪獎金給與辦法、警察機關檢肅非法槍砲彈藥核發工作獎勵金作業規定等均有提供檢舉人獎金，台電亦有防止供電線路設備被竊獎勵要點提供檢舉人獎金。

（二）身分保密

　　檢舉人身分資料應予保密。檢察機關、司法警察機關為保護檢舉人，對於檢舉人之身分資料，應另行封存，不得附入移送法院審理之文書內。公務員洩露或交付前項檢舉人之消息、身分資料或足資辨別檢舉人之物品者，處1年以上7年以下有期徒刑。[52]

　　證人之姓名、性別、年齡、出生地、職業、身分證字號、住所或居所或其他足資辨別之特徵等資料，應由檢察官或法官另行封存，不得閱卷。[53]

（三）人身安全保護

　　有事實足認被害人或證人有受強暴、脅迫、恐嚇或其他報復行為之虞者，

50　警察偵查犯罪手冊第46點第2項。
51　組織犯罪防制條例第10條。
52　組織犯罪防制條例第11條。
53　組織犯罪防制條例第12條第1項前段。

法院、檢察機關得依被害人或證人之聲請或依職權拒絕被告與之對質、詰問或其選任辯護人檢閱、抄錄、攝影可供指出被害人或證人眞實姓名、身分之文書及詰問。[54]

於偵查或審判中對組織犯罪之被害人或證人爲訊問、詰問或對質，得依聲請或依職權在法庭外爲之，或利用聲音、影像傳眞之科技設備或其他適當隔離方式將被害人或證人與被告隔離。[55]

六、秘密證人之運用

警察機關製作諮詢人員（俗稱秘密證人）之檢舉犯罪筆錄，筆錄上之人別資料通常以假名或代號（A1、A2等）爲之，再製作一份眞實姓名身分對照表封存附卷，但除非是檢舉違反組織犯罪防制條例案件，被告在偵查仍有權要求與秘密證人對質，在審判程序中則具有對秘密證人詰問之權利，雖可以蒙面、變聲、變像、視訊傳送或其他適當隔離方式爲之，但仍使很多有意檢舉犯罪之人擔心身分曝光，致不敢檢舉。

爲使檢舉人勇於檢舉及免於爾後作證，除提供檢舉獎金之實質誘因外，[56]司法警察機關通常只將秘密證人之檢舉筆錄運用於偵查過程中，偵結移送時則不將秘密證人筆錄附卷。司法警察機關製作秘密證人筆錄而進行初步偵查結果，研判認爲可信度極高值得進一步偵查時，檢具秘密證人筆錄及相關偵查資料報請檢察署指派檢察官指揮偵辦，或據以向檢察官及法官聲請通訊監察書、搜索票等，至蒐獲相關犯罪證據足認偵查對象嫌疑重大而辦理移送時，移送書僅論犯罪事實及採用蒐獲之證據，完全不提及秘密證人及其檢舉內容，司法機關根據司法警察機關之移送卷證偵審，案件則已與秘密證人無關矣。

第四節　犯罪嫌疑人之偵訊

　　偵訊就是拆解謊言的過程，嫌犯在偵訊初期，預期如果認罪必然被判刑，因此最好的目標就是不認罪，偵訊者就要藉者勸說來改變他的態度、信念或觀念。如能改變一個人原來預期的某個結果較好或必然的想法，對方的預期就會產生改變。

　　許多刑事案件通常破案的關鍵來自於嫌犯的自白或認罪，但是自我防衛及保護隱私是人性，做錯事或犯罪找藉口或否認亦為人性，除了現行犯當場被逮到之外，即使罪證明確，大部分的犯罪人都會否認他們的犯罪事實，因此在很多情況下，偵訊人員不得不採用一些策略或技巧，並且經過長達數小時的私下詢問，才能讓嫌犯透露他們確有犯罪事實的訊息。

　　偵訊是調查的重要過程及手段，其目的在於經由偵訊配合其他證據釐清案情，而要釐清案情則必須被訊問人配合、合作，對事實坦白完整的交代，否則即使因其他證據已足以定罪，惟可能因尚有其他共犯無法追訴、重要贓證物未起獲或犯案動機無法明確等，使調查工作未竟全功。但是如同前述自我防衛及保護隱私是人性，做錯事或犯罪找藉口或否認亦為人性，因此運用偵訊技巧突破被詢問人心防供出實情，是偵查工作最困難的部分之一。尤其在案件欠缺具體足夠證據時，這臨門一腳的功力，更顯示出偵訊的價值，因此也是學習偵訊最重要的目的。以下策略，除第一點「建立投契的關係」適用於各種偵訊對象外，偵訊者的重點是擺在那些雖然沒有具體犯罪證據可連結嫌犯證明犯罪，但從其他事證可合理懷疑其確實涉案但卻堅決否認犯行的犯罪嫌疑人。

一、偵訊技巧

（一）建立投契關係（Rapport）

　　「嘗試表現真誠的態度和被詢問人建立信任和諧的關係，以獲得其完全的合作。」[57]

57　Interview for C.I., Office of General Training Behavioral Science Division, Federal Law Enforcement Training Center, Department of the Treasury, p. 6.

　　偵訊正常程序皆肇始於建立「融洽關係」，並且在整個詢問過程都維持這種和諧的關係，不能因為自己所面對的可能是謀殺犯、虐待兒童者、小偷或叛國者而忽略建立真正融洽關係的重要性，否則會喪失很多原本受詢問人說實話的契機，即使詢問人蒐集到受訪者明確的說謊跡證，也不應例外。一位好的偵訊人員，在與嫌犯談話時，必須表現出誠懇、親切的態度，因為他必須安撫受訪者的心情，使其平靜，瞭解他的情緒反應，取得信賴，才能深入瞭解案情，讓受詢問人感覺詢問人的親和力。而取得受詢問人之信賴，他才會願意將案情及前因後果真實地說出來。相反地，假使詢問人表現出自大、自傲的特性，那麼就會忽略了受詢問人的感受，使得受詢問人情緒上反感而厭煩，如此只會加上另一層心防。[58]調查顯示，「取得受詢問人的信賴」是詢問人與受詢問人雙方所公認形成自白的基礎。[59]

　　對一個人的第一印象，常常決定我們以後對他行為的解釋。新進來的已形成的一個「先入為主」的概念，後面進來的特徵的意義解釋就會依原有的架構而有少許不同。第一印象常會排除了以後再評估的機會，除非有別的重大事件發生。[60]因此偵訊者必須注意第一印象的重要性，心理學家說第一印象在最初接觸的30秒即已形成。符號象徵訊息，對第一印象影響有很重要的影響。[61]因此想要建立投契的關係，要從一開始接觸就注意自己的言行舉止，「要從訊問環境、訊問人員態度、表情和提問方式上，對訊問對象施加心理影響」。[62]

　　偵訊者如態度和藹、友善、同情，通常能獲得被詢人的信任，允予合作，並吐露實情。[63]曾有嫌犯因信賴偵訊者而願意認罪的案例：一個娼妓涉嫌在酒店的吧台用藥迷昏被害人，偷走他東西。當嫌犯進入偵訊室，脫掉她的外套後，偵訊者發現她的肩帶斷了一條，結果胸部露出了一部分。當進行偵訊之

---

[58] 林故廷，從刑案案例中建構本土訪談與偵訊模式，臺灣警察專科學校，刑事警察學術與實務研討會，2006年12月8日，頁99、100、109。

[59] 劉至剛，偵訊自白的形成因素——以調查局調查官及受刑人為例，犯罪與刑事司法研究，第14期，2010年3月，頁148。

[60] Gleitman. H著，洪蘭譯，前揭註，頁408。

[61] Interview for C.I., Office of General Training Behavioral Science Division, Federal Law Enforcement Training Center, Department of the Treasury, p. 4.

[62] 何家弘主編，前揭註，頁288。

[63] 張博文編著，偵訊學理論與實務，臺北：華泰圖書文物，1994年7月，頁9。

前，偵訊者找了條毛巾讓嫌犯覆蓋在她的肩上。偵訊者稱嫌犯「某某小姐」，而不直呼她的名字；在經過短暫的偵訊後，她認罪了，而且招出其他的共犯。毫無疑問的，偵訊者對待嫌犯像淑女一樣，而不像別人那樣鄙夷她，使得嫌犯信賴他而願意認罪。[64]

　　發生在民國79年4月轟動一時的日本女大學生井口眞理子來臺慘遭殺害案[65]，負責偵訊將嫌犯劉○強心防完全突破的前刑事局偵二隊六組組長王家儒即表示：「人與人之相處，誠實很重要，包括對犯罪嫌疑人也一樣。爲什麼這樣多單位偵訊他，最後他會對我有信心，肯對我說實話，原因是在偵訊過程中，我對他誠懇，而他又是個頑強好勝的人，瞭解他的心理狀況比硬逼硬問更有效。」[66]

（二）信心、耐心與毅力（Confidence, Patience, Persistence）

　　信心來自對案情的掌握，確認偵查方向正確，偵訊對象確實涉嫌；耐心緣於否認、自我防衛與自我利益乃人性之瞭解；毅力則是因深具信心與耐心，故雖嫌疑人否認，但仍堅持不放棄。

　　前面提過被詢問人通常會看偵訊者到底掌握多少資料，盤算自己是不是被掌握，再決定要不要說實話。如果偵訊人員蒐集資料完整，對案情瞭解深入，對偵查方向有信心，則於被詢問人的回答，即能立即判定供詞眞僞，如被詢問人確涉案而含糊、迴避回答或否認犯行時，詢問人員會找出問題深入追問，要被詢問人說明清楚，或找事實、理由，舉證反駁其辯詞，反覆詢問，分析利害，用盡辦法突破被詢問人心防；反之，詢問人如沒信心，一旦被詢問人否認時，詢問人很容易動搖原本的看法，而只要被詢問人察覺到此，就可能更堅定

64　Fred E. Inbau & John E. reid & Joseph P. Buckley著，高忠義譯，前揭註，頁73。

65　民國79年4月日本女大學生井口眞理子來臺自助旅行並蒐集論文寫作資料。4月7日中午計程車司機劉○強騎機車到高雄火車站附近華倫旅社訪友未遇，適逢井口眞理子欲尋找便宜旅社，乃搭訕筆談，徵得井口同意到劉宅借宿。當晚就寢前劉嫌向眞理子求歡被拒，乃在深夜以十字弓將她殺害，再姦屍後以柴刀分屍。本案至80年3月4日始突破劉嫌心防，坦承殺害井口將近一年。

66　張曉明專訪，王家儒組長談眞理子命案突破的種種，警光雜誌，第418期，1991年5月，頁36。

他的辯辭。

　　對任何人來說，如果他犯了一點小錯，即使不會被懲罰，甚至也沒人會對他指指點點、說長道短，要他認錯仍得要費一番工夫。所以，我們實在沒有理由期待一個犯罪行為人就這樣毫不遲疑、毫不猶豫地認罪，特別是當偵訊開始，偵訊者還未能掌握多少有力的罪證時。所以偵訊者必須要有充分的耐性。缺乏耐性，一心想要「盡快收工」，對其他某類型的警務工作（例如實地偵查）或許有正面價值，但這種態度對偵訊工作卻絕對有害無益的。[67]急性子在調查工作上或許是個優點，但在偵訊室裡頭急躁卻是很嚴重的缺失。[68]大部分的犯人都會否認他們犯罪的事實，除非經過可能長達數小時的私下詢問，才會認罪。犯罪偵訊必須在不趕時間的情況下，根據嫌犯的人格、偵訊時的情緒狀態等等變因，用可能長達數小時的充裕時間來實施，才能有適當的效果。[69]因此「詢問時應有耐心，切勿期望一次即可獲得正確而完整之供述。」[70]

　　因為否認是人性，所以自我防衛的心防必須是逐漸突破，可誘導嫌犯承認他到過案發現場，或是和被害人曾接觸過，或是和這案件有某種關聯。如果被詢問人連現場都否認到過，如何要他回答現場發生了什麼事，或他在現場做了什麼事，因此如有事證合理懷疑，足認被詢問人確涉有重嫌，偵訊者必須要有耐心，有多次製作偵訊筆錄的準備。

　　除了耐心外，偵訊的成功與否還有另外一個要素，就是毅力。下面這段應該隨時銘記在心的勸告：「如果你覺得沮喪，想要放棄的時候，再堅持一下——只要再十分鐘或十五分鐘，不要就這麼結束了。」許多案例，就在偵訊者打算放棄，或真的放棄的時候，嫌犯也正要認罪，或正打算認罪呢。之所以如此，是因為偵訊者感到有些沮喪時，恰好嫌犯也覺得再扯下去也騙不了人了。[71]

　　再以井口真理子的案件為例。王組長於80年2月始正式加入偵查，雖離案發已約十一個月了，但面對劉嫌反反覆覆的個性，他說：「首先我不想急於破

[67] Fred E. Inbau & John E. reid & Joseph P. Buckley著，高忠義譯，前揭註，頁256。

[68] Fred E. Inbau & John E. reid & Joseph P. Buckley著，高忠義譯，前揭註，頁68。

[69] Fred E. Inbau & John E. reid & Joseph P. Buckley著，高忠義譯，前揭註，頁24-25。

[70] 警察偵查犯罪手冊第114點前段。

[71] Fred E. Inbau & John E. reid & Joseph P. Buckley著，高忠義譯，前揭註，頁257。

案，而想多找時間和他相處。……在偵訊中問到關鍵問題時，例如『屍體丟在哪裡？』他總會不經意的用手摸摸額頭，開始編故事時，會不停的右手抓左手或左手抓右手，人無論如何狡點，必定會在答訊時無意中露出非常態的特有動作，從這些動作不難看出事情的端倪，注意他閃動不定的眼神，讓他知道我已經識破他的心機。我對劉○強說過：『以我辦案的常識經驗，這件事99%是你做的，只是你現在不願意承認，也許這樣你就可以逍遙法外，但在我有生之年，除非我不從事警察工作則已，否則一定將你繩之以法。』劉○強對我這種決心，內心非常震撼，不經意說出棄屍地點是他百密一疏的地方。」[72]這個案例說明了信心、耐心與毅力是本案得以突破的重要關鍵。面對膠著了十一個月的懸案，偵查人員秉持耐心不急於破案，多找時間和嫌犯相處瞭解他的心理狀況，於偵訊中觀察嫌犯的行為徵候，堅定了偵查的信心，更讓嫌犯感受到偵查人員的決心，終能突破嫌犯心防。

（三）利用矛盾，瓦解抗拒

「要某個人承認他所犯的錯，不管這個錯誤是輕微或嚴重，都是一件不容易的事。」然而虛假供述違背客觀事實，在供述和案件事實或者其他證據事實之間，必然出現種種矛盾。偵查人員可以充分利用這些矛盾，給予犯罪嫌疑人有利回擊。在實務中，偵查人員必須要善於發現這些矛盾，其途徑主要有兩個：一是從犯罪嫌疑人口供中發現矛盾；二是從同一案件的犯罪嫌疑人之間發現矛盾。發現矛盾的目的是利用矛盾，詢問中一旦發現矛盾，則要抓住不放，窮追到底。同時曉以利害，促其放棄抵抗。[73]被詢問人的陳述中發現有前後矛盾、不合邏輯、不合常理或者與其他證據矛盾等可疑情節，可能是陳述或者記憶中的偏差，或者是偵查人員的理解出現錯誤，或者是其他證據有問題。對於可疑情節的追問，應該說是一個突破口。[74]

可由多次或多人的筆錄，研析前後所述矛盾之處，追根究底，求得供述之真實。[75]可運用前述交叉混合訊問法的一些技巧：

---

[72] 張曉明專訪，前揭註，頁36至37。
[73] 何家弘主編，前揭註，頁293。
[74] 何家弘主編，前揭註，頁273。
[75] 警察偵查犯罪手冊第114點後段。

　　「指出矛盾的地方：要求被詢問人解釋供詞中不一致或矛盾之處。」

　　「被詢問人對特定事件重複多次供述。偶爾使用不同的問法，注意被詢問人回答是否不一致。如果回憶的是事實，回答的內容將會是一致的；如非事實，則須使用更多的謊言，不是忘記他們之前所講的就是虛構的細節與之前的供述不一樣。」

　　「就已知之事實與被詢問人之供述比較，要求被詢問人對於不利的證據逐項解釋。」

　　被詢問人如供稱案發時不在場，經查證屬實，則可排除其在現場犯案；反之，若能否定駁斥其不在場之辯解供詞，則可能突破其心防。有關查證不在場供詞真偽之方法，本節三之（二）有專文探討。

　　發生在民國80年8月的某醫院副院長之子王○傑被殺害命案，檢察官傳訊卓○仁、施○寧、姜○軍三名嫌犯後，隨即收押。專案小組並不三人一起借提，而是分開借提，並先借提認為較容易突破心防的姜○軍。姜某坦承犯案供述作案過程，經錄音存證將其還押後，緊接著借提施○寧。施某見大勢已去，雖亦坦承犯罪，但與姜○軍的供述明顯不符。再經同時借提二嫌，就雙方借提之第一次筆錄中互相矛盾之不符、不合常理、施暴過程所造成之傷害與驗屍結果之疑點一一反覆詰問，姜、施二嫌遂不能自圓其說而合盤托出預謀殺人勒贖之作案情節。[76]

（四）決定順序隔離訊問，運用猜忌（離間分化）突破

　　對同一案件的犯罪嫌疑人，要利用其相互猜疑的心理，使其彼此間的矛盾激化，從而達到各個擊破、分化瓦解的效果。[77]當兩個或兩個以上犯人互相分工做壞事的時候，之後當他們被懷疑或被詢問時，每個人都擔心別人是不是會「說出來」，他們最擔心的就是他們之中的某個人是不是會為了減刑而出賣他們。共犯之間這種恐懼及彼此猜忌，就是「離間分化」策略之所以奏效的根

---

[76] 翁福裕著，斗數執法，臺北：宏然流身靈治本中心，2000年，頁181-187。

[77] 何家弘主編，前揭註，頁293。

基。這種招數有很大的部分要依賴偵訊者唬人的技巧，偵訊者可以暗示說別人都已經招了，或者就明白地這麼說。此策略有兩個原則：1.把這些嫌犯互相隔離，讓他們看不到對方也聽不到對方；2.拿那個犯行較輕，或者從犯而非主犯，或是分配工作量較少的，簡單的說就是抓那個較可能說實話的先問。但是也有些例外情況是要反其道而行；或許主嫌較願意說實話，因為他擔心他不先講的話，別人都會把責任推給他扛。如果偵訊者真的就是打算用唬的（離間分化）——也就是騙嫌犯說他的同夥已經認罪——這時偵訊者必須注意，不要提出他不確定的猜測，讓嫌犯可以輕易地查覺偵訊者所說的不正確，而推翻偵訊者之前所說的一切。因此除非偵訊者很確定某個細節是真實的，才對嫌犯說成是他的共犯所招供的，否則最好偵訊者只說一些較模稜兩可的話。離間分化的技巧，有個基本的道理，就是要強調嫌犯在犯罪案件中應該負責的部分比較輕。[78]

詢問二人以上可疑為共同實施犯罪行為之犯罪嫌疑人者，應決定其先後順序，隔離詢問，其未經詢問者不得在場。但為發現真實，得命其對質。[79]被詢者有數人時，實務上偵訊之程序均找心防較弱，無前科者，先行詢問，於發現犯罪事實後，再對狡猾頑強者或有犯罪習慣者偵訊。[80]

有二個以上的嫌犯同時偵訊時，應依嫌犯涉案及配合、合作程度，決定偵訊人員及偵訊順序。因為並非每個偵查人員都具備相同的偵訊能力，除非案情輕微，所有嫌犯都配合，否則應視嫌犯個別狀況指派適當的偵訊人員。一般認為主嫌最重要，所以應由最有經驗的偵查人員詢問，但是主嫌經常是有前科的，與司法警察有過交手的經驗的，通常也是同案嫌犯中最世故、狡猾者，同時也可能就是刑責最重者，因此大多數的主嫌最不配合、最不容易被突破，面對這種嫌犯，在偵訊初期，即使最有經驗的偵查人員用盡偵查技巧，都很難突破其心防，因此就不須急著詢問。應指派最有經驗、最靈光、偵訊能力最強的偵查人員，詢問刑責最輕、最沒經驗、最有罪惡感、最容易配合、最容易突破的嫌犯，而且要先偵訊，只要取得其供詞，就能瞭解部分案情，取得一些具體證據，鞏固部分事證，再據此詢問主嫌，即使其仍堅決否認犯行，偵查人員也

---

[78]　Fred E. Inbau & John E. reid & Joseph P. Buckley著，高忠義譯，前揭註，頁181-186。

[79]　警察偵查犯罪手冊第118點。

[80]　張博文編著，前揭註，頁9。

能駁斥其所辯，具體舉證其確涉重嫌，檢察官聲押時也較能獲法官支持。

上述王○傑被殺害命案，當時刑事警察局專案成員翁福裕道出一直未借提卓○仁的原因：「此號人物非常難纏，如果你要動之以情，那你是白費心機，如果你想用激將法，那你必定自找難堪，此人無宗教信仰，自私無情，除非鐵證當前，否則打死也不會承認，他是有政治標籤的『反共義士』耶，誰敢動他一根汗毛，我就是看出其有此人格，所以建議暫時按兵不動，先從姜、施下手突破，先詳確穩定案情，再以姜、施二人爲矛攻卓之盾。」[81]

再以查賄案件爲例，主嫌爲行賄者，大多爲地方民意代表及其助理、椿腳等，選舉或抬轎經驗豐富，甚至經常接觸訴訟、調解案件，爲人世故、老道，且刑責較重，因此心防不易突破；反之，受賄者很多爲一般單純的選民，且刑責較輕，只要曉以大義，分析利害或運用一些偵訊技巧，就很有可能突破。因此，查察賄選案件，即宜先行偵訊受賄者。

（五）使用陷阱問題[82]

讓嫌犯誤以爲偵訊者掌握了對其不利的犯罪證據。目的是要誘使說謊的嫌犯改變，或至少讓他想要改變原先對犯行的否認。提出陷阱問題要避免任何過於明確或危險的問題，比如「有人看到你從後門出來」，但實際上兇手是從邊門出來。偵訊者毫無根據的問法很容易就露出馬腳，而嫌犯也會很快抓到偵訊者扯謊的把柄。一旦嫌犯發現偵訊者扯謊，接下來的詢問就毫無效果了。

對嫌犯暗示偵訊者已經知道事情的眞相：雖然事實上偵訊者並不知道。如偵訊者有理由相信，嫌犯擁有或知道哪邊有與犯罪有關的工具或物品，不應該只單純的問嫌犯：你有沒有那個東西？或你知道那東西在哪裡嗎？而最好假設嫌犯確實握有，或確實知道那個東西在哪裡。

偵訊者想要查出偵查中案件共犯或關係人的身分的時候：偵訊者不應該只是問：「那人是誰？」而是問：「他住在哪裡？」或「某某人的名字是什麼？」不問：「你認不認識某人？」而是問：「你認識某人多久了？」不是問：「那晚你有沒有和某人在一起？」而是問：「那晚，你和某人在一起待了

[81] 翁福裕著，前揭註，頁198-199。

[82] Fred E. Inbau & John E. reid & Joseph P. Buckley著，高忠義譯，前揭註，頁106-112。

多久？」

　　誘使嫌犯說實話：提出陷阱問題之前，最好加這麼一句：「在你回答下個問題之前，你要先想清楚！」這種勸誠通常會讓有罪的嫌犯說實話，因為他會擔心偵訊者早就知道真相了。如果偵訊者在勸誠的時候，手上拿著幾頁書面資料或看著桌上的幾張資料，會更有效。這種「仔細想想」的警告，如果沒有讓嫌犯說出偵訊者想要的答案時，偵訊者最好用懷疑的態度問：「你確定是這樣嗎？」用這種方法，給說謊的嫌犯重新考慮是不是冒著睜眼說瞎話的危險，因為偵訊者好像已經知道真相了。

　　誘使嫌犯或多或少撒點謊：偵訊者早就知道了，但卻裝傻問。如果嫌犯說謊，再拿出證據質問他，一旦嫌犯被抓到說謊，通常他想要不招都很難。例如在一個竊盜現場採到嫌犯指紋，在偵訊時，先問：「你有無到過該現場？」，如答：「沒有。」，則追問：「你沒到過該處，為何在該處採到你的指紋？」，嫌犯可能即因無法自圓其說而坦承犯案；如嫌犯答：「有。」，則追問：「你何時去？去做什麼？和誰去？有誰知道？」等一連串問題，並命其指出證明之方法，嫌犯可能亦因無法合理回答而坦承犯案。

　　提出不完整的問題，像是「之後他說……」，留個填空讓嫌犯自己補充。

　　「黑白臉」（Aggressive）、「恭維」（Egotistical）及「誇大問題的嚴重性」（Exaggeration）的策略類似陷阱問題：[83]

1. 黑白臉

　　以一種威脅的態度，傳遞偵查人員對嫌犯有敵意及盡力克制想要攻擊嫌犯的印象，另一個偵查人員扮演對比的角色，如此激發嫌犯可能因為害怕扮黑臉的偵查人員，而和較同情、友善的偵查人員合作。[84]

　　黑白臉的技巧之所以奏效，是因為這種對比會突出友善、富同情心的那種方法，較能引起嫌犯共鳴。[85]

---

[83] Drug Enforcement Handbook, U.S. Department of Justice, Drug Enforcement Administration, p. 30-31.

[84] 刑事訴訟法第98條：「訊問被告應出以懇切之態度，不得用強暴、脅迫、利誘、詐欺、疲勞訊問或其他不正之方法。」因此黑白臉策略是要運用其精髓原則，應注意切勿違反本條規定。

[85] Fred E. Inbau & John E. reid & Joseph P. Buckley著，高忠義譯，前揭註，頁204。

2. 恭　維

　　聽到奉承覺得高興是極其自然的人性。人們不論從事專業或一般的工作，多少都會得到一些贊許及恭維，但那些會做出犯罪行為的人，可能就很少有機會得到別人的贊許及恭維，而他們對於這種受尊重的感覺及地位，其實和別人一樣有強烈的渴望，甚至比一般人更為強烈，因此，為了拉近和嫌犯的關係，偵訊者有時候必須對嫌犯多加稱讚，以迎合他的自尊心。[86]

　　偵查人員利用嫌犯自傲及成就感，談到要多聰明才能完成這樣複雜的行動，假裝對於這個行動的效率及獲得的利益印象深刻，非常敬仰能夠完成如此複雜或有膽識計畫的人，激發嫌犯在偵查人員面前吹噓他的行動，進而提供更多的細節。

3. 誇大（或降低）問題的嚴重性

　　對於不合作的嫌犯，誇大他的犯行的嚴重性，例如偵查人員說他相信嫌犯是一個比他現在涉及案件角色更大的走私犯，藉以希望嫌犯會為了保護自己而承認其實際的犯罪行為。

　　在某些案件中，是由被害人或證人指控犯人的，偵訊者可以對嫌犯說，雖然指控有相當的事實基礎，但實際上常常會將案情誇大了些，所以，只有嫌犯肯配合，說出事實真相，才能避免因為誇大案情而對嫌犯不利，明白指出告訴人或被害人一方誇大的可能性，或者誇大事件本身的本質與嚴重性。[87]

　　誇大問題的嚴重性是增加嫌犯的焦慮，另外一種減低嫌犯焦慮的做法是縮小犯罪等級，詢問人使用一些較輕鬆的字眼和言辭，故意降低問題的嚴重性，來減輕嫌疑人的罪惡感。例如，「你所做的事情並不十分可怕，其他人每天也幹同樣的事情，而且其後果比你的更壞。」

（六）抱持同情理解態度及運用支持性的論述

　　抱持適度的同情、理解的態度，並且掌握偵訊的步驟，是較有效率的。[88]一種經由建立和諧信任關係協助偵查人員獲得訊息的問法，即偵查人員先表達

---

[86]　Fred E. Inbau & John E. reid & Joseph P. Buckley著，高忠義譯，前揭註，頁164-165。

[87]　Fred E. Inbau & John E. reid & Joseph P. Buckley著，高忠義譯，前揭註，頁167。

[88]　Fred E. Inbau & John E. reid & Joseph P. Buckley著，高忠義譯，前揭註，頁73。

同情及理解後再接著問話，例如，先問：「我能瞭解你的憤怒。」接著再問：「你打他幾次？」[89]

情緒性的罪犯（指那些在犯案後，通常會爲自己的行爲感到懊悔、良心受折磨的人）會有強烈的罪惡感，對付他們最好的策略與技巧，就是表現出偵訊者的同情——用言語或行爲，對他們因爲犯案而陷入困境，表示同情與理解。[90]

偵訊者對被偵訊者的行爲表現出同情的反應，會使嫌犯減輕罪惡感而協助偵查人員。[91]

試著提供嫌犯一個心理上的「出口」（way out），爲他參與犯罪的行爲提供好的理由，稱它們是在某種困難或問題的情形下自然會發生的結果，這樣嘗試讓嫌犯供述他的行爲，偵查人員偶爾插個話評論一下，達到減輕嫌犯參與犯罪行爲嚴重性的效果。[92]

基於人性，認罪這樣一件事，必須盡量緩和它的困難度，因此藉由「支持性的論述」（指偵訊者勸服嫌犯挑選那個道德上較能讓人接受，或者在社會上較不會引起苛責的說詞，來解釋他犯案的原因）。偵訊者主動「把話題帶入嫌犯之所以犯罪的可能原因」，好讓嫌犯較容易接受。下面是可用的特定話題：[93]

1. 對嫌犯說，換成別人在類似的情境下也可能做出一樣的事情；藉此來表現偵訊者的同情

例如：肇事逃逸案件，偵訊者讓嫌犯相信別人處在他的情況下也一定會溜掉。又如：性侵害案件，偵訊者對嫌犯說，他曾經也衝動地做出類似的事情，或者想這麼做。

---

[89] Interview for C.I., Office of General Training Behavioral Science Division, Federal Law Enforcement Training Center, Department of the Treasury, p. 17.

[90] Fred E. Inbau & John E. reid & Joseph P. Buckley著，高忠義譯，前揭註，頁118。

[91] Drug Enforcement Handbook, U.S. Department of Justice, Drug Enforcement Administration, p. 30.

[92] Id. at 31.

[93] Fred E. Inbau & John E. reid & Joseph P. Buckley著，高忠義譯，前揭註，頁139-164。

2. 藉由降低犯罪的道德嚴重性，來緩和嫌犯的罪惡感

　　例如：性侵害案件，偵訊者應該試著讓嫌犯相信，他的不正常性行為其實是常見的，即使一些我們認為是正常人，或者有頭有臉的大人物都常這樣做；或者曾經聽說過很多人做出比嫌犯更糟糕數百倍的勾當。這種方式可以讓嫌犯較容易承認那種他本來認為「非常可恥」的性行為，藉此減低他的困窘。

3. 替嫌犯設想一個比原先所知或推定的較不那麼令人厭惡，或在道德上較能讓人接受的犯罪動機或理由

　　例如：因感情糾紛而涉及縱火結果造成被害人死亡案件，偵訊者暗示一個意外的場景，比起拆穿他為了感情糾紛而縱火殺人，更能讓嫌犯認罪。這樣做的目的是為了讓嫌犯承認他確實在犯罪現場。又如：強盜殺人案件，偵訊者應該對嫌犯表示他並不是故意的，或計畫要殺被害人的，他本來只是要拿點錢，但是因被害人在被搶的時候拿槍或刀要抵抗，為了自衛，嫌犯只好射殺被害人。再如：侵占公款案件，偵訊者可以暗示，嫌犯應該只是想要「借」點錢，而不是要偷，而且如果不是被發現款項短缺，他會想辦法把它補回來的；或者推說是為了配偶、小孩或其他人極需用錢，不得已才拿了那筆款項。

　　偵訊者也可以提出二選一的問題，讓嫌犯自己挑選真正的犯罪動機，藉此可以減輕嫌犯的心理壓力，讓他比較願意說實話。如偵訊者問：「你是原本計畫這麼做呢？還是臨時起意的？」、「這是你的意思呢？還是別人慫恿你這麼做？」、「這筆錢你拿來清償家裡的債務呢（正面選項）？還是拿來賭博（負面選項）？」藉由這種技巧，可以減輕嫌犯因為犯案而受到的良心譴責，或者替嫌犯找到適當的藉口或合理化的說辭。偵訊者誘導嫌犯從兩個選項中挑出一個，藉由「支持性的論述」強調那個說不通的理由的負面影響，同時指出那個較好的選擇的優點，藉此來鼓勵嫌犯挑選後者。二選一的問題以及支持性論述就給了嫌犯這樣的機會。在適當的心理時機提出恰當的選項供嫌犯挑選，比直接地要求嫌犯說實話，要有效得多。[94]

　　當嫌犯已經大致陳述犯案過程之後，偵訊者可再回頭質問嫌犯原先所選擇錯誤選項。此時，偵訊者可以很容易就讓嫌犯更正他原先的不實陳述，因為嫌犯此時的心態比起之前的情況，已經沒有什麼不能說了。也就是說，嫌犯一旦

---

[94] Fred E. Inbau & John E. reid & Joseph P. Buckley著，高忠義譯，前揭註，頁220-223。

開始認罪，就會完整地說下去，除非偵訊者的態度不恰當或惹惱了嫌犯，使他故意不配合。[95]

　　當偵訊者提出一個在道德上較能接受的動機或理由來取代眞正原因，而使嫌犯在某種程度上承認犯罪後，偵訊者必須再誘導嫌犯說出眞正的動機。亦即，讓嫌犯先承認犯罪，再據以調查眞正的犯罪理由或動機。

4. 藉由譴責別人來表示對嫌犯的同情

　　藉著把過錯推給被害人、共犯或那些多少應該爲所調查案件負責的第三者。這個話題的心理基礎是藉著把過錯推給被害人，或者聲稱另一個人應該負一部分或全部的責任，做錯事的人在心理上就會比較願意認錯。在犯罪案件中，這樣的心理因素更爲明顯，因爲錯誤的性質較嚴重。

　　做錯事的人很習慣地把責任推給被害人，偵訊者利用這種人格特質展開話題，把嫌犯的責任全部或至少部分推給被害人。嫌犯常常容易拖人下水，或多或少地一起來承擔責任。偵訊者利用這種方法減輕嫌犯的罪惡感，嫌犯才較能克服心理的障礙，願意認罪。因此偵訊時，如嫌犯所涉案件還有其他共犯時，偵訊者可以試著把主要的或至少部分的過錯推給其他共犯。有時候，怪到政府頭上或怪到這個社會，怪他們製造出這樣一種扭曲的社經地位失衡，導致嫌犯做出犯罪行爲而被追訴，也彎能引起嫌犯共鳴的。在其他的一些情形下，嫌犯的父母或其他許多第三者也是可以譴責的對象，並引起嫌犯的回響。

（七）分析事理及利害

　　學習偵訊技巧的重點在於培養發展說服之技巧，這些技巧能協助偵查人員在訊問被害人、證人和嫌疑人時，增加他們合作的程度和減低勉強及敵意的程度。分析事理及利害，供被詢問人理性思考選擇，讓原本堅決否認的嫌犯，改變心意願意供出實情，也就是藉者勸說（說服的技巧）來改變嫌犯的態度、信念或觀念。

　　偵訊者常會運用勸導的方式，向被偵訊者說服坦白交待事實對其有利的處境。分析被偵訊者目前所處狀況之利弊得失，只有自白認罪，承認偵訊者所提

---

[95] Fred E. Inbau & John E. reid & Joseph P. Buckley著，高忠義譯，前揭註，頁229-230。

出的各項事證，並詳細陳述本身與案件事實的關聯性，是最有利的選擇。[96]

　　對付非情緒性的罪犯（指那些在作案之後，通常不會感到良心受苛責的人）最好的策略與技巧，就是分析事實、抽絲剝繭。偵訊者的問題要訴諸嫌犯的常識及理智，而非情感；必須讓嫌犯相信偵訊者已經掌握了他的罪證，或者即將找到確鑿的證據，因此他除了認罪之外別無選擇。[97]對那些年紀較輕、初犯的成年人或者犯罪資歷還很淺的人，盡可能說服讓他相信，比起可能更糟糕的狀況，他現在所做的還不算太嚴重。說服嫌犯，早點被抓到未必不是件好事，畢竟不會再陷入更大的麻煩。讓嫌犯相信他真的是蠻幸運的，因為他躲掉往後更大的麻煩了。一旦嫌犯這麼想，就比較願意認罪。[98]

　　民國74年初，發生震驚國內外的我國陳氏兄弟兩家九口在菲律賓被滅門血案（七死二傷），陳氏兄弟夫婦及三名男孩（堂兄弟）共七人被殺害，二名女孩（堂姐妹）重傷，兇嫌多為因案潛逃菲律賓藏匿的臺灣黑道分子，有竹聯幫分子董○森（忠堂堂主）、董○均（忠堂成員）兄弟、邱○欽（信堂堂主）、劉○榮（竹聯幫第一殺手）及游○為（竹聯幫分子）與齊氏三兄弟（臺北牛埔仔角頭）等。經多時追緝，嫌犯游○為自菲律賓偷渡返臺，在臺北市某地下酒家遭臨檢逃逸拒捕中槍被捕，經判處死刑並執行在案；董○森因案在巴西被捕，因涉及「江南命案」被引渡至美國後，在美國監獄被刺身亡；竹聯幫第一殺手劉○榮自菲律賓輾轉逃亡至日本後，被我國刑事警察局國際刑警科掌握行蹤，協調日警緝獲，並由刑事警察局派員赴日押解返臺，經判處死刑並執行在案；牛埔仔齊○生在刑事警察局國際刑警科協調日本警方查捕之前一天，在日本被臺灣黑道分子綽號「灑○輝」之鄭○輝槍殺，死於非命（鄭嫌後由日本潛逃至菲律賓，被刑事警察局國際刑警科會同菲警查獲遣返）。竹聯幫忠堂堂主董○森之胞弟董○均於案發後逃亡至美國洛杉磯，經刑事警察局國際刑警科協調美國洛杉磯警方逮捕並遣送返臺，於中正（現更名桃園）機場面對國內記者採訪時否認涉案，辯稱當時並不在菲律賓（即辯稱不在場），正式偵訊時，筆者即分析利害：劉○榮及游○為業經判處死刑且已執行，高院判決書載明了你在本案中的角色，你如仍堅決否認在場，除非法官否定劉○榮、游

---

[96]　徐國禎著，揭開偵訊的神祕面紗——暴力篇，臺北：五南圖書，2008年4月，頁86。

[97]　Fred E. Inbau & John E. reid & Joseph P. Buckley著，高忠義譯，前揭註，頁119。

[98]　Fred E. Inbau & John E. reid & Joseph P. Buckley著，高忠義譯，前揭註，頁173-176。

○為的高院判決，但劉、游二人已槍決，法官可能否定他們二人的判決嗎？你的辯詞除非法官採信，否則以本案的兇嫌的惡性論處，你的判處結果只有死刑一種，但你如果坦承在場，那麼你還有辯解的空間，你可以解釋說明當時的情況，你的犯意、參與著手的程度等，讓法官覺得你罪不致死，這樣你仍有不被判處死刑的機會，你自己考慮是不是仍然要堅稱案發時你不在菲律賓。董某思考後坦承渠確在菲律賓案發現場，且有如劉、游二人高院判決書所述之行為，惟辯稱當時是意外情況，渠無殺人犯意，結果董○均被判處無期徒刑，係本案到案嫌犯中唯一未被判處死刑的被告。

（八）運用通聯紀錄及通訊監察所得

生活在現今社會中，電話為基本的、不可或缺的通訊聯繫工具，因此現代人幾乎人人至少都持有一支以上的行動電話。

1. 通聯紀錄

行動電話具有高度移動性、輕巧、攜帶方便及「凡使用過必留下紀錄」的特性，經由分析行動電話的基本資料及通聯紀錄中的「日期」、「起始／結束時間」、「起始／結束基地臺」、「基地臺方向角」及「發話方」與「受話方」等欄位的資訊，除可掌握持機人的休息時間、活動時間及活動地點外，並可瞭解案發時持機人的位置及落腳居住地等資訊，甚至可推測共犯。[99]

在犯罪偵查上通聯紀錄能提供下列訊息：

(1) 從通話之間隔時間、集中情形，推論持機人之作息狀況，研判持機人甚至犯罪集團的聚會地點或活動地區。

(2) 從假日與非假日的通聯紀錄，研判持機人的活動地點、地區與居住地點。

(3) 從在不同犯罪現場與沿途重複出現的通聯紀錄，找出嫌犯持用之行動電話，再進一步追查犯罪嫌疑人。

(4) 從只撥不接或只接不撥，推定案件的類型與犯罪成員的主從關係。

(5) 從嫌犯案發前後之通聯紀錄，特別是上下通電話，推定共犯的分工關係。

---

[99] 詹明華、邱紹洲、易序忠，通聯紀錄在犯罪偵查上之應用——行動電話持機人之動態與靜態分析，警學叢刊，第33卷第2期，2002年9月，頁114、120。

(6) 從持機人案發前後彼此通話密度與位置，研判是否涉案。

(7) 分析犯罪嫌疑人通話的位置與時間，研判犯罪發生的時間及地點。

(8) 從通話次數、時間與位置分析，研判持機人藏匿、落腳或可能活動的地區。

(9) 從撥接電話的時間、順序、頻率與通話時間長短，研判持機人的交往關係。

(10) 從通聯紀錄顯示的基地臺與時間，研判持機人行動可能的路線。

調閱、分析偵查相關對象之通聯，已是偵辦刑案最基本的偵查作為，以調閱、分析及追查通聯所得比對被詢問人回答內容，可初步瞭解其所供述是否合理。

2. 通訊監察

監察通訊，除能即時獲得通聯紀錄分析上述資訊外，也可能由通訊監察內容，獲得下列有助於偵查之訊息：

(1)建構組織犯罪架構

由監察內容及後續之偵查，瞭解組織成員人數、稱謂、身分、分工、角色、通訊、住居所、彼此關係、聚集處所等，建構組織架構。

(2)掌握犯罪嫌疑人或集團成員之生活及活動情形

由監察內容瞭解監察對象或其通話對象之活動，採取適當之偵查方法，例如查訪被害人、跟監確定監察對象、共犯或相關人之家庭社會背景、生活作息、嗜好特質及交通工具、交往關係、住居所或聚會處所等，極有助於偵查、緝捕及搜索等。

(3)瞭解犯罪之狀況

由監察內容可能獲悉之犯罪情形，特別是動機、贓證物及其下落，有助於研判案情及後續之偵查、偵訊工作。

(4)有助於確定及追查監察對象行蹤

配合跟監守候等偵查作為，以確定對象行蹤及住居所；或利用對象手機的門號或序號，以追蹤其行蹤、停留或居住地區，甚至確切的地點。

(5)掌握偵查契機

透過通訊監察，先期或及時知悉犯罪嫌疑人或犯罪集團之行動，有利採取逮捕現行犯或蒐集犯罪證據等偵查作為。

監察通訊能獲得通聯紀錄及瞭解真正的通話對象（手機申裝人經常非實際持用人）及通話內容，讓嫌犯無法否認。即使堅決否認，也可由偵訊其通話對象佐證通話內容之意義及真實性。因此偵查人員於偵訊時，常能藉通訊監察的資料，突破犯罪嫌疑人之心防。

（九）測謊與偵訊結合

在人權意識高漲的現今社會，傳統的方法在偵辦刑案時，幾乎找不到施力點，因此，改革目前之刑案偵訊結構，應是當務之急。將測謊與偵訊緊密結合在一起，對於過濾證人及犯罪嫌疑人之供詞，必定有相當大之助益，並可明顯提高犯罪嫌疑人自白的機率。[100]無辜的人經常會很樂意接受測謊來洗刷自己的清白。涉案的人一開始不太願意接受測試，而且如果接受測試亦指出很多影響測試的原因。[101]在面對測謊要求時，通常有罪者與無辜者的反應會有這種差異，可以作為偵訊者判斷在他面前的這個人到底是有罪或無罪的指標。因此，可詢問被詢問人是否願意接受測謊，以激發並觀察其行為徵候，除藉以判斷被詢問人是否說謊外，更可能進一步造成其心理壓力而願意吐實，亦即測謊的提議，有助於誘使嫌犯認罪。但是也須注意不要把不願意接受測謊（甚至是明白地拒絕）所隱含的意思看得太過絕對，因為無辜者可能對於種種測謊負面的報導深信不疑，而拒絕受測。因此建議嫌犯接受測謊時，應該避免讓嫌犯覺得他是被要求接受測謊。實際上，必須讓嫌犯瞭解測謊只是一個邀請或提供一個機會，讓嫌犯可以證實他所說的一切。[102]

民間俗稱的「測謊機」（lie detector），正確的學術名稱叫「多項記錄儀」（polygraph），是將人因伴隨著情感或壓力的變化，所產生的各項反應加以記錄，而以儀器所描繪的圖形予以呈現出來的一種儀器（黃富源，1996）。目前普遍使用的測謊機，最主要的是記錄受測人自主神經系統反應的指標（有些含有記錄肌肉運動），包括呼吸（含胸、腹呼吸）、皮膚電阻及心脈血壓反應。測謊原理其實是源自身心作用，其反應的原因有情緒與認

---

[100] 邱俊智、林故廷，測謊理論之應用及其限制，刑事科學，第44期，1997年9月，頁35。

[101] 林故廷，前揭註，頁104。

[102] Fred E. Inbau & John E. reid & Joseph P. Buckley著，高忠義譯，前揭註，頁105。

知二種。「情緒」與「認知」是造成一個人「生理反應」的主因，三者時時交互影響，此亦是充滿變數的原因。以美國測謊界認定最具權威之美國情報局施測者，實施測謊鑑驗，排除無法確定的結果，其平均鑑驗準確度達95.5%（Abrams, 1989; Raskin, 1989），尚有4.5%的誤差，可見測謊變數之多及測謊鑑驗之不易。因此為能使測謊鑑驗達到更高的準確度，測謊作業程序從施測前案情內容的詳細瞭解、重返現場勘查、蒐集資料、預編題目、測試題目之審核、測前晤談、測試題目之修正及測後晤談等，每個細節環環相扣，皆應謹慎從之，始能使測謊鑑驗達到更高的準確度。[103]

測謊的運用時機應在刑案偵查一開始即介入，最好在初步偵訊後，認其供詞有疑點，經比對後，仍無法突破，即應請求測謊，以免造成不必要的情緒干擾。此外，為協助施測者能正確的解讀測謊圖譜反應，偵查人員在委請測謊鑑驗前的準備程序，應注意下列事項：[104]

1. 在測試之前，應協助施測者瞭解案情資料，提供偵訊筆錄、現場勘查報告、相關鑑驗報告，以及事前所採取的相關偵查作為。

2. 避免在測試之前過度偵訊，及激怒受測人之情緒。

3. 避免在測試之前將案情及受測人曝光於媒體之下，以免造成受測人不必要的心理壓力。

4. 避免在偵訊中透露測謊可用的相關資料，如錢的數目、顏色資料以及歹徒作案的手法等。

5. 協助施測者履勘現場，蒐集更多資料。施測者履勘現場能從現場蒐集更多案情資料，如歹徒作案的出入口，及現場遺留下來的各種痕跡，都是很好的編題題材。再者，履勘現場能夠協助施測者進行良好的測前晤談，利於掌控整個測試情境，提高鑑測準確度。

目前全國警察機關僅刑事警察局鑑識科測謊股為專業的測謊單位，除非特殊重大案件，否則實難以結合測謊與偵訊。偵查機關應注意的是，請求測謊協助偵查，「應遵守測謊前的作業程序」（如不要過度偵訊或將受測人曝光於媒體之下）。另測謊鑑驗因準確度無法達到百分之百，故如僅未通過測謊而沒有其他證據，在偵審過程中，測謊結果未必為院檢採納，因此測謊要緊密結合

---

[103] 邱俊智、林故廷，前揭註，頁37、39、40。

[104] 邱俊智、林故廷，前揭註，頁63。

偵訊，如測謊結果爲被測人說謊，偵查人員應盡量有耐心的說服被測人吐露實情，而非以被測人未通過測謊爲足已。

二、偵訊中發生的問題[105]

偵訊中（被詢問人的回答）發生的很多問題，如果沒有適當（即時）的處理的話，會導致（偵訊筆錄）沒有效力。以下是較常見的一些問題及如何因應的建議：

（一）回答閃避及含糊（Evasiveness and Ambiguity）

閃爍及含糊的回答可能是被詢問人故意的或誤解問題，爲了減少問題被誤解的可能性，以簡單、直接的方式敘述問題，避免複合的問題，因爲它們可能不易回答，且經常導致回答含糊。應進一步追問，以釐清含糊的回答。

使用正確、精準的問題以得到直接的回答。如果被詢問人以：或許、有時、可能或類似閃爍的回答，立即追問直到獲得完全、滿意的回答。

「有些案件發生已歷數年之久，當事人往往不復記憶，被偵訊者在回憶陳述案情時，會有許多的疏漏；或在供述案情時，基於避免受到刑事追訴的考量，將個人知悉的案情予以簡化、模糊、刪除對自己不利的部分。偵訊者要如何彌補被偵訊者對案情交待的疏漏，則必須以具體性的問題來偵訊被偵訊者，讓其明確地指出具體的人、事、時、地、物，如此偵訊者才能從中獲得與案件有關的訊息。」[106]

（二）回答未切題（Unresponsive Answers）

回答未切題（答非所問）可能是誤解或沒有很適當的陳述問題，或故意混亂議題。爲使不切題的回答減輕至最小的程度，必須一直留意所有的回答，在進行下個問題時，審愼考量每個應答，如果答覆不切題或不完整，再問一次或以更簡單言語再重覆所問的問題。

---

[105] Interviewing, Partners in Training, International Financial Fraud Training Program, Federal Law Enforcement Training Center, Department of the Treasury, p. 10-28 to 10-32.

[106] 徐國禎著，前揭註，頁89。

（三）回答不完全（Incomplete Answers）

不完全的回答是沒有提供所想要訊息的答覆。這樣的答覆，也許詞句通順、完整而且能完全表達被詢問人的想法，但是並沒有表達出偵查人員想要的訊息。

偵訊人員可能因為對案情不夠瞭解，而不容易察覺出被詢問人的回答並不完全。但能藉著探究是否合理及以類似案件經常發生的相關問題來詢問，以減少這種情形。

每個問項只問一個主題，避免使用複合問題，可減少回答不完全的情形。

（四）供述不實（Misrepresentations）

這可能由害怕、偏見、被詢問人和案件有關的某一方面有關係、沒有完全瞭解發生的事情、教育或訓練不足、理解力不夠、記憶錯誤、內心深處認為是真的、被詢問人以前曾希望是真的，或有時是因為不當的提問所致。

詢問證人時，要幫助他瞭解有說實話的責任，讓他瞭解所供是能被查證的，甚至告知故意說謊的結果可能涉及偽證罪。

證人疑似說謊時，告訴他偽證的刑責後再問一次，並探究其供詞中所有與事實不一致之處的原因。如果嫌疑人說謊故意誤導偵訊人員時，則記錄所有的謊言。

（五）推卸責任（Fixing Responsibility）

被詢問人閃爍的供詞可能是想將責任推給其他人，發現任何卸責的回答，要立即就其供詞深入追問。

三、如何評估供詞真偽

（一）從被詢問人的行為徵候辨識

嫌犯說謊是「為了個人的利益」，為了躲避說實話可能帶來的後果，但大部分的人都同意，每個人都期望自己生活在一個眾人都誠實或值得信賴的社會，因此雖然一個人藉著高超的說謊技巧，可以避免發生那些不想要的後果，但同時他心裡頭因為已經內化了說謊不好的信條，因而產生內心的矛盾。這種

因爲說謊而感到矛盾衝突的結果，嫌犯會有很深的挫折及焦慮，可能藉由身體的移動或一些小動作等行爲徵候來減緩焦慮。

　　人類的行爲，基本上有兩種指標：語言與非言語。所有人都被教導尋找並分辨語言的指標。不過，還有些非言語指標，就是那些一直存在，但很多人卻沒學過怎麼發現的指標。[107]

　　說話的內容可以講得天花亂墜，肢體動作就沒那麼容易說謊了。畢竟，文字是由大腦的語言中樞製造出來的，只要我們願意，大腦可以隨時隨地輕易製造假話來充數。表情動作則與邊緣神經系統連結，直接反應人們的情緒，很難去壓抑住這種自然的肢體反應。如果我們可以讀懂人們的表情與肢體語言，我們就可以讀懂他們的情緒，然後分辨他們有沒有誠實說了眞話。[108]

　　兩千多年前的中國周朝就有所謂的「以五聲聽獄訟」，要求司法官員在審訊問案時注意察言觀色，以便對被告陳述之眞僞做出準確的判斷。[109]也就是藉由觀察被詢問人的行爲徵候辨識其供詞之眞僞。

1. 評量語言及非語言的反應

　　行爲徵候包含語言及非語言反應。有經驗的偵訊者可以從被詢問人的語言及非語言反應中，辨識其供詞是否實在：[110]

(1)語言反應

語言反應主要是觀察辨識誠實及不誠實：

① 誠實的語言反應

A.一般完全的否認。

B.不逃避用刺耳或直接的字彙描述犯罪案件。

C.直接未經修飾地回答。

---

[107] Joe Navarro、Marvin Karlins合著，林奕伶譯，FBI教你讀心術，臺北：大是文化，2009年3月，頁296-297。

[108] 莊凱迪，FBI教你讀心術〈推薦序〉，臺北：大是文化，2009年3月，頁24。

[109] 《周禮、秋官、司寇》中記載：「以五聲聽獄訟，求民情。一曰辭聽；二曰色聽；三曰氣聽；四曰耳聽；五曰目聽。後漢經學大師鄭玄解釋道．辭聽者，觀其出言，不直則煩；色聽者，觀其顏色，不直則赧然；氣聽者，觀其氣習，不直則喘；耳聽者，觀其所聆，不直則惑；目聽者，觀其眸子，不直則眊然。」參見何家弘主編，前揭註，頁5。

[110] Fred E. Inbau & John E. reid & Joseph P. Buckley著，高忠義譯，前揭註，頁85-90。

D.沒有加任何自我限定的回答。

E.表現出一般的記憶能力，並沒有對哪一點記得特別清楚。

F. 談話中不會插一些不相關的話。

G.對於那些清楚而直接的問題不會要求重述。

H.回答時腦筋清楚。

I. 語調清晰而確切。

J. 不必指天指地來發誓證明自己的話。

K.回答問題時，堅定而明確地挑戰偵訊者的質疑。

L.態度適當地認真專注。

M.在偵訊後，堅持要知道他或她是否還有涉嫌。

② 不誠實的語言反應

A.否認所涉案件的某一部分。

B.避免用刺耳或直接的字眼討論案情。

C.遲疑、逃避或躲躲閃閃地回答。

D.加了些情況、條件限定的回答。

E.異常地健忘，或記性異常地超強。

F. 談話中，扯東扯西。

G.即使提出的問題很明確、很直接，而且可以聽得很清楚，仍然要求偵訊者重述問題。

H.心理壓力沉重或甚至說不出話。

I. 喃喃自語或刻意壓低音量。

J. 找些有的沒的東西來發誓支持自己說的話。

K.回答時過分謙遜。

L.回答時有些訕笑或輕浮的表現。

M.偵訊後，沒有問是否還有嫌疑，就匆忙地離開偵訊室。

(2)非語言反應

　　藉由一種或多種非語言反應的線索，像是姿態、體態、臉部表情，還有其他肢體動作，往往可以補充或修飾所說出來的話的真義。

① 眼　神

　　嫌犯如果說謊，通常不會直視偵訊者，他們或者看看地板或者看看旁邊或者看看天花板，不是怕看偵訊者的眼睛，假意看別的地方，就是誇張地瞪著偵

訊者，彷彿就是要向他挑戰。相對的，誠實的嫌犯不會有這種防衛心態，而且可以和偵訊者保持正常的眼神接觸。

② 表　情

嫌犯在偵訊時自我壓抑的程度非常強烈，以致呼吸有點吃力，甚至發生氣喘。這種壓力也可能導致嫌犯因為消化不良或因為怕被揭發，過度焦慮而胃痛。嫌犯因焦慮而產生一些表情變化，可能就足以代表嫌犯說謊，而沒有這種變化可能就表示嫌犯是誠實的。

③ 體　態

說謊的嫌犯可能有以下三種身體動作：

A.大幅度的身體動作。姿勢變換；把椅子往後拉，好像要起身，甚至離開房間的動作。

B.掩飾性的小動作。搓手掌；敲敲後腦杓；摸鼻子；拉拉耳垂或嘴唇；摳咬手指；兩隻腳拖、敲、晃、屈；弄弄衣服、玩玩穿戴的珠寶、摩擦或玩弄衣服上面的線頭；摸摸眼鏡或拿起來擦拭；拉直或捲曲頭髮。

C.支撐性的姿勢。說話時單手托著口部或眼部；雙手或雙腳纏繞，手藏在後面（放在椅背上然後坐著），或藏著兩隻腳（縮在椅子下），手托著額頭等。

通常，觀察到的行為都可以區分為兩大類——自在與不安。學習準確判讀他人的自在或不安訊號（行為），有助你破解他們身體與心理真正表達的意義。[111]FBI曾出版一篇論文，題目為「偵測謊言的四象限模型：偵訊的另類典範」（A Four-Domain Model of Detecting Deception: An Alternative Paradigm for Interview）。這篇論文提出一種辨別不誠實的新模式，依據的概念是腦緣系統刺激及自在與不安的表現行為，或稱為自在／不安範圍（comfort/discomfort domain）。簡單說，說實話且無憂無慮時，通常會比在說謊或擔心自己的「犯罪意識」（guilty knowledge）被發現時，更為泰然自若。這個模型也顯示，自在坦誠時，通常會表現比較多強調語氣的行為，不自在的時候則否。[112]

---

[111] Joe Navarro、Marvin Karlins合著，林奕伶譯，前揭註，頁56。

[112] Joe Navarro、Marvin Karlins合著，林奕伶譯，前揭註，頁268。

2. 評斷行為徵候的原則[113]

評斷嫌犯的行為徵候時，必須配合以下幾個一般性的原則：

(1) 必須掌握嫌犯的正常表現，才能判斷他的的異常行為。

(2) 評估這些行為徵候出現的時機及發生的頻率。

(3) 在回答問題的瞬間或回答問題後即刻發生的行為變化，才能夠做為判斷說實話或說謊話的標準。必須每次談到同一個問題時，嫌犯都有類似的反映，才是可靠的判斷指標。

3. 評估觀察行為徵候應注意的事項[114]

很多情況下，行為徵候是偵訊者據以判斷嫌犯是否說謊的唯一指標，但其實仍應該只是把它當作參考性而非決定性的標準。判斷的結果應該只是偵訊者繼續進行偵訊時的參考方向。沒有任何一項行為徵候可以獨立出來，作為衡量的標準，它們應該一起被考量，然後以通盤的結果來做評估。

4. 分析嫌犯的行為[115]

標準的偵查問題主要是要獲得該問題的答案，而不是要激發嫌犯的反應，以作為行為分析的素材；但嫌犯在回答時的反應，無疑地仍應適切的分析。換句話說，打從詢問一開始，偵訊者就應該注意嫌犯的每一個反應，是不是透露出說謊或說實話的徵兆。

5. 誤判行為徵候的各項因素[116]

(1)藥物作用

因為生理疾病或心理問題而進行合法的藥物治療，可能使一個無辜者行為異常。如使用鎮定劑來減緩焦慮的症狀，可能會讓人有些昏昏沉沉，或對任何事都無法專注。有意的藥物濫用，如嗑藥、酗酒，可能讓無辜的嫌犯在為自己辯駁或提出其他證詞時，看起來神智不清而讓人無法相信他所說的話。類似原因可能導致讓人誤解的行為徵候，應該特別注意這些藥物反應，以避免誤判為

---

[113] Fred E. Inbau & John E. reid & Joseph P. Buckley著，高忠義譯，前揭註，頁90。

[114] Fred E. Inbau & John E. reid & Joseph P. Buckley著，高忠義譯，前揭註，頁90-91。

[115] Fred E. Inbau & John E. reid & Joseph P. Buckley著，高忠義譯，前揭註，頁100。

[116] Fred E. Inbau & John E. reid & Joseph P. Buckley著，高忠義譯，前揭註，頁93-96。

某些行為徵候。

(2)精神疾病

偵訊者對於那些有精神疾病紀錄或有思覺失調症特徵的人所說的話，應該特別留心。這樣的人即使犯了罪，可能看起來像是無辜的；相反的，一個無辜的人因為這些思覺失調症症狀而看起來像有罪。

(3)智力、社會責任及心智成熟度

嫌犯智力越高，他的行為徵候的可信度就越高。聰明的嫌犯通常較能瞭解詢問的重要性，對於訊問的結果較關心，對於是非的判斷力也較敏銳，如在詢問中說謊，則他內心的焦慮及衝突也較嚴重；一個欠缺責任感的人通常對偵訊就較不在乎，特別是有酗酒或嗑藥習慣的嫌犯更是如此。欠缺一般人的價值觀，使得他們幾乎不會擔心失去什麼，也因此比較不會表現出情緒反應或行為徵候，讓偵訊者較難判斷他們究竟說謊或說實話。年輕或心智成熟度較低的人也有類似表現。通常這些人根本不在乎自己說實話或說謊話，傾向於認為自己對社會不負有任何社會責任，因此，他們的行為徵候也較不可採信。

(4)情緒狀況

被害人可能受到嚴重驚嚇，以致詞不達意，讓警方懷疑他所述案情的真實性，因此，如果對於被害人所報告案情真實性有懷疑時，必須留意被害人是否被嚇呆了，以致言語不清讓人以為報假案。

（二）查證嫌犯不在場供詞之真偽[117]

1. 親往查訪

「時間乃最有力之證據，狡猾之犯罪嫌疑人，常利用時間作為脫罪之反證，故對犯罪發生時間及犯罪嫌疑人於案發時之行蹤，應詳予調查認定。」[118]對嫌犯不在場之供述，親自到嫌犯所說的地方去找線索，以確定是真是假。有時候這樣的作法不切實際或根本沒辦法做到，那麼就只好靠偵訊技巧來得到事情的真相。

---

[117] Fred E. Inbau & John E. reid & Joseph P. Buckley著，高忠義譯，前揭註，頁112-114。

[118] 警察偵查犯罪手冊第84點第1項第2款。

2. 要求嫌犯交代案發前後之行蹤

　　假如案子發生在晚上八點，而嫌犯說他晚上七點到九點都開車在外。那麼偵訊者應該問他，當晚他開車去了哪些地方、叫什麼名字，以及到達或離開某個地方的確切時間。用這種方法來提問題，嫌犯可能無法完整交代晚上七點到九點間的一舉一動，或必須再說謊以圓前面的謊，而這種謊言卻是偵訊者很容易發現的。

3. 問嫌犯是否在哪個時間、哪個地點看到某件事

　　問嫌犯是否在哪個時間，在哪個地點看到某個事件。嫌犯推測偵訊者所說的事件是確實存在的，於是回答有看到，也就因此露出馬腳，證明自己涉有重嫌。

4. 比對相關人之供述

　　比對多人供述：當兩個人或更多人陳述他們自己的不在場證明，或就一事件說明時，縱使大致相同，仍然會有一些細節有所差異，因為兩個人不可能就同一件事情的每一個細節有同樣的觀察力，也不可能做出完全一致的供詞。因此，如果兩個以上的嫌犯對於某件事的陳述完全一致的話，則可能有串供嫌疑。

5. 藉物證及現場重建驗證

　　正確的物證分析可以協助判斷被害者、目擊證人或嫌犯供詞的可靠性，例如：肇事逃逸的車輛，車主對沾有血跡的保險桿或擋泥板辯稱是撞到狗所引起，實驗室的血跡鑑定就可以證明或反駁其供詞。[119]嫌犯是否在現場，可由外勤偵查是否有不在場人證，然而人證不盡可靠，不在場的人證常是被拜託、脅迫、威逼、利益或報恩而來，因此輔以現場勘查、採證的結果，是否有嫌犯與被害者或現場間之關聯性、轉移性等跡證，藉以反駁或證明嫌犯是否在場。[120]

---

[119] 李昌鈺、提姆西・龐巴、瑪莉琳・米勒著，李俊億譯，犯罪現場，臺北：商周出版，2003年，頁31。

[120] 翁景惠，現場處理與重建，臺中：書右文化，2000年，頁212。

（三）審查被詢問人供述是否眞實可靠

犯罪嫌疑人雖經自白，仍應調查其他證據以查其是否與事實相符。查證時，應嚴守祕密，並講求迅速、深入、澈底與完整。[121]

案情重大程度、嫌犯身心狀況、過去的精神狀態、智力、成熟度，以及是否具有社會責任感等幾項變因，可能影響行爲徵候的有效性，必須謹愼考慮。[122]

1. 查證犯罪嫌疑人之供述是否實在，應注意下列情形[123]

(1) 犯罪嫌疑人及其共同正犯或其他共犯之供述須合乎情理與經驗法則，且必須與現場實際情況及痕跡證物相吻合。

(2) 所供犯罪動機及犯行經過，尤其是有關人、事、時、地、物等因素，均須逐項查證明確。

(3) 主嫌犯與共犯及證人之供詞，如有矛盾不實，應深入查證明確。

2. 被偵訊人的供述是否真實可靠具客觀性，可從以下幾個方面綜合評價[124]

(1) 被偵訊者的健康狀況，是否爲病人、精神障礙者。

(2) 供述時的心理狀況、環境狀況，如時間、情緒狀態、取供手段等。

(3) 供述動機。是眞誠悔罪或豪氣所使不屑隱瞞，或是罪證確鑿無法抵賴。前一情況下嫌犯回答問題率直，心情坦然；後一種情況下供詞能與其他證據相互印證，個別出入之處能合理解釋。如果是由於害怕嚴懲而主動交待，或爲了掩蓋其他重大罪行或他人犯罪而認罪，或由於誤解等原因而供述，雖能形成有罪供述但可靠性較差。

(4) 供詞內容與其他證據及客觀事實是否吻合。審查的方式有三種：
　①供詞內容前後不一致，或者自相矛盾。
　②供詞內容與本案中其他證據的內容不一致。
　③供詞內容與本案中已知的事實不一致。

---

[121] 警察偵查犯罪手冊第190點。

[122] Fred E. Inbau & John E. reid & Joseph P. Buckley著，高忠義譯，前揭註，頁95-96。

[123] 警察偵查犯罪手冊第191點。

[124] 何家弘主編，前揭註，頁300-302。

（四）運用重述性技巧

　　使用探究的問題以測試嫌犯或證人之前供述之可信度。讓被詢問人對特定事件重複多次供述。偶爾使用不同的問法，注意被詢問人回答是否不一致。如果回憶的是事實，回答的內容將會是一致的；如非事實，則須使用更多的謊言，不是忘記他們之前所講的，就是虛構的細節與之前的供述不一樣。

　　偵訊與案情構成要件關鍵之處，偵訊者須不斷地在問題中重述出現，雖然問題呈現的方式不同，但偵訊者想得到的答案卻是一致的。藉以檢驗被偵訊者對相同的問題，答案是否前後一致，以驗明其所言是否真實。當事人回答過的問題，偵訊者也會以重述性的問題多次詢問，從中發現被偵訊者說詞不合理之處，讓被偵訊者的謊言出現漏洞。[125]

（五）實施測謊

　　將測謊與偵訊緊密結合在一起，對於過濾證人及犯罪嫌疑人之供詞，必定有相當大之助益，並可明顯提高犯罪嫌疑人自白的機率。[126]無辜的人經常會很樂意接受測謊來洗刷自己的清白。涉案的人一開始不太願意接受測試，而且如果接受測試亦指出很多影響測試的原因。[127]在面對測謊要求時，通常有罪者與無辜者的反應會有這種差異，可以做為偵訊者判斷在他面前的這個人到底是有罪或無罪的參考指標。

第五節　偵訊案例研討

一、李紱審問程森奪佃燒房逼死劉家一家三口案[128]

（一）案情摘要

　　漢陽業戶程森為奪佃戶劉二旦之妻劉王氏，奪佃燒房逼死劉家一家三口。

---

[125] 徐國禎著，前揭註，頁88。

[126] 邱俊智、林故廷，前揭註，頁35。

[127] 林故廷，前揭註，頁104。

[128] 案情摘自二月河著，乾隆皇帝——夕照空山〈下〉，臺北：巴比倫出版社。

本來漢陽縣、府都已審明結案了的，程家不知做了什麼手腳，案子呈到省裡，臬司衙門駁了下去，說「奪佃非罪，房產爲程家之產；燒房不仁，律無抵罪之擬。劉老栓祖孫三人懷砒霜到程家當眾飲藥，意圖訛詐，亦不爲無非。」判程森枷號三個月了事。劉王氏不服，在巡撫衙門擊鼓告狀。李紱（湖廣巡撫）接了狀子便叫過按察使黃倫詢問，黃倫倒也爽快，說程森固然爲富不仁，劉家也不是什麼好東西。程森說是因地租看漲，奪佃是爲了加租。劉王氏說她去找程森理論，程森大白天意圖強姦。地租漲價有據可查，「強姦」卻沒憑據。聽黃倫這麼講，又是一番道理。

（二）偵訊經過

　　李紱親自下漢陽私訪了半個月，已是得了實情。回到衙門……李紱一邊出火票到漢陽縣提拿證人和程森，又發文按察使衙門，請黃倫過來會審結案。

　　李紱道：「三年熱孝未滿，就敢姦宿有夫之婦，就不論孔孟之道，國法皇憲都不顧了麼？」

　　程森（原在江西鹽道，因虧空庫銀撤差追比。虧空補完，起復爲泰安同知，因母丁憂在籍守制）：「卑職並沒有姦污劉王氏。」「……劉王氏爲賴租，來我府中，見我的時候百般賣弄風騷，敞胸露乳，說了許多瘋話，我趕了她去……想不到他公爹也是無賴，八月十六帶著她兩個兒子闖到我家，當筵飲藥自盡。卑職當時搶救無效，就成了這件人命官司。這個案子經臬臺黃大人多次審訊，證詞一應俱全……」

　　李紱聽了，轉過臉不假思索地問道：「漢陽縣，你是第一審官，這個程某當時是不是這樣供的？」

　　縣令壽吾侷促不安的說：「當時程森沒到庭，是派他的管家程貴富代理的，還有幾個在場求減租的佃戶，口供和程森說的不一樣。劉王氏父親和兒子飲藥是在八月十五，不是八月十六。八月十五程家設筵待佃戶，續定來年佃租出了爭執。劉家乘機揭出程森欺孤滅寡，被程家莊丁抓打吃藥自盡。這件事看見的人很多，卑職以爲證據確鑿，當即就斷了程家無理。」

　　坐在壽吾身邊的知府柳青立刻說：「壽令當時申報的案情就是這樣，卑職所以就照准了。」

　　黃倫在對面一口就頂了回來：「程貴富不是正身。劉王氏告的是程森，怎

麼能據管家的話判斷家主有罪？那程貴富對他家主懷有私仇，有意那樣供，陷害程森的。」

李紱：「劉王氏，你說，到底是八月十五，還是八月十六？」

「八月十五！」

「八月十六！」程森立刻頂了回來，「莊戶都能作證。」

李紱哼了一聲，問道：「誰能出來證明？」……

圍在堂口的幾個人跌跌撞撞地爬跪進來，一窩蜂兒跪下，說：「我們程老爺冤枉！八月十五我們都到場吃酒，劉老栓也在，沒見他吃什麼砒霜的呀？」

李紱轉過臉，口氣變得異常嚴厲，問劉王氏：「這是怎麼說？」

劉王氏指著幾個證人連哭帶說：「他們都是指著程家佃田吃飯的人，程森說八月十六，他們敢說八月十五麼？八月十五夜裡好月亮，我帶著兩個本家兄弟去程家抬回我的爹還有我的兩個兒，當晚哭喪哭得滿村都過不成節，老爺您隨便叫幾個村民問問，這種日子還有記錯的麼？」

外頭幾個毛頭小伙子也擠了進來：「我叫汪二柱，和劉王氏一個村的。我證劉老頭是八月十五死的……」

「哭得滿村人淒惶掉淚，這事誰不知道？」

「我娘還帶著月餅去劉老栓家看來著！」

「我是住劉村抬死人的，八月十五，沒錯！」

李紱嘿嘿冷笑，倏地翻轉臉來，問道：「程森，你講，為什麼私改日期，嗯？」

「……興許，我記錯了……」

「你太聰明了。」李紱譏諷地吊著嘴角冷冷說道，「日子定到八月十六，證人就只限到你程家的人，就好做手腳了，可惜八月十五這個日子太好記了，更可惜的是你程森不能一手遮天，你只能脅逼你的佃戶，別的人你掩不了口舌！」

李紱問道：「你沒有姦污劉王氏麼？」

「沒有。」程森瞟一眼黃倫，低下了頭，他的口氣已經不再那樣強橫。

李紱將目光掃向劉王氏。劉王氏被看得低著頭只是摳磚縫兒，張了幾次口才囁嚅道：「他……他……」她偷看了一眼衙門口擁擠的人群，到底沒說出口。坐在西側的黃倫將案一拍，喝道：「今日對簿公堂，你吞吞吐吐語言恍惚，你這刁婦，存的什麼心？」

　　李紱瞟了黃倫一眼，吩咐戈什哈：「把證人帶下去具結畫押，門口這些人後退三丈！」對劉王氏說道：「這是公堂，你必得有一說一有二說二，才好為妳結案。多少烈婦受辱而死，春秋並不責備。既是強姦，那就沒什麼可丟人的。你只管如實講，不要心有顧忌。」

　　「是……」劉王氏嚥了一口唾沫，「我是他家針線上人叫去的，說是幫著做過冬衣裳……我爹已經去過幾次求他別加租，我想著幫做冬衣，或者能見太太奶奶們求個情兒，就去了。我在他們西廂屋做針線，不知怎麼後來就剩下我一個人在屋裡。他……他就進來，動手動腳……我叫喚煞，也沒一個進來……後來……後來他就糟蹋了我。我在他大腿上抓了幾把，不知道抓出印兒沒有……」

　　「那就好辦。」黃倫在旁說道：「既是抓搔過他，只要驗驗有傷無傷就知道了！」

　　劉王氏突然抬起頭大聲說道：「黃大人！你得了程森多少銀子？你——你還是個讀書作官的！三年前抓印兒現在還能驗出來？你這樣不要臉，一死就一死，我索性全兜出來，你占騙了我身子，答應替我雪冤，後來為什麼變卦？」……「你在二堂密審我，你說，程森給你送錢，你不稀罕可是有的？當時我磕頭說，『大人不愛錢，公侯萬代』……你說『你長得……可人兒，我的四姨太也比下去了』……還說只要和他『春風一度』管保我的案子贏了……大人，我不是人……為了替我兒報仇，我就從了……」

　　黃倫狠狠問道：「你有什麼憑證？……」

　　李紱因又問道：「是。你有憑證麼？」

　　「這種事還要的什麼憑證？」劉王氏……猛地抬起頭說道：「我看見了，他肚臍左邊有一塊朱砂記，上頭還長著紅毛。還有，他的『那個』左邊還有銅錢大一塊黑痣。紅毛記有半個巴掌大——大人，你驗，他要沒有，我就認這誣告罪！」

　　果然真的不假，黃倫肚臍左下側一片紅茸茸的細毛朱砂記。再扳開腿，那塊黑痣赫然在目。

　　李紱大聲宣布：「黃倫已經招了！程森，你到底怎麼和他勾結翻案，你給我從實——」他「啪」的猛擊一下響木，連那個鏗鏘有力的「講」字一齊「拍」了出去。

　　「我招……」程森面無人色……「我和他在江西鹽道上就是同事。頭一回

送銀子三百兩，他不肯要。後來敘出是舊行，我送他一千兩銀子，他就給我翻了案……」

李紱無聲透了一口氣，……吩咐道：「給他畫押！」

（三）問題與思考

1. 李紱重啓調查後偵訊之時機？
2. 李紱審問時，被告程森應訊之心理？程森採取何種防衛策略？
3. 本案原（第一審有罪）判決有哪些瑕疵？
4. 劉王氏如何質疑程森辯詞？如何舉出證明之方法？
5. 偵查人員如何辨明程森與劉王氏二人供詞之眞僞？
6. 劉王氏駁斥程森後，李紱再訊問程森時，程森顯露的行爲徵候之意義？
7. 李紱要劉王氏供述黃倫犯行運用之策略？
8. 根據劉王氏供述黃倫之證詞，偵查人員如何查明眞僞？
9. 李紱運用何種偵訊策略使程森坦承犯行？

二、劉統勳審問劫銀反賊二癩子案[129]

（一）案情摘要

乾隆年間，支應清剿大小金川戰事之軍餉運送途中在邯鄲遭劫，劉統勳奉欽命親往邯鄲查劫銀反賊。……第二天中午馬頭便傳來好消息，老茂客棧的二癩子已經叫馬頭鎭典吏捉住。

（二）偵審經過

二癩子不是步行，五花大綁了又用繩子左一道右一道纏成一團，吊得秤陀兒一樣，用一根毛竹槓子抬了進來。……劉統勳看了一眼二癩子說道：「給他鬆開。」

「扎！」

賈富春……笑道：「兄弟們別忙。這解繩子也有學問呢！」他不慌不忙找

---

129 案情摘自二月河著，乾隆皇帝——夕照空山〈下〉，臺北：巴比倫出版社。

到繩結解開，剝繭抽絲一點一點解，一邊解說給眾人：「這天兒，別說捆成這種模樣，就是尋常五花大綁也得慢慢解，血都收到心裡、頭上去了，猛地脹開來非死不可！」……足用了一刻才解開，笑謂二癩子：「我救你一命，你可得說老實話！你是我寶貝兒，要死可沒那麼容易！」

二癩子幾次伸手想撫摸被繩子勒脫臼的左膀，都沒能如願，無可奈何地嘆息一聲……有氣無力的說道：「……水。」

梁富雲已笑著端一碗涼水過來：「水，你他媽的要多少有多少，天上下的，地下流的，河裡的井裡的，足淹死你。你要解渴兒那不能夠！」

二癩子一臉聽天由命神氣，只用舌頭舔著唇邊的水珠兒，貪婪地吮著。

「給他水，叫他喝。」劉統勳溫聲說道。

二癩子如吸瓊漿，一口氣就乾了……劉統勳嘆道：「原來都是好好百姓啊！落到這般地步！家裡有母親麼？父親呢？有沒有兄弟姊妹？別人都遠走高飛了，怎樣單把你撇下？你還太年輕，唉……才二十多歲就去從賊！閃得他們苦阿！」

劉統勳如父如兄善顏溫色娓娓而言如說家常，倒把高恆等人聽了個愣：這叫什麼「審案」？

劉統勳見二癩子仰臉望著頂蓬格，眼淚順頰向下淌，知道攻心奏效，更加放緩了口氣：「佛說苦海無邊回頭是岸。你戀著這家，想著老父老母在堂，兄弟姊妹安居，不肯遠離，這叫孝悌心，足證你天良未泯……你心疼他們，偷偷回來看他們，是麼？」

「你殺了我！」二癩子聽著這些話，真是句句似刀、字字如劍，突然發癡似地翻倒身，貓似的躬起後背，頭拱著地雙手掩面，含糊不清地說道：「到這地步，還說這些做什麼？要我死！」

「死不死看你自己的了！」劉統勳冷酷地一笑。

「我不稀罕你的什麼供詞，當今聖明，有如煌煌中天之日，幾個小小反賊能逃得出皇綱王憲？我實覺得你替他們賣命不值得！」

「在朝廷而言，殺你如同捻死一隻螞蟻，在你家而言，你死就是塌了天。我皇上仁德之王，有好生之德。現在給你一袋煙工夫，死活都由你自己挑！」說著擺頭一示意，廖富華將他帶出去關在東廂房內。

劉統勳命人將二癩子帶過來，問道：「想明白了？」

「小的真的什麼也不知道……」

「哼，離了你這張爛核葉，我照樣包粽子。給臉不要臉！」劉統勛惡狠狠說著，將手一擺：「帶下去，仍舊捆起來！」

二癩子遲遲疑疑跟著人走了兩步，站住了腳，胸脯一起一伏地喘著粗氣，似乎十分激動矛盾，忽然轉過身來，雙膝一軟跪了下去，用不成人聲的語調說道：「我都說，我都說！求大人超生。我都⋯⋯」他像一癱泥一樣軟倒在地。

（三）問題與思考

劉統勛運用了哪些偵訊策略？

第五章 結 語

　　民國92年刑事訴訟法修正，由傳統「職權主義」調整爲「改良式當事人進行主義」，在法庭上實施交互詰問制度，法院對於檢警偵查中採證的合法性及證據能力的要求日益嚴格，保障人權的相關規範陸續被加到訊問程序中，只有合乎法律規範基礎之上所爲的訊問，才有可能取得具證據能力的供述證據，因此也增加了取得嫌犯自白的難度。因爲嫌疑人對於自白亦可能嗣後翻供，故客觀證據蒐證齊全，於刑事案件追訴程序價值，遠勝於嫌疑犯自白取得。但在偵查實務中，許多欠缺證據面臨瓶頸的刑案，還是必須依賴第一線偵辦人員利用偵訊技術與策略解決，也就是說只有透過偵訊才能破案，只有取得嫌犯的自白才是破案的關鍵因素。

　　就現實面而言，並非所有警務（偵查）人員都有足夠條件可以進行有效率的偵訊；相對的，好的偵訊者也可能拙於偵查，因此主管幹部必須瞭解所屬人員之所長妥適調度分配。另就現況及可預見的未來而言，我偵查單位均尚無設置專業偵訊者的構想、趨勢及條件，因此爲提升辦案水準及品質，必須普遍提升偵查人員的偵訊能力。

　　偵查人員也許不瞭解各種偵訊策略或技術，但實際操作時，已在使用由經驗得來的有效技術或策略，然而個人經驗有其侷限性，因此要精進、提升偵訊能力，必須對自己的工作抱持著高度的興趣，多閱讀、充實自己，主動觀摩、學習，知曉支配偵訊程序的規則與規範，以及對那些經證實有助於取得自白的策略或技巧有相當的掌握，主管長官及所屬或上級機關，亦應從制度面提供適當的教育訓練及學習環境與機會。本篇之目的，就是在協助及提供第一線外勤人員學習掌握取得自白的偵訊策略或技巧。偵查人員必須瞭解的是，上述所提偵訊策略的原理原則，僅是提供參考，並非一成不變的，因爲各種技巧、策略或訣竅不可能區分得相當清楚，在偵訊過程中經常是數個步驟互相牽連，同時運作或反覆使用，因此必須融會貫通，並且經由實際的案件中經驗、歷練、印證而精進、進步。偵查人員應思考我是具有十年的經驗，與時俱進；還是一年經驗重覆運用十年，停滯不前。

附　錄　合法偵訊策略與技巧之探討

壹、合法偵訊

　　經由合法偵訊取得的嫌犯有罪自白才具有證據力。具有證據力的自白必須有兩項條件——符合法定程序及任意性自白。

一、法定程序

　　我國憲法第二章（人民之權利義務）第8條第1項規定：「人民身體之自由應予保障。除現行犯之逮捕由法律另定外，非經司法或警察機關依法定程序，不得逮捕拘禁。非由法院依法定程序，不得審問處罰。非依法定程序之逮捕、拘禁、審問、處罰，得拒絕之。」第23條規定第二章各條列舉之自由權利「除為防止妨礙他人自由，避免緊急危難，維持社會秩序，或增進公共利益所必要者外，不得以法律限制之。」憲法規定之審問法定程序具體化的落實在刑事訴訟法第95條（權利告知）明定訊問被告應先告知犯罪嫌疑及所犯所有罪名、得保持緘默、得選任辯護人及得請求調查有利證據等四項權利；第98條：「訊問被告應出以懇切之態度，不得用強暴、脅迫、利誘、詐欺、疲勞訊問或其他不正之方法。」；第156條第1項：「被告之自白，非出於強暴、脅迫、利誘、詐欺、疲勞訊問、違法羈押或其他不正之方法，且與事實相符者，得為證據。」準此，依照法定程序之訊問始為合法偵訊，經由合法偵訊取得的嫌犯有罪自白才具有證據力。警察偵查犯罪手冊第115點第4項並據以規定詢問犯罪嫌疑人，應先給予權利告知書，或告知所犯所有罪名、得保持緘默、得選任辯護人及得請求調查有利之證據等四項權利且記明於筆錄。手冊第110點亦規定「詢問應態度誠懇，秉持客觀，勿持成見，不可受外力左右，不得提示或暗示，並能尊重被詢人之人格，使能在自由意志下坦誠供述，且不得使用強暴、脅迫、利誘、詐欺、疲勞詢問或其他不正當之方法。」

　　權利告知的目的在於確保所有受警方拘禁（偵訊）之嫌犯，都知道法律保障他們有權可以不「自證己罪」；換句話說，不只那些受過適當教育或具有

相當智識的人知道自己有這樣的權利，也要讓那些沒有受過適當教育或智識水平不足的人，也知道他們的這項權利。[1]另偵訊手段是否合法最基本的判斷標準，就是不要說出或做出可能讓無辜者屈枉成招的話或者事情，因此，訊問犯罪嫌疑人不得用強暴、脅迫、利誘、詐欺、疲勞訊問或其他不正之方法，其根本原因為不正方法之訊問可能會迫使無辜的人做出有罪的自白。[2]

二、自白的任意性

具有證據力的自白，除了合法偵訊外，尚要求自白必須是任意性的，才能作為適當的證據。這種要求所根據的原則就是保護無辜者。刑事訴訟法第100條之1第1項前段規定「訊問被告，應全程連續錄音；必要時，並應全程連續錄影。」警方之調查筆錄，在訴訟程序中，時有被告或犯罪嫌疑人或辯解非其真意，或辯解遭受刑求，屢遭質疑，為建立警詢筆錄之公信力，以擔保程序之合法，所以詢問過程應全程連續錄音，必要時，並應全程連續錄影，並應於一定期間內妥為保存，偵審機關如認為有必要時即可調取勘驗，以期發現真實，並確保自白之任意性。[3]

貳、不正訊問

雖然刑事訴訟法第98條規定「訊問被告應出以懇切之態度，不得用強暴、脅迫、利誘、詐欺、疲勞訊問或其他不正之方法。」但自刑事訴訟法第100條之3第1項規定「司法警察官或司法警察詢問犯罪嫌疑人，不得於夜間行之。」後，大致已無疲勞訊問之情形，不正訊問主要為利誘、詐欺及強暴、脅迫非和平方法取供等二種情況。

---

[1] Fred E. Inbau & John E. reid & Joseph P. Buckley著，高忠義譯，刑事偵訊與自白，臺北：商周出版，2000年2月1日，頁279-280。我國類似作法規定於刑事訴訟法第95條（權利告知）。

[2] Fred E. Inbau & John E. reid & Joseph P. Buckley著，高忠義譯，前揭註，頁277、316。刑事訴訟法第98條。

[3] 參見刑事訴訟法第100條之1第1項民國87年1月21日公布修正前原條文修正理由。

一、以詐欺、利誘方式為之

　　說謊行為原則上不應被容許，但有時說謊可能有正當性。現代哲學家Sissela Bok提出三段論法來評估施用詐術是否有正當性：第一，應先考慮是否能以誠實方法達到目的；若能以誠實方法達到相同目的，則說謊或使詐即無正當性；第二，如果沒有以誠實方法達到目的之可能性或可行性，應該衡量說謊或使詐之道德上原因；第三，於衡量說謊或使詐之道德上原因時，應注意說謊或使詐對他人及社會之影響。亦即在不能期待犯罪行為人誠實以對，只好以說謊方式使原本不正的事情變得公正，這種情形下的說謊具有正當性。因此禁止警察以詐欺方法取得自白並非沒有例外，只是這些例外應符合下列要件：第一，需無法以誠實方法取得自白或證據；第二，施行對象必須是有相當理由懷疑其犯罪之人；第三，案件（被害法益）非極輕微。必須對於非輕微案件，權衡以不誠實方法取得自白之利弊得失後，認為非以不誠實方法無法突破案情，非破案無法彰顯社會正義之情形下，才允許以不誠實方式取得證據；第四，說謊或使詐需無誘發虛偽陳述之危險。以不誠實方法取得之自白，通常並未使用強制力侵害被告之人身自由，且被告若未犯罪，縱警察以不誠實方法偵訊，被告也不會承認犯罪，一般並無誘發虛偽自白之危險，故可採為證據；第五，方法上須不違反社會良心。[4]

　　考量犯罪行為人極不可能自願認罪，因此必須使用偵訊技巧與策略，利用其心理上的弱點，說服其認罪，這個過程無可避免地會用到一些詐偽或欺騙的手段，美國法院認為這類手段是法律所允許訊問技巧及策略（英國負責偵訊之警官甚至認為詭計完全不被視為技術的一種）。[5]美國最高法院於1969年在法蘭昔爾訴柯普案（Frazier v. Cupp），隱約承認偵訊實務上必然牽涉到詐偽、欺騙的手段，並且贊同使用這樣的手段。在該案中被告以謀殺案嫌犯的身分接受偵訊，在訊問當中警察騙他，另一個共犯已經認罪，嫌犯因而自白，法院認

---

[4]　吳巡龍，私人不法取得證據應否證據排除——兼評最高法院92年度台上字第2677號判決，月旦法學雜誌，第108期，2004年5月，頁230-232。

[5]　Williamson的一項研究顯示：英國犯罪調查局偵訊警官喜愛的偵訊風格為「友善的」及「諮商的」（而不是「公事公辦式的」或是「權威式的」），而詭計則完全不被視為技術的一種。摘自Geoffrey M. Stephenson著，蔡中理譯，犯罪心理學，臺北：五南圖書，1997年，頁143。

為警方對嫌犯所傳達共犯認罪的不實訊息，雖然與自白之取得過程相關，但不足以認定這樣的欺騙將使嫌犯任意所為之自白失去合法性。這些案件必須「依據當時一切的情狀」。除了最高法院的判例見解外，還有許多上訴法院也認為嫌犯的自白仍然具有證據力，縱使警方以某些詐偽、欺騙的手段以獲得自白。但是，這種手段仍有兩個重要條件：首先這種欺騙手段不能惡劣到使法院及社會大眾的「良心憤慨」；其次這種欺騙手段不能潛存使人為不實自白的危險。對於欺騙手段是否逾越程度使法院及社會大眾良心憤慨的判別標準，就在於因此所得的自白是否具備任意性。有個原則可以適用，就是偵訊者不確定自己將使用之詐偽、欺騙手段是否合法時，可以這麼問自己：「我所要說或我所要做的，有沒有可能讓一個無辜的人認罪呢？」如果答案是「不會」，則可以照自己的計畫去說或去做。相反的，如果答案是「會」，偵訊者應該打消原來想說什麼或做什麼的念頭。這是偵訊者唯一能夠理解並採用的實際標準。[6]但是所謂的詐偽的偵訊手段，雖然仍然必須受到自白任意性法則的約束，只是它的判斷標準，似乎只能依個案的「整體情況」來認定，因此此部分觀點能否為我國司法實務界或學界接受，有人持比較審慎態度，認為我們的偵查人員如果也要比照辦理，必須有走鋼索的心理準備。[7]亦有人認為，從務實角度出發，對偵查人員之以不誠實方法取得自白之偵訊方式，適度放寬並加以明確之規範，比法律上雖全部禁止，但運作時卻因實際需要而默示允許，法院審理時又因不知如何處理而視而未見要好。[8]

刑事訴訟法第158條之2第1項規定：「違背第九十三條之一第二項（法定障礙時間經過時間內不得訊問）、第一百條之三第一項（夜間不得訊問）之規定，所取得被告或犯罪嫌疑人之自白及其他不利之陳述，不得作為證據。但經證明其違背非出於惡意，且該自白或陳述係出於自由意志者，不在此限。」本條規定違背第93條之1第2項、第100條之3第1項之規定，所取得之被告或犯罪嫌疑人之自白及其他不利之陳述，原則上雖無證據能力，但執行人員若能證明其違背上開法定程序非出於惡意，且所取得之自白或陳述

---

[6] Fred E. Inbau & John E. reid & Joseph P. Buckley著，高忠義譯，前揭註，頁279-281。

[7] 蔡碧玉，偵訊的技術與藝術，摘自Fred E. Inbau & John E. reid & Joseph P. Buckley著，高忠義譯，刑事偵訊與自白〈專文推薦〉，臺北：商周出版，2000年2月1日，頁14-15。

[8] 吳巡龍，新刑事訴訟制度與證據法則，臺北：新學林出版，2005年4月，頁184。

係出於被告或犯罪嫌疑人之自由意志者，則不受證據強制排除之限制，爰參考美國聯邦最高法院在*United States v. leon*一案中所創設之「善意例外」原則[9]，於第1項設但書之規定，以兼顧公共利益之維護及眞實之發現。亦即在自自係出於被訊問人之自由意志的情況下，縱使執行人員違背法定程序，只要非出於惡意，其自白未必受證據強制排除之限制。刑事訴訟法第158條之4規定「除法律另有規定外，實施刑事訴訟程序之公務員因違背法定程序取得之證據，其有無證據能力之認定，應審酌人權保障及公共利益之均衡維護。」至於人權保障及公共利益之均衡維護，如何求其平衡，因各國國情不同，學說亦是理論紛歧，依實務所見，一般而言，違背法定程序取得證據之情形，常因個案之型態、情節、方法而有差異，法官於個案權衡時，允宜斟酌：（一）違背法定程序之情節；（二）違背法定程序時之主觀意圖；（三）侵害犯罪嫌疑人或被告權益之種類及輕重；（四）犯罪所生之危險或實害；（五）禁止使用證據對於預防將來違法取得證據之效果；（六）偵審人員如依法定程序有無發現該證據之必然性；及（七）證據取得之違法對被告訴訟上防禦不利益之程度等各種情形，以爲認定證據能力有無之標準，俾能兼顧理論與實際需要。觀諸刑事訴訟法第158條之2與第158條之4之規定，在審酌人權保障及公共利益之均衡維護下，似乎隱含容許有運用偵訊技術與策略之空間。

二、以強暴、脅迫等非和平之方法爲之

　　被告的陳述，若出於強暴、脅迫，被告可能爲終止被施以暴力或威脅，而產生虛僞陳述之動機，因爲對於遭受野蠻刑訊的人來說，供述也算是一種暫時的解脫，若採用其自白爲證據，將有導致誤判之虞，故文明國家對以該等方式所取得之自白均不賦予證據能力。若偵查人員以此等方法取得證據，已經破壞法律之核心價值，司法機關爲除去以強暴、脅迫等非和平方法取得證據之動機，以此等方式取得之證據不論證明力如何，應無證據能力。[10]古典犯罪學派代表人物貝加利亞（Beccaria, Cesare）即指出，對犯罪人的嚴刑拷打會使足以抗拒者（即惡棍）逃之夭夭，但卻使弱小的無辜者受到無妄之災。他認爲酷刑

---

[9]　善意例外原則，請參閱吳巡龍，前揭註，頁147-148。

[10]　吳巡龍，前揭註，頁233。

使得無辜者可能因此而毀滅（假使他錯誤地承認自己的無辜罪行），但卻使真正有罪的罪犯逍遙法外（假使他能抗拒酷行，死不承認，而被免除刑責）。[11]貝氏所提其實是「錯放」與「錯判」兩種不同的情況，「錯放」雖然讓有罪的罪犯逍遙法外，但是案件仍然未破且未造成冤案，以後仍有可能再將真正罪犯繩之以法；然而「錯判」是將無辜者當成罪犯造成冤案外，且誤認已破案偵結，因而讓真正的犯罪人逍遙法外。

參、刑求之探討

一、刑求的定義

根據《聯合國禁止酷刑和其他殘忍、不人道或有辱人格的待遇或處罰公約》（The United Nations Convention against Torture and Other Cruel, Inhuman or Degrading Treatment or Punishment）的定義，「刑求」是指為了向某人或第三者取得情報或供述，為了他或第三者所做或涉嫌的行為對他加以處罰，或為了恐嚇或威脅他或第三者，或為了基於任何一種歧視的任何理由，蓄意使某人在肉體或精神上遭受劇烈疼痛或痛苦的任何行為，而此種疼痛或痛苦是由公職人員或具有官方身分行使職權的其他人所造成，或在其教唆、同意或默許下所造成。[12]

二、刑求的原因

刑求的目的在於逼供，亦即所謂的刑訊逼供。由於犯罪人是瞭解案情真相的人，所以其供詞是最有力的證據，在許多國家的歷史上都曾被視為「證據之王」。當審訊問案成為查明案情之主要方法的時候，重視並依賴犯罪人口供就是司法裁判的基本特徵。由於被告的供述直接關係到其切身利益——供認有罪就會遭受刑罰，所以無論是有罪，還是事實上無辜的嫌疑人，都不會自願承認罪行。在案件調查過程中，被告與偵查人員處於一種對抗位置，一方面，偵

---

[11] 許春金著，犯罪學，臺北：三民書局，2007年1月，修訂5版，頁191。

[12] 1984年12月10日聯合國大會第39/46號決議通過之《聯合國禁止酷刑和其他殘忍、不人道或有辱人格的待遇或處罰公約》第1條。

查人員要定案就必須獲得被告的口供；另一方面，被告不願意做出有罪供述，於是，偵查人員只好使用各種手段迫使被告認罪，刑訊逼供就應運而生了。[13]中國大陸於2007年曾就七種法定證據與刑事錯案的關係，以問卷調查與訪談相結合的方式，對法官、檢察官、律師和警察共139人進行調查，結果合計有75%的被調查者共105人認為對刑事錯案影響最大的兩種證據為證人證言和被告口供。而最有可能導致被告做出虛假的有罪供述的四項選項中，有83人選擇「由於刑訊逼供而被迫做出有罪供述」最多，占60%；其次，48人選擇「被告出於某種目的自願為他人頂罪而做出有罪供述」，占35%。[14]中國大陸亦曾對20世紀80年代以來發生的大約100起刑事錯案，具體分析這些錯案形成的原因，其中50起殺人罪致錯原因的解析中，發現刑訊逼供與刑事錯案之間存在密切的聯繫，把刑訊逼供獲得的口供作為定案根據，往往是造成錯案的重要原因之一。在這50起刑事錯案中，4起案件已經法院或檢察院正式認定存在刑事逼供的情況，占8%；43起案件雖未經法院或檢察院正式認定但是可能存在刑事逼供的情況，占86%；只有3起案件不存在刑訊逼供的情況。[15]

　　探討刑訊逼供的可能原因如下：[16]

（一）環境因素

　　單位環境是影響人的行為方式的重要因素，單位的行為環境往往會對該單位的人的行為方式產生影響，並形成帶有單位或者行業特點的群體行為模式。刑訊逼供這種行為習慣的養成，與警察的群體行為環境有著密切的聯繫。在這樣的單位環境中，新進人員在「師傅帶徒弟」的工作模式中，邊看邊學，耳濡目染，自然養成了刑訊逼供的行為習慣。

（二）片面的執法觀念

　　目的正當性遮蔽了手段的不正當性，打擊犯罪的正當性就弱化了偵查人員

---

[13] 何家弘，導論——犯罪偵查的過去與未來，何家弘主編，新編犯罪偵查學，北京：中國法制出版社，2007年7月，頁3。

[14] 何家弘，冤案講述——刑事司法十大誤區，臺北：元照出版，2014年5月，頁72-75。

[15] 何家弘，前揭註，頁75-77。

[16] 何家弘，前揭註，頁85-86、125-126。

刑訊逼供時的罪惡感。

（三）「不用大刑，焉得實供」的陳舊思維

習慣於把犯罪人視爲壞人，認爲壞人一般都不會輕易承認自己的罪行，所以只能採用「特殊手段」才能讓其低頭認罪。

（四）偵查與偵訊能力不足

偵查與偵訊能力不足，無法透過偵訊獲取嫌疑人口供，刑訊逼供就成爲破案的捷徑。

三、禁止刑求的理由

刑求源自有許多理由讓偵訊者堅信被偵訊者有罪，對於有罪的嫌犯，嫌犯自白可以節省時間，要不然用其他方法去獲得證據可能得花好長時間。[17]因爲刑求確實有效，是使嫌犯自白最快速的方法，致使負責偵訊的人員不需學習、探討、追求刑求以外有效的偵訊技術。然而，人權與人性尊嚴係普世價值，而刑求係侵害被告之人權與人性尊嚴，且可能使無辜者虛僞陳述，導致誤判，造成冤案，縱放眞正犯罪者，因此除《聯合國禁止酷刑和其他殘忍、不人道或有辱人格的待遇或處罰公約》外，歐洲人權公約第3條亦規定禁止酷刑以及不人道或侮辱的待遇。且就此權利本身並未有任何例外或限制規定。我國憲法並未明定禁止刑求，但第二章人民之權利義務中，人民權利包括居住及遷徙自由、言論自由、秘密通訊自由、信仰宗教自由、集會結社自由等均屬之。因此，綜觀我國憲法所揭示的民主原則，第二章人民之權利義務中之權利保障，以及基本國策中關於社會安全之用語，亦不難肯定憲法本於人性尊嚴之理念所建構的基本立場，是故透過上述之解釋，可以得出人性尊嚴係我國憲法的當然保障。[18]

依經驗顯示，被刑求者身心所受到的傷害至深且鉅，陰影長久揮之不去，

---

[17] Geoffrey M. Stephenson著，蔡中理譯，前揭註，頁142。

[18] 李震山，人性尊嚴之憲法意義，收錄於：人性尊嚴與人權保障（出版），臺北：元照出版，2000年2月，初版，頁18。

因為刑求干預其自我意識和自由意志，侵犯其自決能力，在被刑求者根本無力抗拒的情況下，人性被澈底的摧毀，其嚴重程度不言可喻，更何況即使是死刑犯，在執行時若無必要亦不可觸及其尊嚴，是故停止刑求已列入法治國之林。[19]

四、禁止刑求絕對化與相對化的效應

（一）禁止刑求絕對化——手術很成功，但病人死了

　　絕對禁止刑求可能產生的情況是，在程序正義、人權保障的大傘下，在人權組織的監督下，執法單位假如退卻到不管結果，只重程序，就會產生「手術很成功，但很遺憾，病人死了」的結果，當醫師不願就其所知、所能，做出最佳判斷並執行，只求給個標準作業流程或法律依據，顧慮自身法律責任遠大於單位任務達成時，受害的又是誰？[20]

　　民國81、82年間，南投發生一件擄人勒贖案，一名不到3歲的男童在自家門口玩耍時被歹徒抓走，歹徒打電話向男童父母要求50萬元贖金，三名歹徒於約定時間前往取款時，全數被埋伏警察當場逮捕，但小孩則遍尋無著。歹徒於警訊時堅持除非把他們放走，否則不會說出藏匿小孩地點。嫌犯移送地檢署後，內勤檢察官不論如何對歹徒曉以大義，甚至語帶威脅利誘，歹徒仍不為所動，堅持除非把他們放走，否則不會說出藏匿小孩地點。小孩父母知執法人員無法問出小孩下落，乃要求將歹徒交給他們詢問。該檢察官十分苦惱，徵詢檢察官同事意見，獲回答：「救人要緊，如果實在沒有其他方法問出小孩下落，不得以只好刑求。」該檢察官聞言一驚說：「這（指刑求）違反刑事訴訟法訊問被告的規定，絕對不可以！」歹徒於被捕三日後終於說出將小孩棄置於名間鄉松柏嶺山谷裡，經警前往找尋，發現小孩已死亡，法醫判斷該小孩是在警察找到前才剛死亡。被徵詢意見的檢察官設身處地想像，小孩父母會對執法人員多麼失望？歹徒捉到了，卻問不出小孩下落，又不肯將人交給他們逼問，結果

---

[19] 陳英淙，從人性尊嚴與保護義務之衝突探討法治國的刑求禁忌，警學叢刊，第36卷第6期，2006年，頁191。

[20] 邱俊誠，使用營救式刑求對付恐怖分子的探討——以灌水取供（waterboarding）為例，警學叢刊，第41卷第1期，2010年，頁96。

讓一幼兒活活餓死。[21]

（二）禁止刑求相對化——滑梯效應

絕對禁止刑求的規定係「不管結果、只重程序」，其結果可能導致為：「手術很成功，但病人死了」。但是，如果明文同意特殊情況下，執法人員得採用刑求方式後，無論限制多嚴格，檢核機制多周密，執法人員仍會較政府嚴禁刑求的時候更容易採取刑求手段，也就是說，執法人員會自己加大開放的空間便宜行事，產生採用刑求標準滑到規定以下一段的地方。因此，一旦有限度同意，刑求就可能嚴重氾濫。[22]倘若法治國家允許刑求，則意味著立法制定動用刑求的要求及程序，並公布之；同時，公務員將成為刑求者，且必須接受訓練；此外，亦無法排除濫用刑求及無辜者遭到刑求的可能性，這種難以掌握法律上界限的刑求，將使得被刑求者暴露在刑求者無限制的恣意之下，而予取予求。[23]

肆、人性尊嚴之衝突

一、嫌犯人權與被害人或無辜大眾人權之競合

刑事訴訟法與刑事司法程序向來關注被告權利之維護，被告不可只是訴訟客體，亦同時為訴訟主體的思考，乃西方自啓蒙以來在刑事訴訟程序中最重要的理論訴求。「在法定程序的保護下，個人不再是國家權力可以任意處置的對象，而成為一個具有相對獨立地位的訴訟主體。因此在訊問中，事實真相不再是唯一目的，訊問過程的公正性、訊問過程中被追訴者訴訟主體地位的確認和權利的保護，也成為偵查訊問制度追求的價值目標之一。」[24]然而，關注被告權利之維護並非意味著被害人的人性尊嚴及生命權（如擄人勒贖案被害人），

---

[21] 吳巡龍，私人不法取得證據應否證據排除——兼評最高法院92年度台上字第2677號判決，月旦法學雜誌，第108期，2004年5月，頁223-224。

[22] 邱俊誠，使用營救式刑求對付恐怖分子的探討——以灌水取供（waterboarding）為例，警學叢刊，第41卷第1期，2010年，頁96。

[23] 陳英淙，前揭註，頁191。

[24] 何家弘主編，新編犯罪偵查學，北京：中國法制出版社，2007年7月，頁283。

或者許多無辜民眾的生命權（如恐怖活動造成的重大傷亡）可以漠視，因此產生了犯罪人與被害人或無辜大眾法益之衝突。擄人勒贖案件被害人除涉及生命權的威脅外，在被綁架禁錮期間受到殘忍、不人道或有辱人格的待遇屢見不鮮，嚴重侵害被害人的人性尊嚴，因此犯罪人與被害人之法益衝突，除「人性尊嚴對抗人性尊嚴」外，尚有「人性尊嚴對抗生命權」。被告的人性尊嚴固須保護，被害人的人性尊嚴亦須保護，當國家面對只有侵犯犯罪人的人性尊嚴始能保護被害人的人性尊嚴時，是否應權衡何者優先。如果刑求是拯救人質生命或保護無辜民眾生命的唯一方式，則將人性尊嚴無限上綱到超越生命權而無任何轉圜餘地，顯然亦值得商榷。

二、法律之競合與優先適用問題

　　憲法第二章（人民之權利義務）第8條規定非由法院依法定程序，不得審問處罰。但第23條也規定第二章各條列舉之自由權利「除為防止妨礙他人自由，避免緊急危難，維持社會秩序，或增進公共利益所必要者外，不得以法律限制之。」為拯救擄人勒贖案之人質及保護民眾免受恐怖活動之傷害，是否得以「避免緊急危難」主張？

　　刑事訴訟法第98條規定：「訊問被告應出以懇切之態度，不得用強暴、脅迫、利誘、詐欺、疲勞訊問或其他不正之方法。」第156條第1項規定：「被告之自白，非出於強暴、脅迫、利誘、詐欺、疲勞訊問、違法羈押或其他不正之方法，且與事實相符者，得為證據。」但刑事訴訟法第158條之2則規定：「違背第九十三條之一第二項（法定障礙時間經過時間內不得訊問）、第一百條之三第一項（夜間不得訊問）之規定，所取得被告或犯罪嫌疑人之自白及其他不利之陳述，不得作為證據。但經證明其違背非出於惡意，且該自白或陳述係出於自由意志者，不在此限。」刑事訴訟法第158條之4亦規定：「除法律另有規定外，實施刑事訴訟程序之公務員因違背法定程序取得之證據，其有無證據能力之認定，應審酌人權保障及公共利益之均衡維護。」觀諸刑事訴訟法第158條之2與第158條之4之規定，被告人權保障並非唯一考量因素，尚需衡量公共利益之均衡維護。

　　行政執行法第32條規定：「經間接強制不能達成執行目的，或因情況急迫，如不及時執行，顯難達成執行目的時，執行機關得依直接強制方法執行

之。」第36條規定：「行政機關為阻止犯罪、危害之發生或避免急迫危險，而有即時處置之必要時，得為即時強制。即時強制方法如下：一、對於人之管束。二、對於物之扣留、使用、處置或限制其使用。三、對於住宅、建築物或其他處所之進入。四、其他依法定職權所為之必要處置。」

在警察行政法的領域中，從一般的強制措施到情況急迫時的致命性射擊均包括在內，既然致命性射殺不得已時可能發生，則為了拯救人質不得已時動用刑求以取得人質藏匿地點的訊息，應是屬於行政執行法中直接強制的概念，而非刑事追訴的範疇。[25]

行政執行法賦予行政機關在情況急迫下，為阻止犯罪、危害之發生或避免急迫危險，得為直接、即時強制處置執行，因而擄人勒贖案件與恐怖活動似乎均符合不及時執行顯難達成執行目的之要件。

伍、保護義務與預防犯罪

一、國家的保護義務

國家壟斷武力，為有利於人民權利之故，必要時須負擔義務，使用武力以達成任務，此為國家的保護義務。面對擄人勒贖案件，當人質的生命時時刻刻都有危險而朝不保夕，同時，其他可能的方法都已用盡而無計可施，悲劇的形成幾乎已成定局，如營救式刑求成為唯一的方法時，此種唯一的方法毋寧是符合公理的行為，當營救式刑求存在著道德上的正當性時，在法律上承擔其結果殆無疑義。

另人質的生命危如累卵，身體健康令人憂心，面對嚴重危害逼近的急迫性，極可能危害基本權，也必須加以阻止及預防。

生命及身體健康毫無疑問屬於國家的保護義務，當事人因而享有保護保障權，國家基於客觀的保護義務亦需主動出擊，國家必須採取專業人力、物質裝備等資源，以防止基本權遭受到威脅或危害。[26]

---

[25] 陳英淙，前揭註，頁194。
[26] 陳英淙，前揭註，頁192、193。

二、預防犯罪的範圍

擄人勒贖案件，在犯罪嫌疑人被逮捕的當下，人質是否死亡或身心受創嚴重，仍然無法得知，是故擄人勒贖之加重結果犯或結合犯均尚無成立的餘地，因而尚不屬於刑事追訴的範疇，此時為了救出人質而動用刑求反而屬於預防犯罪的概念。[27]

恐怖活動往往具有高度不可預測性與不可回復性，國家培養的專業執法人員負有保護人民生命財產的責任，狡猾的恐怖分子躲在程序正義、緘默權、不自證己罪的大傘下造成社會重大傷害。假如考量時間的緊迫性、危害法益的重大程度，與執法單位選擇情報取得的唯一可能下，對於特定高涉案嫌疑恐怖分子，在特定程序與人員下進行刑求，是一種預防犯罪的概念與措施。[28]

國家基於保護義務，依據行政執行法直接強制的概念而使用的刑求，其用意在於預防犯罪，而刑事追訴的刑求在於取供以證明、追訴犯罪，兩者之本質與目的不同。

三、滑梯效應的監督機制

上述刑求既然是依據行政執行法之直接強制作為，故需依行政組織的規定，向機關首長報告並批准後，方可執行，依行政責任原理，機關首長應於刑求時親至現場；此外，嫌犯已符合擄人勒贖罪的構成要件，警察機關必已報請檢察官指揮偵辦中，檢察官之法學素養及獨立辦案屬性，非警方所能及，因此在程序上亦必須履行如同行政機關首長的步驟。[29]如此雙重的監督，應可避免上述禁止刑求相對化的滑梯效應。

陸、結　語

國家基於保護義務與人民擁有憲法避免緊急危難的權利，建構了營救式刑求與預防重大災害犯罪刑求的合憲性；為阻止犯罪、危害之發生或避免急迫

---

[27] 陳英淙，前揭註，頁194。

[28] 邱俊誠，前揭註，頁89。

[29] 陳英淙，前揭註，頁197。

危險，經由行政執行法中的直接強制取得了合法性。而且無可避免的，任何國家都可能會遭遇到擄人勒贖案件營救人質與恐怖分子可能進行恐怖活動造成重大危害的處境，為避免禁止刑求絕對化可能導致的結果：「手術很成功，但病人死了」效應，理論上確有探討刑求合法化的各種面向，但是對於法治國家而言，刑求往往是不可討論的禁忌，因此可預見的即使是營救式刑求或是預防重大災害犯罪的刑求，只有在悲劇發生時才會是個短暫的議題，當悲劇與傷痛過後，仍然會是個長期被刻意忽略的議題，這是必須面對悲劇發生而無法阻止的執法人員的無力感與被害人及其家屬的傷痛與無奈。而值得深思的是，社會上的每一個人，都有可能成為這種悲劇的無辜受害人或家屬。

第 2 篇

筆錄製作

第一章　筆錄製作要領

有效的訊問必須先偵查再訊問，偵訊至產生犯罪嫌疑人之最終自白後，再製作筆錄將嫌犯口頭自白轉換成書面自白，供法院裁判時之書證。筆錄分為證人（或稱關係人，含報案人、被害人、目擊證人等）及犯罪嫌疑人兩大類。

第一節　犯罪嫌疑人筆錄

詢問二人以上可疑為共同實施犯罪行為之犯罪嫌疑人者，應決定其先後順序，隔離詢問，其未經詢問者不得在場。但為發現真實，得命其對質（對質筆錄範例如附錄二之附件十三）。[1]不論是犯罪嫌疑人或關係人，兩造的說法不同，應有一方不實，偵訊人員依據各種偵查所得及所蒐集之事證，大致可判定何者可採，何者不可採，因此除非有必要，例如雖有共犯或證人之指證，但嫌犯仍堅決否認犯行，此時利用對質方式，使嫌犯不得不坦承犯行，只有坦承犯行，才會供出犯案動機、共犯或贓證物等事實，否則很少製作對質筆錄。

實施詢問，應當場製作調查筆錄。詢問時如受詢問人為聽覺或語言障礙或語言不通者，應由通譯傳譯之；必要時，並得以文字詢問或命以文字陳述。[2]

實施詢問，因採問答方式，除依規定詢問其是否選任辯護人並記載於調查筆錄外，當場製作之調查筆錄，要點如下：[3]

（一）姓名：以國民身分證記載者為準，並應記載國民身分證統一號碼及化名、別名、筆名或綽號，同時注意身分證之真偽。欄內不敷記載者，應另以問答寫明。

（二）年齡：應記載其出生年月日。尤對7歲、12歲、14歲、16歲、18歲、20歲及80歲之年齡（按周年計算非依曆年計算），更應慎重記載。

1　警察偵查犯罪手冊第118點。
2　警察偵查犯罪手冊第119點。
3　警察偵查犯罪手冊第121點。

（三）職業：除記載其職業及稱謂外，必要時應詢明記載其所負職責，不得僅記工、商、公等。

（四）住址：應記載其現住地之街、路、巷、弄名稱、門牌號碼及聯絡電話；戶籍地與現住地不同時，應分別記載。軍人應記明其駐地及信箱號碼。

（五）教育程度：應記載其最高學歷、學校名稱、畢業或肄業。

（六）家庭狀況：應記載其家庭人數、稱謂、生活、經濟狀況以及與案情有關之親屬等。

（七）刑案資料：應記載其曾受有罪判決確定之判決時間、判決法院、刑罰種類及執行情形，得另以電腦查詢後列印附卷。

（八）犯意：係指犯罪之原因、目的、動機、精神狀態、故意或過失等。包括刑法上之正當防衛、緊急避難或激於義憤之主觀要素等。

（九）關於人的部分：包括正犯（直接正犯、間接正犯、共同正犯）、共犯（如教唆犯、幫助犯）及與犯罪行為有關之人。

（十）關於時的部分：應詳記預備、實施、發現、報案、被害人死亡時間與在犯罪發生時間內涉嫌人行蹤等，儘量詳細記載。

（十一）關於地的部分：係指犯罪起、止、經過及其他有關之處所、區域。

（十二）關於事的部分：係指犯罪全部經過及犯罪方式、方法、與被害人之關係、違反義務之程度等。

（十三）關於物的部分：係指犯罪交通工具、贓物、證物或違禁物等。

（十四）受詢問人之意見及犯罪後之表示。

（十五）詢問所供是否實在。

（十六）辯護人陳述之意見；如其有因刑事訴訟法第245條第2項但書受限制或禁止在場之事實或有足以影響偵查秩序之不當行為者，亦應記載之。

製作筆錄不必拘泥於文句辭藻，應力求通俗易解，可保留原語氣，或記載其所用之土語或俗語，藉以保持真實，使與受詢問人真意相符合。[4]

犯罪嫌疑人之調查筆錄（格式如第三篇附錄二之附件十四）由下列部分組成：

---

[4]　警察偵查犯罪手冊第128點。

一、基本資料

包含詢問、案由及受詢問人三部分：

（一）詢問：包括起訖時間、地點

（二）案由：涉嫌之罪名

（三）受詢問人：包括姓名、別（綽）號、性別、出生年月日、出生地、職業、身分證統一編號、戶籍地址、現住地址、教育程度、電話號碼及家庭經濟狀況等。

警察機關制式之調查筆錄格式均已將基本資料之詢問項目表格化，筆錄製作人員只要按表逐項問填即可。

二、權利告知

詢問犯罪嫌疑人，應先給與權利告知書，或告知下列事項且記明於筆錄：[5]

（一）犯罪嫌疑及所犯所有罪名。罪名經告知後，認爲應變更者，應再告知。

（二）得保持緘默，無須違背自己之意思而爲陳述。

（三）得選任辯護人。低收入戶、中低收入戶、原住民或其他依法令得請求法律扶助者，得請求之。

（四）得請求調查有利之證據。

無辯護人之犯罪嫌疑人表示已選任辯護人時，應即停止訊問。但犯罪嫌疑人同意續行訊問者，不在此限。[6]

警察機關制式之犯罪嫌疑人調查筆錄格式已將上述權利告知內容，印製於應告知事項欄，筆錄製作人員向犯罪嫌疑人告知上述權利後，請其在欄內末行簽名確認即可。

---

[5]　刑事訴訟法第95條第1項、警察偵查犯罪手冊第115點第4項。

[6]　刑事訴訟法第95條第2項、警察偵查犯罪手冊第115點第5項。

三、確認被詢問人身分及法定權利行使情形

　　詢問犯罪嫌疑人，應先詢其姓名、年齡、出生地、職業及住居所，以查驗其人有無錯誤。如係錯誤，應即釋放或請其離開。[7]因此第一個問題應該問：「上記姓名年籍資料是否正確？」如果資料有誤即更正，所以受詢人的回答一定是：「正確。」偵查犯罪一定會先瞭解偵查對象的背景，而通緝及前科資料則是最基本的查詢項目，因此接著通常是問：「有無刑案資料（或記錄）？」有時候也會把兩個問題放在一起。

　　司法警察官或司法警察詢問犯罪嫌疑人，不得於夜間行之。但有刑事訴訟法第100條之3第1項所列各款（一、經受詢問人明示同意者。二、於夜間經拘提或逮捕到場而查驗其人有無錯誤者。三、經檢察官或法官許可者。四、有急迫之情形者。）或第2項（犯罪嫌疑人請求立即詢問者，應即時為之。）之情形者，不在此限。[8]所以如果詢問時已是夜間，必須要問：「現在是夜間（○○時○○分），你是否同意接受詢問？」

　　告知權利且受詢問人亦已簽章確認外，尚須詢問及記載受詢問人行使告知權利之情形，因此在詢問犯罪事實之前，還必須問受詢問人：「是否選任辯護人到場？」以確認其是否行使選任辯護人的權利，以及「是否具有低收入戶、中低收入戶、原住民或其他依法令得請求法律扶助者之身分？」以確認其是否具有得請求法律扶助者之身分，如具有且未選任辯護人，詢問人應通知依法設立之法律扶助機構指派律師到場為其辯護。[9]

　　通常此部分的問項包括：

　　（一）上記姓名年籍資料是否正確？有無刑案紀錄？

　　（二）現在是夜間（○○時○○分），你是否同意接受詢問？（日間免問）；如果日間開始詢問至夜間，應於到夜間的時間詢問此問題？

　　（三）是否選任辯護人到場？

---

[7]　警察偵查犯罪手冊第115點第1項。

[8]　刑事訴訟法第100條之3第1項、警察偵查犯罪手冊第112點第2項。

[9]　刑事訴訟法第31條第5項、警察偵查犯罪手冊第117點第2項：犯罪嫌疑人因精神障礙或其他心智缺陷無法為完全之陳述或具有原住民身分，於偵查中未經選任辯護人者，應通知依法設立之法律扶助機構指派律師到場為其辯護。但經犯罪嫌疑人主動請求立即詢問，或等候律師逾四小時未到場者，得逕行詢問。

（四）是否具有低收入戶、中低收入戶、原住民或其他依法令得請求法律扶助者之身分？

四、詢問犯罪事實

詢問時應針對犯罪嫌疑人所犯罪名之構成要件事實逐一敘明，並與所調查之證據、相關聯事證及可參考之事實等相呼應。但與犯罪經過不相關之事項，應避免於筆錄中記載。[10]

通常以「你今天為何事前來本局？」（通知到場之犯罪嫌疑人）、「○○○於○時○地遭人傷害（罪名案類），你是否知道？」、「你於何時？何地？因何事？為警方查獲（或逮捕、拘提到案）？」（逮捕拘提之犯罪嫌疑人）等問題引導進入案情後，就人、事、時、地、物、如何、為何及所觸犯罪名的犯罪構成要件等詢問，有關各類案件之詢問內容，可參考本篇第三章筆錄範本。

如須指認其他犯罪嫌疑人，應依警察機關實施指認犯罪嫌疑人注意事項辦理。[11]指認要領詳本章第二節證人筆錄之二、詢問相關案情。

犯罪事實詢問完畢後，應詢其有無錯誤及補充意見，因此筆錄問答部分的最後兩個問題通常為：「有無其他補充意見？」、「以上所說是否實在？」此外，如有辯護人，則再加問「辯護人是否有意見陳述？」。

五、筆錄結尾

筆錄不得竄改、挖補或留空行，如有增刪更改，應由製作人及受詢問人在其上蓋章或按指印，其刪除處應留存原字跡，並應於筆錄左方空白處記明更改字數。繕妥後應先交受詢問人閱覽或向其朗讀，並詢其有無錯誤及補充意見，在場之辯護人得協助其閱覽，並得對筆錄記載有無錯誤表示意見。如受詢問人及在場之辯護人請求記載增刪、變更者，應將其陳述附記於筆錄。但附記辯護人之陳述，應使受詢問人明瞭後為之。以電腦製作筆錄者，得引導受詢問人及在場之辯護人於電腦螢幕閱覽筆錄或向其朗讀，如有錯誤、補充意見請求記載

10　警察偵查犯罪手冊第120點。
11　警察偵查犯罪手冊第90點。

增刪、變更者,立即於電腦檔修正之。[12]

　　筆錄經受詢問人確認無誤後,應由受詢問人於緊接其記載之末行簽名、蓋章或按指印(三者擇一,如按指印以左拇指為原則),再於次行由詢問人、記錄人、通譯及在場人等簽章(詢問及記錄人使用職名章,如僅簽名應記載職稱)。辯護人在場者,應請其於筆錄內簽章。[13]

　　筆錄有二頁以上者,應立即裝訂,並由製作人及受詢問人當場於騎縫處加蓋印章或按指印。[14]惟實務上,移送卷資料之騎縫通常蓋移送機關之騎縫章或製作人之職名章;筆錄的騎縫則僅由受詢問人按指印。

　　受詢問人如拒絕回答或拒絕在筆錄上簽名、蓋章或按指印時,不得強制為之,但應將其拒絕原因或理由記載於筆錄上,仍可發生筆錄之效力。[15]

　　詢問犯罪嫌疑人筆錄之製作,應採一人詢問,另一人記錄之方式製作。但因情況急迫或事實上之原因不能為之,而有全程錄音或錄影者,不在此限,惟應將情況急迫或事實上之原因等具體事由記明於筆錄。[16]情況急迫或事實上之原因不能為之之可能情形舉例如下:

1. 情況急迫

　　(1) 擄人勒贖案件,已逮捕部分嫌犯,惟因人質仍在其他嫌犯手裡,非立即詢問,將影響營救人質時效,可能危及人質生命安全。

　　(2) 逮捕部分嫌犯,但仍有重要共犯在逃及贓證物尚未起獲,非立即詢問嫌犯,重要共犯可能逃逸,贓證物可能遭受湮滅時。

　　(3) 嫌疑人傷重命危時。

2. 事實上之原因

　　(1) 查獲嫌犯數眾多之案件,例如職業賭場、竊盜集團、組織犯罪等,警力不足以因應時。

　　(2) 查獲警察機構配置之警力數不足,無法由行詢問以外之人製作筆錄

---

[12] 警察偵查犯罪手冊第122點。

[13] 警察偵查犯罪手冊第123點。

[14] 警察偵查犯罪手冊第124點。

[15] 警察偵查犯罪手冊第125點。

[16] 警察偵查犯罪手冊第126點。

時。

(3) 拘捕人犯，須立即追查共犯及贓證物或擴大偵辦，現有警力不足以因應時。

因此問答結束後：

1. 應於緊接問答之次行記載「上開筆錄經受詢問人親閱（或經向被詢問人朗讀）後確認無誤始簽名捺印」。

2. 於再次行依序由受詢問人簽名捺印、在場人（如辯護律師）簽名、詢問人及記錄人簽章。

3. 如果無法問錄分離，應緊接於簽名之次行記載「本筆錄因（敘明情況急迫或事實上不能為之之具體事由）之原因，無法由行詢問以外之人記錄」。

4. 在基本資料欄記明筆錄起訖時間。

5. 裝訂筆錄，並由受詢問人當場於騎縫處按指印；如有實施指認，則將指認紀錄表附於筆錄後（筆錄與指認犯罪嫌疑人紀錄表的騎縫處亦須捺指印），作為筆錄的一部分。

第二節　證人筆錄

詢問證人（關係人）應促其對所知或所見之犯罪事實或犯罪情況據實連續陳述，其無根據之個人意見或推測之詞可免予記錄。為使其陳述明確或判斷其真偽，得為適當之詢問。但如證人拒絕作證時，不得勉強，可將其應作證之理由及其拒絕證言情形與原因，一併附送檢察官參考。[17]

詢問證人時，應全程連續錄音；必要時，並應全程連續錄影。但有急迫情況且經記明筆錄者，不在此限。另對其重大或重要之陳述，應即請檢察官複訊。[18]

證人筆錄（格式如第三篇附錄二之附件十五）主要包括基本資料、詢問犯罪事實或相關案情及結尾三部分：

---

[17] 警察偵查犯罪手冊第129點。
[18] 警察偵查犯罪手冊第130點第1項。

一、基本資料

與犯罪嫌疑人筆錄格式相同，筆錄製作人員只要按表逐項問填後之次行詢問「上記年籍資料是否正確？」即可。

二、詢問相關案情

通常以「你因何事前來本局製作筆錄？」、「你因為何事前來本局報案？」等問題引導進入案情後，就與該犯罪案件相關之人、事、時、地、物、如何、為何及犯罪構成要件（被害人），或所目擊或知悉與案件相關之資訊（關係人、目擊證人）等詢問。犯罪事實詢問完畢後，最後再詢問：「有無其他補充意見？」、「以上所說是否實在？」有關各類案件之被害人詢問內容，可參考本篇第三章偵訊筆錄範本。

如必須實施被害人、檢舉人或目擊證人指認犯罪嫌疑人，應依下列要領為之：[19]

（一）實施指認，應指派非案件偵辦人員辦理。但因情況急迫或事實上之原因不能為之，而有全程連續錄音及錄影者，不在此限。

指認應於設置單面鏡之偵詢室或適當處所進行，並全程連續錄音及錄影。但有急迫情況且經記明事由者，不在此限。

（二）指認前應由指認人先就犯罪嫌疑人特徵進行陳述，並詢問指認人與犯罪嫌疑人之關係及雙方實際接觸之時間地點，以確認指認人對於犯罪嫌疑人之知覺記憶為客觀可信。

（三）指認前不得向指認人提供任何具暗示或誘導性之指示或資訊，並應告知指認人，犯罪嫌疑人未必存在於被指認人之中。

（四）實施指認，應依指認人描述之犯罪嫌疑人特徵，安排六名以上於外型無重大差異之被指認人，供指認人進行真人選擇式列隊指認。但犯罪嫌疑人係社會知名人士、與指認人互為熟識、曾與指認人長期近距離接觸或為經當場或持續追緝而逮捕之現行犯或準現行犯者，得以單一指認方式為之。

---

[19] 警察偵查犯罪手冊第90點後段：如須由被害人、檢舉人或目擊證人指認犯罪嫌疑人，應依警察機關實施指認犯罪嫌疑人注意事項辦理。

　（五）實施眞人指認時，應使被指認人以不同之角度接受指認，並逐一拍攝被指認人照片。

　（六）實施照片指認時，不得以單一照片提供指認，並應以較新且較清晰之照片爲之，避免使用時間久遠、規格差異過大或具有暗示效果之照片。

　實施監視錄影畫面指認或其他資料指認時，應參考前項要旨爲之。

　（七）二名以上指認人就同一犯罪嫌疑人進行指認時，應予區隔，並先後爲之。

　（八）指認程序準備中，發現未具備第2點至第8點所定實施指認之條件者，應即終止指認，待條件完備後，再行安排指認。

　（九）實施指認程序時，應製作指認犯罪嫌疑人紀錄表，並附被指認人照片。

　對於不同指認人或不同被指認人之指認程序，皆不得以同一份指認犯罪嫌疑人紀錄表實施指認。

　另附件指認犯罪嫌疑人紀錄表之詢問事項第4點「經你指認結果，確定照片中從左至右算起排列第○名（姓名爲○○○，○○○年○○月○○日生，身分證號碼：○○○○○○○○○○）爲犯罪嫌疑人無誤後，始簽名捺印。」因必須安排六名以上於外型無重大差異之被指認人供指認，詢問人經常會將被指認之照片編號後以兩排甚至三排方式陳現，故第4點的內容就必須變更爲「經你指認結果，確定編號○（例如5）照片之人（姓名爲○○○，○○○年○○月○○日生，身分證號碼：○○○○○○○○○○）爲犯罪嫌疑人無誤後，始簽名捺印。」

三、結　尾

問答結束後：

（一）應於緊接問答之次行記載「上開筆錄經受詢問人親閱（或經向被詢問人朗讀）後確認無誤始簽名捺印」。

（二）再於次行依序由受詢問人簽名捺印，詢問人（即記錄人）簽章。

（三）在基本資料欄記明筆錄起訖時間。

（四）裝訂筆錄，並由受詢問人當場於筆錄騎縫處按指印；如有實施指認，則將指認紀錄表附於筆錄後（筆錄與指認犯罪嫌疑人紀錄表的騎縫處亦須捺指印），作爲筆錄的一部分。

附件　指認犯罪嫌疑人紀錄表

（○○警察局）指認犯罪嫌疑人紀錄表	
時　　　間	年　　月　　日　　時　　分
執 行 單 位	
執 行 人 員	
執 行 地 點	
詢　問　事　項	一、現因　　　　　　　案件，須請你指認犯罪嫌疑人。 　　□現場指認 　　□相片指認 二、請你敘述有關犯罪嫌疑人之特徵： 三、被指認人共有　名，犯罪嫌疑人並不一定存在於被指認人中。 四、經你指認結果，確定照片中從左至右算起排列第○名（姓名為○○○，○○○年○○月○○日生，身分證號碼：○○○○○○○○○○）為犯罪嫌疑人無誤後，始簽名捺印。 　　　　　　　　　　　　　　　　指認人：（簽名捺印）
被 指 認 人 照 片	

第二章　筆錄製作案例與解析

一、汽機車失竊報案筆錄

（一）案情摘要

　　被害人吳光明（男，大同大學資管系三年級學生，民國70年1月5日生，身分證號碼：A123654879，出生地：臺北市，戶籍與居住地址：臺北市北投區石牌路1段77號），與友人相約於民國104年7月21日下午4時在中山區中山北路2段國賓飯店見面，吳某於下午3時30分許，從戶籍地騎乘其所有之車牌WT0-123號光陽250c.c.藍色重機車（2011年出廠，引擎號碼：AXZ1035792468，左後方方向燈破裂不亮，破裂處以黑色塑膠袋貼住固定）前往，於下午3時55分將機車停放於中山北路2段22號前人行道上之機車停車格並將車頭上鎖後，徒步至國賓飯店。吳某與友人會面後離開飯店，於下午5時30分步行至其停放機車之處，發現機車已不見，遂於下6時15分向轄區中山分局中山二派出所報案，由備勤警員王大明受理後於下午6時30分製作報案筆錄，下午7時10分完成筆錄。

（二）報案人筆錄

調查筆錄			
詢問	時　　　　間		自104年7月21日18時30分起至19時10分止
	地　　　　點		中山二派出所
案		由	機車失竊（報案人）
	姓　　　　名		吳光明
	別　（　綽　）　號		

受詢問人	性　　　　別	男				
	出　生　年　月　日	70年1月5日				
	出　　生　　地	臺北市				
	職　　　　業	學生				
	國民身分證統一編號	A123654879				
	戶　籍　地　址	臺北市北投區石牌路1段77號				
	現　住　地　址	同上				
	教　育　程　度	大學肄業				
	電　話　號　碼	（宅）0228211234，（手機）0975123456				
	家　庭　經　濟　狀　況	貧寒	勉持	小康	中產	富裕

問	上述年籍資料是否正確？現從事何業？
答	正確。現在就讀大同大學資管系三年級。
問	你因何事接受警方詢問製作筆錄？
答	我因所騎乘的機車失竊而前來貴所報案。
問	你所報案失竊的車輛是何人所有？於何時？何地失竊？你於何時發現車輛失竊？
答	是我所有。我於民國104年7月21日下午5時30分發現停放在中山北路2段22號前人行道上機車停車格之機車失竊。確實失竊的時間我不確定，但我是於下午3時55分將機車停放在該處，下午5時30分發現失竊，因此失竊時間應該在下午3時55分至5時30分之間。
問	你所報失竊車輛車籍資料爲何？有無特別之特徵？
答	失竊機車是2010年製造之光陽250c.c.藍色重型機車，車牌：WT0-123號，2011年出廠，引擎號碼：AXZ1035792468。該車左後方方向燈破裂不亮，破裂處有以黑色塑膠袋貼住固定。
問	你所報失竊車輛現值多少？是否知道何人或有可疑對象所爲？
答	新車是以5萬5,000元購買。至於現在中古車的價值我並不清楚。
問	失竊現場有無遺留任何跡證？（如胎痕、玻璃碎片、作案工具）
答	沒有。

問	你失竊的機車有無上鎖？
答	我有上車頭鎖。
問	你所報失竊車輛有無欠稅或積欠罰款情事？
答	沒有。
問	你是否知道謊報失竊須負刑事責任？
答	知道。
問	有無其他補充意見？
答	沒有。
問	以上所說是否實在？
答	實在。
	上開筆錄經受詢問人親閱確認無訛後始簽名捺印
	受詢問人：吳光明
	詢　問　人：警員王大明
	記　錄　人：警員王大明

二、住宅竊盜報案筆錄

（一）案情摘要

　　犯罪嫌疑人李得標（男，高中畢，無業，民國70年1月5日生，身分證號碼：A123654879，出生地：新北市，戶籍地：新北市新莊區中正路450巷15號3樓，居住地址：臺北市北投區石牌路1段77巷14號4樓，有施用安非他命毒品之刑案紀錄）於民國104年5月30日晚上在石牌自強市場附近的長億網咖店認識綽號「阿強」（本名王大中，民國73年5月5日生，身分證號碼：A123879234）之男子，「阿強」約35歲，身高約166公分，頭髮短且微捲，身材中等，臉型普通無特別特徵。由談話中李嫌得知「阿強」住於明德路附近，無業，經常出入該網咖，使用手機之門號0972103548，此外對「阿強」一無所知。李嫌雖與「阿強」認識不久，但幾次見面聊天後極為投機，因兩人均無

業，無正當收入，因而萌生竊盜他人財物之意圖。民國104年6月2日凌晨2時許，李嫌騎乘其所有之車牌WT0-123號光陽250c.c.藍色重機車，先至長億網咖店前載「阿強」，再騎至臺北市長春路96號前騎樓停放後，由「阿強」在長春路100巷口把風，李嫌則潛至100巷2號後面，先打破100巷2號房屋後面窗戶之玻璃，再由窗戶爬入屋內。李嫌在臥室裡翻箱倒櫃後，由化妝櫃中間抽屜竊得約1兩重之金項鍊1條，約2錢重之戒指1枚，再順手從在客廳帶走黑牌威士忌洋酒1瓶後，開啓前門門鎖，由前門離開，與「阿強」在100巷口會合，再至長春路96號前騎乘原來之機車，先載「阿強」至長億網咖店前，再獨自返回居住處所。當（2）日下午4時，李嫌持竊得之金項鍊與戒指至石牌路2段55號祥春銀樓變賣，銀樓老闆問李嫌金飾是何人所有及有無保單，李嫌佯稱是自己幾年前在新莊購買的，保單則已掉了。銀樓老闆在買賣登記簿登記李嫌之姓名、身分資料及買賣品名、數量、重量及價格後，將金項鍊之買入價值3萬元及戒指之買入價值5,000元交付李嫌。李嫌取得變賣之3萬5,000元後，於當晚至長億網咖店將1萬5,000元分給「阿強」。李嫌將剩餘2萬元中之1萬4,000元支付房租，其餘6,000元則已全部花光。

　　被害人張文章（男，大學畢，未婚，電機工程師，民國65年10月5日生，身分證號碼：J120654319，出生地：臺南市，戶籍與居住地址：臺北市中山區長春路100巷2號）於民國104年6月1日晚上9時20分離家前往工作之臺北市晶華飯店值夜班，次（2）日上午8時下班後即離開飯店，於8時30分返抵住家，發現原已上鎖之大門門鎖並未上鎖，且臥室遭翻箱倒櫃，後面的玻璃窗玻璃被由外往內打破，經清點家內物品，發現放置在客廳的黑牌威士忌洋酒1瓶（價值800元）、放置於臥室化妝櫃中間抽屜約1兩重之金項鍊1條（價值3萬5,000元）及約2錢之戒指1枚（價值6,000元）已不翼而飛，隨即至轄區長春路派出所報案，由警員鄭大名於上午9時30分受理製作報案筆錄，10時20分完成筆錄。

　　案經長春路派出所調閱過濾附近之路口監視器，由竊嫌騎乘之機車循線查出車主李得標涉嫌重大，再進一步查出李嫌之現居住地。嗣經中山分局偵查隊檢具李嫌涉案之相關事證，向士林地檢署及士林地院聲請搜索票，於6月6日下午4時30分在臺北市北投區石牌路1段77巷14號4樓李嫌之住處查扣其竊得之黑牌威士忌洋酒1瓶後，於下午5時30分將李嫌帶返分局偵辦。當晚因分局偵查隊配合分局規劃之交通大執法專案勤務，偵查隊警力均有分配任務，製作筆錄

無法由行詢問以外之人爲之，而由備勤偵查佐林明正擔任詢問人及記錄人。李嫌至分局後即主動表示要請律師到場且同意夜間詢問，因此俟其聘請之辯護律師陳大鈞到場後，即於夜間19時30分開始製作筆錄。詢據李嫌坦承上述竊盜犯行不諱，且於警方之指認嫌疑人記錄表的照片中，指認編號5本名爲王大中（如上述身分資料）之照片即爲綽號「阿強」之共犯。詢問李嫌後，詢問人偵查佐林明正詢問辯護人有無意見陳述，辯護律師陳大鈞表示：「請檢察官及法官考量犯罪嫌疑人已自白且供出共犯，希望給予自新的機會。」筆錄於21時完成。

（二）報案人筆錄

調查筆錄					
詢問	時　　　　　間		自104年6月2日9時30分起 至 10時20分止		
	地　　　　　點		長春路派出所		
案		由	住宅竊盜（報案人）		
受詢問人	姓　　　　　名		張文章		
	別（綽）號				
	性　　　　　別		男		
	出　生　年　月　日		65年10月5日		
	出　　生　　地		臺南市		
	職　　　　　業		電機工程師		
	國民身分證統一編號		J120654319		
	戶　　籍　　地　　址		臺北市中山區長春路100巷2號		
	現　　住　　地　　址		同上		
	教　育　程　度		大學畢		
	電　話　號　碼		（宅）0225213234，（手機）0910123456		
	家　庭　經　濟　狀　況	貧寒	勉持	小康	中產	富裕
問	上述年籍資料是否正確？現從事何業？				
答	正確。現在臺北市晶華飯店擔任電機工程師。				

問	你因何事接受警方詢問製作筆錄？
答	我因居住處所遭竊而前來貴所報案。
問	你於何時？何地？發現財物失竊？
答	我於民國104年6月1日在工作之飯店值夜班，2日上午下班後於8時30分返抵臺北市中山區長春路100巷2號住家時，發現住家遭竊。
問	你的住家有何財物失竊？（失竊財物數量、特徵、價值多少？）
答	失竊的財物有客廳之黑牌威士忌洋酒1瓶（價值800元）、臥室化妝櫃中間抽屜之約1兩重之金項鍊1條（價值3萬5,000元）及約2錢重之戒指1枚（價值6,000元）。
問	竊嫌於何時？如何行竊？（有無破壞門窗或其他設備）
答	我是於6月1日晚上9時20分離開家去上班，次（2）日早上8時30分返家時發現住家失竊，因此竊賊應該是趁我離家後返家前家中無人的時候侵入竊盜。另我住家後面的玻璃窗玻璃被由外往內打破，原已上鎖之大門門鎖已被打開沒有鎖，因此竊賊應該是先打破屋後之窗戶的玻璃後，再由窗戶爬入屋內行竊，得手後打開前門門鎖由前門離去。
問	是否知道何人或有可疑對象？（原因何在？有無證據或證人？）
答	沒有。
問	竊賊犯案後有無遺留物品在現場？（如菸蒂、作案工具）
答	沒有，只有房屋內後面玻璃窗下的地面留有被打破的玻璃碎片。
問	以上所說是否實在？
答	實在。
問	有無其他補充意見？
答	沒有
	上開筆錄經受詢問人親閱確認無訛後始簽名捺印
	受詢問人：張文章
	詢　問　人：警員鄭大名
	記　錄　人：警員鄭大名

（三）犯罪嫌疑人筆錄

調查筆錄　　第1次

詢問	時　　　　　間	自104年6月6日19時30分起 至 21時止
	地　　　　　點	中山分局偵查隊
案	由	住宅竊盜（嫌疑人）
受詢問人	姓　　　　　名	李得標
	別　（　綽　）　號	
	性　　　　　別	男
	出　生　年　月　日	70年1月5日
	出　　生　　地	新北市
	職　　　　　業	無
	國民身分證統一編號	A123654879
	戶　籍　地　址	新北市新莊區中正路450巷15號3樓
	現　住　地　址	臺北市北投區石牌路1段77巷14號4樓
	教　育　程　度	高中畢
	電　話　號　碼	（住）02-28213521，（手機）0920325797

家　庭　經　濟　狀　況	貧寒	勉持	小康	中產	富裕

應告知事項	你因涉嫌竊盜案，於接受警方詢問時得行使下列權利： 一、得保持沉默，無需違背自己之意思而為陳述。 二、得選任辯護人。低收入戶、中低收入戶、原住民或其他依法令得請求法律扶助者，得請求之。 三、得請求調查有利之證據。 <div align="right">受詢問人：李得標（簽名捺印）</div>
問	上述年籍資料是否正確？有何刑案紀錄？
答	正確。有施用安非他命毒品之刑案紀錄，詳如附件電腦查詢表。
問	現在是夜間19時30分，你是否同意接受詢問？
答	同意。<div align="right">李得標（簽名捺印）</div>
問	上述告知之三項權利是否知悉？是否要請辯護人到場？
答	知道。我請的辯護人陳大鈞律師已在場。

問	是否具低收入戶、中低收入戶、原住民或其他依法令得請求法律扶助者之身分？
答	都沒有。
問	你於何時？何地？因何事？為警方查獲？
答	警方於104年6月6日下午4時30分持搜索票在我居住之在臺北市北投區石牌路1段77巷14號4樓搜索查扣我竊盜所得之贓物黑牌威士忌洋酒1瓶，因而被帶到貴分局。
問	你於何時？何地？如何行竊？（有無破壞門窗或其他設備）竊取何物？
答	我於民國104年6月2日凌晨2時許，由上述居住處騎乘所有之車牌WT0-123號光陽250c.c.藍色重機至臺北市長春路96號前騎樓停放後，再走到臺北市長春路100巷2號後面，先打破屋後窗戶之玻璃，再由窗戶爬入屋內，在臥室化妝櫃中間抽屜竊得約1兩重之黃金項鍊1條、約2錢重之戒指1枚，再順手從客廳帶走黑牌威士忌洋酒1瓶後，開啟前門門鎖，由前門離開至長春路96號前，騎乘原來之機車返回居住處所。
問	除你之外，有無共犯？如何分工？
答	除我之外，尚有1名綽號「阿強」的共犯。當晚我從住處騎機車先至石牌自強市場附近的長億網咖店前載「阿強」，再騎至臺北市長春路96號前騎樓停放後，由「阿強」在長春路100巷口負責把風，我則負責侵入竊盜。我得手後由100巷2號的大門離開與「阿強」在100巷口會合，再至長春路96號前騎原來的機車，先載「阿強」至長億網咖店前，再獨自返回居住處所。「阿強」只負責把風而已。
問	除了警方查扣之贓物黑牌威士忌洋酒1瓶外，其他贓物流向為何？
答	尚有約1兩重之金項鍊1條及約2錢重之戒指1枚，我於6月2日下午4時拿到石牌路2段55號祥春銀樓變賣。
問	你去祥春銀樓變賣，如何向銀樓說明金項鍊的來源？變賣得款多少？你們如何分贓？
答	銀樓有問我金項鍊是誰的及有沒有保單，我說是我幾年前在新莊買的，保單已掉了。金項鍊賣得3萬元，戒指賣得5,000元，變賣所得共3萬5,000元，我當晚就拿到長億網咖店將1萬5,000元分給「阿強」。

問	你們變賣所得之現金現在何處？
答	分給「阿強」的部分我不知道。我則是將分得2萬元中的1萬4,000元支付房租，剩餘的6,000元則已全部花光。
問	你與「阿強」何時？如何認識？他的眞實身分爲何？
答	我是於104年5月30日晚上在石牌自強市場附近的長億網咖店與「阿強」認識。他的眞實身分我不知道。
問	「阿強」有何特徵？如何聯絡？
答	「阿強」約35歲，身高約166公分，中等身材，頭髮短且微捲，臉型普通無特別特徵。他應該是住在明德路附近，經常出入石牌地區的長億網咖店，手機門號0972103548。
問	警方現實施照片指認，出示犯罪嫌疑人指認記錄表供你指認，犯罪嫌疑人不一定在照片中，請問該記錄表的照片中有無綽號「阿強」之人？
答	該犯罪嫌疑人指認記錄表中編號5照片之人（王大中，民國73年5月5日生，身分證號碼：A123879234），就是綽號「阿強」。
問	你們爲何竊盜他人財物？
答	因爲沒有工作，無固定收入，因此才會竊盜他人財物。
問	除本案外，你是否還有犯其他竊盜案。
答	沒有。
問	以上所說是否實在？
答	實在。
問	有無其他補充意見？
答	沒有
問	辯護人有無意見陳述？
答	請檢察官及法官考量犯罪嫌疑人已自白且供出共犯，希望給予自新的機會。
	上開筆錄經受詢問人親閱確認無訛後始簽名捺印
	受詢問人：李得標
	辯　護　人：陳大鈞
	詢　問　人：偵查佐林明正
	記　錄　人：偵查佐林明正

本筆錄製作因本（偵查）隊配合分局專案勤務，警力均有分配任務，
無法由行詢問以外之人記錄

三、機車竊盜及搶奪案筆錄

（一）案情摘要

　　犯罪嫌疑人吳大中（男，國中畢，無業，未婚，民國70年1月5日生，身分證號碼：A123654879，出生地：新北市，戶籍地：新北市新莊區中正路450巷15號3樓，居住地址：臺北市北投區石牌路1段77巷14號4樓，有施用安非他命毒品及侵占等刑案紀錄，連絡電話：（住）02-28213521、（手機）0920325797）因有施用安非他命毒品習慣，可是沒有工作，身上沒有錢購買毒品，乃萌生搶奪婦女皮包之犯意。吳嫌於民國104年7月4日下午3時先徒步至臺北市北投區石牌路2段32巷14號騎樓下，發現其中1部山葉AEC-325號150c.c.藍色機車未上鎖，乃以自備之鑰匙發動該機車並戴上懸掛於機車把手之銀色半罩式安全帽，騎乘於附近地區尋找搶奪對象。約下午4時許，吳嫌見1名約30歲婦女，左肩揹1只銀色女用皮包，獨自沿東華街由捷運明德站往石牌站方向行走，乃尾隨該婦女，至東華街1段22號前，趁沒有其他路人時，由後方搶走其揹於左肩之皮包後，往前行駛至石牌路右轉往榮總方向逃逸。吳嫌由石牌路二段轉往天母西路行駛至磺溪旁小公園，下機車至公園內無人處，打開皮包見內有現金1,530元及身分證、健保卡、悠遊卡及臺銀信用卡各1張等物，李嫌只取走現金1,530元，其餘物品及皮包則均丟棄在公園內之水溝裡。

　　被害人張小莉（女，大學畢，未婚，業會計，民國75年10月5日生，身分證號碼：J220654319，出生地：臺北市，戶籍與居住地址：臺北市北投區明德路100巷12號3樓）於民國104年7月4日下午3時50分，手提1只銀色女用皮包出門，張女1人徒步沿東華街由捷運明德站往石牌站方向前進，約4時許行至東華街1段22號前時，突遭1名頭戴銀色半罩式安全帽騎乘藍色機車之身分不詳歹徒，由後方搶走其揹掛於左肩之皮包，隨即加速往前逃逸。張女突然被搶，驚慌之下，只記得歹徒上身穿著灰色圓領衫、頭戴銀色半罩式安全帽、騎乘藍色機車、其餘機車廠牌型式、車牌號碼或機車特徵等都未看清楚。張女被搶後立即打110電話報案，110立即通報轄區派出所派員前往現場處理，同時依據被害

人所報之歹徒及機車特徵，發布攔截圍捕。案發轄區北投分局永明派出所備勤警員王明山受命駕駛警備車至現場，初步瞭解案情後，載運被害人返所，於下午4時40分製作報案筆錄，5時30分完成筆錄。

永明派出所依據通報之攔截圍捕，派遣所有可調度之警力四出搜尋，警員周大文與李明璋分別騎乘警用機車沿天母西路右轉往中山北路六段方向搜尋，18時許於中山北路六段士東國小對面馬路上發現吳嫌穿著及騎乘之山葉AEC-325號150c.c.藍色機車，疑與通報之歹徒穿著及機車特徵相符，乃予以攔檢，由周員負責盤查，李員在旁戒備。周員要求吳嫌出示行照及駕照，吳嫌無法拿出行照，且無法交代機車來源，周員即以無線電通報派出所依據車號查明該機車車主身分，吳嫌見狀知道已無法掩飾，坦承機車為其竊盜之贓車，因此依現行犯為警帶返永明派出所偵辦。由於吳嫌穿著與被害人所述相符，經警偵訊後，吳嫌坦承竊盜機車及上述搶奪之犯行不諱，並交出搶奪之贓款1,530元，並供稱搶來之皮包，除現金外，其餘皮包及皮包內之身分證、健保卡、悠遊卡與信用卡等物，均丟棄於磺溪旁小公園內之水溝裡。員警帶同吳嫌前往該公園之水溝裡尋得並取回該被丟棄之皮包及身分證、健保卡、悠遊卡與信用卡等物後，於19時45分由周員詢問李員記錄製作犯罪嫌疑人筆錄，李嫌表示不要請辯護人且同意夜間詢問，筆錄於21時製作完成。

（二）報案人筆錄

調查筆錄			
詢問	時　　　　　　間		自104年7月4日16時40分起 至 17時30分止
	地　　　　　　點		永明派出所
案		由	搶奪（報案人）
受詢問人	姓　　　　　　名		張小莉
	別　（　綽　）　號		
	性　　　　　　別		女
	出　生　年　月　日		75年10月5日
	出　　　生　　　地		臺北市
	職　　　　　　業		會計
	國民身分證統一編號		J220654319

戶　籍　地　址	臺北市北投區明德路100巷12號3樓				
現　住　地　址	同上				
教　育　程　度	大學畢				
電　話　號　碼	（宅）0225213234，（手機）0910123456				
家　庭　經　濟　狀　況	貧寒	勉持	小康	中產	富裕

問	上述年籍資料是否正確？現從事何業？
答	正確。現為臺北榮民總醫院護理師。
問	你因何事接受警方詢問製作筆錄？
答	我因皮包被搶而前來貴所報案。
問	你於何時何地如何被搶？
答	我於民國104年7月4日下午徒步沿東華街由捷運明德站往石牌站方向前進，約4時左右走到東華街1段22號前時，突遭1名騎乘機車之身分不詳歹徒，由後方搶走揹在左肩的皮包。
問	你被搶何物？身體有無受傷？受傷情形？
答	被搶1只銀色女用皮包，內有現金1,530元及身分證、健保卡、悠遊卡與信用卡各1張。身體沒有受傷。
問	歹徒人數？特徵？所騎機車之廠牌、顏色、牌照號碼？
答	歹徒只有1人。我因突然被搶，驚慌之下，只記得歹徒上身穿著灰色圓領衫、頭戴銀色半罩式安全帽、騎乘藍色機車、其餘機車廠牌型式、車牌號碼或機車特徵等都未看清楚
問	歹徒逃逸方向？
	歹徒搶奪後，即加速往前，至石牌路口時右轉逃逸。
問	遭搶時，妳有無抵抗？
答	因為事出突然不及防備，所以沒有抵抗。（符合搶奪罪趁人不備之要件）
問	歹徒為什麼選擇你搶奪財物？你有無與何人有仇恨或糾紛？（如財物或感情）
答	歹徒可能見只有我1人走在路上，而且旁邊也沒有路人，覺得有機可乘。我沒有和人有財物或感情糾紛。

問	有無其他補充意見？
答	沒有。
問	以上所說是否實在？
答	實在。
	上開筆錄經受詢問人親閱確認無訛後始簽名捺印
	受詢問人：張小莉
	詢　問　人：警員王明山
	記　錄　人：警員王明山

（三）犯罪嫌疑人筆錄

<table>
<tr><td colspan="4" align="center">調查筆錄　　第1次</td></tr>
<tr><td rowspan="3">詢問</td><td colspan="2">時　　　　　　　間</td><td colspan="5">自104年6月6日19時45分起 至 21時止</td></tr>
</table>

詢問	時　　　　　　間	自104年6月6日19時45分起 至 21時止
	地　　　　　　點	永明派出所
案　　　　　　　　　由		竊盜、搶奪（嫌疑人）

受詢問人	姓　　　　　名	吳大中				
	別（綽）號					
	性　　　　　別	男				
	出　生　年　月　日	70年1月5日				
	出　　生　　地	新北市				
	職　　　　　業	無				
	國民身分證統一編號	A123654879				
	戶　籍　地　址	新北市新莊區中正路450巷15號3樓				
	現　住　地　址	臺北市北投區石牌路1段77巷14號4樓				
	教　育　程　度	國中畢				
	電　話　號　碼	（住）02-28213521，（手機）0920325797				
	家　庭　經　濟　狀　況	貧寒	勉持	小康	中產	富裕

應告知事項	你因涉嫌竊盜及搶奪案，於接受警方詢問時得行使下列權利： 一、得保持沉默，無需違背自己之意思而為陳述。 二、得選任辯護人。低收入戶、中低收入戶、原住民或其他依法令得請求法律 　　扶助者，得請求之。 三、得請求調查有利之證據。 　　　　　　　　受詢問人：吳大中（簽名捺指印）
問	上述年籍資料是否正確？有何刑案紀錄？
答	正確。有施用安非他命毒品及侵占等刑案紀錄，詳如附件電腦查詢表。
問	現在是夜間19時45分，你是否同意接受詢問？
答	同意。　　　　　　　　　　　　　　　　　　吳大中（簽名捺指印）
問	上述告知之三項權利是否知悉？是否要請辯護人到場？
答	知道。不需要。
問	是否具低收入戶、中低收入戶、原住民或其他依法令得請求法律扶助者之 身分？
答	都沒有。（如具有上述身分，應通知依法設立之法律扶助機構指派律師到 場為其辯護。）
問	你於何時？何地？因何事？為警方查獲？
答	我因騎乘偷來的機車，於民國104年7月4日在臺北市中山北路六段士東國 小對面馬路上被警查獲。
問	你竊盜之機車，車號為何？現在何處？
答	山葉AEC-325號150c.c.藍色機車。已被警方查扣。
問	你於何時？何地？如何竊盜該機車？有無共犯？如何分工？
答	我是於民國104年7月4日下午3時在臺北市北投區石牌路2段32巷14號騎樓 下，發現其中1部山葉AEC-325號150c.c.藍色機車未上鎖，乃以自備之鑰匙 發動該機車並戴上懸掛於機車把手之銀色半罩式安全帽，騎走該機車。只 有我1人竊盜該機車，沒有共犯。
問	你為何要竊取他人機車？
答	我想要以機車作為交通工具，但沒錢購買，才會竊取他人機車。
問	你有無竊取其他車輛？
答	沒有。

問	你有無騎乘該機車另涉其他刑案？
答	我有騎乘該機車搶奪1名婦女的皮包。
問	你於何時？何地？如何搶奪該名婦女？如何離開現場？
答	我竊盜上述機車後，騎乘在附近地區尋找搶奪對象。約下午4時左右，看見1名婦女，左肩揹1只銀色女用皮包，1人沿東華街由捷運明德站往石牌站方向行走，乃尾隨該婦女，至東華街1段22號前，趁沒有其他路人時，由後方搶走她揹在左肩的皮包後，加速往前行駛，至石牌路右轉往榮總方向逃逸。
問	當時被害人有無反抗？
答	沒有，我是突然由後面行搶，被害人來不及反應。（符合趁人不備之要件且要與被害人之指述相呼應）
問	你搶奪到何種財物？如何處置？現在何處？
答	搶到1只女用皮包，皮包內有現金1,530元及身分證、健保卡、悠遊卡及臺銀信用卡各1張。上述搶得的財物，我拿走現金1,530元，其餘皮包及皮包內的物品，都丟棄在天母西路磺溪旁小公園內的水溝裡。我拿走的現金1,530元已全部交出來由警方查扣，丟棄的物品，也帶警方前往上述的水溝裡全部找到，由警方取回查扣。
問	你上述搶奪婦女案件，有無共犯？如何分工？
答	只有我1人，沒有共犯。
問	你為何要搶奪他人財物？
答	因為沒有工作，無固定收入，因此才會搶奪他人財物。
問	你與被害人是否熟識？有無仇恨或糾紛？為何選擇上述被害人搶奪財物？
答	不認識被害人，沒有仇恨或糾紛。因為見被害人1人揹著皮包走在路上，且當時沒有其他路人，有機可乘，因此才會選擇搶奪她的財物。
問	除本件搶奪案外，你共搶奪他人財物幾次？
答	只有這件，沒有搶奪其他人財物。
問	有無其他補充意見？
答	沒有。
問	以上所說是否實在？

答	實在。	
	上開筆錄經受詢問人親閱確認無訛後始簽名捺印	
		受詢問人：吳大中
		詢 問 人：警員周大文
		記 錄 人：警員李明璋

四、酒駕公共危險案筆錄

（一）案情摘要

　　犯罪嫌疑人張永康（男，大學畢，大同公司外務員，未婚，民國70年1月5日生，身分證號碼：A123654879，出生地：新北市，戶籍地及居住地：臺北市北投區石牌路1段77巷14號4樓，經查無刑案紀錄，連絡電話：（住）02-28213521、（手機）0935325797），於民國104年6月4日下班後，與高中同學相約18時30分於臺北市吉林路「好記小吃店」聚餐，餐中大家都飲用啤酒，張嫌1人約喝了4瓶，21時10分餐會結束，21時20分張嫌駕駛渠所有之YN－8690號自小客車返家，由餐廳往北直走至吉林路底，左轉民族東路，於21時30分行經臺北市中山北路、民族東路口時，為臺北市政府警察局中山分局圓山派出所員警執行路檢時發現該車行車不穩沿路蛇行，經攔檢盤詰實施酒精測試結果，呼氣測試酒精濃度達0.65mg/ℓ（法定標準值0.25mg/ℓ），顯無法安全駕駛動力交通工具，危害公眾安全，乃帶返派出所偵辦。

　　筆錄由警員林正泰負責製作，因當晚圓山派出所執行分局規劃之交通大執法專案勤務，所有員警均有分配專案任務，筆錄記錄無法由行詢問以外之人為之。張嫌表示不要請辯護人且同意夜間詢問，林員即於夜間22時10分開始製作筆錄，詢據李嫌坦承上述酒駕公共危險之犯行不諱，筆錄於22時55分完成。

（二）犯罪嫌疑人筆錄

調查筆錄　　第1次		
詢問	時　　　　　間	自104年6月4日22時10分起 至 22時55分止
	地　　　　　點	圓山派出所

案	由		公共危險（嫌疑人）				
受詢問人	姓　　　　　名		張永康				
	別（綽）號						
	性　　　　　別		男				
	出　生　年　月　日		70年1月5日				
	出　　生　　地		新北市				
	職　　　　　業		無				
	國民身分證統一編號		A123654879				
	戶　　籍　　地　　址		臺北市北投區石牌路1段77巷14號4樓				
	現　　住　　地　　址		同上				
	教　　育　　程　　度		大學畢				
	電　　話　　號　　碼		（住）02-28213521，（手機）0935325797				
	家　庭　經　濟　狀　況		貧寒	勉持	小康	中產	富裕

應告知事項	你因涉嫌公共危險案，於接受警方詢問時得行使下列權利： 一、得保持沉默，無需違背自己之意思而為陳述。 二、得選任辯護人。如有低收入戶、中低收入戶、原住民或其他依法令得請求法律扶助者，得請求之。 三、得請求調查有利之證據。 　　　　　　　　受詢問人：張永泰（簽名捺指印）
問	上述年籍資料是否正確？有何刑案紀錄？
答	正確。無刑案紀錄。
問	現在是夜間22時10分，你是否同意接受詢問？
答	同意。　　　　　　　　　　　　張永泰（簽名捺指印）
問	上述告知之三項權利是否知悉？是否要請辯護人到場？
答	知道。不需要。
問	是否具低收入戶、中低收入戶、原住民或其他依法令得請求法律扶助者之身分？
答	都沒有。（如具有上述身分，應通知依法設立之法律扶助機構指派律師到場為其辯護。）

問	你於何時？何地？因何事？為警方查獲？
答	我於民國104年6月4日晚上9時30分開車經過臺北市中山北路、民族東路口時，被警方執行路檢時攔查查獲涉嫌酒駕公共危險。
問	你當時駕駛何種車輛？車牌號碼？
答	我當時駕駛自有之小客車。車牌號碼YN-8690。
問	你於駕車前有無飲酒？
答	有。
問	你於何時何地與何人飲酒？飲酒到何時？
答	我是在6月4日下班後，與5個公司同事相約18時30分於臺北市吉林路「好記小吃店」聚餐喝酒，至21時10分餐會結束。
問	你飲用何種酒？共喝了多少酒？
答	我們都是喝啤酒，我大約喝了4瓶。
問	你何時自何處出發？行駛路線？
答	我於21時20分從吉林路「好記小吃店」往北直走至吉林路底，左轉民族東路，至民族東路、中山北路口時為警方攔檢。
問	經警方對你於21時35分在攔檢現場實施酒測後，你的酒精濃度為0.65 mg/ℓ（提示酒測），你有何意見？
答	沒意見。
問	你遭警方查獲後至警方對你實施酒測之這段時間，你是否曾離開查獲現場？
答	沒有。
問	有無其他補充意見？
答	沒有。
問	以上所說是否實在？
答	實在。
	上開筆錄經受詢問人親閱確認無訛後始簽名捺印
	受詢問人：張永康
	詢 問 人：警員林正泰
	記 錄 人：警員林正泰

本筆錄製作因本所執行分局規劃之交通大執法專案勤務,所有警力均有分配專案任務,無法由行詢問以外之人記錄

五、毒品案筆錄

(一)案情摘要

　　涉嫌人劉大吉(綽號阿吉仔,男,出生地:臺北市,民國75年8月30日生,身分證號碼T100212333,戶籍地址:臺北市北投區自強街36巷21號4樓,業零工,有一次施用二級毒品刑案紀錄,於106年10月2日至30日受觀察勒戒一次,離婚,與1名就讀國小一年級之8歲兒子同住),於民國108年1月16日上午8時許,先以手機之Line和綽號「大呆」之男子連絡約定後,於同日8時50分在臺北市士林區德行東路21號前,以新臺幣2萬元之代價向「大呆」購得安非他命10公克,案經士林分局偵查隊獲線報,於108年1月17日上午10時持士林地方法院核發之搜索票在涉嫌人劉大吉臺北市士東路333號4樓租屋處之臥房床頭櫃上,查扣安非他命9公克、酒精燈泡吸食器1組。

　　因當時分局偵查隊所有警力都在偵辦詐騙集團案件,劉嫌之筆錄僅由偵查佐王忠孝1人於下午13時10分開始行詢問及紀錄,下午15時10分詢畢。詢據嫌疑人劉大吉表示不必請律師,坦承上揭犯行不諱,供稱因長期失業,心情不好,而自107年12月中旬左右開始至這次被查獲為止,在上述租屋處的臥室裡將安非他命放入燈泡內在燒烤後吸食,約2天施用1次,最近一次是在108年1月16日22時左右施用。此外,並不知道綽號「大呆」的姓名和真實身分,約35到40歲,165至170公分高,中等身材,留小平頭,下巴有顆痣。兩人是約107年12月初在天母棒球場看職棒時因為剛好坐在　起而認識,互相留下手機的Line聯絡,沒有看過「大呆」的交通工具。劉嫌從警方提供犯罪嫌疑人指認紀錄表的照片中,指認編號5的照片(吳明文,民國70年11月25日生,身分證號碼T100123123,戶籍地址:臺北市士林區士東路30巷21號,無業,有販賣二級毒品刑案紀錄)即為綽號「大呆」之人,復供稱另曾於107年12月下旬,同樣以手機之Line和「大呆」連絡約定後,在同時地以1萬元代價向「大呆」購買5公克之安非他命施用,總共僅購買2次,未再向其他人購買毒品施用。

（二）犯罪嫌疑人筆錄

<table>
<tr><td colspan="3" align="center">調查筆錄　　第1次</td></tr>
<tr><td rowspan="3">詢問</td><td colspan="2">時　　　　　間</td><td>108年1月17日13時10分至15時10分</td></tr>
<tr><td colspan="2">地　　　　　點</td><td>士林分局偵查隊</td></tr>
<tr><td colspan="2">案　　　　　由</td><td></td></tr>
<tr><td rowspan="13">受詢問人</td><td colspan="2">姓　　　　　名</td><td>劉大吉</td></tr>
<tr><td colspan="2">別　（　綽　）　號</td><td>阿吉仔</td></tr>
<tr><td colspan="2">性　　　　　別</td><td>男</td></tr>
<tr><td colspan="2">出　生　年　月　日</td><td>民國75年8月30日</td></tr>
<tr><td colspan="2">出　　生　　地</td><td>臺北市</td></tr>
<tr><td colspan="2">職　　　　　業</td><td>零工</td></tr>
<tr><td colspan="2">國民身分證統一編號</td><td>T100212333</td></tr>
<tr><td colspan="2">戶　籍　地　址</td><td>臺北市北投區自強街36巷21號4樓</td></tr>
<tr><td colspan="2">現　住　地　址</td><td>臺北市北投區自強街36巷21號4樓</td></tr>
<tr><td colspan="2">教　育　程　度</td><td></td></tr>
<tr><td colspan="2">電　話　號　碼</td><td></td></tr>
<tr><td colspan="2" rowspan="2">家　庭　經　濟　狀　況</td><td>
<table><tr><td>貧寒</td><td>勉持</td><td>小康</td><td>中產</td><td>富裕</td></tr><tr><td></td><td></td><td></td><td></td><td></td></tr></table>
</td></tr>
<tr></tr>
<tr><td rowspan="2">應告知事項</td><td colspan="3">你因涉嫌持有及施用毒品案，於接受警方詢問時得行使下列權利：
一、得保持沉默，無需違背自己之意思而為陳述。
二、得選任辯護人。低收入戶、中低收入戶、原住民或其他依法令得請求法律扶助者，得請求之。
三、得請求調查有利之證據。</td></tr>
<tr><td colspan="3" align="center">受詢問人：劉大吉（簽名捺指印）</td></tr>
<tr><td>問</td><td colspan="3">上記姓名年籍資料是否正確？有無刑案資料？</td></tr>
<tr><td>答</td><td colspan="3">正確。有施用二級毒品刑案紀錄，詳如附件電腦查詢表。</td></tr>
<tr><td>問</td><td colspan="3">上述三項告知之權利你是否知道？是否選任辯護律師到場？</td></tr>
<tr><td>答</td><td colspan="3">知道。不需要。</td></tr>
<tr><td>問</td><td colspan="3">是否具低收入戶、中低收入戶、原住民或其他依法令得請求法律扶助者之身分？</td></tr>
</table>

答	都沒有。（如具有上述身分，應通知依法設立之法律扶助機構指派律師到場爲其辯護。）
問	你有無監護、照顧未滿12歲的子女或兒童？
答	有1位就讀國小一年級的8歲兒子必須監護照顧。
問	你於何時？何地？因何事爲警方查獲何物？（持有毒品之破題）
答	警方於107年1月17日上午10時持搜索票在我承租的臺北市士林區士東路333號4樓（的臥房床頭櫃上），查扣安非他命9公克及酒精燈泡吸食器1組，因此將我帶案偵辦。
問	你曾否受觀察勒戒或強制戒治處分？（含執行期滿日、或停止戒治交付保護管束）有幾次施用毒品前科？（如有受觀察勒戒或強制戒治處分，則是否期滿三年內或三年後再犯，關係到應依法追訴或裁定交付審理或受觀察勒戒或強制戒治處分。另如三犯以上則應依法追訴或裁定交付審理。）
答	我有一次施用二級毒品的前科，於106年10月2日至10月30日受一次觀察勒戒處分。
問	查獲時，現場有何人？何故在場？
答	只有我1人。
問	所查獲之物，原係放置何處？（如二樓左邊第一間房間内書桌右邊第二個抽屜，如於前面破題之問項已回答，則不必再問。）
答	放在臥房床頭櫃上。
問	所查獲之物，警方是如何取得？（如海洛因是我自己交出，針筒是警方在垃圾桶内找到，理由：此涉及被告事後否認物品爲其所有。）
答	警方搜索時在房屋的臥房床頭櫃上查獲的。
	上二問題合併問：所查獲之物，原係放置何處？警方是如何取得？
問	你爲何持有上開安非他命？（施用之破題）
答	爲了自己施用（吸食）。
問	你自何時起至何時止，於何地以何種方式（如何）施用安非他命？多久施用一次？最近一次是在何時何地施用何種毒品？
答	我約從106年12月中旬左右開始至這次被查獲爲止，在我租屋處的臥室裡將安非他命放入燈泡内在燒烤後吸食，約2天施用1次，最近一次是在

	108年1月16日22時左右施用。
問	你爲何要施用安非他命？
答	我因長期失業，心情不好，因而施用安非他命。
問	你所施用及持有毒品安非他命之來源爲何？供出毒品來源，因而查獲其他正犯或共犯者，依法可減輕或免除其刑。
答	我施用的安非他命是向綽號「大呆」的男子購買的。（販賣破題）
問	你共向綽號阿呆的男子購買幾次毒品？分別於何時？何地？以何價錢？向何人？購買數量？如何購（取）得？
答	我總共向綽號「大呆」的男子購買2次安非他命，最近一次是民國108年1月16日上午8時許，先以手機之Line和綽號「大呆」之男子連絡約定後，於同日8時50分在臺北市士林區德行東路21號前，以新臺幣2萬元之代價向「大呆」購得安非他命10公克。第1次是於107年12月下旬，以手機的Line和綽號「大呆」連絡約定後，在同時地以1萬元代價向綽號「大呆」購買5公克之安非他命施用，未向其人購買毒品。
問	綽號「大呆」之眞實身分爲何？
答	眞實姓名及身分不知道。
問	綽號「大呆」有何特徵？
答	「大呆」約35到40歲，165至170公分高，中等身材，留小平頭，下巴有顆痣。我是在107年12月初在天母棒球場看職棒時因爲剛好坐在一起而認識，互相留手機的Line聯絡，沒有看過他的交通工具。
問	警方現實施照片指認，出示犯罪嫌疑人指認紀錄表供你指認，犯罪嫌疑人不一定在照片中，請問該紀錄表的照片中有無綽號「大呆」之人？
答	指認紀錄表編號5之照片（吳明文，民國70年11月25日生，身分證號碼T100123123，戶籍地址：臺北市士林區士東路30巷21號）即爲綽號「大呆」之人。
問	警方所提供（2瓶）乾淨空瓶內之尿液，是否由你親自排放，並經由你確認簽名捺印後當面封緘？
答	是的。
問	有無其他補充意見？

答	沒有。
問	以上所說是否實在？
答	實在。
	上開筆錄經受詢問人親閱確認無訛後始簽名捺印
	被詢問人：劉大吉
	詢　問　人：偵查佐王忠孝
	記　錄　人：偵查佐王忠孝
	本筆錄製作因本隊所有警力都在偵辦詐騙集團案件，無法由行詢問以外之人記錄

第二節　偵訊與筆錄製作案例解析

一、我國漁船○○○號船長葉○○被殺害棄屍案

（一）犯罪事實

　　犯罪嫌疑人張○○、張○、胡○○及高○○等四人，係我國高雄籍錦富祥號遠洋漁船所屬大陸船員，甫於○○年○月○日經四川省勞務仲介公司仲介上該船工作，旋於○○年○月○日自美屬薩摩亞港隨該船赴南太平洋海域作業。緣因四嫌不適應船上工作，屢遭船長葉○○毆打，遂心生怨懟，由張○○提議共謀殺害船長葉○○，嗣於同年○月○日該漁船在公海作業當中，約上午7時30分左右，張○○以上廁所為由告假，喚醒在休息睡覺之張○、胡○○及高○○等三人，分持船上殺魚刀各乙把，共同前往船長室殺害葉○○。並由張○○刺殺熟睡中之葉○○胸部一刀斃命，餘三嫌則在旁助勢。案發後四嫌將兇刀拋棄海中，再由張○○唆使張○、胡○○、高○○三人，合力自船側棄屍海中；另指使張○將沾有血跡之棉被，自船尾丟入海中，以滅證據。嗣經該船撈獲前述棉被，駛返美屬薩摩亞港報警偵辦，案經刑事警察局專案人員赴美屬薩摩亞查悉上情並押返四嫌偵辦。

（二）偵辦情形

1. 案發後，錦富祥號漁船在南太平洋公海徘徊，俟所屬錦富祥漁業公司派遣乙名船長至公海上將船駛回美屬薩摩亞港停泊靜候調查。

2. 刑事局偵一隊二組組長何招凡、副組長張進豐、鑑識科研究員程曉桂、國際科科員郭百洲受命組成專案小組與錦富祥漁業公司賴副總經理一同前往美屬薩摩亞偵辦。

3. 專案小組抵達後即連夜瞭解所有相關案情，研判兇嫌應為大陸船員，亦即兇嫌就在船上。（第一天）

4. 專案小組登上錦富祥號漁船進行勘察採證（主要是指紋及血跡），惟未採得兇嫌遺留跡證，亦即無法由跡證破案，換言之，本案要破，必須靠偵訊。（第二天）

5. 何、張二人一天中合計偵訊27名大陸船員，無人承認犯案或目擊犯案，必須由初訊中研判何人可能涉嫌，或何人雖非涉嫌但未就所知據實以告，亦即有所保留者，再複訊。專案小組討論後認案發期間在工作中曾二度以拉肚子為由找人代班如廁的船員張○○，及在休息中曾起身如廁的船員張○等三人，有進一步偵訊的必要，參酌船公司賴副總意見（案發後船公司曾自行調查，訪談過船員，認來自「大連」的可疑船員三名[1]），合計6名船員留置警局，餘21名送返船上。（第三天）

6. 何、張二人各自複訊三人後，認張○○、張○二人應涉有重嫌。張○○於偵訊中供述始終如一，面對質疑亦沉著、冷靜以對，心防甚難突破；張○則膽小，應較好突破，因此何、張二人一起第三度詢問，終於突破張○心防，願意供出犯案經過，何、張二人立即製作筆錄並全程錄音，同時請美屬薩摩亞警方協助前往漁船帶返另二嫌胡○○及高○○。張○偵訊後，何員續（第三度）詢問張○○，張某初仍維持一貫態度，堅決否認，惟俟見張○之調查筆錄及偵訊錄音，及胡、高二嫌亦被帶回後，終於決定配合調查，坦承所有犯行，胡、

---

[1] 錦富祥號漁船上除船長、大俥2人，餘27名均為大陸籍，其中又因分別來自不同省分及上船時間，而有「河南派」、「大連派」和「四川派」。船公司依據船員上船工作時間，認為「河南派」的5人僅剩1個多月即滿3年期約而可以領得上百萬元返鄉，而「四川派」的4人僅上船1個多月，應不致於膽敢殺人，因此研判人數最多也是上船1年餘的「大連派」最有可能行凶。

高二嫌亦坦承，均供在案，全案悉告偵破。（第四天）

7. 嫌犯自白後，再帶返案發現場，令其重演事件經過，從如何準備、如何進入現場、在現場的活動，如何殺人、棄屍，如何逃走及事後之行為等，確認嫌犯供述與現場之型態性跡證吻合。

8. 本案事隔三個月，現場無人目擊，證物又付之闕如，刑事局專案小組在美屬薩摩亞以三天時間破案，可以說完全靠偵訊，且依專案小組意見所留置之三名對象中有二名為嫌犯；依船公司意見所留置之三名對象，則均與本案無關，偵查結果不負刑事局之專業形象，贏得了美屬薩摩亞警方之尊敬與船公司的信賴。

（三）偵訊過程檢討

1. 信心、耐心與毅力

專案小組抵達時天候已暗，未顧時差，當晚即迅速瞭解案情，次日勘察現場，第三天一整天中，二人偵訊27人，可謂精疲力竭，然因深信嫌犯就在其中，故雖缺乏物證，仍秉持耐心與毅力一一詢問，終能藉偵訊突破案情。

2. 不預設立場偵訊

雖船公司依據船員上船工作時間，研判來自「大連」的船員最有可能行凶，且提供三名可疑船員；專案小組雖據以參考，然仍避免先入為主而影響正確判斷，不預設立場，完全根據偵訊的結果研判。以客觀詢問案件發生前或發生時，被詢問人在何處、做何事及所見所聞，由被詢問人產生的語言或非語言反應，分析判斷說實話或謊話，排除不可能涉案船員，鎖定初訊時回答有所保留、未完全配合、認有可疑或可能目擊者為複訊對象。

3. 決定偵訊順序，隔離訊問

由複訊目標之行為徵兆中挑選心防較弱、較可能說實話者（張○）先行偵訊，一舉突破嫌犯心防，供出犯案情節。於發現犯罪事實後，再對主嫌（張○○）偵訊，俟主嫌同意配合後，採取直接訊問法，釐清案情。

4. 提問的方法

每一問題均簡單且侷限一個主題。問題的順序由「一般至特定」，問題連

貫、有邏輯，由大而小而細，環環相扣，由一般問題（七何），繼續追問直到釐清所有犯罪事實。

5. 現場表演

　　由於本案沒有在案發現場採集到跡證可以連結到犯罪嫌疑人，因此在嫌犯自白後，專案人員再帶嫌疑人重返案發現場，確認嫌犯供述與現場之型態性跡證吻合，以鞏固犯罪事實。

（四）筆錄解析

1. 嫌疑人張○○第一次調查筆錄（○○年○月○日22時於美屬薩摩亞警局）

問：上記年籍是否正確？

答：正確。

問：教育程度？家庭狀況？有無前科（刑案紀錄）？《詢問嫌疑人之基本資料》

答：初中畢業。家有父（張○○，約45歲，務農）、母親（陳○○，約45歲，務農）及一個妹妹（張○，約15歲，現讀初中），均住上址。無前科。

問：你現從事何業？《詢問嫌疑人之基本資料，因其從事行業與所犯案件有關，故特別提出單獨詢問》

答：我現為錦富祥號漁船船員，從○○年○月○日在薩摩亞上船迄今。

問：錦富祥號漁船船員有幾人？《續前問題追問》

答：除船長葉○○及輪機長葉○○外，尚有包括我在內的大陸船員27人，故共有29名船員。

問：葉○○於○○年○月○日被發現失蹤之事你知道嗎？原因如何？《引導出案情，參考本篇第三章偵訊筆錄範本殺人案範例》

答：我知道。葉○○並非失蹤，而是被我及張○、胡○○、高○○等四人殺害並丟到海裡去。

問：你們於何地殺害葉○○並棄屍？《由前一個問題的回答中連結嫌犯與本案的關聯，引導出接續「一般問題」：何地》

答：在公海上的錦富祥號漁船上殺害葉○○並棄屍。在太平洋上但正確經緯度

我不知道。

問：你們爲何殺害葉○○？《接續「一般問題」：爲何》

答：我們上船不久，是新船員，船長經常挑剔我們的工作而毆打我們，有一次還把我打昏，醒來後且叫我繼續做，幾乎每天挨打，所以我心生怨恨而向他們提議將船長殺掉。1995年11月30日我和張○、胡○○及高○○三人乘機將船長殺害。

問：你們何時？如何將葉○○殺害？《接續「一般問題」：何時、如何》

答：○○年○月○日我擔任第二班在船尾工作，當時正確時間我不知道，但已天亮，可能將近早上七時，約七時三十分左右我以拉肚子爲理由請寧○○代班，然後到甲板上從工具箱內拿出四把刀到船員室叫張○、胡○○及高○○三人起來（三人都在睡覺），分給每人一把刀，再由我帶頭走到船長室，他們三人在通訊室，我一人在船長室內，左手以毛巾蒙住葉○○的嘴巴，右手持刀往他胸部猛刺一刀再將刀拔出，葉○○叫了一聲沒立刻死掉，起身追我，他出了船長室到通訊室的冰箱前倒地不起，我立刻回去繼續工作，將刀丟到海裡，他們三人則回船員室，約過了十多分鐘，我又以拉肚子爲理由請寧○○代班後，再到船員室叫他們三人去將葉○○的屍體丟下海，由他們三人抬起葉○○，我在旁幫忙，將屍體抬出駕駛臺，由邊門出去丟下海後，我先回去工作，同時也叫張○將所有的血擦掉，其他二人則回去睡覺。《被詢問人開放式的回答》

問：你持用殺害葉○○之刀是何類型？《續前一個「一般問題的」回答，追問「特定問題」，再引出「一般問題」：何物》

答：是殺生魚片的刀，長約三十公分（含把手），寬約三公分之尖刀。

問：你們四人所持用之四把刀現在何處？《續前回答追問特定「物」的問題》

答：我把所持之刀丟下海，也看見他們三人將所持之刀都丟下海。

問：船員於船長失蹤不久曾在海上撈起船長沾有血跡之棉被，是何人丟棄該棉被。《續前回答追問有關「物」的問題》

答：該棉被原蓋在船長的下半身，我們丟棄船長屍體，我回到通訊室，張○用該條棉被擦血跡（地板），使棉被沾了很多血，我見狀即將該棉被拿到駕駛臺後面之甲板上放置，直到下完鉤收工時，我叫張○去將棉被丟到海裡。

問：除你們四人外，尚有何人參與或協助或教唆你們殺害葉○○。《續追問有

關「人」的問題》

答：沒有。

問：葉○○共被殺幾刀？被殺之部位？《續追問有關「人」的問題，詢問被害人受傷害情形；刺殺部位則與殺人之構成要件有關，參考筆錄範本殺人案範例》

答：只有一刀。在胸部，但在左邊或右邊我不敢確定。

問：你有何意見？

答：殺害葉○○是我提議，再找他們三人參與，我是主謀願意承擔責任，希望法官給他們三人從輕發落。

問：以上所說是否實在？

答：完全實在。

2. 第二次調查筆錄（○○年○月○日15時於美屬薩摩亞警局）

《比對其他共犯之供詞，補正疏漏及釐清不一致之處》

問：你於○○年○月○日在美屬薩摩亞警局對本局人員之供述（即第一次調查筆錄）是否實在？

答：實在。

問：你有無幫忙張○、胡○○及高○○三人棄屍？（釐清與共犯供述不一致之處）

答：我叫他們棄屍後就去解手，隨後到駕駛臺時，胡○○及高○○已回房，只剩張○在通訊室以棉被在擦地板上的血，所以那時候他們三人已將船長葉○○的屍體丟棄，我進入通訊室蹲下去發現船長沾血之棉被放在冰箱旁邊，就告訴張○等下完鉤後把棉被丟下海，同時拿起棉被走到駕駛臺後甲板上放置。

問：你為什麼不自己把棉被丟棄？

答：因那時候船上還在作業，如果丟下海浮起來會被作業的船員發現。

問：你殺害船長時穿著如何？

答：穿公司發的灰色長袖上衣長褲工作服，光腳。

問：你上述所穿衣服有無沾血跡？現在何處？

答：沒有沾到血跡。因以後怕見到這套衣服產生恐懼，所以我在第二天就把這套衣服丟下海。

問：你有無看到船長起身追你？
答：我刺船長時因心害怕而閉上眼睛，拔出刀後轉身就跑，我聽到他追出來的聲音，但因我不敢往後看，故並未見到船長。
問：以上所說是否實在？
答：實在。

3. 第三次調查筆錄（○○年○月○日15時30分於刑事警察局偵一隊二組）

《完備法定要件》

問：你於美屬薩摩亞時間○○年○月○日○時及○○年○月○日○時在美屬薩摩亞警局所說都是實在嗎？
答：實在。
問：本局人員於本（○）日13時持臺灣臺北地方法院檢察署之拘票在臺灣桃園中正機場拘提之張○○（○○年○月○日生，四川省人，護照號碼○○○○）是你本人嗎？
答：是的。
問：你涉嫌殺人案接受本局調查，是否要選任辯護人？
答：不要。
問：是否通知大陸家屬？臺灣有無親戚？
答：臺灣沒有親戚也不用通知大陸親屬。
問：你殺害船長葉○○後，沾有血跡之棉被，你拿到駕駛臺後甲板上放置，該棉被是否警方帶回之棉被？經當場指認。
答：是的。
問：你尚有否要補充陳述？
答：沒有。
問：以上所說是否實在？
答：實在。

二、四海幫大哥王○○被殺致死案

（一）犯罪事實

犯罪嫌疑人陳○○（查有妨害兵役及殺人未遂刑案資料）與被害人王○○

係朋友關係，緣因王某積欠渠現金約新臺幣（以下同）900萬元未償還，復以渠妻方○○名下房屋向銀行抵押貸款600餘萬元未完全償還，致渠妻名下房屋被查封，家計陷入困境，而生怨懟，嗣於民國○○年○月○日上午9時許，陳嫌在臺北市南京東路○段○號○樓○○房屋公司以小孩生病為由向王某索償5,000元應急遭拒，二人遂發生爭執，陳嫌涉嫌持預藏之小武士刀砍殺王某左右肩各乙刀，再刺王某左脅部分，致王某傷重，經送醫延至民國○○年○月○日不治死亡。案發後陳嫌逃離現場，將凶刀丟棄於淡水河內，並在王某死亡當天出境，同年○月○日上午8時30分許陳嫌自美潛返時，於桃園中正機場為刑事警察局人員查獲到案。

（二）偵辦情形

1.刑事警察局偵一隊二組獲報陳嫌涉案潛逃出境，即函請入出境管理局於其入境時予以留置，且為防陳嫌知悉警方介入偵查致滯留海外不敢返國，故未採取查訪等偵查作為。

2.陳嫌潛逃出境後，未見警方有任何偵查作為，心存僥倖，於農曆除夕日上午自美返臺在中正機場遭留置，為刑事警察局偵一隊二組獲通報後至機場帶返偵辦。

3.陳嫌誤認警方將其境管留置應係已掌握其涉案情節，故於偵訊時坦承獨自砍殺王某不諱，俟筆錄製作完成要其簽名按指印時，適知悉其妻獲通知已來到刑事局，突反悔翻供，辯稱：在○○房屋公司時見到王某司機洪○○，進入王某辦公室時，除王某秘書張○○外，尚有二名姓名不詳男子，王某叫張女到辦公室外，後因與王某發生爭執，坐於渠右前方王某辦公桌前之男子起身拔刀，坐於渠右側之男子起身打他一拳，渠遂站起來以右手拿起王某後方左側矮櫃上裝飾用之武士刀，左手抓住坐在椅子上之王○○對他左右各砍一刀，渠右側男子持刀往渠背後刺，渠閃身躲避，致該男子刺中王某，該二名男子即同時離去，渠立刻通知王某秘書及司機叫救護車送醫。

4.陳嫌於偵訊過程中坦承犯案之供述並未錄音或錄影，如渠拒絕於初訊筆錄簽名按指印，將使偵訊工作功虧一簣，經偵訊人員全力說服，以初訊內容完全是渠在自由意志下之陳述，警方未有任何勉強，怎可不認自己的話，並允諾製作第二次筆錄予以補充陳述，陳嫌始同意於第一次筆錄上簽名按指印，並製

作第二次筆錄。偵訊後警方將陳嫌併二份筆錄先行解送臺北地檢署偵辦，惟陳嫌爲檢察官交保，警方則續行偵查。

　　5. 本案雖無陳嫌涉案的任何具體證據，但由其自機場被留置帶返至初訊之行爲徵候觀察，應確實涉案無訛，因此於解送後即針對其翻供後之辯詞查證，於民國○○年○月○日通知陳嫌所稱案發時在公司的王某司機洪○○及秘書張○○到場詢問，二人供詞皆與陳嫌不符，證明陳嫌所辯顯爲不實。

　　6. 民國○○年○月○日再通知陳嫌，就證人洪○○及張○○之證詞請其說明，惟陳嫌均「沒意見」。全案於同年○月○日依涉殺人嫌疑正式將陳嫌移送臺北地檢署偵辦。

（三）偵訊過程檢討

1. 訊息有限，即時偵訊

　　本案辦案人員掌握僅止情報而已，無任何具體可資運用之資料，因於機場帶返陳嫌時已不容許延後偵訊，故只能根據手上有限的消息來實施偵訊，再依據偵訊所得，瞭解有哪些事實應該調查，決定偵查方向，展開調查。

2. 以假設陳嫌有罪的態度偵訊

　　偵訊者以假設陳嫌有罪的態度偵訊，暗示偵訊者已經知道事情的眞相。

　　(1) 陳嫌因不夠沉著而招認。

　　(2) 測試嫌犯對於偵訊者認爲他有罪的反應態度。陳嫌對偵訊者認爲他有罪的態度，沒有憤怒的表現，使辦案人員確信其涉案。

3. 迅速取得初供

　　陳嫌雖於第二次筆錄翻供，惟於初供已坦承犯行不諱，證明確實認罪過，且案重初供，有利於檢方及院方形成有罪之心證。本案發生時尚未實施「詢問應全程連續錄音；必要時並應全程連續錄影」，當時亦尚無偵訊錄音之觀念，因此陳嫌如堅拒在初詢筆錄上簽名，則無法證明其曾認罪，偵訊筆錄亦無法完成；反之，如有錄音錄影，雖其拒絕簽名或按指印，則將其拒絕原因或理由記載於筆錄上，仍可發生筆錄之效力。另如未全程錄音影，欠缺的那一段，就給了辯方律師攻擊警方刻意隱瞞不當偵訊過程的把柄，因此，有建議從談話過程即著手錄影錄音，確值參考，尤其重要或欠缺跡證須賴偵訊突破之案件。

4. 發現矛盾，查證獲取實情

虛假供述違背客觀事實，在供述和案件事實或者其他證據事實之間，必然出現種種矛盾。偵查人員可以充分利用這些矛盾，給犯罪嫌疑人以有利回擊。本案偵查人員從陳嫌供述中，找出與事實不符及不合邏輯的部分，再針對這些情節偵詢證人獲取實情，證明陳嫌所辯確非實在。

5. 比對證詞，證明嫌犯供述不實

取得證人證明嫌犯供述不實之證詞後，再偵訊陳嫌，要求對於證人指述之不利證據逐項解釋，陳嫌對證人與其不一致之證詞均無法說明，足證所辯確為卸責之詞。

（四）筆錄解析

1. 嫌疑人陳○○第二次調查筆錄（85年2月18日14時於刑事局偵一隊二組）

問：你是否有事向警方陳述？

答：我因為看到我太太來，必須對家裡有交待，所以要重新把王○○被殺之事實真相說出。

問：你第一次調查筆錄內容是否在自由意志下陳述？

答：是的。

問：你認為王○○被殺的事實真相如何？《先問一個「一般問題」，由嫌犯開放性的回答，引導出所要詢問之案情內容》

答：我於○○年○月○日至○○房屋公司王○○辦公室時，房內除王○○及其秘書張○○外，尚有二名姓名不詳男子與王○○談話，我進入辦公室後，王○○叫其秘書張○○到辦公室外，我坐在王○○辦公桌旁先與他聊天，因我小孩生病需要錢，我順口向他要5,000元應急遭拒絕，二人因而發生口角，坐在我右前方之一名男子起身拔刀，坐在我右側方之另名男子起身打我一拳，然後我站起來拿起旁邊矮櫃上之武士刀，左手抓住坐在椅子上之王○○，右手持小武士刀對他左右肩部各砍一刀，打我一拳之男子持刀往我背後刺，我閃身躲避，致該男子刺中王○○，並將王○○撞倒在地，該男子也因而跌倒，該男子起身後，我見到王○○之腹部大量流血，該二名男子即同時離去，我立刻通知秘書叫救護車將王○○送醫後，即離去，

其餘與第一次筆錄相同。

問：該二名男子之身分、特徵？《此及以下問題即是由前面「一般問題」所回答的內容中，針對不完全清楚，或想要進一步瞭解的地方，持續追問數個「特定問題」，至獲得此一般問題所要的所有資訊為止》

答：姓名我不知道，也不認識。一名男子約30歲、身高約168公分；另名打我一拳之男子也約30歲、身高約175公分，二人均操外省口音。

問：在王○○辦公室內你們四人之位置如何？

答：王○○坐於辦公桌後之位置上背對窗，我坐於其辦公桌左側，持刀起立之男子坐於王○○辦公桌前，打我一拳之男子坐於我右手邊隔著茶几，詳如我所繪之現場圖。

問：你所持小武士刀尺寸如何？

答：長約20公分為刀身，握柄約13公分，刀身寬約3點5公分。

問：打你一拳之男子所持刀械屬何種類型？

答：也是可摺疊之刀，長約8、9公分，寬約2公分。

問：有何意見？

答：我願隨貴局人員至地檢署說明案情。

問：以上所說是否實在？

答：實在。

2. 證人張○○調查筆錄（○○年○月○日18時於臺北縣○○鎮○○路○號）

問：上記姓名年籍等資料是否正確？教育程度？聯絡電話？

答：正確。○○商專二專畢業。電話：○○○○○。

問：現在何處任何職？《特別提出單獨詢問，連結證人與被害人關係》

答：原於臺北市南京東路○段○號○樓○○投資公司任會計一職，電話：○○○○○。於老闆王○○死後離職，現於汐止鎮一家燈飾公司任職。

問：今（24）日因何事接受警方詢問並製作調查筆錄？《詢問偵詢目的，引導進入案情》

答：因配合警方調查王○○被殺害乙案，所以在自宅接受警方詢問，並製作調查筆錄。

問：是否請辯護律師或家屬到場？

答：不用請律師，我先生○○在場。

問：是否認識王○○（○○年○月○日生，○○○○○）？《詢問與被害人之
　　關係，詢問要領「六何」中之「人」》

答：王○○是我的老闆，經營○○投資公司，我是他的會計，負責幫他管帳，
　　我在他公司上班，從83年6、7月到他遇害止，與我老闆共事一年多時間。

問：王○○於何時？何地？為何事遇害？《詢問要領「六何」中之「時」、
　　「地」、「事」》

答：王○○被殺害的詳細時間及原因不清楚，但知道他是在辦公室裡（臺北市
　　南京東路○段○號○樓）被殺害，他被殺當天（即○○年○月○日）我早
　　上10點左右到辦公室，聽公司小妹林○○說公司小姐王○○打電話回來，
　　請我送王○○健保卡及身分證影本到長庚醫院，我把資料送到長庚急診室
　　後，聽公司員工討論說老闆被殺，這時我才知道老闆被殺。

問：是否知道何人殺害王○○？《由前一個問題的回答，引導追問詢問要領
　　「六何」中之「人」》

答：不知道。

問：王○○辦公室是否有裝飾用之小武士刀。《詢問要領「六何」中之
　　「物」，以駁斥嫌犯的供詞》

答：沒有，他辦公桌上及座椅後面之矮櫃等辦公室目視所及之處從未發現有裝
　　飾用之小武士刀或其他刀械。

問：王○○辦公室內平時為何人整理？《詢問證人對案發現場的瞭解及熟悉
　　度，詢問要領「六何」中之「地」》

答：均為我整理，至我離職為止，我從未在辦公室內發現任何有類似小武士刀
　　之刀械。

問：王○○被刺後，你有無在他辦公室內發現放置武士刀之架子及刀鞘？《詢
　　問要領「六何」中之「物」，以駁斥嫌犯的供詞》

答：沒有，也從未聽到公司內其他人提到有發現類似之物品。

問：王○○被刺殺之日，你有無見到陳○○（○○年○月○日生，
　　○○○○○）。《詢問要領「六何」中之「人」，以駁斥嫌犯的供詞》

答：我聽王○○提過，陳○○也是○○房屋公司員工，我曾偶而在公司內見過
　　他來找王○○，案發當日迄今，我均未曾見過陳○○。

問：以上所說是否實在？有無補充意見？

答：實在。無補充意見。

3. 證人洪○○調查筆錄（○○年○月○日21時於刑事局偵一隊二組）

問：上記姓名年籍等資料是否正確？教育程度？聯絡電話？

答：正確。高中肄業。電話：○○○○○。

問：現在何處任何職？《特別提出單獨詢問，連結證人與被害人關係》

答：原任職○○投資開發公司為總裁王○○開車。於今（85）年1月份離職，現仍找工作中。

問：今（24）日因何事來局接受警方詢問並製作調查筆錄？《詢問偵詢目的》

答：因接獲通知協助調查王○○被殺害案，所以來局接受詢問。

問：是否請辯護律師到場或家屬在場？

答：不用請律師到場，我太太○○在場。

問：你何時到○○投資開發公司上班？

答：80年2月，前後有五年之久。之前公司在基隆路，一直到去年7、8月間公司搬到南京東路現址。

問：你是否目擊王○○被殺害經過？《詢問證人知悉本案的情形，由「一般問題」的開放性回答，引導進入案情》

答：沒有，我是在案發當天○○年○月○日早上9時許，進入○○投資開發公司大門時，遇到○○○、王○○扶著滿身是血的王○○才知道他受傷，我於是下樓把車子開到公司門口等○○○、王○○二人扶王○○下樓後，馬上至長庚醫院急診。

問：送醫途中及事後有無聽到王○○提起是何人殺他？《由前一個「一般問題」的回答，追問詢問要領「六何」中之「人」》

答：沒有聽他提過。

問：你是否常進入王○○辦公室內？《續追問詢問要領「六何」中之「地」》

答：我常進入王○○辦公室喝咖啡。

問：你是否熟悉王○○辦公室內擺設的物品？《續追問詢問要領「六何」中之「物」》

答：我很熟悉王○○辦公室內的擺設物品。

問：王○○辦公室是否有裝飾用之小武士刀。《就「物」的「一般問題」的回答，追問「特定問題」之「物」，以駁斥嫌犯的供詞》

答：沒有，他辦公桌上及座椅後面之矮櫃等辦公室目視所及之處從未發現有裝

飾用之小武士刀或其他刀械。

問：王○○送醫後，有無進入王○○辦公室？《追問「地」，釐清案發前後「地」的情形》

答：送王○○就醫後，約12時再進入辦公室。

問：你在現場有無看到擺放武士刀之架子及刀鞘？《追問「物」，釐清案發前後「物」的情形，以駁斥嫌犯的供詞》

答：沒有看到。

問：是否認識陳○○（○○年○月○日生，○○○○○）。《追問「人」》

答：認識，當初我進入公司應徵是經由陳○○面試，他當時的職位是秘書長。

問：王○○遇害當天，你有無見過陳○○。《追問「人」，以駁斥嫌犯的供詞》

答：沒有看到。

問：你與陳○○之間有無恩怨？《詢問瞭解證人證詞有無可能偏頗》

答：無。

問：有無其他補充意見？

答：沒有。

問：以上所說是否實在？

答：實在。

4. 嫌疑人陳○○第三次調查筆錄（○○年○月○日14時於刑事局偵一隊二組）

問：你今（○）日為何事前來本局？

答：經警方通知自動前來貴局？

問：你是否要請辯護律師？

答：暫時不需要。

問：請你再說明你與王○○之間債務情形？《補充詢問可能引發本案之動機，即詢問要領「六何」中之「為何」》

答：略。

問：你與王○○間之債務關係有何憑證？《續前一個問題追問》

答：略。

問：你於○○年○月○○日到○○房屋公司時，有何人看見？《依據洪、張二

證人證詞，詢問印證陳嫌供詞不實》

答：我約於9點30分左右進入公司，王○○司機洪○○坐於代書室對面之會客桌旁椅子上，秘書張○○坐於王○○辦公室內她本人之座位上，他們二人均有見到我，我仍見到其他約3、4人在大辦公室中走動，但我無法確定他們是否看到我。

問：請你再說明你進入王○○辦公室後至王○○被刺後之情形？

答：均與我於○○年○月○日14時在貴局所作之第二次筆錄相同。

問：你持用砍傷王○○之刀由何處取得？《依據洪、張二證人證詞，詢問印證陳嫌供詞不實》

答：由王○○右後方，我左側矮櫃上取得。

問：該刀如何放置？《依據洪、張二證人證詞，詢問印證陳嫌供詞不實》

答：該裝飾用小武士刀放置於黑色之刀架上，刀鞘亦為黑色，我抓住刀柄後將刀鞘及刀架甩開掉落在地上。

問：你以前見過該把小武士刀？《依據洪、張二證人證詞，詢問印證陳嫌供詞不實》

答：在案發前一個月見過，當時即已放置同樣位置上。

問：請說明王○○送醫情形？《依據洪、張二證人證詞，詢問印證陳嫌供詞不實》

答：王○○被刺倒地後，我在他辦公室門口大叫：「快叫救護車」，當時在辦公室內的人應均聽到，張○○在場，洪○○是否在場我不確定。我叫完即離去，故送醫情形我不清楚。

問：張○○向本局供稱當天早上10點多才到辦公室，當時王○○已被刺傷送醫，她並未見到你，你如何解釋？《引述證人證詞，要求陳嫌對於不利的證據解釋》

答：沒意見。

問：洪○○向本局供稱案發當天，他並未見過你，你如何解釋？《引述證人證詞，要求陳嫌對於不利的證據解釋》

答：也沒意見。

問：你供稱在案發前約一個月即已見到該把武士刀，擺在王○○辦公室之矮櫃上，可是據張○○及洪○○二人向本局供稱，從未見過王○○辦公室內有該把武士刀，你如何解釋？《引述證人證詞，要求陳嫌對於不利的證據解

釋》

答：沒意見。

問：你與洪○○、張○○間有無恩怨？《詢問證人證詞有無偏頗之可能》

答：沒有。

問：你離開○○房屋公司時，有沒有人看到？

答：公司內至少有7、8個人看到，但我不能確定是哪些人。

問：有無補充意見？

答：沒有。

問：以上所說是否實在？

答：實在。

三、海外偵訊兩岸電信詐騙集團嫌犯案

（一）兩岸詐騙集團之跨國詐騙模式

1. 詐騙成員：主嫌及幹部大多為臺灣人，吸收臺灣及大陸人為詐騙成員。
2. 詐騙對象：兩岸人民，近來發現逐漸以大陸民眾為主。
3. 詐騙工具：電腦、網路、電話機、教戰手冊等，大部分為臺灣主嫌裝置及準備。
4. 詐騙處所：租賃獨棟豪宅為詐騙機房（CALL CENTER），所有成員均住於此處，集中管理。
5. 詐騙時間：周一至周五，自上午8時30分至下午3時。
6. 詐騙手法：
   (1) 以欠繳費用（如電話費）為由，以電腦發射電話，內容大略為：「您因電話費欠繳，如要查詢請按『9』由客服人員為您服務。」如受話人按「9」進入後，即由第一線詐騙集團人員接聽電話。
   (2) 第一線人員詢問要查哪一支電話，如果受話人告知電話號碼，則告知你本機門號沒有，另有一個門號欠費（實際上並沒有那個門號，那個門號是虛設的），可能個資外洩被冒用申裝電話，並詢問受話人要不要轉接向公安單位報案，如果受話人同意，就將電話直接轉接到第二線詐騙集團人員冒充假公安回應。
   (3) 第二線假公安詢問何事，被害人會說因個資外洩要向公安報案，假

公安詢問被害人個人身分資料及電話後，請被害人稍等會於查證後回電，然後即先掛上電話。俟幾分鐘後第二線人員再撥電話給被害人告知確實有被害人身分被冒用申請電話欠費的情形，稱可能他的身分個資外洩，可能會被人冒用開戶用來洗錢，請被害人查看所有銀行帳戶及金額，看有沒有被冒用洗錢，如果被害人帳戶內有錢，第二線人員則以他帳戶內的錢可能會被人領走為理由，請其稍等，稱會把這個案子交給檢察官，然後掛斷，接著由假冒檢察官的第三線人員打給受話人。

(4) 第三線詐騙集團人員佯裝核對受話人的個人資料及帳戶金額，然後告知他的戶頭涉嫌洗錢，要把錢都領出來，否則帳戶會被凍結，領出的錢要放在指定的安全帳戶接受調查，須二十四小時調查確認受話人與本案無關，就可以將錢歸還。（被害人如相信，就會被騙將帳戶內金額領出存入詐騙集團指定之所謂安全帳戶）

7. 詐騙所得：由實際詐騙到的金額抽成。第一線假電信人員抽5%、第二線公安抽7%、第三線假檢察官抽8%。

（二）偵辦緣起

民國99年刑事警察局長林德華要求各外勤隊將打擊詐騙集團列為首要偵辦之案件，國際科受命後擬定「天羅地網追照緝逃專案」，蒐集涉及電信網路詐欺犯罪後潛逃國外而遭通緝之61名通緝犯名冊，於99年4月下旬依逃往地點分交各駐外聯絡官協調駐在國執法機關循線查緝。該局駐越南聯絡官首傳捷報，在越南警方之協助下，於6月11日緝捕詐欺逃犯許○○到案，並即於15日遣送返臺，經國際科偵訊後獲許某提供綽號「長○」之國人在胡志明市第12郡租賃一民宅設立詐騙機房情資，並繪製該處地圖，國際科立即將此情資交辦越南聯絡官轉請越方偵查。

彰化縣警察局偵辦案件循線發現國人涉嫌在臺招收詐騙集團成員後前往越南胡志明市訓練詐騙大陸民眾，因涉及跨國犯罪而於99年5月7日函請刑事局協助調查共同偵辦（涉詐騙大陸民眾部分與刑事局偵一隊及偵查科兩岸組共同偵辦），國際科即於5月13日交越南聯絡官辦理；刑事局偵一隊復於6月簽報提供此詐騙集團在越南胡志明市之機房情資，國際科旋於6月25日再交越南聯絡官辦理。

（三）越南警方掃蕩作為

1. 首度連續二波掃蕩四處詐騙集團總部

　　越南公安原即在胡志明市第12郡堤岸坊一帶偵監到可疑無線電波，俟獲刑事局聯絡官提供上述自越遣返電信詐欺通緝犯許某繪製之地圖，結合越方無線電偵監確認該址為第12郡堤岸坊堤岸居民區G56號，因而於6月29日針對此處及第8郡謝光寶路719號與713號等二處發動第一波掃蕩，在第12郡G56號查獲11名我國人及六名大陸人、第8郡719號查獲五名我國人及一名大陸人、第713號查獲16名我國人及11名大陸人，共32名我國籍及18名中國籍詐騙集團嫌犯，其中二人係我國通緝犯。次（30）日越方續就刑事局偵一隊與彰化縣警察局提供之情資於第7郡富美興新豐坊興加R4-68-69號查獲一詐騙集團，逮捕25名我國人及三名大陸人，當天復於胡志明市新山一機場攔獲此集團之另外三名我國嫌犯，合計查獲集團成員我國人28名及三名大陸籍嫌犯，其中亦有二人為我國通緝犯。總計越方此次共掃蕩四個詐騙集團，逮捕我國籍嫌犯60人、中國籍嫌犯21人，合計81名嫌犯，均拘留於公安部拘留所。

2. 續發動第三波掃蕩三處詐騙集團總部

　　越方依據前二波掃蕩經驗，發現有(1)根據暫住證登記，有臺灣人與大陸人混居；(2)水電費甚高（顯示該址居住人數超過一般家庭）；(3)申請最高規格寬頻網路，網路月租費最高等三項特徵，很有可能即為詐騙集團藏身之處，因而，據此於7月6日在第7郡富美興美太三社區B209號逮捕我國籍四人、中國籍一人；同月7日在第7郡富美興興加社區R4-36號逮捕我國籍五人；同月8日在第7郡富美興新豐坊興加社區R4-36號逮捕我國籍七人。此外，復於同月11日在新山一機場攔獲國際科在偵辦中之詐騙集團主嫌一人，合計此波掃蕩計查獲17名我國人及一名大陸人。

3. 在逃共犯向本局駐越南聯絡官投案

　　7月12日第8郡謝光寶路719號在逃犯嫌九人向本局駐越南聯絡官投案；7月14日第7郡富美興新豐坊興加R4-68-69號在逃犯嫌二人亦向本局駐越南聯絡官投案。上述11人經本局駐越南聯絡官解交越南公安部安寧總局接受調查。

　　總計本次三波掃蕩（含向本局聯絡官投案）共逮捕我國籍犯嫌88人、大陸籍犯嫌28人，總計116人。

（四）我國警方派員跨國偵查及偵訊經過

越南警方於6月29及30日連續掃蕩四處詐騙集團總部，發現在該四間獨棟房屋內，均有光纖、媒體變頻器、網路數位用戶專線數據機路由器、區域網路專換－集線器、無線網路通道使用入口、Vo位址閘道器、電話、傳真、手機、V/UHF超高頻無線電收發機等科技設備，並將查獲之教戰手冊譯成越文，驚覺查獲之集團均係利用高科技網路系統行騙，然越方對電信詐騙的手法和偵查技巧完全陌生，偵辦頓時陷入瓶頸，越方如無法證明所查獲之詐騙集團成員在越南有違反越南法律之行為，將難以為適法之處分，因此即向我國駐越南警察聯絡官請求該局速派員赴越確認詐騙集團之犯罪事實，協助越方瞭解電信詐騙集團之手法，提供我國偵查經驗，尤其是協助提升越方科技偵查之能力。案經林局長指派國際科秘書兼國際刑事偵查隊副隊長何招凡、偵一隊副組長鄭志誠二人迅即於7月1日啟程前往與越南警方聯合偵辦。

1.7月1日：何、鄭二人搭乘華航CI783班機於15時30分抵達胡志明新山一機場，駐越南聯絡官黃組長文志與越南對外安寧總局胡銘松先生接機協助辦理落地簽證。隨即前往我國駐胡志明市臺北經濟文化辦事處拜會楊司恭處長。

2.7月2日：上午8時與越南對外安寧總局座談，越方與會人員計有黃德興、阮猛忠及阮德烈三位副局長與相關人員約10人，我方則有何秘書、鄭副組長、黃組長及翻譯阿雪四人。何秘書介紹詐騙集團之手法、特性、偵查之困境、我國警方偵辦之經驗、兩岸合作打擊詐騙集團後，詐騙集團轉移至東南亞國家之趨勢，並以投影報告臺泰警方合作掃蕩跨國電信詐騙集團案件之案例。越方則由阮猛忠副局長以投影簡介越方此次查獲詐騙集團之報告。隨後雙方針對電信詐騙集團廣泛地意見交流，氣氛融洽。

越方特別保留在第12郡查獲之完整現場，由阮猛忠及阮德烈二位副局長與相關人員陪同我方人員前往勘查，阮猛忠副局長稱越方數月前即偵監無線電波鎖定此區域有異常情形，是以我方一提供遣返之詐欺通緝犯許○○提供位於此區域之詐騙機房地圖後，越方立即採取掃蕩行動。

3.7月3日：我方於上午8時30分前往對外安寧總局以備妥之嫌犯資料，逐一與所有被查獲我國籍嫌犯之護照比對，辨別確認嫌犯身分。另我方要求檢視越方掃蕩詐騙集團處所時所查扣物品，惟越方未回應。

11時20分在越方人員陪同下偵訊在第12郡G56號查獲之主嫌張○○，由何秘書詢問，黃組長記錄，鄭副組長製作指紋卡，完全以我國刑事訴訟之相關規

定製作偵詢筆錄及捺印指紋卡,由越方全程錄音錄影,張嫌坦承在越成立詐騙集團詐騙臺灣人。14時20分偵訊在第8郡719號查獲之主嫌黃○○,同樣由何秘書詢問,黃組長記錄,鄭副組長製作指紋卡,越方全程錄音錄影。黃嫌坦承在越南成立詐騙集團詐騙臺灣人。二份筆錄製作完成後,越方均立即譯成越文陳報上級領導。

4.7月4日:9時30分偵訊在第7郡富美興地區查獲之主嫌羅○○,由何秘書詢問,鄭副組長記錄及製作指紋卡,越方全程錄音錄影,羅嫌坦承在越南成立詐騙集團詐騙大陸人。14時偵訊在第8郡713號查獲之主嫌張○○,但張嫌矢口否認有從事詐騙行為情事,經進一步瞭解,此集團於被查獲前二日已將所有犯罪設備搬運至其越南籍翻譯「阿寶」家,越警僅在現場查獲張嫌等27人,至於犯罪設備係事後於「阿寶」家起獲,因此張嫌堅決否認且缺乏事證,何秘書認其心防難以突破,乃告知越方此人暫不需偵訊,並再要求必須檢視越方查扣有關本案之物品。16時阮烈德副局長攜帶在第8郡713及719號查獲之物品供我方檢視,有疑似大陸金融機構帳戶、臺灣地區醫院及醫生資料、集團成員之薪資表、各種詐騙手法之教戰手冊等文書資料,經詳細檢視後,再於17時挑選第8郡713號集團負責總務之嫌犯謝○○偵訊,同樣由何秘書詢問,黃組長記錄,鄭副組長製作指紋卡,越方全程錄音影,終突破謝嫌心防,坦承確為詐騙集團成員,且之前堅決否認之張○○為老闆。二份筆錄製作完成後,越方亦均立即譯成越文陳報上級領導。

5.7月5日:上午9時雙方舉行第二次專案會議,越方與會人員計有黃德興、阮猛忠二位副局長與相關人員約10人,黃副局長正式告知:

(1) 預定7月7日遣返6月29日查獲之三團我國籍嫌犯32人。

(2) 預定7月8日將遣返6月30日查獲之另一團嫌犯28名,因此集團已由彰化地檢署檢察官指揮偵辦中,越方同意將查扣之電腦等證物一併交予我方。

(3) 越方請我方盡速派遣電腦專家二人至越南協助解讀及恢復越方所查扣前三團之三部個人電腦及25臺手提電腦內資料,俾據以循線追查;另希所派專家利用此行與越方交流科技犯罪偵查之經驗。

(4) 阮猛忠副局長期望此次臺越合作只是開始,除希望雙方爾後加強情資交流及合作偵辦外,並期盼本局能協助提升越方科技偵查犯罪之能力。

　　17時30分何秘書搭乘CI784班機先行返國報告上揭越方請求後，林局長迅速指派研發室組長楊凱勝與巡官黃俊傑二人於7月9日趕赴越南協助偵辦，並交流偵查科技犯罪的新知。

（五）越方遣返嫌犯及我方處置情形

　　越方計分五次遣返88名我國籍詐騙集團成員，各次遣返人數及處置情形分述如下：

　　1. 7月9日：越方遣返首批詐騙集團成員29名（原定32名，其中三名因故併第2批遣返），其中二名通緝犯，均交由本局偵一隊及彰化縣警察局持彰化地檢署傳票，帶返彰化縣警察局偵訊後移彰化地檢署複訊。

　　2. 7月11日：越方遣返第二批31名詐騙集團成員（原定28名，增加三名因故未於第一批遣返者），其中除二名通緝犯外，彰化地檢署簽發26張拘票及三張傳票，由國際科、偵一隊及彰化縣警察局分別偵訊後解送彰化地檢署複訊。

　　3. 7月13日：遣返第8郡719號之集團成員七人（越警掃蕩當時適逢外出因而未被當場查獲，經向駐越聯絡官投案），由國際科安排交由彰化縣警察局持拘票拘提押返該局偵訊後移彰化地檢署複訊。

　　4. 7月14日：遣返10人，其中第7郡富美興集團成員四人，由國際科持彰化地檢署拘票接押至彰化縣警察局，交由該局併案偵辦；另六人為越方於7月6、7日查獲之另三集團成員，因未在國內立案，因此由國際科人員於接機時逕行送達通知書，通知該六人至國際科接受調查。

　　5. 7月15日：遣返11人，屬越方於7月6、7日查獲之另三集團成員，因未在國內立案，因此由國際科人員於接機時逕行送達通知書，通知該11人至國際科接受調查。

（六）偵辦與偵訊過程檢討

1. 在領域外製作具有證據能力之調查筆錄

　　本案為我國警方首度派員前往第三地偵訊兩岸詐騙集團之我國籍嫌犯，偵訊人員完全依照我國刑事訴訟法規定，於詢問時先告知被詢問人權利，詢問過程全程錄音錄影，筆錄製作採一人詢問一人記錄之方式為之，使得這些筆錄在

臺越無司法互助條約或協定的情形下，具有證據能力。[2]

2. 未充分掌握訊息，主嫌心防難以突破

　　偵訊的基本原則：「先查再問」，在對嫌犯實施偵訊前，必須盡可能對案情做最詳細的調查，而不是未做調查就貿然偵訊。能夠充分掌握訊息的人，才能問出關鍵，提升偵訊的效率。我方偵訊前要求檢視越方掃蕩詐騙集團處所時所查扣物品，惟越方未回應。因越方在第8郡713號查獲張○○等27人時，並未查扣從事詐騙之電信網路等犯罪設備，而是事後於張嫌之越南籍翻譯「阿寶」家起獲，因此於偵訊張嫌時，張嫌認為缺乏事證堅決否認犯行，我方亦因未掌握這些事證與資訊，因此偵訊人員用盡偵訊技巧，仍難以突破其心防，使偵訊工作一度受挫。

3. 再要求檢視查扣證物後，選擇較易突破之偵訊對象

　　主嫌通常是同案嫌犯中最世故、狡猾者，也可能就是刑責最重者，因此大多數的主嫌最不配合、最不容易被突破，在偵訊初期，即使最有經驗的偵查人員用盡偵訊技巧，都很難突破其心防，故在偵訊的順序上，應選擇刑責較輕、較沒經驗、較有罪惡感、較容易突破的嫌犯先偵訊。因此面對張嫌堅決否認犯行，偵訊人員告知越方此人暫不需偵訊，並再要求檢視越方查扣有關本案之物品，越方因而特別攜帶在第8郡713及719號查獲之物品供我方檢視，有大陸金融機構帳戶、臺灣地區醫院及醫生資料、集團成員薪資表、各種詐騙手法之教戰手冊等資料，經詳細檢視後再挑選第8郡713號集團負責總務之嫌犯謝○○偵訊，謝嫌不但坦承犯行，且指認張嫌是集團老闆，鞏固此集團之犯罪事證。

4. 偵訊重點在於指證共犯

　　越方查獲之前四個詐騙集團嫌犯達81人，惟僅安排我方人員偵訊每一集團各一名核心幹部，尚有77名嫌犯未偵訊，因此偵訊時除了要取得被詢問人坦承犯行之供述外，也需要被詢問人指證集團之其他共犯，始能提供雙方後續依

---

[2]　我國法院對於在司法領域外行使職權的見解，認非法之所禁，無自限司法權之必要。甚至在領域外即使無該地官方人員會同，但悉依我國刑事訴訟法相關規定進行偵訊，亦認該筆錄具有證據能力。參見最高法院98年度台上字第1941號判決。摘自何招凡，全球執法合作：機制與實踐，臺北：元照出版，2013年，頁329。

法處置及偵辦之依據。

5. 偵訊內容未臻完整

　　就警察機關而言，不論犯罪之目的、原因、動機為何，查獲嫌犯證明犯罪就是破案，但犯罪動機為量刑之重要衡量依據，因此動機仍為製作警詢筆錄之必要問題，惟本次偵訊均漏未詢問；另本次係越南警方在其領域內查獲詐騙集團嫌犯及從事詐騙之電腦、電話等犯罪工具，雖越方未予我方檢視查扣之證物，亦未提供查扣清單，我方於偵訊時仍應詢問，惟本次偵訊亦有疏漏。是以本次偵訊漏問之「你為什麼加入詐騙集團？」、「越南警方查扣哪些犯罪證據？」、「越南警方查扣之物品現在何處？」等問題，於複訊時必須補問。

6. 提供違法事證，供越方依法辦理

　　越方查獲之兩岸詐騙集團成員，均為合法入境之外籍人士，然而越方對電信詐騙的手法和偵查技巧完全陌生，偵辦頓時陷入瓶頸，越方如無法證明所查獲之詐騙集團成員在越南有違反越南法律之行為，將難以為適法之處分。因此我方偵訊四個詐騙集團之嫌犯，查明渠等確為詐騙集團之事實，提供越方依法辦理之依據，否則越方將難以為適法之處分。

7. 未於越南偵訊突破，遣返後難以偵辦追訴

　　即使前四批被查獲之集團均有核心幹部坦承詐騙犯行不諱之筆錄，其他成員於遣返後偵訊初期亦大多否認，因各集團於越南被查獲後雖遭隔離拘留，惟於遣返前及返國途中均同團進出明顯串供，因此如非刑事局人員在越南已製作該四集團核心幹部坦承犯行之筆錄，則各集團成員於遣返後，除彰化地檢署指揮偵辦之富美興集團原即已掌握相當事證外，其餘各集團並無任何涉案資料可據以偵訊及偵辦。越方於7月6、7、8日第三波掃蕩三處查獲之17名我國人，即因我方未派員至越南調查取證穩定案情，加上國內無檢察官指揮偵辦及任何偵辦基礎，致遣返後僅能由警察機關通知前來說明，結果早可預期，即一概否認在越南有從事詐騙之行為。

8. 地檢署力挺指揮偵辦

　　國內偵辦詐騙集團案，大多係由被害人端偵查，循線追查至鎖定詐騙集團成員及蒐集確切之犯罪證據後，始執行拘捕及搜索行動；而越方係逕行拘捕，

雖查獲有詐騙設備等犯罪工具，然如國內未事先掌握被害人資料或發現犯行與國內有連結，將難以管轄偵辦。首批遣返之32人，即因國內未立案偵辦，因此除二名通緝犯外，餘30人於返臺後如無法強制即時帶案偵訊，即顯示對於在國外成立詐騙集團之國人束手無策，則越南將成為詐騙集團逃避法律制裁的天堂，詐騙集團在越南將更為肆無忌憚，兩岸民眾勢將繼續受害，且求助無門，因此本案須特別感謝彰化地檢署之大力支持，同意將首批遣返之前三團成員併案偵辦，簽發傳票交由刑事局與彰化縣警察局傳喚偵訊，並對其中主嫌予聲押及交保處分，否則此次臺越合作霹靂行動之效果將大打折扣，且恐亦難以為國人接受。

9. 兩岸詐騙集團流竄趨勢及猖獗原因

兩岸密切合作打擊電信詐騙集團後，由兩岸人民合組之詐騙集團已由兩岸逃竄至鄰近之東南亞國家，但是由於語言因素，詐騙的對象仍為兩岸人民，因此雖然有詐騙之行為或事實，惟因該國未有被害人，故雖經掃蕩逮捕，大多最後仍無法追訴究辦，此亦成為詐騙集團在海外不斷擴大猖獗的主要原因，殊值省思因應。

（七）筆錄解析

1. 嫌疑人羅○○調查筆錄

<table>
<tr><td colspan="3" align="center">調　查　筆　錄　第1次</td></tr>
<tr><td rowspan="2">詢問</td><td>時　　　　　間</td><td>99年7月4日9時30分起 至 99年7月4日12時20分止</td></tr>
<tr><td>地　　　　　點</td><td>越南胡志明市公安部拘留所
237, Nguyen Van Cu, Q5, Ho Chi Minh City</td></tr>
<tr><td>案</td><td>由</td><td>詐欺</td></tr>
<tr><td rowspan="14">受詢問人</td><td>姓　　　　　名</td><td>羅○○</td></tr>
<tr><td>別　（　綽　）　號</td><td>阿○</td></tr>
<tr><td>性　　　　　別</td><td>男</td></tr>
<tr><td>出　生　年　月　日</td><td>00年00月00日</td></tr>
<tr><td>出　　生　　地</td><td>臺灣省</td></tr>
<tr><td>職　　　　　業</td><td>無</td></tr>
<tr><td>身分證統一編號</td><td>N100000000</td></tr>
<tr><td>戶　籍　地　址</td><td>彰化縣○○鄉○○村○鄰○○街○○巷○號</td></tr>
<tr><td>現　住　地　址</td><td>R4-68-69 HUNG GIA-2 TANPHONG QUAN 7, HCMC
（胡志明市第七郡富美興新豐坊興家2 R4-68-69）</td></tr>
<tr><td>教　育　程　度</td><td>高職肄業</td></tr>
<tr><td>電　話　號　碼</td><td>(00)00000000（住家）</td></tr>
<tr><td rowspan="2">家　庭　經　濟　狀　況</td><td><table><tr><td>貧寒</td><td>勉持</td><td>小康</td><td>中產</td><td>富裕</td></tr><tr><td></td><td></td><td></td><td></td><td></td></tr></table></td></tr>
<tr><td></td></tr>
<tr><td></td></tr>
<tr><td rowspan="2">應告知事項</td><td colspan="2">你涉嫌詐欺案，於受詢問時，得行使下列權利：
一、得保持沉默，無須違背自己之意思而為陳述。
二、得選任辯護人。
三、得請求調查有利之證據。
　　　　　　　　　　　　受詢問人：羅○○</td></tr>
<tr><td colspan="2"></td></tr>
<tr><td>問</td><td colspan="2">以上年籍資料是否正確？有何刑案紀錄？</td></tr>
<tr><td>答</td><td colspan="2">正確。有毒品前科，89年及91年各受觀察勒戒1次。</td></tr>
<tr><td>問</td><td colspan="2">以上告知之權利，你是否知情？是否要請辯護人？</td></tr>
<tr><td>答</td><td colspan="2">知道。不須聘請律師。</td></tr>
</table>

問	你現在身在何處？原因？《以此問題引導進入案情》
答	我現在在越南公安部拘留所內，因涉嫌詐欺案件被越南警方查獲。
問	你於何時何地被查獲？被查獲多少人？被查獲者之身分？《由前一個問題的回答中引導出接續「一般問題」：何時何地何人》
答	我於99年6月30日凌晨1時30分許在R4-68-69 HUNG GIA-2 TANPHONG QUAN 7, HCMC（胡志明市第七郡富美興新豐坊興家2 R4-68-69）被捕，包括我共28人被捕；其中，有3名中國籍男子，25名臺灣人。
問	被查獲者之身分？《續上個問題及回答，追問「人」的特定問題》
答	除我之外，還有1.蔡○○（綽號：○○、○○年○○月○○日生、身分證統一編號：N1○○○○○○○）、2.洪○○（綽號：○○、○○年○○月○○日生、身分證統一編號：L1○○○○○○○）、3.黃○○（綽號：○○、○○年○○月○○日生、身分證統一編號：M1○○○○○○○）、4.藍○○（綽號：○○、○○年○月○○日生、身分證統一編號：M1○○○○○○○）、5.張○○（綽號：○○、○○年○月○日生、身分證統一編號：M1○○○○○○○）、6.陳○○（綽號：○○、○○年○月○日生、身分證統一編號：R1○○○○○○○）、7.吳○○（綽號：○○、○○年○月○日生、身分證統一編號：L1○○○○○○○）、8.陳○○（綽號：○○、○○年○○月○○日生、身分證統一編號：L1○○○○○○○）、9.陳○○（綽號：○○、○○年○月○日生、身分證統一編號：E1○○○○○○○）、10.洪○○（綽號：○○、○○年○○月○○日生、身分證統一編號：M1○○○○○○○）、11.廖○○（綽號：○○、○○年○○月○○日生、身分證統一編號：M1○○○○○○○）、12.余○○（綽號：○○、○○年○○月○○日生、身分證統一編號：H1○○○○○○○）、13.宋○○（綽號：○○、○○年○○月○○日生、身分證統一編號：C1○○○○○○○）、14.陳○○（綽號：○○、○○年○○月○日生、身分證統一編號：L1○○○○○○○）、15.古○○（綽號：○○、身分證統一編號：J1○○○○○○○）、16.張○○（綽號：○○、○○年○月○日生、身分證統一編號：M1○○○○○○○）、17.林○○（綽號：○○、○

	○年○月○○日生、身分證統一編號：F1○○○○○○○）、18.陳○○（綽號：○○、○○年○○月○○日生、身分證統一編號：L1○○○○○○○○）、19.陳○○（綽號：○○、○○年○月○○日生、身分證統一編號：Q1○○○○○○○）、20.王○○（綽號：○○、○○年○月○○日生、身分證統一編號：M1○○○○○○○○）、21.林○○（綽號：○○、○○年○○月○○日生、身分證統一編號：F1○○○○○）、22.陳○○（綽號：○○、○○年○○月○○日生、身分證號碼：L1○○○○○○○○）、23.陳○○（綽號：○○、○○年○○月○○日生、身分證號碼：L1○○○○○○）、24.林○○（綽號：○○，○○年○○月○○日生、身分證統一編號：F1○○○○○○○）等25名臺灣人及尹○（綽號：○○、○○年○○月○○日生）、王○○（綽號：○○、○○年○○月○○日生）、朱○○（綽號：○○、○○年○月○○日生）等3名是我們集團內的大陸人。
問	你們何時開始在上址詐騙？詐騙對象為何人？《接續「一般問題」何時》
答	我參與這個詐騙集團何時運作我不知道，但是我是在今（99）年3月13日到越南加入這個集團，從3月15日參與運作到被查獲為止。從事詐騙對象為大陸人。
問	你們詐騙方式為何？《接續「一般問題」如何》
答	我們是以欠繳電話費要停話為理由行騙。首先由洪○○負責以電腦發射電話，內容大略為以語音撥放「你因電話欠繳，如要查詢請按9由客服人員為你服務」。如果受話人按9進入後，即由我們負責接聽電話的人，詢問是要查哪一支電話，如果受話人告知電話號碼，我方則告知你本機門號沒有，另有一個門號欠費，實際上並沒有那個門號，那個門號是虛設的，並告知你可能個資外洩被冒用申報電話，我們會詢問受話人要不要由我方轉接公安單位報案，如果受話人同意，就由我方直接轉接到第2線人員冒充假公安回應，由假公安詢問被害人個人身分資料及電話後，請被害人稍等會於查證後回電，然後即先掛上電話。俟幾分鐘後第2線人員再撥電話給被害人告知確實有被害人身分被冒用申請電話欠費的情形，稱可能他的身分個資外洩，就詢問他的家庭狀況並提醒被害人注意，民眾常會到銀行開

	戶，銀行有民眾的個資有可能被銀行人員洩漏個人資料，此時，我們其他成員會配合說被害人還有另外有帳戶被用來洗錢，問被害人有無該帳戶，被害人當然回答沒有，我們則告知他現在所有的證據都對他不利，如你要證明清白，我就幫你向人民銀行管理局申請國家安全保單，如被害人同意，我們就詢問他所有的帳戶及金額，以便填入保單，由我們向上述管理局的主任申請，請被害人配合該主任處置，保單如果申請下來就可以保障他的權益，如此就完成我們第2線的工作；接著由第3線人員回撥電話給被害人做後續處理，至於如何處理我並不知道，而且是從我們完成第2線工作後的發展情形我們都不知道。
問	你們的組織架構如何？《續前「一般問題」的回答，追問特定「如何」的問題》
答	我們組織中綽號「胖胖」（董仔）是老闆，綽號「表A」負責監督洪○○由電腦發射電話，余○○（綽號：○○），負責管理5個組長，每個組長下面有4至5名組員，負責第2線工作。另有一組約10人負責第3線工作。我們的組織架構及成員編組如附件。
問	有多少成員未被查獲？《續前「一般問題」的回答，追問特定「人」的問題》
答	除了上述被查獲者外，綽號「胖胖」、綽號「表A」及負責第3線工作約10人，因為沒有住在該處，沒有被查獲，另外第2線的成員陳○○，躲藏在現場未被查獲，我聽陳○○說，陳○○當天上午逃離時跌斷了腿現住在醫院，至於何醫院我不知道。
問	綽號「胖胖」、綽號「表A」的真實身分為何？現在何處？《繼續追問特定「人」的問題》
答	綽號「胖胖」的真實姓名我不知道，我是來越南才認識他，他年約30至32歲，好像是臺中縣人，身高約168公分，體重約55公斤左右，現在何處我不知道；綽號「表A」的真實姓名我不知道，我也是到越南才認識他，年約35歲，身高約170公分，體重約60公斤，我聽陳○○說，我們被查獲當天他就回臺灣了。
問	你們各組有哪些成員？《繼續追問特定「人」的問題》

答	我們第2線共分5組，分別是組長綽號「大天」（姓名不詳）、組員綽號「○○」（陳○○）、綽號「○○」（林○○）、綽號「○○」（陳○○）、綽號「○○」（廖○○）；組長羅○○（我本人）、組員綽號「○○」（陳○）、綽號「○○」（朱○○，係大陸人）、綽號「○○」（藍○○）、綽號「○○」（陳○○）；組長綽號「○○」（陳○）、組員綽號「○○」（王○○）、綽號「○○」（陳○○）、綽號「○○」（陳○○）、綽號「○○」（林○○）；組長綽號「○○」（張○○）、組員綽號「○○」（林○○）、綽號「○○」（洪○○）、綽號「○○」（尹○，係大陸人）、綽號「○○」（陳○○）；組長綽號「○○」（陳○○）、組員綽號「○○」（蔡○○）、綽號「○○」（吳○○）、綽號「○○」（張○○）、綽號「○○」（王○○，係大陸人）；另第3線約有10人，姓名我都不知道。
問	你們集團在哪裡運作？成員住在何處？《接續「一般問題」何地》
答	我們集團均在被警方查獲的地點運作。綽號「胖胖」之董仔、綽號「表A」及第3組成員都不住在被查獲的地點，綽號「表A」與一名大陸籍女子住在被查獲地點隔壁的飯店，綽號「胖胖」之董仔及第3組成員的住處我不知道，他們除營運時間前來，營運結束就離開。綽號「○○」之余○○、洪○○及我們第2線的組長及組員都住在營運的地點。
問	你們集團詐騙所得如何分配？《接續「一般問題」何物》
答	由實際詐騙到的金額抽成。第1線抽百分之五、第2線抽百分之七、第3線抽百分之八。每月15日依據個人詐騙成功之金額由綽號「胖胖」發給每個成員。
問	你詐騙共分得多少金錢？其他成員分得多少錢？《續前回答，追問特定「物」的問題》
答	我今年3月15日開始運作，4月15日、5月15日及6月15日，3次共分得新臺幣（以下同）23萬元。因為是按個人詐騙成功金額抽成，每位成員分得之金額不同，都由綽號「胖胖」個別給予，所以其他人的情形我不清楚。
問	你們集團成員來源如何？《續追問特定「人」的問題》
答	我是由臺中一位朋友綽號「阿德」介紹前來找綽號「胖胖」加入，其他成

	員情形我不知道。
問	你們詐騙的時間?《續追問特定「時」的問題》
答	我們工作時間自周一至周五,每天自上午8點至下午3點半,周六上午8點到下午1點,周日則不一定,如果有的話也是上午8點至下午3點半。
問	你們集團每天約處理多少電話?成功詐騙幾件?金額多少?《接續「一般問題」何事?
答	平均每人每天處理約5、6通電話。我只是負責第2線的工作,所以集團詐騙成功的件數及金額,我不知道。我只能由百分之七的抽成金額,大致推估我3個月成功詐騙的總金額為300多萬元,
問	你們集團擔任組長的角色為何?《追問特定「人」、「事」的問題》
答	我們每位組員都有分配打掃區域(如附件),組長必須督促組員做好分配的工作,如果余○○有時也會召集組長開會,組長就會把開會結果告訴組員。
問	集團成員由誰訓練?《追問特定「人」、「事」的問題》
答	我加入集團的時候就有書面扮演各種角色的教戰手冊,組長也會指導我們組員該如何工作。
問	你們撥打電話的資料,由何人提供?《追問特定「人」、「事」的問題》
答	我不知道,是由洪○○負責電腦發射電話。
問	你們有沒有詐騙越南當地的民眾或臺商?《追問特定「事」的問題》
答	沒有。
問	你來越南總共幾次?
答	我是第1次到越南。
問	你被逮捕的現址是由何人租賃?何時開始租賃?租金多少?《追問特定「地」的問題》
答	我3月13日到越南時,該址已經租好了,我不知道是何人於何時承租的,多少租金我也不知道。
問	你願意不願意被遣返回臺,依法接受法律審判?
答	願意。也願意支付返臺的一切費用,但是,我現在身上沒有錢,我可以聯絡我母親蘇○○(電話如上述住家電話),處理回國機票費。

問	除此次被逮捕外，你之前是否曾經從事詐騙活動，或其他不法行為？
答	沒有。
問	有無其他意見？
答	我希望能儘早回臺。
問	以上所說是否屬實？
答	屬實。
	上開筆錄經受詢問人親閱無訛後始簽名捺印
	受詢問人：羅○○（按指印）
	詢　問　人：秘書何招凡
	記　錄　人：副組長鄭志誠

2. 嫌疑人謝○○調查筆錄

<table>
<tr><td colspan="7" align="center">調　查　筆　錄　第1次</td></tr>
<tr><td rowspan="2">詢問</td><td colspan="2">時　　　間</td><td colspan="4">99年7月4日17時20分起 至 99年7月4日19時0分止</td></tr>
<tr><td colspan="2">地　　　點</td><td colspan="4">越南胡志明市公安部拘留所
257, Nguyen Van Cu, Q5, Ho Chi Minh City</td></tr>
<tr><td>案</td><td colspan="2">由</td><td colspan="4">詐欺</td></tr>
<tr><td rowspan="13">受詢問人</td><td colspan="2">姓　　　名</td><td colspan="4">謝○○</td></tr>
<tr><td colspan="2">別 （ 綽 ） 號</td><td colspan="4">○○</td></tr>
<tr><td colspan="2">性　　　別</td><td colspan="4">男</td></tr>
<tr><td colspan="2">出 生 年 月 日</td><td colspan="4">00年00月00日</td></tr>
<tr><td colspan="2">出　生　地</td><td colspan="4">臺灣省臺中市</td></tr>
<tr><td colspan="2">職　　　業</td><td colspan="4">無</td></tr>
<tr><td colspan="2">身分證統一編號</td><td colspan="4">B100000000</td></tr>
<tr><td colspan="2">戶　籍　地　址</td><td colspan="4">臺中縣潭子鄉○○村○鄰○○路○段○巷○號</td></tr>
<tr><td colspan="2">現　住　地　址</td><td colspan="4">713, Ta Quang Buu, P4, Q8, Tp. Ho Chi Minh city</td></tr>
<tr><td colspan="2">教　育　程　度</td><td colspan="4">國中</td></tr>
<tr><td colspan="2">電　話　號　碼</td><td colspan="4">（00）00000000 余○○（妻）0989000000</td></tr>
<tr><td colspan="2" rowspan="2">家 庭 經 濟 狀 況</td><td>貧寒</td><td>勉持</td><td>小康</td><td>中產</td><td>富裕</td></tr>
<tr><td></td><td></td><td></td><td></td><td></td></tr>
<tr><td>應告知事項</td><td colspan="6">你涉嫌詐欺案，於受詢問時，得行使下列權利：
一、得保持沉默，無須違背自己之意思而為陳述。
二、得選任辯護人。
三、得請求調查有利之證據。
　　　　　　　　　　　　　　受詢問人：謝○○</td></tr>
<tr><td>問</td><td colspan="6">以上年籍資料是否正確？有無刑案紀錄？</td></tr>
<tr><td>答</td><td colspan="6">正確。沒有。</td></tr>
<tr><td>問</td><td colspan="6">以上告知之權利，你是否知道？是否請辯護人？</td></tr>
<tr><td>答</td><td colspan="6">知道。不須聘請律師。</td></tr>
<tr><td>問</td><td colspan="6">你現在身在何處？原因？</td></tr>
<tr><td>答</td><td colspan="6">我現在在越南公安部拘留所內，因涉嫌詐欺案件被越南警方查獲。</td></tr>
</table>

問	你於何時何地被查獲？被查獲多少人？
答	我於99年6月29日凌晨2時許在越南胡志明市第8郡第4坊謝光寶路713號（713, Ta Quang Buu, P4, Q8, Tp. Ho Chi Minh city）被捕，除我外還有其他人，共27人被捕；其中，有11名中國籍，16名臺灣人。
問	你們何時開始在上址詐騙？詐騙對象為何人？
答	我約於99年5月11日到達越南就加入這個集團開始行騙，到被查獲前一周因為電腦不順而停止，對象為大陸人。
問	你們詐騙方式為何？
答	我們是以欠繳電話費要停話為理由行騙。首先由周○○負責以電腦發射電話，內容大略為以語音撥放「你因電話費欠繳，如要查詢請按9由客服人員為你服務」。如果受話人按9進入後，即由我們負責接聽電話的人，詢問是要查哪一支電話，如果受話人告知電話號碼，我方則告知你本機門號沒有，另有一個門號欠費，實際上並沒有那個門號，那個門號是虛設的，並告知你可能個資外洩被冒用申報電話，我們會詢問受話人要不要由我方轉接公安單位報案，如果受話人同意，就由我方直接轉接到第2線人員冒充假公安回應，由假公安詢問何事，被害人會說因個資外洩要向公安報案，假公安詢問被害人個人身分資料及電話後，請被害人稍等會於查證後回電，然後即先掛上電話。俟幾分鐘後第2線人員再撥電話給被害人告知確實有被害人身分被冒用申請電話欠費的情形，稱可能他的身分個資外洩，可能會被人冒用開戶用來洗錢，請被害人查看所有銀行帳戶以及金額，看有沒有被冒用洗錢，如果被害人帳戶內有錢，我們則以他帳戶內的錢可能會被人領走為理由，請其稍等，稱我們會把這個案了交給檢察官，然後掛斷，接著由假冒檢察官的3線打給受話人，核對他的個人資料及帳戶金額，然後告知他的戶頭涉嫌洗錢，要把錢都領出來，否則帳戶會被凍結，領出的錢要放在指定的安全帳戶接受調查，須24小時調查確認受話人與本案無關，就可以將錢歸還。
問	你所稱之指定安全帳戶為何？何人提供？
答	是由張○○（綽號○○）提供的大陸帳戶。
問	你們如何分工？

答	被逮捕時一共有27人，16名臺灣人，張○○是老闆、張○○提供指定安全帳戶、周○○負責以電腦隨機撥打被害人電話、林○○擔任電信的角色、張○○、陳○○、潘○○、賴○○、高○○、張○○、李○○、詹○○等八人擔任公安的角色，賴○○及我擔任檢察官的角色，我同時擔任總務，另外戴○○、董○○兩人剛來，還在學習中。11名中國籍，除姜○、袁○○、袁○○、陳○○剛來還在學習中，其餘擔任電信的角色。
問	除了你之外，其餘15人詳細資料爲何？
答	張○○（綽號：○○、出生日期：○○年○○月○○日生、身分證碼：B1○○○○○○○）、張○○（綽號：○○、出生日期：○○年○○月○○日生、身分證碼：A1○○○○○○○）、林○○（綽號：○○、出生日期：○○年○○月○○日生、身分證碼：B1○○○○○○○）、李○○（綽號：○○、出生日期：○○年○○月○○日生、身分證碼：M1○○○○○○○）、張○○（綽號：○○、出生日期：○○年○○月○○日生、身分證碼：L1○○○○○○○）、詹○○（綽號：○○，出生日期：○○年○○月○○日生、身分證碼：M1○○○○○○○）、戴○○（綽號：○○、出生日期：○○年○○月○○日生、身分證碼：F1○○○○○○○）、張○○（綽號：○○、出生日期：○○年○月○日生、身分證碼：A1○○○○○○○）、潘○○（綽號：○○、出生日期：○○年○○月○○日生、身分證碼：M1○○○○○○○）、周○○（綽號：○○、出生日期：○○年○月○○日生、身分證碼：I1○○○○○○○）、高○（綽號：○○、出生日期：○○年○○月○○日生、身分證碼：L1○○○○○○○）、賴○○（綽號：○○、出生日期：○○年○○月○○日生、身分證碼：B1○○○○○○○）、董○（綽號：○○、出生日期：○○年○○月○○日生、身分證碼：T1○○○○○○○）、賴○○（綽號：○○、出生日期：○○年○○月○日生、身分證碼：A1○○○○○○○）、陳○○（綽號：○○、出生日期：○○年○○月○○日生、身分證碼：L1○○○○○○○）。
問	11名大陸人之詳細身分爲何？

答	彭○○（女、綽號：○○、出生日期：○○○○年○月○日生、護照號碼：G○○○○○○○○○）、談○○（女、綽號：○○、出生日期：○○○○年○月○○日生、護照號碼：G○○○○○○○○○）、姜○（男、綽號：○○、出生日期：○○○○年○月○日生、護照號碼：G○○○○○○○○○）、何○○（女、綽號：○○、出生日期：○○○○年○○月○○日生、護照號碼：G○○○○○○○○○）、陳玲○（女、綽號：○○、出生日期：○○○○年○○月○○日生、護照號碼：G○○○○○○○○○）、何○○（女、綽號：○○，出生日期：○○○○年○月○日生、護照號碼G○○○○○○○○○）、陳○（男、綽號：○○、出生日期：○○○○年○月○○日生、護照號碼：G○○○○○○○○○）、袁○○（男、出生日期：○○○○年○月○日生、護照號碼：G○○○○○○○○○）、袁○○（男、出生日期：○○○○年○月○○日生、護照號碼：G○○○○○○○○○）、陳○○（男、出生日期：○○○○年○月○○日生、護照號碼：G○○○○○○○○○）。
問	你們集團成員來源如何？
答	我是張○○叫來的，其他人應該也是他招募，我來越南之前不認識他們。
問	你們工作所得多少？
答	由實際詐騙到的金額抽成。第1線電信抽5%、第2線公安抽7%、第3線檢察官抽8%。我只分過一次，人民幣4萬3,056元，折合臺幣19萬3,752。其他人我不知道多少錢，但應如越南警方在現場查扣的薪資表。
問	你們詐騙的時間？
答	我們工作時間自周一至周五，每天自上午8點半至下午3點。
問	員工是誰訓練？
答	都是我們互相觀摩。
問	你們集團除了詐騙大陸人外，有沒有詐騙臺灣、越南或其他地區的人？
答	沒有。
問	有沒有打在越南臺商的電話？
答	沒有。

問	你來越南總共幾次？
答	我於今年一月份第一次來越南找張○○，那時他還沒有開始運作，這次是我第二次來越南。
問	你被逮捕的現址是由何人租賃？何時開始租賃？
答	現在的房子是張○○以曹○○名義承租，實際上由張○○繳付租金，每月租金越南盾2,700萬元。
問	你願意不願意被遣返回臺，依法接受法律審判？
答	願意。也願意支付返臺的一切費用。
問	除此次被逮捕外，你之前是否曾經從事詐騙活動，或其他不法行為？
答	沒有。
問	有無補充？以上所言是否屬實？
答	我希望能儘早回臺。屬實。
	上開筆錄經受詢問人親閱無訛後始簽名捺印
	受詢問人：謝○○
	詢　問　人：秘書何招凡
	記　錄　人：組長黃文志

3. 嫌疑人黃○○調查筆錄

<table>
<tr><td colspan="8" align="center">調　査　筆　録　第1次</td></tr>
<tr><td rowspan="2">詢問</td><td colspan="2">時　　　　　間</td><td colspan="5">99年7月3日14時25分起 至 99年7月3日17時20分止</td></tr>
<tr><td colspan="2">地　　　　　點</td><td colspan="5">越南胡志明市公安部拘留所
257, Nguyen Van Cu, Q5, Ho Chi Minh City</td></tr>
<tr><td colspan="3">案　　　　　由</td><td colspan="5">詐欺</td></tr>
<tr><td rowspan="14">受詢問人</td><td colspan="2">姓　　　　　名</td><td colspan="5">黃○○</td></tr>
<tr><td colspan="2">別（綽）號</td><td colspan="5">○○</td></tr>
<tr><td colspan="2">性　　　　　別</td><td colspan="5">男</td></tr>
<tr><td colspan="2">出　生　年　月　日</td><td colspan="5">○○年○○月○○日</td></tr>
<tr><td colspan="2">出　　生　　地</td><td colspan="5">臺灣省</td></tr>
<tr><td colspan="2">職　　　　　業</td><td colspan="5">無</td></tr>
<tr><td colspan="2">身分證統一編號</td><td colspan="5">N100000000</td></tr>
<tr><td colspan="2">戶　籍　地　址</td><td colspan="5">彰化縣○○鎮○○街○號○樓</td></tr>
<tr><td colspan="2">現　住　地　址</td><td colspan="5">719, Ta Quang Buu, P4, Q8, Tp. Ho Chi Minh city</td></tr>
<tr><td colspan="2">教　育　程　度</td><td colspan="5">高中肄業</td></tr>
<tr><td colspan="2">電　話　號　碼</td><td colspan="5">0916000000（胞姊黃○○）</td></tr>
<tr><td colspan="2" rowspan="3">家　庭　經　濟　狀　況</td><td>貧寒</td><td>勉持</td><td>小康</td><td>中產</td><td>富裕</td></tr>
<tr><td></td><td></td><td>✓</td><td></td><td></td></tr>
<tr><td colspan="7">應告知事項</td></tr>
</table>

<table>
<tr><td rowspan="6">應告知事項</td><td colspan="2">你涉嫌詐欺案，於受詢問時，得行使下列權利：
一、得保持沉默，無須違背自己之意思而為陳述。
二、得選任辯護人。
三、得請求調查有利之證據。
 受詢問人：黃○○ </td></tr>
</table>

問	以上年籍資料是否正確？你是否有刑案紀錄？
答	正確。沒有。
問	以上告知之權利，你是否知道？是否請辯護人
答	知道，不須聘請律師。
問	你現在身在何處？原因？
答	我現在在越南公安部拘留所內，因涉嫌詐欺案件被越南警方查獲。

問	你於何時何地被查獲？被查獲多少人？
答	我於99年6月29日凌晨2時在越南胡志明市第8郡第4坊謝光寶路719號（719, Ta Quang Buu, P4, Q8, Tp. Ho Chi Minh city）被捕，除我外還有其他6人，共7人被捕；其中，有2名中國籍女子（其中一名女子王○○因懷孕六個月，越南警方將她責付給她住胡志明市之朋友家中），5名臺灣人。
問	你們何時開始在上址詐騙？詐騙對象為何人？
答	我於99年3月14日到達越南，開始在上址籌設詐騙集團總部，三月底租妥房屋，裝潢至四月底，約四月底才開始從事詐騙，對象為臺灣人。
問	你們詐騙方式為何？
答	我們是以退稅為理由行騙。首先由我翻閱臺灣電話簿（以各縣市個人家用電話為主），以網路電話隨機撥打臺灣住宅電話，佯稱係臺灣稅務人員，告知「今天是退稅最後一天，尚有3,000多元可退，如果沒有完成退稅，逾期不能辦理退稅，請快至銀行提款機ATM辦理退款」。我們要求受話人不能掛電話，如果到ATM後，依我們指示操作，進入帳號後、按轉帳、跨行轉帳、我們提供之銀行代號及帳號，確認後詢問他帳戶餘額，如果超過3萬元，則請他按轉帳密碼29983，然後按輸入。如果沒有超過3萬元，按實際金額減17之數字則為轉帳密碼，輸入則為轉帳密碼，完成詐騙的動作。
問	你們集團由何人負責？
答	一位綽號叫阿力之男子，真實姓名不知道，我約於一年前在臺中市酒店飲酒時認識。今年農曆過年前，他給我1萬美金及約4萬新臺幣請我到越南來成立詐騙集團。
問	何人提供你上述轉帳之帳戶？
答	是我老闆，綽號叫阿力之男子提供。
問	越南警方查獲當場，除了你之外，其餘被查獲6人詳細資料為何？
答	倪○○（出生日期：○○年○○月○○日生、身分證碼：T1○○○○○○○○）、鄭○○（出生日期：○○年○○月○○日生、身分證碼：T1○○○○○○○）、張○○（出生日期：○○年○○月○○日生、身分證碼：T2○○○○○○○○）、黃○○（出生日期：○○年

	○○月○○日生、身分證碼：L2○○○○○○○○○）。另有2名是大陸人，一人爲王○○（出生日期：○○○○年○月○○日生、護照證碼：G○○○○○○○○）外，另一位大陸女子是簡○○（出生日期：○○○○年○月○○日，護照號碼因她託我辦加簽，現在仍在旅行社）等。
問	上述六人擔任何種角色？
答	黃○○是我女友，6月20日才來越南找我，倪○○是我朋友，與王○○是夫妻關係，二人前來越南旅遊。鄭○○也是我朋友，帶張○○來越南旅遊。簡○○是我在胡志明市碰到的大陸朋友，他們都不是成員。
問	你們集團成員有多少人？現在在何處？
答	我的集團成員有李○○（○○○○年○○月○○日生、護照號碼：○○○○○○○○○○）、蔡○○（○○○○年○○月○○日生、護照號碼：○○○○○○○○）、溫○○（○○○○年○月○○日生、護照號碼：○○○○○○○○）、溫○○（○○○○年○月○○日生、護照號碼：○○○○○○○○）、張○○（○○○○年○月○日生、護照號碼：○○○○○○○○）、楊○○（○○○○年○○月○日生、護照號碼：○○○○○○○○）及兩三位姓名不記得，總共約有十人，越南警方查獲當時，其他成員正巧外出，所以未被查獲，現在不知在何處。
問	如何分工？
答	他們都是負責撥打及接聽電話。
問	他們是何人招募？何人如何教他們撥打及接聽電話？
答	他們都是我認識的朋友，我請他們一起加入我的集團，由我教他們撥打電話及接聽應對電話，因爲都沒有經驗所以邊教、邊做、邊學，如果有可能成功的案件，則由我負責指示被害人到提款機操作，並提供被害人轉帳銀行帳戶號碼。
問	你們詐騙期間多久？每天詐騙的時間？每天約撥打多少電話？
答	我們自四月底開始騙，因沒有很順利，所以到五月底後就沒有在做，期間約一個月的時間。工作時間自周一至周五，每天自上午8點半至下午3點，依照臺灣個人家用電話簿隨機撥打電話，每天每人撥打30到40通，每天同

	時有7、8人撥打電話，一天約撥打300通。
問	至目前為止，你們集團成功詐騙幾件？金額多少？
答	都沒有成功。
問	越南警方查扣你們集團哪些設備？
答	電話話機一、二十部，節費器十部、分享器三臺、無線電對講機四支。
問	警方查扣你們，除網路設備以外，還有無線電對講機，其作用何在？
答	沒有功能，方便我們內部各個房間連絡方便。
問	集團成員是誰訓練？
答	主要是我提供教戰手冊，資料是我的老闆阿力給我的，他在臺中市教我如何詐騙，內容即有詐騙應對內容和劇本，教導集團成員後，由他們自行參考應用。
問	被你們集團詐騙的人，是哪些人？
答	我們詐騙電話以大臺北地區及桃園為主。
問	你們集團除了詐騙臺灣人外，有沒有詐騙大陸、越南或其他地區的人？
答	沒有。
問	有沒有打在越南臺商的電話？
答	沒有。
問	你來越南總共幾次？
答	我是第一次來。
問	你被逮捕的現址是由何人租賃？何時開始租賃？
答	現在的房子是我請張○○（出生日期：○○○○年○月○○日、身分證號：B1○○○○○○○○）的越南翻譯阿寶幫忙尋找，由我出面簽約，自今年三月底開始承租，租期一年，押金3,000美元及每月租金1,000美元，先付押金3,000美元及三個月租金3,000美元，總共6,000美元。
問	張○○與你何關係？你如何認識他？住何處？從事何事？
答	我在住處附近咖啡廳認識張○○，他住在我隔街對面的房子（第8郡第4坊謝光寶路713號），我曾經去過他住處泡茶，但不知道他從事何事，他也沒告訴我。
問	你願意不願意被遣返回臺，依法接受法律審判？

答	願意。也願意支付返臺的一切費用。
問	除此次被逮捕外，你之前是否曾經從事詐騙活動，或其他不法行為？
答	沒有。
問	有無補充意見？以上所說是否實在？
答	沒有，我希望能儘早回臺。實在。
	上開筆錄經受詢問人親閱無訛後始簽名捺印
	受詢問人：黃○○
	詢　問　人：秘書何招凡
	記　錄　人：組長黃文志

第三章　筆錄範本

　　本章計有重大刑案、竊盜、槍毒、經濟、一般及其他等六大類案件六十三則範本，每一案件之範本均包含有法律依據及筆錄範例二部分，部分案件則另附加注意事項。「筆錄範例」主要是提供偵訊時該問什麼問題的參考，提示偵查人員，各種案件依據其法條構成要件，所必須詢問到的基本問題，實際在偵訊時，非一成不變按範例問題詢問，尤其是依據被詢問人的回答，應進一步追問的問題，因每個案件不同，所以無法做成固定範例，因此參考範例仍要注意應依個案變化適當地詢問；「注意事項」則是在提醒同仁偵辦該類案件在偵查及偵訊時應該注意的事項。此外，警察機關製作之調查筆錄均已制式化及電腦化，受詢問人的基本資料及嫌疑人之應告知之權利事項，均已制式的列印在調查筆錄之問項，因此本章之筆錄範本，受詢問人之基本資料及權利告知事項均予省略。

　　另本章之筆錄範例初稿，係筆者於民國91年11月初在宜蘭縣警察局刑警（大）隊服務時召集同仁所制定，當時曾送請宜蘭地檢署由賴慶祥、沈念祖、魏廷勳、郝中興等四位檢察官審核及提供意見。四位檢察官非常用心地提供具體意見，除在增列或修訂之意見上打上「★」外，並括弧說明增列及修訂的理由，本章各節之範例特保留他們提供的意見，使參研同仁能更瞭解檢方對偵辦刑案的看法。

第一節　重大刑案

一、殺人或傷害案

（一）法條依據

　　刑法第271條（殺人）及第277條（傷害）等及其相關條款。

（二）嫌疑人筆錄範例

基本資料：略

權利告知：略

問：上記姓名年籍資料是否正確？有何刑案資料？

問：現在是夜間○時○分，你是否願意接受詢問？（日間免問）

問：上述告知之權利你是否知道？是否請辯護律師到場？

問：是否具低收入戶身分？中低收入戶身分？原住民身分？或其他依法令得請求法律扶助者之身分？

★問：○○於○時○分在○○地遭人毆打（或殺害），並受傷（或死亡或重傷），你是否知情？

★問：該案件是否你所為？（理由：如此詢問似乎較能夠具有連貫性）

問：你（或你們）於何時何地持何種凶器（刀械、棍棒……等，凶器種類應詳加說明）殺害（傷害）被害人？

問：本案除了你之外還有哪些人參與？如何分工？有人教唆你（或你們）殺害（傷害）被害人？

問：你如何殺害（傷害）被害人？被害人受傷害情形如何？有無事先預謀或計畫？（如有，應追問如何預謀及計畫）？

問：你（或你們）與被害人是何關係？有無仇恨或糾紛（如財物或感情）？

問：作案用的凶器是何人提供（或以何價格購自何處）？現藏放（或棄置）何處？你（或你們）使用什麼交通工具到達及離開現場？

問：你（或你們）為何殺害（或傷害）被害人？有無事先預謀或計畫？（如有：應追問如何預謀及計畫）？

★問：你知不知道若對人之○○部位重擊（或砍殺等），將會致命？（理由：此非但涉及行為人主觀上之犯意為殺人或傷害，於傷害致死或重傷害致死之案件更須以行為人對結果之發生有預見可能性為構成要件）

問：有無其他補充意見？

問：以上所說是否實在？

問：辯護人有無意見陳述？（無辯護人免問）

（三）注意事項

　　行兇動機、手段及被害人被害部位應查證清楚，藉以區別殺人或傷害、故意或過失，提供檢方參辦。

二、恐嚇及擄人勒贖案

（一）法條依據

　　刑法第346條、第347條及其相關條款。

（二）筆錄範例

1. 被害人筆錄

基本資料：略

問：上記姓名年籍資料是否正確？

問：你因何事報案？

問：你於何時地在何種情況下遭人綁架？歹徒目的是什麼？

問：被綁架到囚禁路程或車程約有多久？經過哪些地方？（如：平交道、橋樑、山洞醒目目標等）沿途有無看（聽）見哪些聲音（事物）？

問：歹徒有幾人？你是否認識？衣著裝扮及特徵？持用何種凶器？使用何種交通工具（車種、號牌、顏色）？

問：如何分工？

問：綁架的過程中有無開口講話（口音）？內容？歹徒有無和你談什麼話？有無如何恐嚇、傷害或虐待你？

問：歹徒綁架你後將你囚禁於何處？如何與你家人聯絡？內容？

問：有無讓你與你家人聯絡？要求你向家人談些什麼？要求多少贖金？歹徒如何取贖款？

問：警方查獲之歹徒○○等人你認識嗎？是否就是他們將你綁架並恐嚇交付贖金？

★問：你和歹徒有無財務糾紛？（理由：依現行實務上之見解，若行為人與被害人有財務糾紛，且行為人之目的係為討債，則一般均僅成立妨害自由，而非擄人勒贖）

問：你有無與何人有財物或其他糾紛？（歹徒身分不明時問之）

問：是否要對嫌疑人提出告訴？

問：有無其他補充意見？

問：以上所說是否實在？

2. 嫌疑人筆錄

基本資料：略

權利告知：略

問：上記姓名年籍資料是否正確？有何刑案資料？

問：現在是夜間〇時〇分，你是否願意接受詢問？（日間免問）

問：上述告知之權利你是否知道？是否請辯護律師到場？

問：是否具低收入戶身分？中低收入戶身分？原住民身分？或其他依法令得請
　　求法律扶助者之身分？

問：你是於何時？何地？因何事為警方查獲？（或你因何事接受警方詢問製作
　　筆錄？）

★問：被害人〇〇你是否認識？

★問：被害人報案稱其遭人綁架，該案件是否你所為？

★問：你與被害人有無財務糾紛？金額多少？何以有財務糾紛？（理由：此係案
　　件之基本背景，亦有助於判斷究為妨害自由或擄人勒贖；且就財務糾紛之
　　金額釐清後，可判斷行為人所勒贖之金額有無超過債權範圍；又財務糾紛
　　發生之原因究為合法或非法，例如：係生意往來或係賭博所積欠）

問：哪些人參與綁架被害人？何人主謀？（共犯）如何分工？共犯身分、特
　　徵、行動電話號碼及聯絡方法？

問：作案工具及交通工具何人提供？（車輛廠牌、顏色、號牌及作案用手套、
　　膠布、繩索等應詳加追問清楚）

問：你（或你們）於何時在何地如何綁架被害人？綁架後將被害人藏於何處？

問：你（或你們）從綁架到囚禁沿途路線、停留地點？如何對外聯絡？（對外
　　與何人聯絡、時間地點、次數及內容等均應詳加詢問）

問：與被害人家屬聯絡情形如何？（何人與被害人那位家屬聯絡、聯絡時間、
　　使用通訊工具、談話內容如贖金及由何人如何交付等均詳問）

問：何人擔任駕駛、其他共犯及被害人乘坐相關位置如何？（中途停留再上車

或換車，位置有無變更應詳加詢問清楚）

問：你（或你們）如何取得贓款？交款地點？數目多少？如何分配？贓款現在
　　何處？

問：你（或你們）為何選擇被害人綁架？與被害人是否熟識？有無仇恨或財
　　物、感情等糾紛？你們何時計畫綁架被害人（臨時起意或計畫已久）？

問：你們有無恐嚇、傷害或虐待被害人（如有，應追問如何加害被害人及被害
　　人受傷害之情形）？

問：有無其他補充意見？

問：以上所說是否實在？

問：辯護人有無意見陳述？（無辯護人免問）

三、強盜案

（一）法條依據

　　刑法第328條及相關條款。

（二）筆錄範例

1. 被害人筆錄

基本資料：略

問：上記姓名年籍資料是否正確？

問：你因何事報案？

問：你於何時於何地如何被強盜？損失哪些財物？損失財物之特徵？身體有無
　　受傷害？

問：歹徒人數？有無持凶器？行搶過程有無開口講話（所操口音及有無以綽號
　　呼叫對方）？特徵（如身高、身材、衣服、髮型、有無戴眼鏡等）？

★問：當時你何以不反抗？（理由：強盜罪之構成要件之一係被害人不能抗拒，
　　而被害人何以已達不能抗拒之程度，可由此問題問出）

問：歹徒使用什麼交通工具（車種、號牌、顏色）？

問：歹徒為何要選擇你強盜財物？是否與他人有仇恨或糾紛（如財物或感
　　情）？

問：是否要對嫌疑人提出告訴？

問：有無其他補充意見？

問：以上所說是否實在？

2. 嫌疑人筆錄

基本資料：略

權利告知：略

問：上記姓名年籍資料是否正確？有何刑案資料？

問：現在是夜間○時○分，你是否願意接受詢問？（日間免問）

問：上述告知之權利你是否知道？是否請辯護律師到場？

問：是否具低收入戶身分？中低收入戶身分？原住民身分？或其他依法令得請求法律扶助者之身分？

問：你是於何時？何地？因何事為警方查獲？（或你因何事接受警方詢問製作筆錄？）

問：你於何時於何地強盜何人哪些財物？當時使用之凶器及交通工具為何？

★問：被害人當時有無反抗？（理由：此涉及被害人究為不能抗拒或不為抗拒）

問：強盜所得財物現在何處？作案工具現藏放（或棄置）何處？何人提供，作案後如何離開現場？

問：你（或你們）共參與強盜他人財物幾次？請依時間、地點、方式、何人主謀、共犯及分工、強盜多少財物等，逐一分別說明？

問：你與被害人是否熟識、有無仇恨或糾紛（如財物或感情）？為何選擇○○被害人強盜財物？

問：為何要強盜他人財物？

問：有無其他補充意見？

問：以上所說是否實在？

問：辯護人有無意見陳述？（無辯護人免問）

（三）注意事項

1.應盡可能取得贓證物，帶同嫌犯取贓時應現場錄影或拍照存證附卷。

2.嫌犯坦承犯案但無贓證物時，應特別審慎求證，偵訊過程務必全程錄音及錄影，必要時並應現場模擬，以求勿枉勿縱及鞏固事證。

四、搶奪案

（一）法條依據

刑法第325條及相關條款。

（二）筆錄範例

1. 被害人筆錄

基本資料：略

問：上記姓名年籍資料是否正確？

問：你因何事報案？

問：你於何時如何被搶？損失哪些財物？損失財物之特徵？身體有無受傷害？受傷情形？

問：歹徒人數？行搶過程有無開口講話（所操口音及有無以綽號呼叫對方）？特徵（如身高、身材、衣服、髮型、有無戴眼鏡等）？

★問：遭搶之時，你有無抵抗？（理由：通常被害人回答此問題時，多為事出突然不及防備，此即符合搶奪罪趁人不備之要件）

問：歹徒使用什麼交通工具（車種、號牌、顏色）？逃逸方向？

問：歹徒為何要選擇你搶奪財物？你有無與何人有仇恨或糾紛（如財物或感情）？

問：是否要對嫌疑人提出告訴？

問：有無其他補充意見？

問：以上所說是否實在？

2. 嫌疑人筆錄

基本資料：略

權利告知：略

問：上記姓名年籍資料是否正確？有何刑案資料？

問：現在是夜間○時○分，你是否願意接受詢問？（日間免問）

問：上述告知之權利你是否知道？是否請辯護律師到場？

問：是否具低收入戶身分？中低收入戶身分？原住民身分？或其他依法令得請

求法律扶助者之身分？

問：你是於何時？何地？因何事爲警方查獲？（或你因何事接受警方詢問製作
　　筆錄？）

問：你於何時於何地搶奪何人哪些財物？當時使用之凶器及交通工具爲何？

★問：當時被害人有無反抗？（理由：符合趁人不備之要件且與被害人之指述相
　　呼應）

問：搶奪所得財物現在何處？

問：作案工具現藏放（或棄置）何處？何人提供？作案後如何離開現場？

問：你（或你們）共參與搶奪他人財物幾次？請依時間、地點、方式、何人主
　　謀、共犯及分工、搶奪多少財物等，逐一分別說明？

問：你與被害人是否熟識、有無仇恨或糾紛（如財物或感情）？
　　爲何選擇○○○被害人搶奪財物？

問：爲何要搶奪他人財物？

問：有無其他補充意見？

問：以上所說是否實在？

問：辯護人有無意見陳述？（無辯護人免問）

（三）注意事項

1.應盡可能取得贓證物，帶同嫌犯取贓時應現場錄影或拍照存證附卷。

2.嫌犯坦承犯案但無贓證物時，應特別審愼求證，偵訊過程務必全程錄音
及錄影，必要時並應現場模擬，以求勿枉勿縱及鞏固事證。

五、妨害性自主及兒少性剝削案

（一）法條依據

1.兒童及少年性剝削防制條例相關條款。

2.性侵害犯罪防治法第2條、刑法第221條至第229條妨害性自主罪章、第
233條及第332條第2項第2款、第334條第2項第2款與第348條第2項第1款等。

3.人口販運防制法第2條、第31條至第35條及相關條款。

（二）筆錄範例

1. 少女筆錄

基本資料：略

權利告知：略

問：上記姓名年籍資料是否正確（若少女未滿18歲，應使用代號）？有何刑案資料？

問：現在是夜間○時○分，你是否願意接受詢問？（日間免問）

問：上述告知之權利妳是否知道？妳因涉嫌違反兒童及少年性剝削防制條例經警方查獲（或通知）到案，現場除家長及社工人員外，是否要請輔佐人到場？

問：是否具低收入戶身分？中低收入戶身分？原住民身分？或其他依法令得請求法律扶助者之身分？

問：妳是於何時？何地？因何事為警方查獲？（或妳因何事接受警方詢問製作筆錄？）

問：警方於○年○月○日○時○分在○○地執行臨檢，妳是否在場？現場還有什麼人？（坐檯陪酒者，應詢問現場相關人員「坐」的位置、有無脫衣等猥褻行為）

問：X（嫖客）與妳是怎麼認識的？

問：妳何時？如何到現場（有無車伕？如何接送？）？做什麼？乙節多久？什麼代價？

問：是什麼人介紹妳從事性交易（或坐檯陪酒）的？

問：Y（老闆）怎麼與妳聯絡？

問：妳與其他從事性交易（或「之虞」）少女都居住何處？行動是否遭受控制？老闆是否提供毒品吸食？

問：妳與X從事性交易（或坐檯陪酒）代價是多少錢？Y分得多少錢？薪水如何發給？

問：妳於何時開始從事性交易？是否自己願意的？有無遭人強迫？

問：X與Y知道妳未成年嗎？

問：妳從事性交易，監護人知道？

問：有無其他補充意見？

問：以上所說是否實在？

問：輔佐人有無意見陳述？（無輔佐人免問）

2. 負責人、車伕、媒介者筆錄

基本資料：略

權利告知：略

問：上記姓名年籍資料是否正確？有何刑案資料？

問：現在是夜間○時○分，你是否願意接受詢問？（日間免問）

問：上述告知之權利你是否知道？是否請辯護律師到場？

問：是否具低收入戶身分？中低收入戶身分？原住民身分？或其他依法令得請求法律扶助者之身分？

問：你是於何時？何地？因何事爲警方查獲？（或你因何事接受警方詢問製作筆錄？）

問：警方於○年○月○日○時○分在○○地執行臨檢，當場查獲X（少女）與Y（嫖客）從事性交易（或坐檯陪酒），你是否在場？現場還有什麼人？

問：負責人是誰？你擔任什麼職務？

問：X與Y從事性交易你知情嗎？

問：據X與Y警詢供稱是經你介紹（接送）從事性交易？

問：你是如何介紹（聯絡）X與Y從事性交易？每次交易代價多少錢？你（或店方）分得多少錢？付款方式？

問：你經營○○傳播公司（應召站）多久？

問：你公司的少女是如何僱用的（登報徵才、透過他人介紹……）？這些少女居住的處所，是你租賃的或你所有的？少女的居住處所是誰在管理？

問：你是使用何種交通工具接送少女？車號？何人接送？

問：你知道X未成年嗎？

問：有無其他補充意見？

問：以上所說是否實在？

問：辯護人有無意見陳述？（無辯護人免問）

3. 嫖客筆錄

基本資料：略

權利告知：略

問：上記姓名年籍資料是否正確？有何刑案資料？

問：現在是夜間○時○分，你是否願意接受詢問？（日間免問）

問：上述告知之權利你是否知道？是否請辯護律師到場？

問：是否具低收入戶身分？中低收入戶身分？原住民身分？或其他依法令得請求法律扶助者之身分？

問：你是於何時？何地？因何事為警方查獲？（或你因何事接受警方詢問製作筆錄？）

問：警方於○年○月○日○時○分在○○地執行臨檢，你是否在場？現場還有什麼人？相關位置（座位）如何？

問：X（少女）（少女若未滿18歲，應使用代號）你是否認識？你們於何時到現場（查獲地）？做什麼？乙節多久？多少錢？

問：是什麼人介紹你與X從事性交易（或坐檯陪酒）？如何介紹？介紹費多少錢？店家有無抽頭（是你向店家要求少女性交易「或陪酒」，或店家主動提議）？

問：你如何與X聯絡？

問：你與X從事性交易（或坐檯陪酒）代價是多少錢？付款方式（金錢交予何人）？

問：你知道X未成年嗎？

問：有無其他補充意見？

問：以上所說是否實在？

問：辯護人有無意見陳述？（無辯護人免問）

4. 被害人筆錄

問：真實姓名對照表內年籍資料是否正確？（若為幼童或弱智者，應敘明並請監護人代閱）是否需要家屬（監護人）或社工人員陪同接受偵訊？

問：你因何事至警（分）局接受製作筆錄？

問：你在何時？何地遭受性侵害？你認識加害人嗎？

問：請敘明你遭受性侵害的過程。（第一次、最後一次的時間、地點、過程）

問：加害人有何特徵？（口音、穿著、身高、身材、髮式、髮長、體味、膚色、疤痕、刺青、殘障等，盡量避免單獨使用前科照片或身分證影像指認）★為求指認之正確性，應提供複數人之前科照片或身分證影像。

問：加害人是否使用暴力、脅迫、藥物或違反你的意願？（若有使用藥物應即予採尿）

問：加害人是否使用工具侵害你？有否受傷？受傷部位為何？是否願意接受驗傷採證？

問：加害人的性器官是否進入你的性器官、口腔或肛門？或以其他身體部位、器物進入你的性器官、肛門？

問：加害人是否使用保險套？（是否體外射精）

問：加害人是否搶奪你身上財物或恐嚇你？

問：你如何脫離加害人的控制？

問：你被侵害時有沒有其他人在旁邊？其他人是否協助加害人？如何協助？有否共同侵害你？

問：案發後你是否有清洗身體？是否有保留證物？（例如：衣服、精液沾物、保險套、毛髮、指甲等）

問：案發後，你是否到醫院做診療及檢查？

問：採證時間與案發時間相隔多久？

問：醫生是否幫你做驗傷及採證？醫院是否發給你驗傷診斷書？檢體目前存放何處？

問：對於侵害你的人，你是否提出告訴？

問：若查獲加害人到案，你是否願意配合進行指認？

問：是否要對嫌疑人提出告訴？

問：有無其他補充意見？

問：以上所說是否實在？

（三）注意事項

查處違反兒童及少年性剝削防制條例應注意下列事項：

1. 警察機關於偵辦本條例第31條至第35條案件時，不得告知被害兒少詢問筆錄製作完竣後即可離開等語，避免造成其或家屬認知錯誤，旁生枝節。

2. 依據人類免疫缺乏病毒傳染防治及感染者權益保障條例第15條第1項第5款及第2項規定，應通知衛政機關（單位）依衛生福利部公告之「有接受人類免疫缺乏病毒檢查必要者之範圍」，派員採驗性交或猥褻之行為者及相對人雙方血液。

3. 查獲及救援遭受性剝削之兒少案件時，應立即通知主管機關指派社工人員陪同進行加害者之指認及必要之訊問，並於二十四小時內，將該兒少交由直轄市、縣（市）主管機關處理。

4. 違反本條例之犯罪嫌疑人為未滿18歲時，應通知其家長或監護人陪同製作筆錄。

5. 對於犯罪嫌疑人是否知悉被害人真實年齡（未滿16歲、16歲或未滿18歲）部分，應詳加詢問，以為法院科刑輕重之參考。

6. 證卷移送：(1)移送（報告）書應使用代號並以彌封之姓名對照表附卷，不得揭露足以辨識被害人之資訊。(2)移送（報告）書應併同筆錄及相關卷證副知警察局婦幼警察隊及分局防治組業務單位，依案造冊列管。

7. 警察機關偵辦本條例案件，有借提羈押中被告外出繼續追查贓證或共犯之必要時，得向檢察官報告；經檢察官簽發偵查指揮書後，帶同被告繼續查證，並應即通知被告之選任辯護人。

8. 違反本條例第32條至第35條之案件，亦為人口販運防制法第2條所規定之人口販運罪，須於移送書右上角戳記處註明「人口販運案件」（並另加註「性剝削」、「勞力剝削」或「器官摘取」），並檢附「人口販運被害人鑑別參考指標」，俾利檢察機關分案辦理。

9. 案件另涉人口販運防制法第31條規定，意圖營利，利用不當債務約束或他人不能、不知或難以求助之處境，使人從事性交易者，應一併偵查並移送該管地方法院檢察署偵辦。

10. 對於兒少性剝削被害人警詢筆錄之證據能力，本條例第13條定有傳聞法則之例外，故為確保筆錄之可信性，於製作被害人之警詢筆錄時，應全程連續錄音；必要時，全程連續錄影。

11. 案件所蒐集之證據顯示符合違反本條例第31條至第35條規定者，得於移送書之偵辦意見欄中填註：「為防止串證或串供，建請羈押犯罪嫌疑人」等字。

12. 嚴遵「警察機關偵辦刑案新聞處理應行注意要點」及偵查不公開原

則，事關被害人隱私及名譽之案件更應注意保密，不得任意透露或發布新聞；另依本條例第7條第2項規定，報告人及告發人之身分資料應予保密。

　　13.警察機關執行職務遇有查獲違反本條例之案件，除依規定通報社政機關外，犯罪嫌疑人之逮捕、拘禁作為，應依提審法規範辦理，並依內政部警政署103年7月9日警署刑防字第1030003547號函發之「執行逮捕、拘禁告知本人通知書」、「執行逮捕、拘禁告知親友通知書」書表格式辦理。

　　14.分駐（派出）所製作筆錄完竣後，應將案件陳報分局偵查隊續處；分局偵查隊調查完畢後，應將移送書或函送資料，併同筆錄及真實姓名對照表等，副知分局防治業務單位及警察局婦幼警察隊，以利造冊列管；警察局各直屬（大）隊辦理之案件，則副知警察局婦幼警察隊列管。

　　15.查獲違反本條例「第31條至第35條」、「第36條及第38條」或「第40條」之案件時，應分別查明各種犯罪態樣，依適當之作業程序辦理移送；涉及二種以上作業程序者，亦應分別依各作業程序辦理之。

（四）參考資料

　　1.內政部警政署；查處兒童及少年遭受性剝削案件作業程序，民國108年8月。

　　2.法務部98年2月13日法檢字第0980800534號函修正人口販運被害人鑑別原則。

第二節　竊盜案件

一、普通竊盜案

（一）法條依據

　　刑法第320條（一般竊盜）、第321條（加重竊盜罪）、第349條（贓物）等及其相關條款。

（二）筆錄範例

1. 被害人筆錄

基本資料：略

問：上記姓名年籍資料是否正確？現從事何業？

問：你因何事接受警方詢問製作筆錄？

問：你是於何時？何地？發現財物失竊？

問：你計有何財物失竊？（失竊財物數量、特徵、現值多少？）

問：歹徒是於何時？如何行竊？（有無破壞門窗或其他設備？）

問：是否知道何人或有可疑對象所為？（原因何在，有無證據或證人）

問：歹徒犯案後有無遺留物品於竊案現場？

問：是否要對嫌疑人提出告訴？

問：有無其他補充意見？

問：以上所說的是否實在？

2. 嫌疑人筆錄

基本資料：略

權利告知：略

問：上記姓名年籍資料是否正確？有何刑案資料？

問：現在是夜間○時○分，你是否願意接受詢問？（日間免問）

問：上述告知之權利你是否知道？是否請辯護律師到場？

問：是否具低收入戶身分？中低收入戶身分？原住民身分？或其他依法令得請求法律扶助者之身分？

問：你是於何時？何地？因何事為警方查獲？（或你因何事接受警方詢問製作筆錄？）

問：你是於何時？何地？如何行竊（有無破壞門窗或其他設備）？有無共犯？竊取何物？

問：警方共查扣哪些贓（證）物？

問：你共行竊幾次？如何行竊（犯案時間、地點、行竊方式、作案手法、作案工具含交通工具）？有無共犯？如何分工？共竊取多少財物？

問：除了警方所查扣之贓（證）物外，其他贓物流向為何？

問：你於○時帶同警方在○○地起獲之贓、證物（加以註明），請分別詳述其來源或用途；除這些外尚有何犯罪？

★問：交付（竊得贓物名稱）予（保管或買受贓物之人）時，如何向對方說明贓物來源？所得多少？尚剩多少？（理由：持有贓物亦可能犯罪，竊賊之陳述須與持有贓物者之陳述相互印證。且犯罪所得有沒收的問題，亦需訊明。）

問：你竊取他人財物動機爲何？

問：有無其他補充意見？

問：以上所說是否實在？

問：辯護人有無意見陳述？（無辯護人免問）

二、汽機車竊盜或贓物案

（一）法條依據

刑法第320條（一般竊盜）、第321條（加重竊盜罪）、第349條（贓物）等及其相關條款。

（二）筆錄範例

1. 被害人筆錄

基本資料：略

問：上記姓名年籍資料是否正確？現從事何職業？

問：你因何事接受警方詢問製作筆錄？

★問：你所報案失竊的車輛所有人是誰？於何時？何地失竊？你是何時發現車輛失竊？（理由：申報失竊不以車輛所有人爲限，應先詢明報案人持有該失竊車輛的原因）

問：你所報失竊車輛車籍資料爲何？有無特別之特徵？

問：你所報失竊車輛現值多少？是否知道何人或有可疑對象所爲？（原因何在，有無證據或證人）

問：失竊現場有無遺留任何跡證？（如胎痕、玻璃碎片、作案工具）

問：你是何時將車輛停放於失竊處所？有無上鎖？

問：你所報失竊車輛有無欠稅或積欠罰款情事？

問：你是否知道謊報失竊須負刑事責任？

問：是否要對嫌疑人提出告訴？

問：有無其他補充意見？

問：以上所說是否實在？

2. 嫌疑人筆錄

基本資料：略

權利告知：略

問：上記姓名年籍資料是否正確？有何刑案資料？

問：現在是夜間○時○分，你是否願意接受詢問？（日間免問）

問：上述告知之權利你是否知道？是否請辯護律師到場？

問：是否具低收入戶身分？中低收入戶身分？原住民身分？或其他依法令得請求法律扶助者之身分？

問：你是於何時？何地？因何事爲警方查獲？（或你因何事接受警方詢問製作筆錄？）

問：警方查扣何種車輛？車號爲何？同車尚有何人？

問：該車輛之來源？（分爲竊盜及贓物罪問法）竊盜：你是於何時？何地？如何行竊（行竊方式、作案手法、作案工具）？有無共犯？如何分工？
贓物：該車是於何時？何地？由何人交與？你是否知道該車爲贓物？

★（如受訊問人辯稱不知該車爲贓物）

則訊問：是否有諸如買賣契約等物證或人證可以證明你不知該車爲贓物？交付車款的方式？（理由：應於首次詢問即訊明被告所可能提出的抗辯方向，以免嗣後被告於偵查或審判中以串證或僞造空頭中古車行買賣契約方式脫罪）

問：你有無騎（駕）該車另涉其他刑案？

問：你有無竊取其他車輛？（如有，加問何時何地如何行竊？共犯及分工？及贓車下落？）

問：你爲何要竊取他人車輛？（犯案動機爲何？）

問：有無其他補充意見？

問：以上所說是否實在？

問：辯護人有無意見陳述？（無辯護人免問）

第三節　槍毒案件

一、違反槍砲彈藥刀械管制條例案

（一）相關法條

槍砲彈藥刀械管制條例相關條款。

（二）嫌疑人筆錄範例

基本資料：略

權利告知：略

問：上記姓名年籍資料是否正確？有何刑案資料？

問：現在是夜間○時○分，你是否願意接受詢問？（日間免問）

問：上述告知之權利你是否知道？是否請辯護律師到場？

問：是否具低收入戶身分？中低收入戶身分？原住民身分？或其他依法令得請
　　求法律扶助者之身分？

問：你是於何時？何地？因何事為警方查獲？（或你因何事接受警方詢問製作
　　筆錄？）

問：警方在現場什麼位置查獲何物？何人所有？現場有何人在場？

問：警方所查獲之物品（槍彈）是如何取得（追問其來源）？做何用途？曾否
　　使用（或借他人）犯案？

★如犯罪嫌疑人供稱係自製，問如何自製？機具？製造之時地？（理由：涉及改
造槍枝之方法、時間、地點構成要件，且製造之機具亦有扣案、沒收之問題）

問：有無其他補充意見？

問：以上所說是否實在？

問：辯護人有無意見陳述？（無辯護人免問）

（三）注意事項

　　1.如係自行製造或改造槍彈，應詢問材料、工具技術（知識）來源、已製
改造成品數目及流向。

　　2.槍彈如曾借給他人，應詳問何時？借予何人？原因為何？

二、違反毒品危害防制條例案

（一）法條依據

毒品危害防制條例第4條、第5條、第10條、第11條及其相關條款。

（二）筆錄範例

1. 持有及施用者筆錄

基本資料：略

權利告知：略

問：上記姓名年籍資料是否正確？

問：現在是夜間○時○分，你是否願意接受詢問？（日間免問）

問：上述告知之權利你是否知道？是否請辯護律師到場？

問：是否具低收入戶身分？中低收入戶身分？原住民身分？或其他依法令得請求法律扶助者之身分？

問：你有無監護、照顧未滿12歲子女或兒童。

問：你是於何時？何地？因何事爲警方查獲？（或你因何事接受警方詢問製作筆錄？）

問：近一年內曾從事何業？現老闆是誰？較熟悉的同事有誰？收入如何？家庭狀況？親友有無人在監執行？何罪執行？

問：你有何刑案資料？

問：你曾否受觀察勒戒或強制戒治處分？（含執行期滿日或停止戒治交付保護管束），有幾次施用毒品前科？（初犯、再犯或三犯以上，自民國87年5月22日以後計算）

問：你於何時何地爲警查獲何物？（毒品海洛因、安非他命等、毛重○○公克、吸食器、針筒○支、美娜水○瓶等物）

問：查獲時，現場有何人？何故在場？

★問：所查獲之物，原係放置何處？（如二樓左邊第一間房間內書桌右邊第二個抽屜）

★問：所查獲之物，警方是如何取得？（如海洛因是我自己交出，針筒是警方在垃圾桶內找到。理由：此涉及被告事後否認物品爲其所有）

問：你所持有之上開物品，各做何用途？

問：你自何時起至何時止，於何地以何種方式施用第一級毒品海洛因（安非他命等）？多久施用一次？最近一次是在何時何地施用何種毒品？

問：你所施用毒品海洛因（安非他命等），向誰於何時？何地（以何價錢）？如何購（取）得？說出你毒品海洛因（安非他命等）來源，因而破獲者，依法可減刑。

問：你為何要施用毒品海洛因（安非他命等）？

問：警方所提供乾淨空瓶內之尿液，是否由你親自排放，並經由你確認後當面封緘？

問：有無其他補充意見？

問：以上所說是否實在？

問：辯護人有無意見陳述？（無辯護人免問）

2. 販賣者筆錄

基本資料：略

權利告知：略

問：上記姓名年籍資料是否正確？有何刑案資料？

問：現在是夜間○時○分，你是否願意接受詢問？（日間免問）

問：上述告知之權利你是否知道？是否請辯護律師到場？

問：是否具低收入戶身分？中低收入戶身分？原住民身分？或其他依法令得請求法律扶助者之身分？

問：你有無監護、照顧未滿12歲子女或兒童。

問：你是於何時？何地？因何事為警方查獲？（或你因何事接受警方詢問製作筆錄？）

問：近一年內曾從事何業？現老闆是誰？較熟悉的同事有誰？收入如何？家庭狀況？親友有無人在監執行？何罪執行？

問：你有無施用安非他命（或海洛因等毒品）？如何施用？第一次是在何時？何地？多久施用一次？最近一次是在何時？何地？

問：你曾否受觀察勒戒或強制戒治處分？（含執行期滿日或停止戒治交付保護管束），有幾次施用毒品前科？（初犯、再犯或三犯以上，自民國87年5月22日以後計算）

問：你有無將毒品轉賣他人？如何轉賣（追問轉賣哪些人、數量、價格等販賣情形）？

問：你與X（指認人）是什麼關係？有無恩怨？

問：X（指認人）供稱曾於（時、地）向你購買○○毒品（名稱、數量），是否實在？

問：你使用何種通訊工具（詳問每一種通訊工具使用起、訖時間，包含每一種有線及無線行動電話）及交通工具？

問：你於何時何地為警查獲何物？（毒品海洛因、安非他命等、毛重○○公克、吸食器、針筒○支、美娜水○瓶等物）

★問：查獲時，現場有何人？何故在場？

★問：所查獲之物，原係放置何處？（如二樓左邊第一間房間內書桌右邊第二個抽屜）

★問：各所查獲之物，警方是如何取得？（如海洛因是我自己交出，針筒是警方在垃圾桶內找到，理由同前）

問：你所施用（販賣）毒品海洛因（安非他命等），向誰於何時何地（以何價錢）購（取）得？說出你毒品海洛因（安非他命等）來源，因而破獲者，依法可減刑。

問：警方所提供乾淨空瓶內之尿液，是否由你親自排放，並經由你親自確認後當面封緘？

問：有無其他補充意見？

問：以上所說是否實在？

問：辯護人有無意見陳述？（無辯護人免問）

（三）注意事項

　　1.警察偵查犯罪手冊第202點第2項：「持有、施用毒品案件應另案分開一人一案移送。」

　　2.二如有查獲販毒證據（如帳冊），應詳問每一案販賣情形。

　　3.倘若被詢問人承認施用（吸食）或販賣行為，則除詳問施用方法或買賣細節外，並須加問其毒品來源。

　　4.須詳問販賣毒品者之通訊及交通工具、雙方聯絡方式、買賣時間、地

點、數量、價錢、包裝方式、買賣過程及有無其他證人等。

　　5.持有第三級或第四級毒品純質淨重5公克以上案件，依毒品危害防制條例論處；無正當理由持有或施用第三級或第四級毒品者，由行為地警察局裁罰（處新臺幣1萬元以上5萬元以下罰鍰）。

　　6.警政署訂頒「警察機關執行兒童及少年福利與權益保障法第54條之1查訪工作規定」摘要如下：

　　　(1) 查獲違反毒品危害防制條例之犯嫌，應即查詢有無監護、照顧未滿12歲子女或兒童，若有，則實施查訪。

　　　(2) 查訪實施以電話查訪為主，遇兒童行方不明或顯有可疑個案，再輔以當面查訪。

　　　(3) 執行查訪後，依「高風險家庭」或「兒少保護個案」通報社政單位處理。

　　　(4) 查訪結果作成紀錄，併附案件移送卷送地檢署知照。

　　　(5) 警察機關查獲毒品犯已全面執行初次查訪完畢，檢察官或法院後作通緝、羈押、觀察勒戒、強制戒治及入獄服刑等處分時，如需再查訪，應由地檢署或法院自行辦理。

第四節　經濟案件

一、電信詐欺案

（一）相關法條

　　1.刑法第339條、第339條之4（詐欺罪）、第154條（妨害秩序罪）。
　　2.洗錢防制法第2條、第4條及第11條。

（二）筆錄範例

1. 被害人報案筆錄

基本資料：略
問：上記姓名年籍資料是否正確？現從事何業？

問：你因何事報案？

問：你於何時？何地？遭何人詐騙？共被詐騙多少金額？

問：歹徒是用何種手法及方式向你詐騙金錢？請你詳細陳述？

問：歹徒何時？如何與你聯絡？共聯絡幾次（請分別敘述）？共留下其使用幾支電話號碼？電話號碼分別為何？

問：你共匯款幾次？分別於何時？至何金融機構（請載明金融機構及其分支機構全名，例如臺灣郵政股份有限公司大里仁化郵局、合作金庫商業銀行黎明分行等）或提款機匯款或轉帳？每次匯款金額多少？

問：你有無被詐騙的證據（如儲戶交易明細表等）？

問：你匯款（或轉帳）時，行員有無做關懷提問？若有，是以口頭提問？抑只是交付關懷提問單由你（匯款人或轉帳人）自行填載？（如被害人答：行員有口頭提問。）

則詢問：你（匯款人或轉帳人）是如何回答？為何仍匯款（或轉帳）？（根據被害人回答，如本案係疑遭詐騙，而被害人仍堅持匯款（或轉帳）之情形。）

則續問：行員有無通知警方前來詢問處理？（並向該辦理匯款（或轉帳）業務之金融機構調取臨櫃作業關懷客戶提問單影本附卷，如該提問單填載已撥打「110」或其他警察機關電話通報警方前來處理，應查明是否屬實。如未能取得該關懷提問單影本，則以職務報告敘明原因。）

問：你發現遭詐騙之後，歹徒是否還有與你聯絡？其電話號碼為何？

問：你有無其他任何與被詐騙的資料可提供警方偵辦參考？

問：是否要對嫌疑人提出告訴？

問：有無其他補充意見？

問：以上所說是否實在？

2. 被害人指認筆錄

基本資料：略

問：上記姓名年籍資料是否正確？現從事何業？

問：今日因何原因前來本單位製作調查筆錄？

問：你從何時開始接獲詐騙集團的詐欺電話？

問：詐欺電話的內容如何？（何時？何地？遭何人詐騙？共被詐騙多少金額？

對方自稱之姓名、身分或職業？）

問：歹徒是用何種手法及方式向你詐騙金錢？請你詳細陳述？

問：歹徒何時？如何與你聯絡？共聯絡幾次（請分別敘述）？共留下其使用幾
　　支電話號碼？電話號碼分別為何？

問：你共匯款幾次？分別於何時？至何金融機構（請載明金融機構及其分支機
　　構全名，例如臺灣郵政股份有限公司大里仁化郵局、合作金庫商業銀行黎
　　明分行等）或提款機匯款或轉帳？每次匯款金額多少？

問：你有無被詐騙的證據（如帳戶交易明細表等）？

問：警方提示○○銀行帳戶「1234-5678-123456」交易明細，其中○年○月○
　　日你匯入該帳戶新臺幣○○○元，你為何將該筆款項匯入此帳戶？

問：（承前）你是否認識該帳戶申請人「○○○」，你與「○○○」是何關
　　係？

問：你除匯款外，有無以其他方式（如當面交款）交付被騙款項？

問：你如何被詐騙至何地交款？是何人與你聯絡？以何方式與你聯絡？以何
　　方式向你詐騙金錢？你分別於何時？何地？交付多少金額給「○○○」及
　　「○○○」（打詐騙電話嫌犯自稱的姓名或身分）？

問：你發現遭詐騙之後，歹徒是否還有與你聯絡？其電話號碼為何？

問：警方現出示犯罪嫌疑人指認紀錄表供你指認，犯罪嫌疑人不一定在指認紀
　　錄表上的照片中，請你指認何人為自稱為「○○○」及「○○○」（如檢
　　察官、書記官、剝皮案詐騙之女子姓名）詐騙你金錢之人？

問：與你通電話的人和與你實際見面的人，是否為同一人？

問：你是否曾經於交付金錢時，與自稱為「○○○」、「○○○」之女子發生
　　性關係？（剝皮案之問項）

問：你是否對前述你所指認之人提出詐欺告訴？

問：你與前述你所指認為詐欺嫌犯之人有無任何仇怨、嫌隙或糾紛？

問：你有無其他任何與被詐騙有關的資料可提供警方偵辦參考？

問：是否要對嫌疑人提出告訴？

問：有無其他補充意見？

問：以上所說是否實在？

3. 人頭筆錄

基本資料：略

權利告知：略

問：上記姓名年籍資料是否正確？有何刑案資料？

問：現在是夜間○時○分，你是否願意接受詢問？（日間免問）

問：上述告知之權利你是否知道？是否請辯護律師到場？

問：是否具低收入戶身分？中低收入戶身分？原住民身分？或其他依法令得請求法律扶助者之身分？

問：你是於何時？何地？因何事為警方查獲？（或你因何事接受警方詢問製作筆錄？）

問：警方於○年○月○日○時○分持○○地方法院檢察署○股核發之拘票在○○地將你拘提到案，被拘提人○○是否為你本人？現場有何人在場？

問：你所持有之○○郵局（銀行）○○支局（分行）：局號：○○○○、帳號：○○○○，已於○年○月○日○時起被列為警示帳戶（或被詐騙集團使用為詐騙帳戶），該帳戶你於何時、何地申請？何人在使用？

問：○○（使用人）為何會使用右述你的帳戶？於何時開始使用？

問：你是否認識使用你帳戶之人？如何與他聯絡？其年籍資料為何？有何特徵？其使用交通工具（車號）、電話為何？

問：你除了將上述警示帳戶供他人使用外，是否還有將其他金融機構帳戶轉供他人使用？（如有，則依前述問法每一帳戶逐一詢問）

問：你是否提供○○及詐騙集團成員利用你的身分、信用狀況向金融機構辦理信用卡、貸款、支票、申請帳戶及向電信公司申請電話？

問：你擔任人頭申辦過哪幾家金融機構之信用卡、貸款、支票、帳戶？那些信用卡、帳戶資料、核貸現金現在何處？

問：○○等詐騙集團成員如何利用你充當人頭，以及至金融機構辦理信用卡、貸款、支票、申請帳戶等之過程？

問：你擔任人頭申辦過哪幾家電信公司的門號？何人在使用？

問：你擔任人頭有何好處？如何計算？何人、如何支付給你？共獲利多少？

問：以○○為首的詐騙集團成員有哪些人？組織結構？如何分工？

問：你與上述詐騙集團成員如何聯繫？

問：你自何時擔任該詐騙集團之人頭？

問：你是否任職於○○等公司？擔任何職？薪資多少？

問：你是否利用○○公司員工之名義向銀行申請貸款？是否正常繳納利息？

問：有無其他補充意見？

問：以上所說是否實在？

問：辯護人有無意見陳述？（無辯護人免問）

4. 人頭使用人筆錄

基本資料：略

權利告知：略

問：上記姓名年籍資料是否正確？有何刑案資料？

問：現在是夜間○時○分，你是否願意接受詢問？（日間免問）

問：上述告知之權利你是否知道？是否請辯護律師到場？

問：是否具低收入戶身分？中低收入戶身分？原住民身分？或其他依法令得請
求法律扶助者之身分？

問：你是於何時？何地？因何事為警方查獲？（或你因何事接受警方詢問製作
筆錄？）

問：警方於○年○月○日○時○分持○○地方法院○年度聲搜字第○○○號搜
索票至○○處所執行搜索時你是否在場？現場查扣哪些物品？

問：上開查扣證物做何用途？

問：你是否有參與利用人頭向金融機構冒辦信用卡、盜刷及冒辦貸款之詐騙集
團？

問：（續問）該詐騙集團以何人為首？成員有哪些人？組織結構？如何分工？

問：你利用人頭向金融機構申辦信用卡並進行盜刷之金額共多少？盜刷明細？

問：警方提示○○銀行之王○○信用卡申請資料、○○銀行之林○○信用卡申
請資料，上述王○○及林○○等人是否為你們集團使用之人頭？

問：除上述人頭外，你們還利用哪些人頭向金融機構申辦信用卡？

問：你所利用的信用卡人頭來源為何？給人頭多少代價？人頭之姓名、年籍、
地址、聯絡電話為何？

問：你利用人頭向哪幾家金融機構申辦信用卡？申辦信用卡之種類？所申辦之
信用卡現在何處？

問：你所利用之人頭職業證明、薪資所得、證件等申辦信用卡之資料來源爲何？是否爲僞造之資料？

問：你是否有利用人頭向金融機構辦理帳戶開戶？開戶目的爲何？

問：你利用哪些人頭？向哪幾家金融機構辦理開戶？開戶之存摺、印章現在何處？

問：你利用之帳戶人頭來源爲何？給人頭多少代價？人頭之姓名、年籍、地址、聯絡電話爲何？

問：你所利用之人頭開戶證件資料來源爲何？是否爲僞造之證件？

問：你是否有利用人頭向金融機構辦理貸款？辦理哪些種類貸款（車貸、房貸）？貸款金額多少？

問：你利用哪些人頭？向哪幾家金融機構辦理貸款？金融機構核貸後之款項現在何處？

問：你所利用之貸款人頭來源爲何？給人頭多少代價？人頭之姓名、年籍、地址、聯絡電話爲何？

問：據○○銀行提供的王○○聲明書內容「王○○申辦信用卡是委託張○○（被詢問之嫌犯）辦的」，你做何解釋？

問：你以王○○名義申請之○○銀行信用卡（卡號：123456781234）是否爲你所使用？或交給何人使用？

問：你利用人頭向金融機構辦理貸款之證件資料來源爲何？是否爲僞造之證件資料？

問：你是否有利用人頭向電信公司辦理電話？用途爲何？

問：你利用哪些人頭？向哪幾家電信公司辦理？辦理哪些門號？

問：你所利用的人頭來源爲何？給人頭多少代價？人頭之姓名、年籍、地址、聯絡電話爲何？

問：你所利用之人頭證件資料來源爲何？是否爲僞造之證件資料？

問：○○公司（人頭公司）登記之地址？登記負責人？實際負責人？經營項目？爲何設立該公司？

問：○○公司是否爲了僞造人頭在職證明、薪資證明等資料而設立？

問：你何時、由何人加入該詐騙集團（如何加入）？

問：詐騙取得之贓款如何分配？何人、何時、如何交付給你分配之款項？不法獲利多少？

問：你所得之贓款現在何處？（如係匯入帳戶，應續問帳戶資料及現在何處）

問：分配後其餘的贓款流向何處？

問：0922000000、0933000000、0972000000電話是否爲你本人使用？

問：有無其他補充意見？

問：以上所說是否實在？

問：辯護人有無意見陳述？（無辯護人免問）

5. 提款車手筆錄

基本資料：略

權利告知：略

問：上記姓名年籍資料是否正確？有何刑案資料？

問：現在是夜間○時○分，你是否願意接受詢問？（日間免問）

問：上述告知之權利你是否知道？是否請辯護律師到場？

問：是否具低收入戶身分？中低收入戶身分？原住民身分？或其他依法令得請求法律扶助者之身分？

問：你是於何時？何地？因何事爲警方查獲？（或你因何事接受警方詢問製作筆錄？）

問：警方於○年○月○日○時○分持○○地方法院檢察署○股核發之拘票在○○地將你拘提到案，被拘提人○○是否爲你本人？現場有何人在場？

問：警方拘提你時有無宣讀你的權利？是否瞭解你的權利？

問：警方於○年○月○日○時○分持○○地方法院○年度聲搜字第○○○號搜索票在○○處所執行搜索時你是否在場？現場查扣哪些物品？

問：上開查扣物品係何人所有？做何用途？

問：警方於○年○月○日○時○分經你同意帶同前往○○地執行搜索，現場查扣何物品？

問：上開查扣物品係何人所有？做何用途？

問：你目前從事何種工作？

問：目前使用之行動電話門號爲何？由何人？於何時申辦？從何時開始使用？

問：你是否參加詐騙集團之工作？於何時？由何人介紹加入（如何加入）？

問：你於該詐騙集團之角色爲何？負責之工作爲何？

問：你曾與何人持中國銀聯卡（或○○金融機構之金融卡）到各自動提款機

（ATM）提款？

問：銀聯卡（或金融卡）由何人提供？共提供多少張？每張每日提款之額度多少？

問：你提款時所使用之交通工具係何人提供？車號為何？車主為何人？

問：銀聯卡是否都有編號以便提款？如何編號？是何人編號？

問：你們所使用之銀聯卡是否有分別使用正卡與偽卡？

問：你當日所提領之贓款於工作結束後於何處交給何人？是否有當面對帳？

問：（如回答沒有時續問）沒有當面對帳如何知道金額是否正確？

問：你除了將贓款交給○○外，是否曾經交給其他人？

問：你如何得知哪一張銀聯卡有贓款匯入？何人通知你？如何通知？

問：如何處理遭凍結之銀聯卡？

問：詐騙取得之贓款如何分配？你從事車手提款的酬勞如何計算？何人、何時、如何交付給你分配之款項？

問：你所得之贓款現在何處？（如係匯入帳戶，應續問帳戶資料及現在何處）

問：分配後其餘的贓款流向何處？

問：你與其他提款車手如何聯絡？

問：你提款時聯絡用之工作機來源為何？何人提供（或以多少錢向何人購買）？

問：工作機何時會更換？多久更換一次？

問：你從何時開始持多少張銀聯卡（或金融卡）至各自動提款機（ATM）提款？共提領多少贓款？總共獲利多少？

問：平日外出提款之生活開銷由何人支付？每日多少？

問：警方於○年○月○日所逮捕之詐騙集團提款車手周○○（綽號周公）、張○○（綽號小張）你是否認識？是否為同一集團成員？

問：警方於○年○月○日所逮捕之詐騙集團提款車手趙○○（綽號小趙）你是否認識？是否為同一集團成員？

問：你是否認識綽號小郭之男子郭○○、綽號小黑之男子黃○○、綽號小胖之男子黃○○，他們在詐欺集團擔任何種角色？負責的工作為何？

問：綽號「老魏」之男子真實身分？在集團中之角色？負責之工作？

問：你所屬的詐騙集團成員共有多少人？組織結構？各人負責之工作為何（如何分工）？

問：警方提供ATM提款影像編號1至12號供你指認，何人與你同爲詐騙集團之成員？

問：警方提供指認犯罪嫌疑人紀錄表供你指認，犯罪嫌疑人不一定存在於被指認人之中，其中有無與你同屬於詐騙集團成員或曾經從事詐騙之人？

問：你是否知道擔任詐騙集團車手持銀聯卡（或金融卡）提款是涉嫌詐欺及洗錢行爲？

問：有無其他補充意見？

問：以上所說是否實在？

問：辯護人有無意見陳述？（無辯護人免問）

6. 假檢察官詐騙車手筆錄

基本資料：略

權利告知：略

問：上記姓名年籍資料是否正確？有何刑案資料？

問：現在是夜間○時○分，你是否願意接受詢問？（日間免問）

問：上述告知之權利你是否知道？是否請辯護律師到場？

問：是否具低收入戶身分？中低收入戶身分？原住民身分？或其他依法令得請求法律扶助者之身分？

問：你是於何時？何地？因何事爲警方查獲？（或你因何事接受警方詢問製作筆錄？）

問：你涉嫌詐欺、僞造文書及妨害秩序等罪嫌，你所參與的詐騙集團由哪些人所組成？何人負責指揮及收受贓款與分配贓款？

問：（被詢問人供稱負責人身分後續問）「小陳」的眞實姓名、年籍資料？

問：你參與以綽號小陳爲首之詐騙集團多久？集團由哪些人所組成？組織結構？內部如何分工（每個成員負責的工作）？你扮演何種角色（或擔任何種工作）？

問：你何時加入這個集團？何人介紹加入（如何加入）？

問：警方提供指認犯罪嫌疑人紀錄表供你指認，犯罪嫌疑人不一定存在於被指認人之中，其中有無與你同屬於詐騙集團成員或曾經從事詐騙之人？

問：你與編號1之王○○、編號5之陳○○、編號8之張○○等人（被指認爲集團成員之人）有無恩怨、財務或其他糾紛？是否知道誣陷他人犯罪須擔負

刑責？

問：綽號小陳為首之詐騙集團成員如何分工向被害人詐騙？（詐騙之手法）

問：綽號小陳為首之詐騙集團所使用之偽造官署印、偽造公文、偽造公務人員（如檢察官證）證件及工作機（犯罪聯絡用之手機）由何人提供？

問：你與王○○被查扣之犯罪用手機（敘明門號）及偽造之證件、公文（敘明機關名稱、職稱及姓名）是何人交付給你（們）的？

問：你曾經到過何處向多少被害人取款？

問：你能否說明上述向被害人取款之正確時間、地點？

問：請你說明你於何時？何地？如何向被害人李○○取得詐騙之款項？是否有其他共犯？你們如何分工？（就所知案件，逐案詢問）

問：除上述案件外，你是否還有涉及其他案件？

問：你是否知道集團成員尚涉及哪些詐欺案？

問：平日外出提款之生活開銷由何人支付？每日多少？

問：詐騙取得之贓款如何分配？何人、何時、如何交付給你分配之款項？

問：你所得之贓款現在何處？（如係匯入帳戶，應續問帳戶資料及現在何處）

問：分配後其餘的贓款流向何處？

問：綽號小白、小黑、小米等人之真實姓名、年籍等身分資料為何？

問：有無其他補充意見？

問：以上所說是否實在？

問：辯護人有無意見陳述？（無辯護人免問）

7. 電腦轉帳嫌犯筆錄

基本資料：略

權利告知：略

問：上記姓名年籍資料是否正確？有何刑案資料？

問：現在是夜間○時○分，你是否願意接受詢問？（日間免問）

問：以上權利你是否知道？是否請辯護律師到場？

問：是否具低收入戶身分？中低收入戶身分？原住民身分？或其他依法令得請求法律扶助者之身分？

問：你是於何時？何地？因何事為警方查獲？（或你因何事接受警方詢問製作筆錄？）

問：警方於○年○月○日○時○分持○○地方法院檢察署○股核發之拘票在
　　○○地將你拘提到案，被拘提人○○是否為你本人？現場有何人在場？

問：警方拘提你時有無宣讀你的權利？是否瞭解你的權利？

問：警方於○年○月○日○時○分持○○地方法院○年度聲搜字第○○○號搜
　　索票在○○處所執行搜索時你是否在場？現場查扣哪些物品？

問：上開查扣物品係何人所有？做何用途？

問：警方於○年○月○日○時○分經你同意帶同前往○○地執行搜索，現場查
　　扣何物品？

問：上開查扣物品係何人所有？做何用途？

問：你目前從事何種工作？

問：你涉嫌詐欺、偽造文書及妨害秩序等罪嫌，你所參與的詐騙集團由哪些人
　　所組成？何人負責指揮及收受贓款與分配贓款？

問：（被詢問人供稱負責人身分後續問）「小陳」的真實姓名、年籍資料？

問：你是否參加詐騙集團之工作？於何時？由何人介紹加入（如何加入）？

問：你參與以綽號小陳為首之詐騙集團多久？集團由哪些人所組成？組織結
　　構？內部如何分工（每個成員負責的工作）？你扮演何種角色（或擔任何
　　種工作）？

問：你曾經與何人共同進行詐騙金額轉帳？

問：你在進行詐騙金額轉帳時，是否有固定地點上網？都在何處上網？

問：你如何得知被害人匯入指定帳戶？何人、如何告訴你這些訊息？

問：你與○○是如何聯絡？電話、網路（例如skype、QQ、WhatsApp、
　　viber、line）？

問：電信詐欺機使用之skype的帳號為何？

問：你所使用之skype帳號、密碼為何？

問：被害人匯入指定帳戶後你如何處理？

問：你是否有預先設立約定轉帳帳戶？每天轉入（銀聯卡）帳戶金額多少？

問：如何上網從事轉帳？（詳述網路轉帳之流程）

問：何人提供你盾、筆記型電腦等犯罪之工具？

問：你上網轉帳完成後，以何方式？聯絡何人前往提款？

問：你與提款車手頭○○如何聯絡？電話、網路？

問：你於聯絡○○時，手中有無銀聯卡之編號對照表？

問：提款車手之銀聯卡是何人提供？

問：贓款轉入後，帳戶（銀聯卡）如遭凍結，你們如何處理？

問：你與其他提款車手如何聯絡？

問：作案時聯絡之工作機來源為何？向何人購買？價格多少？

問：工作機何時會更換？多久更換一次？

問：目前使用之行動電話門號為何？由何人？於何時申辦？從何時開始使用？

問：每天工作結束後，何人負責核對當天轉帳金額？與何人核對？

問：平日生活開銷由何人支付？

問：詐騙取得之贓款如何分配？何人、何時、如何交付給你分配之款項？共獲利多少？

問：你所得之贓款現在何處？（如係匯入帳戶，應續問帳戶資料及現在何處）

問：分配後其餘的贓款流向何處？

問：警方提供指認犯罪嫌疑人紀錄表供你指認，犯罪嫌疑人不一定存在於被指認人之中，其中有無與你同屬於詐騙集團成員或曾經從事詐騙之人？

問：你與編號1之王○○、編號5之陳○○、編號8之張○○等人（被指認為集團成員之人）有無恩怨、財務或其他糾紛？是否知道誣陷他人犯罪須擔負刑責？

問：你是否知道以電腦將詐欺之贓款進行轉帳是涉嫌詐欺及洗錢的行為？

問：有無其他補充意見？

問：以上所說是否實在？

問：辯護人有無意見陳述？（無辯護人免問）

8. 洗錢嫌犯筆錄

基本資料：略

權利告知：略

問：上記姓名年籍資料是否正確？有何刑案資料？

問：現在是夜間○時○分，你是否願意接受詢問？（日間免問）

問：上述告知之權利你是否知道？是否請辯護律師到場？

問：是否具低收入戶身分？中低收入戶身分？原住民身分？或其他依法令得請求法律扶助者之身分？

問：你是於何時？何地？因何事為警方查獲？（或你因何事接受警方詢問製作

　筆錄？）

問：警方於○年○月○日○時○分持○○地方法院檢察署○股核發之拘票在
　　○○地將你拘提到案，被拘提人○○是否為你本人？現場有何人在場？

問：警方拘提你時有無宣讀你的權利？是否瞭解你的權利？

問：警方於○年○月○日○時○分持○○地方法院○年度聲搜字第○○○號搜
　　索票在○○處所執行搜索時你是否在場？現場查扣哪些物品？

問：上開查扣物品係何人所有？做何用途？

問：警方於○年○月○日○時○分經你同意帶同前往○○地執行搜索，現場查
　　扣何物品？

問：上開查扣物品係何人所有？做何用途？

問：你目前從事何種工作？

問：目前使用之行動電話門號為何？由何人？於何時申辦？從何時開始使用？

問：你是否參加詐騙集團之工作？於何時？由何人介紹加入（如何加入）？

問：你所參與的詐騙集團由哪些人所組成？組織結構？內部如何分工（每個成
　　員負責的工作）？你扮演何種角色（或擔任何種工作）？

問：（被詢問人供稱負責人身分後續問）「小陳」的真實姓名、年籍資料？

問：○○所交付給你的詐欺贓款，你如何處理？是否有向何人回報處理情形？

問：你提款時所使用之交通工具係何人提供？車號為何？車主為何人？

問：詐騙取得之贓款如何分配？你從事車手提款的酬勞如何計算？何人、何
　　時、如何交付給你分配之款項？共獲利多少？

問：你所得之贓款現在何處？（如係匯入帳戶，應續問帳戶資料及現在何處）

問：分配後其餘的贓款流向何處？

問：你與其他提款車手如何聯絡？

問：你提款時聯絡用之工作機來源為何？何人提供（或以多少錢向何人購
　　買）？

問：工作機何時會更換？多久更換一次？

問：平日外出提款之生活開銷由何人支付？每日多少？

問：警方提供指認犯罪嫌疑人紀錄表供你指認，犯罪嫌疑人不一定存在於被指
　　認人之中，其中有無與你同屬於詐騙集團成員或曾經從事詐騙之人？

問：你與編號1之王○○、編號5之陳○○、編號8之張○○等人（被指認為集
　　團成員之人）有無恩怨、財務或其他糾紛？是否知道誣陷他人犯罪須擔負

　　刑責？

問：有無其他補充意見？

問：以上所說是否實在？

問：辯護人有無意見陳述？（無辯護人免問）

9. 主嫌筆錄

基本資料：略

權利告知：略

問：上記姓名年籍資料是否正確？有何刑案資料？

問：現在是夜間○時○分，你是否願意接受詢問？（日間免問）

問：上述告知之權利你是否知道？是否請辯護律師到場？

問：是否具低收入戶身分？中低收入戶身分？原住民身分？或其他依法令得請
　　求法律扶助者之身分？

問：你是於何時？何地？因何事爲警方查獲？（或你因何事接受警方詢問製作
　　筆錄？）

問：警方於○年○月○日○時○分持○○地方法院檢察署○股核發之拘票在
　　○○地將你拘提到案，被拘提人○○是否爲你本人？現場有何人在場？

問：警方拘提你時有無宣讀你的權利？是否瞭解你的權利？

問：警方於○年○月○日○時○分持○○地方法院○年度聲搜字第○○○號搜
　　索票在○○處所執行搜索時你是否在場？現場查扣哪些物品？

問：上開查扣物品係何人所有？做何用途？

問：警方於○年○月○日○時○分經你同意帶同前往○○地執行搜索，現場查
　　扣何物品？

問：上開查扣物品係何人所有？做何用途？

問：你目前從事何種工作？月薪（薪資如何計算）？

問：目前使用之行動電話門號爲何？由何人？於何時申辦？從何時開始使用？

問：你是否參加詐騙集團之工作？於何時？由何人介紹加入（如何加入）？

問：你所參與的詐騙集團由哪些人所組成？組織結構？內部如何分工（每個成
　　員負責的工作）？你扮演何種角色（或擔任何種工作）？

問：你所參與之詐騙集團如何從事詐騙犯罪？

問：詐騙取得之贓款如何分配？你從事詐欺的酬勞如何計算？何人、何時、如

何交付給你分配之款項？共獲利多少？

問：你所得之贓款現在何處？（如係匯入帳戶，應續問帳戶資料及現在何處）

問：分配後其餘的贓款流向何處？

問：你所加入之詐騙集團機房設於何處？何人負責？如何聯絡？

問：你是否認識綽號「小黑」之林○○、「小白」之張○○、「小胖」之王○○等3人？你與他們的關係為何？如何認識？

問：上述3人均為詐騙集團之成員，負責持銀聯卡至提款機提領贓款，你是否知情？

問：你是否認識綽號「阿胖」之林○○、「小邱」之邱○○等2人？你與他們的關係為何？如何認識？

問：上述2人均為詐騙集團之成員，負責以電腦從事網路轉帳詐欺贓款，你是否知情？

問：綽號「老闆」之男子在集團之角色？負責之工作？真實之身分？住居所？聯絡方式？交通工具？

問：林○○、張○○、王○○等人是否為你集團成員，聽你指揮向車手頭○○收取詐欺贓款，再以地下匯兌方式洗錢？

問：（如以地下匯兌方式洗錢續問）洗錢之方式如何？

問：警方於○年○月○日所逮捕之詐騙集團提款車手趙○○（綽號小趙）你是否認識？是否為同一集團成員？

問：警方提供ATM提款影像編號1至12號供你指認，何人與你同為詐騙集團之成員？

問：警方提供指認犯罪嫌疑人紀錄表供你指認，犯罪嫌疑人不一定存在於被指認人之中，其中有無與你同屬於詐騙集團成員或曾經從事詐騙之人？

問：你與編號1之王○○、編號5之陳○○、編號8之張○○等人（被指認為集團成員之人）有無恩怨、財務或其他糾紛？是否知道誣陷他人犯罪須擔負刑責？

問：有無其他補充意見？

問：以上所說是否實在？

問：辯護人有無意見陳述？（無辯護人免問）

10.海外詐騙電信機房嫌犯筆錄

基本資料：略

權利告知：略

問：上記姓名年籍資料是否正確？有何刑案資料？

問：現在是夜間○時○分，你是否願意接受詢問？（日間免問）

問：上述告知之權利你是否知道？是否請辯護律師到場？

問：是否具低收入戶身分？中低收入戶身分？原住民身分？或其他依法令得請求法律扶助者之身分？

問：你現在身在何處？原因？（在海外查獲地詢問）

問：你於何時？何地被查獲？被查獲多少人？

問：被查獲者之身分？

問：你們何時開始在上址詐騙？詐騙對象為何人？

問：你們詐騙方式為何（如何詐騙）？

問：你們被查獲何物？被查獲之物現在何處？

問：你所稱之指定安全帳戶為何？何人提供？

問：你們的組織架構如何？有多少成員未被查獲？

問：未被查獲者（例如綽號「阿胖」、「老K」）的真實身分為何？現在何處？（針對未被查獲之成員詢問）？

問：你們各組有哪些成員？組長的角色為何？（機房一班分成三線，每線有數組成員）

問：你們集團在何處運作（詐騙之電信機房位於何處）？成員住在何處？

問：你們集團成員來源如何？你於何時？由何人介紹加入（如何加入）？

問：詐騙取得之贓款如何分配？

問：你詐騙共分得多少錢？其他成員分得多少錢？何人、何時、如何交付給你分配之款項？

問：你所得之贓款現在何處？（如係匯入帳戶，應續問帳戶資料及現在何處）

問：分配後其餘的贓款流向何處？

問：你們詐騙的時間？每日約處理多少電話？

問：你們集團成功詐騙幾件？詐騙之金額多少？

問：集團成員由何人訓練？

問：你們詐騙之對象為何？所撥打的詐騙對象電話資料係何人提供？

問：你們有沒有詐騙越南（或其他國家）當地民眾或臺商？

問：你總共到越南（或其他國家）幾次？

問：你被逮捕的現址是何人租賃？何時開始租賃？租金多少？何人支付？

問：你們平日生活開銷由何人支付？

問：你為何參加詐騙集團？

問：你是否願意被遣送回臺，接受司法偵審？

問：有無其他補充意見？

問：以上所說是否實在？

問：辯護人有無意見陳述？（無辯護人免問）

（三）注意事項

1.請被害人親自至分（駐）派出所確認身分瞭解確實被騙，即先製作報案三聯單及填具被害人所匯款之金融機構帳戶及電信公司電話等，以詐騙帳戶通報警示、詐騙電話斷話申請表與三聯單立即傳真至該金融機構列為警示帳戶及電信公司實施斷話等事宜，再製作筆錄。

2.警政署99年2月24日警署刑偵字第0990045717號函通報警察機關偵辦金融帳戶涉及帳戶匯款詐欺案件注意事項：

(1) 告知義務：第一個通知人頭帳戶開立人到場詢問之警察機關，於傳詢結束後應告知開戶人：「若本案再接獲他單位通知書時，可先以電話向承辦員警說明已接受詢問及詢問之單位。」以作為他單位偵辦及聯繫之依據。

(2) 通知書載明：警察機關於通知人頭帳戶開立人到場詢問時，應於通知書中註記：「如曾在其他警察機關就本案製作筆錄完成偵詢者，請立即電話聯絡承辦人，以免重複詢問。」

二、重利案

（一）相關法條

刑法第344條。

（二）筆錄範例

1. 被害人筆錄

基本資料：略

問：上記姓名年籍資料是否正確？現從事何業？

問：為何接受製作筆錄？

問：向何人（地下錢莊）借貸？

問：如何得知向該人（地下錢莊）借貸？

問：於何時開始借貸？如何約定？在何地點借貸、何地點交款？有無書面（如借貸契約書等）？借貸多少？（借貸時有誰陪同？該人是否也有借貸？借貸多少？）以何物抵押？

問：為何原因向地下錢莊借貸？利息如何計算？已償還多少？

問：地下錢莊如何向你收取本金？（幾個人來？事先如何與你聯繫？雙方有無討價還價？）

問：延遲償還本息時地下錢莊人員如何催討？（所接洽之地下錢莊的人，使用何聯絡工具、交通工具？年紀、臉部、長相、身高、體重及其他特徵？）

問：是否要對嫌疑人提出告訴？

問：有無其他補充意見？

問：以上所說是否實在？

2. 嫌疑人筆錄

基本資料：略

權利告知：略

問：上記姓名年籍資料是否正確？有何刑案資料？

問：現在是夜間○時○分，你是否願意接受詢問？（日間免問）

問：上述告知之權利你是否知道？是否請辯護律師到場？

問：是否具低收入戶身分？中低收入戶身分？原住民身分？或其他依法令得請求法律扶助者之身分？

問：近一年內曾從事何業？現老闆是誰？較熟悉的同事有誰？收入如何？家庭狀況？

問：你是於何時？何地？因何事為警方查獲？（或你因何事接受警方詢問製作

筆錄？）

問：警方於○年○月○日○時○分，持搜索票在○○地執行搜索你是否在場？現場尚有何人？何故在場？

問：於現場搜索扣押何物？扣押之物（如身分證、本票、帳冊等）是何人所有？做何用途？

★問：所查獲之物，原係放置何處？（如二樓左邊第一間房間內書桌右邊第二個抽屜）

★問：各所查獲之物，警方是如何取得？（如支票是我自己交出，帳冊是警方在垃圾桶內找到）（理由：避免被告日後否認物品為其所有）

問：你（或你們）於何時在何地開始從事高利借貸？資金來源（金主）？資金來源紀錄（匯款紀錄等）？有無合夥人（如有，追問合夥人身分資料、聯絡電話）？以何處為辦公處所？聯絡電話？有無刊登廣告招攬借貸？誰去刊登？

★問：是否知悉各借款人借錢之原因？如何得知？（理由：貸與人須明知借款人是急迫、輕率或無經驗）

問：貸給金錢之原因為何？利息如何計算？以何物抵押？

問：與你共同從事高利貸之人有哪些？如何分工？

問：你還曾借高利貸予何人？

問：用何方法對拖欠償還本息之人催討債物？何人曾於何時地與你一起去向債務人討債？有無攜帶器械？

問：有無其他補充意見？

問：以上所說是否實在？

問：辯護人有無意見陳述？（無辯護人免問）

（三）注意事項

1.必須是趁人急迫、輕率或無經驗，貸予金錢再收取不相當之重利。

2.搜索時應特別注意之物，如本票、身分證、帳冊、抵押物等證據。

3.帳冊記載之內容須詳細追問。

4.催討債務如涉及其他犯罪行為（如恐嚇、擄人、傷害等）須再詳細追問。

　　5. 刑法重利罪於民國103年6月18日增修在案，除將第344條普通重利罪之法定刑提高（第1項），亦明定重利範圍包括手續費、保管費等費用（第2項）外，並增訂第344條之1以強暴、脅迫、恐嚇、侵入住宅、傷害、毀損、監控或其他足以使人心生畏懼之方法取得重利之加重處罰規定（第1項），且處罰未遂犯（第2項）。

三、盜（擅）採砂石案

（一）相關法條

　　1. 刑法第320條竊盜罪。
　　2. 水利法第78條。
　　3. 農地重劃條例第39條、第40條（行政罰、刑罰）。
　　4. 區域計畫法第21條、第22條（行政罰）。

（二）嫌疑人筆錄範例

基本資料：略

權利告知：略

問：上記姓名年籍資料是否正確？有何刑案資料？

問：現在是夜間○時○分，你是否願意接受詢問？（日間免問）

問：上述告知之權利你是否知道？是否請辯護律師到場？

問：是否具低收入戶身分？中低收入戶身分？原住民身分？或其他依法令得請求法律扶助者之身分？

問：近一年內曾從事何業？現老闆是誰？較熟悉的同事有誰？收入如何？家庭狀況？

問：你是於何時？何地？因何事為警方查獲？（或你因何事接受警方詢問製作筆錄？）

問：除你之外還有哪些人參與採砂石？共查扣多少機具？

問：所查扣之機具為何人所有（或有無向他人承租？若有，租金如何計算、租期、租約、租金如何給付）？操作人員為何？

問：於何時開始採砂石？現場採砂石負責人是誰？

問：現場採砂石時，何人如何指揮（如口頭指示作業人員將盜採砂石如何裝填等或其他指令下達）？如何分工？（如何人把風、何人駕駛大貨車、挖土機、記帳等。並請其提出相關文書資料、單據、帳冊）問：每日由何人？於何時？在何地？負責集結人員？其採砂石時間為何？

問：一共採砂石多少立方公尺？現值市價多少？

問：你所僱用之員工（或受僱於何人）工資如何計酬？（並請其提出相關文書資料，如派車單等）

問：所採之砂石均運往何處（堆置或銷售，即加工篩選等。並請其提出相關單據、帳冊）？或作為其他用途？問：你所採砂石之地點，有無經過主管機關申請核准挖採？

問：現場經警方會同主管機關會勘丈量結果，一共被採○○○○立方公尺砂石，是否屬實？是否為你所為？

問：有無其他補充意見？

問：以上所說是否實在？

問：辯護人有無意見陳述？（無辯護人免問）

（三）注意事項

1. 取締特定農業區農牧用地（已重劃之土地）盜（擅）採土（石）方，須會同主管機關（縣市政府地政局）業務相關人員於現場製作會勘紀錄、現場拍照及錄影存證後，製作嫌疑人等相關筆錄依法移送地檢署偵辦，現場犯罪機具如挖土機、大貨車等得先行查扣（必要時先行電話口頭報告檢察官查扣機具事宜）。

2. 取締一般及特定農業區農牧用地（非都市用地即尚未重劃之土地）擅採土（石）方，須會同主管機關業務相關人員於現場製作會勘紀錄、現場拍照、錄影存證後，製作嫌疑人等相關筆錄，再交由主管機關縣市政府地政局依法辦理函送（屬行政法案件）。如非土地所有人涉及盜採土（石）方，則依竊盜罪嫌偵辦。

3. 取締涉嫌在河川行水區盜採砂石案件，主要河川主管機關係經濟部水利署河川局，次要河川主管機關係縣政府工務局水利課，須通知到主管機關相關人員於場製作會勘紀錄、現場拍照及錄影存證附案，並詳載被盜採砂石數量，

製作嫌疑人等相關筆錄依法移送地檢署偵辦，現場犯罪機具如挖土機、大貨車等得先行查扣（必要時先行電話口頭報告檢察官查扣機具事宜）。

四、走私案

（一）相關法條

1. 菸酒管理法第46條、第47條、第48條。
2. 懲治走私條例第2條、第3條、第4條、第5條、第6條、第8條。
3. 野生動物保育法第40條。

（二）嫌疑人筆錄範例

基本資料：略

權利告知：略

問：上記姓名年籍資料是否正確？有何刑案資料？

問：現在是夜間○時○分，你是否願意接受詢問？（日間免問）

問：上述告知之權利你是否知道？是否請辯護律師到場？

問：是否具低收入戶身分？中低收入戶身分？原住民身分？或其他依法令得請求法律扶助者之身分？

問：近一年內曾從事何業？現老闆是誰？較熟悉的同事有誰？收入如何？家庭狀況？

問：你是於何時？何地？因何事為警方查獲？（或你因何事接受警方詢問製作筆錄？）

問：一起被查獲者，尚有何人？你及各該被查獲人被查獲時之位置及在做何事？

問：這些走私物品從何處走私進口？來自何處？

問：警方在何處內（如交通工具、住宅、倉庫等）查獲哪些走私物品？數量？市價為何？

問：查扣之物品為何人所有？與你何關係？放置走私物品之處所（如交通工具、住宅、倉庫等）為何人所有？

問：本次走私實際負責人是誰？現場由何人指揮？如何分工走私作業？（聯繫

之通訊電話號碼）工資如何計算？一共有哪些人參與走私？

問：查扣之走私物品於何時、何地以多少錢向何人購買？

問：本次走私物品如何銷售或作為其他用途？

問：你走私物品前後共有幾次？幕後指使人是誰成員為何？走私何種物品？所
　　走私物品之流向？

問：有無其他補充意見？

問：以上所說是否實在？

問：辯護人有無意見陳述？（無辯護人免問）

（三）注意事項

　　1. 查獲走私洋菸酒等物品，價值超過新臺幣10萬元以上，將扣案物品送海
關處理，案件依菸酒管理法移送地檢署偵辦；搬運車資及工錢檢據向海關報
領。走私洋菸酒價值新臺幣10萬元以下由縣市府財政局菸酒管理課處理，案移
地檢署偵辦。

　　2. 查獲農漁產品（需採樣鑑定）由農業部人員協助處理，其他管制物品或
有關單位同意進口之產品洽海關查詢相關資訊。

五、商標法案

（一）相關法條

　　商標法第81條、第82條。

（二）嫌疑人筆錄範例

基本資料：略

權利告知：略

問：上記姓名年籍資料是否正確？有何刑案資料？

問：現在是夜間○時○分，你是否願意接受詢問？（日間免問）

問：上述告知之權利你是否知道？是否請辯護律師到場？

問：是否具低收入戶身分？中低收入戶身分？原住民身分？或其他依法令得請
　　求法律扶助者之身分？

問：近一年內曾從事何業？現老闆是誰？較熟悉的同事有誰？收入如何？家庭狀況？

問：你是於何時？何地？因何事爲警方查獲？（或你因何事接受警方詢問製作筆錄？）

問：警方於○年○月○日○時○分持臺灣○○地方法院簽發之搜索票執行搜索○○處所，查獲何物（涉嫌違反商標法之物品）？其數量多少？有何人在場？查獲何物？（如在公共場所例如「夜市」直接查獲，則直接問明警方在何時、地查獲何物即可）

問：所搜索之地點有無公司行號登記？實際負責人是誰？主要製造（販賣）之商品爲何？

問：所查扣之商標物品，有無經過（商標所有權公司）合法授權製造（販賣）？

問：據○○公司提供之物品商標資料，顯示警方所查獲你所生產（販賣）之商品商標未經○○公司合法授權製造（販賣），你有何意見？

問：查獲之仿冒商標物品之來源？

問：你是否知道未經合法授權製造（販賣）係違法行爲？

問：這些仿冒商標物品做何用途，有無牟利之行爲，約值市價多少錢？

問：警方除查扣相關違反仿冒商標物品外，有無另扣他物或毀損其他物品？

問：有無其他補充意見？

問：以上所陳述是否實在？

問：辯護人有無意見陳述？（無辯護人免問）

（三）注意事項

1. 商標法案件係非告訴乃論，警方查獲或廠商提出告訴時應請商標註冊公司提出證明文件。

2. 查扣物品應視情形請示檢察官是否將疑似仿冒品全部查扣或責付保管，並拍照存證。

六、著作權法案

（一）相關法條

著作權法第91條、第92條、第93條、第94條、第99條、第100條。

（二）嫌疑人筆錄範例

基本資料：略

權利告知：略

問：上記姓名年籍資料是否正確？有何刑案資料？

問：現在是夜間○時○分，你是否願意接受詢問？（日間免問）

問：上述告知之權利你是否知道？是否請辯護律師到場？

問：是否具低收入戶身分？中低收入戶身分？原住民身分？或其他依法令得請求法律扶助者之身分？

問：近一年內曾從事何業？現老闆是誰？較熟悉的同事有誰？收入如何？家庭狀況？

問：你是於何時？何地？因何事為警方查獲？（或你因何事接受警方詢問製作筆錄？）

問：警方於○年○月○日○時○分持臺灣宜蘭地方法院簽發之搜索票執行搜索○○處所，查獲何物（涉嫌違反著作權之物品）？其數量多少？有何人在場？（如在夜市等公共場所查獲，直接問在何時何地查獲哪些違反著作權物品）

問：所搜索之地點有無公司行號登記？實際負責人是誰？主要製造（販賣）之商品為何？

問：所查扣物品，有無經過著作權所有之人（或公司）合法授權製造（販賣）？你是否知道未經合法授權製造（販賣）係違法行為？

問：警方查獲之「違反著作權物品」是否要售予他人？該物品是否為你重製？重製份數多少？市價如何？（非意圖營利部分，重製份數超過五份或市價超過3萬元始承擔刑事責任）

問：這些違反著作權物品做何用途，約值市價多少錢？（須問明有無販售行為）

問：上述查獲之違反著作權專利物品之來源？（購自何人及何處、數量、價格
　　等，該人之聯絡電話）
問：警方除查扣相關違反著作權物品外，有無另扣他物或毀損其他物品？
問：有無其他補充意見？
問：以上所說是否實在？
問：辯護人有無意見陳述？（無辯護人免問）

（三）注意事項

　　1.查獲盜版音樂CD、錄音帶請洽財團法人台灣唱片出版事業基金會
（RIT）02-27188818-105。

　　2.查獲盜版VCD、DVD、錄影帶請洽電影及錄影著作保護基金會
（MPA）02-23885200。

　　3.詢仿冒聯盟聯絡相關人員協助處理。

　　4.須請有告訴權人提出告訴及著作權證明文件，但犯第91條第3項（以光
碟重製罪）、第91條之1第3項（以光碟重製而散布罪），於95年5月30日已修
正爲非告訴乃論罪，自95年7月1日施行（著作權法第100條）。

　　5.犯著作權法第91條第3項或第91條之1第3項之罪，其行爲人逃逸而無從
確認者，供犯罪所用或因犯罪所得之物，司法警察機關得依同法第98條之1第
1項之規定逕爲沒入。沒入之物，除沒入款項繳交國庫外，銷毀之。其銷毀或
沒入款項之處理程序，準用社會秩序維護法相關規定辦理。

第五節　一般案件

一、妨害公務案

（一）法律依據

　　刑法第135條及其相關條款。

（二）嫌疑人筆錄範例

基本資料：略

權利告知：略

問：上記姓名年籍資料是否正確？有何刑案資料？

問：現在是夜間○時○分，你是否願意接受詢問？（日間免問）

問：上述告知之權利你是否知道？是否請辯護律師到場？

問：是否具低收入戶身分？中低收入戶身分？原住民身分？或其他依法令得請求法律扶助者之身分？

★問：○年○月○日○時○分○○在某處執行○○勤務，你是否知道該人為何人？他有無表明身分？如何表明？（理由：此涉及嫌疑人主觀上是否知悉該公務員正執行公務中）

問：你於○年○月○日○時○分在○○地涉嫌妨害○○（述明執行公務者之單位、職別及姓氏）執行公務之經過情形為何？請詳述之。

★（如係多人共同而為之，加問現場有無首謀、下手施強暴脅迫以及在現場吆喝助勢之人？理由：因有可能涉及刑法第136條之聚眾妨害公務罪）

問：○○依法執行公務，你為何及如何妨害○○執行公務？

問：你與執行公務之○○是否認識？有無過節？

問：你何處受到損傷，是何原因造成？（犯嫌受到損傷時，須加問）

問：你妨害公務行為造成○○（執行公務人員）損傷情形為何（衣物、器材、身體受傷部位及程度）？

問：有無其他補充意見？

問：以上所說是否實在？

問：辯護人有無意見陳述？（無辯護人免問）

（三）注意事項

1. 犯罪構成要件：對公務員依法執行職務時，施強暴脅迫者。
2. 執行公務者如為員警另須以報告附卷，以明案情。

二、公共危險（火災）案

（一）法律依據

刑法第174條及其相關條款。

（二）起火物負責人筆錄範例

基本資料：略

問：上記姓名年籍資料是否正確？有何刑案資料？

問：你因何事至本單位接受調查（或報案）？

問：○○地或○○物（起火處所或物）是何人所有？

問：你如何知道火警？當時你本人在何處？

問：你發現火警時是在何處燃燒？火焰多高？有無發生爆炸？風向如何？天氣如何？

問：你發現火警時如何處理？

問：你發現火警時有無其他人在場？有無發生可疑人、事、物？

問：○○地（延燒處）是否因你所有○○地延燒火警而導致？

問：○○地（或○○物）有無保險？投保金額多少？何時投保？何人為受益人？

問：○○地（或○○物）以前曾否發生火警？有無消防安全設備？

問：有無其他補充意見？

問：以上所說是否實在？

三、交通事故

（一）相關法條

1. 公共危險罪：刑法第185條之3及其相關條款。
2. 過失傷害案：刑法第284條及其相關條款。

（二）筆錄範例

1. A1、A2類嫌疑人筆錄

基本資料：略

權利告知：略

問：上記姓名年籍資料是否正確？有何刑案資料？

問：現在是夜間○時○分，你是否願意接受詢問？（日間免問）

問：上述告知之權利你是否知道？是否請辯護律師到場？

問：是否具低收入戶身分？中低收入戶身分？原住民身分？或其他依法令得請求法律扶助者之身分？

問：你是於何時？何地？因何事為警方查獲？（或你因何事接受警方詢問製作筆錄？）

問：你是否在意識清醒下接受警方製作偵詢筆錄？

問：你於何時？因何事（旅行目的）？在何地？駕何車號、車種車輛？與何人及何車號車種車輛發生事故？

問：你有無適當駕照？駕照種類？駕照有無被吊扣、吊銷或註銷？有無攜帶駕照？

問：你所駕駛之車輛係誰所有？行照有無逾期？牌照有無被吊扣、吊銷或註銷？有無投保汽車強制險？有無攜帶行照及保險證？

問：本次事故發生後你做何處置？是以什麼方式、何人向警方報案的？

問：事故發生前你所駕車輛係沿何路、從何處往何處方向行駛？你行駛在哪一車道上（內、外側快車道、慢車道）？當時車速多少？

問：最初發現對方（或危害狀況）時距離多遠？對方所駕車輛係沿何路、從何處往何處方向行駛、行駛在哪一車道上？

問：肇事經過詳細情形？你所駕車輛哪一部位與對方所駕車輛哪一部位撞擊？雙方車損情形為何？

問：當你發現對方（或危害狀況）時，你採取什麼應變作為？對方車輛有無什麼應變作為？

問：當時你有無繫安全帶（帽）？有無使用免持或手持式行動電話？

問：當時車上還有哪些乘客？乘坐位置為何？有無繫安全帶（幼童安全椅）？

問：當時天候、視線狀況、路面狀況、有無障礙物？號誌運作情形為何？燈號

種類及顏色（含輔助箭頭燈號方向）爲何？

問：你駕車前有無飲酒？警方所實施呼氣酒精濃度檢定值（數值）是否爲你本人親自接受呼氣檢測？（○○醫院所實施血液酒精濃度檢定值（數值）是否爲你本人親自接受抽血檢測？）

問：你本人有無受傷、受傷部位？是否向事故對方提出傷害告訴？乘客有無傷亡、受傷部位、死亡時間？

問：對方有無傷亡、受傷部位？

問：你對警方現場所繪製之事故現場草圖有無意見？

問：有無其他補充意見？

問：以上所說是否實在？

問：辯護人有無意見陳述？（無辯護人免問）

2. ★酒醉駕車（公共危險）嫌疑人筆錄

基本資料：略

權利告知：略

問：上記姓名年籍資料是否正確？有何刑案資料？

問：現在是夜間○時○分，你是否願意接受詢問？（日間免問）

問：上述告知之權利你是否知道？是否請辯護律師到場？

問：是否具低收入戶身分？中低收入戶身分？原住民身分？或其他依法令得請求法律扶助者之身分？

問：你是於何時？何地？因何事爲警方查獲？（或你因何事接受警方詢問製作筆錄？）

問：你當時駕駛何車輛？車牌號碼？

問：你於駕車（或騎車）前有無飲酒？

問：你於何時飲酒？飲酒到何時？

問：你在何處飲酒？與何人飲酒？

問：飲用何種酒？

問：你共喝了多少酒？

問：你何時自何處出發？行駛路線？

問：經警方對你於○時○分在○○地實施酒測後，你的酒精濃度爲○○（提示酒測單）有何意見？

問：你遭警方查獲後，至警方對你實施酒測之這段時間，你是否曾離開警局
　　（或查獲現場）？

問：有無其他補充意見？

問：以上所說是否實在？

問：辯護人有無意見陳述？（無辯護人免問）

（三）注意事項

1.閃光號誌路口事故，筆錄務必詢明「你行駛方向是閃光黃燈或紅燈」，三色號誌路口事故雙方均疑似違反燈號管制時，務必向雙方特別詢問「駛入路口前是何燈號，通過路口中是何燈號，有無箭頭綠燈，箭頭方向為何」，不可僅詢問一方，或均未詢明。

2.筆錄務必要詢明「沿何路由何方向至何方向行駛」（如沿和平路由羅東往宜蘭方向行駛），並要特別詢問「行駛在內、外側快車道或慢車道上」、「左右轉後行駛在內、外側快車道或慢車道上」、「肇事後做何處置，有無向警方報案或委託何人報案」。

3.車禍案件車損部分屬過失毀損，而刑法對於毀損罪並無過失處罰條文，故不可問及是否要提出「毀損告訴」。

4.酒駕公共危險案件，曾經出現犯罪嫌疑人在地檢署或法院質疑實施酒精測試之時間、地點，故若非必要，宜立即實施酒精測試；且為避免節外生枝，於其尚未完成酒精測試前，最好勿讓其離開逮捕現場，以免日後其辯稱：「其係於被逮捕後、離開警局之這段期間始飲酒。」

5.刑法第185條之3於民國102年6月11日修正，於第1項第1款將醉態駕駛之構成要件明定為「吐氣所含酒精濃度達每公升0.25毫克或血液中酒精濃度達0.05%以上」。

（四）參考資料

道路交通安全規則、道路交通事故處理辦法。

四、妨害風化案

（一）法條依據

刑法第231條及其相關條款。

（二）筆錄範例

1. 關係人（嫖客）筆錄

基本資料：略

權利告知：略

問：上記姓名年籍資料是否正確？有何刑案資料？

問：現在是夜間○時○分，你是否願意接受詢問？（日間免問）

問：上述告知之權利你是否知道？是否請辯護律師到場？

問：是否具低收入戶身分？中低收入戶身分？原住民身分？或其他依法令得請求法律扶助者之身分？

問：你是於何時？何地？因何事為警方查獲？（或你因何事接受警方詢問製作筆錄？）

問：警方查獲時，你與何人從事姦淫行為？請詳述交易情形？

問：何人介紹你與○○（應召女子）色情交易？性交易代價多少？

★問：媒介之時間與地點為何？（理由：因涉及媒介者犯罪之時間及地點）

問：該店服務性質為何？以前你曾否前來該店消費？

★問：與你交易之女子是否已成年？於性交易前，你有無詢問該女子之年齡？你如何判斷該女子年齡？（理由：若與已成年之女子從事性交易，並無刑事責任之問題，然若交易之對象係未成年者，則有違反兒童及少年性交易防制條例之問題）

問：警方於現場查獲之證物（如保險套等）是何人所有？做何用途？

問：有無其他補充意見？

問：以上所說是否實在？

問：辯護人有無意見陳述？（無辯護人免問）

2. 嫌疑人、媒介人筆錄

基本資料：略

權利告知：略

問：上記姓名年籍資料是否正確？有何刑案資料？

問：現在是夜間○時○分，你是否願意接受詢問？（日間免問）

問：上述告知之權利你是否知道？是否請辯護律師到場？

問：是否具低收入戶身分？中低收入戶身分？原住民身分？或其他依法令得請求法律扶助者之身分？

問：你是於何時？何地？因何事為警方查獲？（或你因何事接受警方詢問製作筆錄？）

問：○○處所（實際查獲之場所）負責人為何？有無營業登記執照？

問：警方於○年○月○日○時○分在○地查獲○○（嫖客）與○○（應召女子）從事色情姦淫行為，當時有何人在場？

問：○○處所（實際查獲之場所）之負責人是誰？有無僱用保鑣或把風？

問：你在該處擔任何種性質之工作？薪資多少？

問：你（或你們）以何方式媒介色情交易？每次代價多少？如何抽成？

問：你（或你們）有無以強暴脅迫或藥物控制方式逼迫○○等人（實際查獲之應召女子）從事賣淫工作？

問：你（或你們）所媒介從事色情姦淫之女子是什麼身分？

問：你（或你們）於何時開始媒介姦淫圖利？每月營業額多少？至今獲利多少？

問：你（或你們）僱用多少女子從事性交易服務？

★問：你所僱用之女子是否均已成年？你有無詢問應徵女子之年齡？如何確認？（理由：同前嫖客部分）

問：警方現場起獲之證物（如保險套等）是何人所有？

問：有無其他補充意見？

問：以上所說是否實在？

問：辯護人有無意見陳述？（無辯護人免問）

3. 應召女子筆錄

基本資料：略

權利告知：略

問：上記姓名年籍資料是否正確？有何刑案資料？

問：現在是夜間○時○分，你是否願意接受詢問？（日間免問）

問：上述告知之權利你是否知道？是否請辯護律師到場？

問：是否具低收入戶身分？中低收入戶身分？原住民身分？或其他依法令得請求法律扶助者之身分？

問：妳是於何時？何地？因何事為警方查獲？（或妳因何事接受警方詢問製作筆錄？）

問：警方查獲時，妳與何人姦淫？代價多少？

問：妳於何時開始至○○處所（實際查獲之場所）工作？工作性質？薪資多少（如何計算）？

問：該處所負責人是誰？有哪些工作人員？各負責何事？

★問：妳為何會前往應徵？（例如看報紙或友人介紹等。理由：此涉及嫌疑人之犯罪手法，若其刊登報紙，更可能涉及兒少條例第29條之問題）

問：何人媒介妳從事姦淫工作？如何抽成？

★問：妳都在何處接客？如何通知妳接客？（理由：涉及媒介者犯罪之時間、方法）

問：除妳之外，還有哪些人在上記處所從事性交易服務？

問：右處所人員有無以強暴脅迫或藥物控制方式逼迫妳（或妳們）從事姦淫工作？

★問：妳是否有告知○○○（娼頭）妳尚未成年？何時告知？如何告知？（理由同前嫖客部分）

問：妳到上記處所至今接客賣淫多少次？每次代價多少？

問：警方於現場查獲之證物（如保險套等）係何人所有？

問：有無其他補充意見？

問：以上所陳述是否實在？

問：辯護人有無意見陳述？（無辯護人免問）

（三）注意事項

1.犯罪構成要件：意圖營利，引誘或容留良家婦女與他人姦淫者；意圖營利，使人爲猥褻之行爲者，亦同。

2.特別注意隔離偵詢，以分別突破被詢問人心防。

五、賭　博

（一）法條依據

刑法第266條、第268條、第269條及其相關條款。

（二）筆錄範例

1. 六合彩型態組頭筆錄

基本資料：略

權利告知：略

問：上記姓名年籍資料是否正確？有何刑案資料？

問：現在是夜間○時○分，你是否願意接受詢問？（日間免問）

問：上述告知之權利你是否知道？是否請辯護律師到場？

問：是否具低收入戶身分？中低收入戶身分？原住民身分？或其他依法令得請求法律扶助者之身分？

問：你是於何時？何地？因何事爲警方查獲？（或你因何事接受警方詢問製作筆錄？）

問：警方於○年○月○日○時持搜索票於○○地執行搜索，你是否在場？查扣何物？何人所有？做何用途？

問：你於何時開始經營六合彩（或其他形式）賭博？共多少期？平均一期賭資約多少？

問：你所經營之六合彩賭博方式（種類）有幾種？如何供賭客簽賭？賭客有哪些？以什麼爲輸贏的依據？彩金如何計算？向何人領取？

★問：你所經營之六合彩賭博何時開獎？以何種號碼爲準？在何處供賭客簽賭？賭客如何簽賭？如何才算中獎？彩金如何分配？（理由：此涉及賭博罪之犯罪過程，自應詳加訊問）

問：所經營之六合彩賭博有無上線？如何傳遞簽單？

問：你如何從中抽取利潤？計算方式？你每期約可獲得多少利潤？

問：有無其他補充意見？

問：以上所說是否實在？

問：辯護人有無意見陳述？（無辯護人免問）

◎注意事項

　　犯罪構成要件，意圖營利提供賭博性有獎彩票（簽章）或其他可供輸贏認憑之單據者。

2. 賭場賭客筆錄

基本資料：略

權利告知：略

問：上記姓名年籍資料是否正確？有何刑案資料？

問：現在是夜間○時○分，你是否願意接受詢問？（日間免問）

問：上述告知之權利你是否知道？是否請辯護律師到場？

問：是否具低收入戶身分？中低收入戶身分？原住民身分？或其他依法令得請求法律扶助者之身分？

問：你是於何時？何地？因何事爲警方查獲？（或你因何事接受警方詢問製作筆錄？）

問：警方於○年○月○日○時○地查獲○○○賭場，你是否在場？共查獲多少人？主持人是誰？查扣哪些東西？

★問：你之前有無進入該賭場賭博？如有，何時曾賭博過？賭過幾次？（理由：此有可能追查抽頭者是否爲連續犯或常業犯）

問：你何時開始進入該賭場？如何進入？何人引入？有無把風？

★（指認何人把風？何人作莊？現場服務人員？理由：追查共同正犯或幫助犯）

問：你有無參與該場賭博？共有哪些人參與賭博（指認）？如何賭法？

問：該賭場有無抽頭？如何抽頭？

問：你在該賭場輸贏多少？警方查扣之賭資裡有多少是你的？

問：有無其他補充意見？

問：以上所說是否實在？

問：辯護人有無意見陳述？（無辯護人免問）

3. 賭場主持人等筆錄

基本資料：略

權利告知：略

問：上記姓名年籍資料是否正確？有何刑案資料？

問：現在是夜間○時○分，你是否願意接受詢問？（日間免問）

問：上述告知之權利你是否知道？是否請辯護律師到場？

問：是否具低收入戶身分？中低收入戶身分？原住民身分？或其他依法令得請求法律扶助者之身分？

問：你是於何時？何地？因何事為警方查獲？（或你因何事接受警方詢問製作筆錄？）

問：警方於○年○月○日○時○地查獲賭博案，你是否在場？共查獲多少人？查扣哪些東西？

問：該賭場何人主持？何時開始經營？賭具為何？何人提供？

問：賭博場所是何人提供？何人以什麼代價向何人借（租）得？屋主知道租屋的用途？

問：此賭場有無合夥人？有無僱用把風、保鏢、會計或其他幫手？各為何人？

問：該賭場如何賭法？如何抽頭？一天抽頭多少？經營到現在抽頭多少？

問：該賭場如何出入？如何聯絡、召集賭客？

問：有無其他補充意見？

問：以上所說是否實在？

問：辯護人有無意見陳述？（無辯護人免問）

4. 屋主筆錄

基本資料：略

權利告知：略

問：上記姓名年籍資料是否正確？有何刑案資料？

問：現在是夜間○時○分，你是否願意接受詢問？（日間免問）

問：上述告知之權利你是否知道？是否請辯護律師到場？

問：是否具低收入戶身分？中低收入戶身分？原住民身分？或其他依法令得請求法律扶助者之身分？

問：你是於何時？何地？因何事為警方查獲？（或你因何事接受警方詢問製作

　　筆錄？）

問：○○（賭場主持人）你是否認識？何人於何時起向你租（借）場所？代價多少？租期多久？有無租約？你是否知道租屋的用途？

問：你所提供之賭博場所公眾能否隨意出入？

問：你除提供賭博場所外，有無提供其他服務？

問：有無其他補充意見？

問：以上所說是否實在？

問：辯護人有無意見陳述？（無辯護人免問）

◎注意事項

(1) 犯罪構成要件：意圖營利供給賭場聚賭博者，須有「營利」（抽頭）行為。

(2) 若屋主對於租賃處所作為賭博場所不知情者，須詳細詢明租賃情形，及其實際住所為何處。★並應要求屋主「當場」提出租賃契約，因若未當場提出，則恐有事後偽造之虞；另由租賃契約中或可發現於賭博現場之物品是否全數為屋主所有，以決定沒收之範圍。

(3) 主持人筆錄之製作，應詳細參考其他關係人筆錄後，詢問製作之。

(4) 現場賭具、賭資及其他相關查扣物須另以臨檢紀錄表，或搜索扣押筆錄詳細記載（賭資與抽頭金需分別記載）。

5. 電玩賭博賭客筆錄

基本資料：略

權利告知：略

問：上記姓名年籍資料是否正確？有何刑案資料？

問：現在是夜間○時○分，你是否願意接受詢問？（日間免問）

問：上述權利你是否知道？是否請辯護律師到場？（如未成年應通知監護人到場）

問：是否具低收入戶身分？中低收入戶身分？原住民身分？或其他依法令得請求法律扶助者之身分？

問：你是於何時？何地？因何事為警方查獲？（或你因何事接受警方詢問製作筆錄？）

問：警方於○時○分在○○地（○○電動遊藝場）查獲電玩賭博，你在做何

事？

問：你何時進入該電玩店？有無參與電玩賭博？使用哪一機檯？如何賭法？

問：你所持用之代幣（或其他憑券），是向何人在何處兌換？如何兌換？

問：電玩銀幕上之分數代表什麼？可否以分數與店家兌換現金？如何計算？你曾否在這家店贏過並兌換過現金？何時？

問：你到該電玩店以電玩從事賭博共幾次？時間及輸贏為何？

問：今日警方到場取締時為止，你共輸贏多少？

★問：是否曾在同一地點把玩賭博性電動玩具？（理由：因有可能涉及連續賭博）

問：有無其他補充意見？

問：以上所說是否實在？

問：辯護人有無意見陳述？（無辯護人免問）

6. 賭博電玩店現場人員筆錄

基本資料：略

權利告知：略

問：上記姓名年籍資料是否正確？有何刑案資料？

問：現在是夜間○時○分，你是否願意接受詢問？（日間免問）

問：上述告知之權利你是否知道？是否請辯護律師到場？

問：是否具低收入戶身分？中低收入戶身分？原住民身分？或其他依法令得請求法律扶助者之身分？

問：你是於何時？何地？因何事為警方查獲？（或你因何事接受警方詢問製作筆錄？）

問：警方於○年○月○日○時○分在○地（○○電動遊藝場）查獲電玩賭博，你是否在場？

問：○○遊藝場負責人是誰？有無營業執照？你在○○遊藝場擔任什麼工作？員工有多少人？各擔任何種工作？

問：○○遊藝場何時開始營業？營業時間？每日營業額多少？

問：警方查獲供人賭博之電玩（機具品名）是何人所有（或寄放）？警方取締時遊藝場有無營業？電玩機具有無插電？

問：據賭客○○○等警詢供稱，所參與之電玩機具有賭博性質，你做何說明？

問：警方共查扣幾部電玩機具？賭資多少？（如係開分機檯，機檯內無賭資）

問：警方查扣之電玩機具如何賭法？電玩銀幕上之分數可否兌換現金？如何折算？

問：你是否知道提供電玩供人賭博財物是違法的？

問：有無其他補充意見？

問：以上所說是否實在？

問：辯護人有無意見陳述？（無辯護人免問）

◎注意事項

(1) 犯罪構成要件：以提供公告查禁之賭博性電玩，或其他具輸贏之電玩機具供人賭博財物。兌換須係現金或超過公布市值2,000元以上之物品者。

(2) 若被詢問人員係負責人，則需詢明僱用何人？負責什麼工作？

(3) 若被詢問人係被僱用員工，則需詢明受何人僱用、薪資及負責之工作性質。

(4) 倘係代客開分，則須詢明何人開分？如何開分？

六、侵占遺失物

（一）法律依據

刑法第337條及其相關條款。

（二）筆錄範例

1. 申報人筆錄

基本資料：略

問：上記姓名年籍資料是否正確？

問：你因何事接受警詢筆錄製作？

問：你是否曾向○○銀行申報支票（支票號碼：○○○號）遺失止付？

問：你所申報遺失止付之支票資料為何（發票人、受票人、何家銀行、支票號碼、面額等）

問：該支票如何取得？

問：你於何時？何地？如何發現該支票遺失？

問：你是否知道如有謊報遺失行為，須負法律責任？

問：有無其他補充意見？

問：以上所說是否實在？

2. 提示人筆錄

基本資料：略

權利告知：略

問：上記姓名年籍資料是否正確？有何刑案資料？

問：現在是夜間○時○分，你是否願意接受詢問？（日間免問）

問：上述告知之權利你是否知道？是否請辯護律師到場？

問：是否具低收入戶身分？中低收入戶身分？原住民身分？或其他依法令得請求法律扶助者之身分？

問：你是於何時？何地？因何事為警方查獲？（或你因何事接受警方詢問製作筆錄？）

問：依據○○票據交換所函顯示，你曾提兌○○銀行支票號碼：○○○號、發票人○○、面額新臺幣○○元乙張，是否屬實？

問：你於何時、如何提兌該張支票？

問：該支票來源？何人、何時、何故於何地交予你？做何用途？

問：○○（交付支票者）與你是何關係？他有無告知該張支票來源？

問：○○將該支票交給你有無背書？（若有人背書時，加問何人背書）

問：你是否知道該張支票係他人所遺失？

問：有無其他補充意見？

問：以上所說是否實在？

問：辯護人有無意見陳述？（無辯護人免問）

3. 嫌疑人筆錄

基本資料：略

權利告知：略

問：上記姓名年籍資料是否正確？有何刑案資料？

問：現在是夜間○時○分，你是否願意接受詢問？（日間免問）

問：上述告知之權利你是否知道？是否請辯護律師到場？

問：是否具低收入戶身分？中低收入戶身分？原住民身分？或其他依法令得請求法律扶助者之身分？

問：你是於何時？何地？因何事為警方查獲？（或你因何事接受警方詢問製作筆錄？）

問：○○號支票提示人○○你是否認識？關係為何？

問：你是否曾交付○○銀行支票號碼：○○、發票人○○、面額新臺幣○○元支票乙張予○○提兌？

問：你於何時？何地？何故交予該支票予○○？

問：該支票來源為何？你於何時？何地？拾獲該支票？

問：你拾獲該支票後為何將之據為己有，並轉交他人提兌？

問：你將該支票交給○○，有何人背書（如有人背書，要問明哪些人）？背書人是否知道該支票是拾獲？

問：你知否侵占他人遺失物，須負法律責任？

問：有無其他補充意見？

問：以上所說是否實在？

問：辯護人有無意見陳述？（無辯護人免問）

（三）注意事項

1. 犯罪構成要件：意圖為自己或第三人不法之所有，而侵占遺失物或其他非本人所持有之物者。

2. 應請申報人提供向銀行申報遺失及銀行發給之證明文件。

3. 提示人可能為關係人、證人或嫌犯。

4. 如有謊報遺失時，有刑法第214條使公務員登載不實之偽造文書罪嫌。

★5. 如明知票據並未遺失而謊報遺失時，可能涉及刑法第171條第1項未指定犯人誣告罪嫌，此時宜速向票據交換所或付款行庫調取申報遺失之完整資料附卷。

七、毀棄損壞案

（一）法律依據

刑法第352條及其相關條款。

（二）筆錄範例

1. 被害人筆錄

基本資料：略

問：上記姓名年籍資料是否正確？

問：你因何事報案？

問：何人於何時？何地？如何毀損你住所（或所有物）？

問：○○如何毀損你的住所（或所有物）？毀損程度如何？有無拍照存證或其他證據？

問：有無其他人目擊？

問：你與○○是何關係？有無糾紛（如財物或感情等）或仇恨？

問：○○除上述毀損行為外，有無其他侵害行為？

問：你是否要對○○提出毀損告訴？

問：有無其他補充意見？

問：以上所說是否實在？

◎注意事項

屋內儲放危險物品位置、種類、管理人、預防作法等均須詢問。

2. 嫌疑人筆錄

基本資料：略

權利告知：略

問：上記姓名年籍資料是否正確？有何刑案資料？

問：現在是夜間○時○分，你是否願意接受詢問？（日間免問）

問：上述告知之權利你是否知道？是否請辯護律師到場？

問：是否具低收入戶身分？中低收入戶身分？原住民身分？或其他依法令得請求法律扶助者之身分？

問：你是於何時？何地？因何事為警方查獲？（或你因何事接受警方詢問製作筆錄？）

問：○○（被害人）你是否認識？是何關係？有無糾紛（如財物或感情等）或仇恨？

問：○年○月○日○時○分○○地，你有無毀損○○（被害人）之處所或物品？

問：你何時？何地？為何及如何毀損○○（被害人）之處所或物品？

問：上述毀損行為是否經他人教唆？有無其他共犯？

問：有無其他補充意見？

問：以上所說是否實在？

問：辯護人有無意見陳述？（無辯護人免問）

八、妨害電腦使用案件

（一）法條依據

刑法第339條第2項、第358條、第359條、第363條。

（二）筆錄範例

1. 線上遊戲虛擬裝備竊盜案被害人筆錄

基本資料：略

問：上記姓名年籍資料是否正確？現職何業？

問：虛擬裝備何時？何地？如何被竊？

問：被竊虛擬裝備種類？數量？價值？市價？

問：虛擬遊戲裝備如何計算其價值（與新臺幣比值）？

問：是否知道何人竊取你在○○網路公司○○線上遊戲虛擬裝備？帳號密碼有無何人知道？

問：何時申請○○網路公司○○線上遊戲？虛擬遊戲帳號和密碼為何？線上遊戲伺服器為何？角色ID名稱有幾個？目前功力等級？

問：是否要對竊取你所有虛擬裝備之人，提出妨害電腦使用罪告訴？

問：有無其他補充意見？

問：以上所說是否實在？

2. 線上遊戲虛擬裝備竊盜案嫌疑人筆錄

基本資料：略

權利告知：略

問：上記姓名年籍資料是否正確？有何刑案資料？

問：現在是夜間○時○分，你是否願意接受詢問？（日間免問）

問：上述告知之權利你是否知道？是否請辯護律師到場？

問：是否具低收入戶身分？中低收入戶身分？原住民身分？或其他依法令得請求法律扶助者之身分？

問：你是於何時？何地？因何事為警方查獲？（或你因何事接受警方詢問製作筆錄？）

問：你於網路○○遊戲中使用之帳號為何？帳號為何人所有？ID角色及伺服器為何？

問：○○（被害人）你是否認識？何關係？有無恩怨？有無財物糾紛？

問：據○○（被害人）向警方指述，他於網路○○遊戲中之虛擬裝備於○年○月○日○時○分起至○時○分止，遭他人竊取是否為你所為？

問：你於何時？何地？上網路遊戲以何方式竊取○○○（被害人）於網路○○遊戲之虛擬裝備？

問：你所竊取之虛擬裝備種類、數量及價值為何？

問：你所竊取之虛擬遊戲裝備目前均於何處？

問：警方今提示乙份向遊戲○○股份有限公司調閱之資料中，其中遊戲歷程資料警方所標示之部分是否為你竊取○○○虛擬遊戲裝備？會員資料中○○是否為你本人之資料？（如不是本人所有時須再詢問該會員帳號是何人所有？為何會使用該帳號？如何取得該帳號？是否有該會員帳號轉讓、買賣證明文件？）

問：你是如何知道○○（被害人）於網路○○遊戲之帳號、密碼？

問：你是否知道於網路遊戲中意圖為自己不法之所有，進而竊取他人虛擬遊戲裝備是違法行為？

問：有無其他補充意見？

問：以上所說是否實在？

問：辯護人有無意見陳述？（無辯護人免問）

3. 線上遊戲虛擬裝備詐欺案被害人筆錄

基本資料：略

問：上記姓名年籍資料是否正確？現職何業？

問：你因何事報案？

問：虛擬裝備何時？何地？如何被騙？

問：被騙虛擬裝備種類？數量？價值？市價？

問：虛擬遊戲裝備如何計算其價值（與新臺幣比值）？

問：是否知道何人詐騙你在○○網路公司○○線上遊戲虛擬裝備？帳號密碼有無何人知道？

問：何時申請○○網路公司○○線上遊戲？虛擬遊戲帳號和密碼為何？線上遊戲伺服器為何？角色ID名稱有幾個？目前功力等級？

問：是否要對詐騙你所有虛擬裝備之人，提出妨害電腦使用罪告訴？

問：有無其他補充意見？

問：以上所說是否實在？

4. 線上遊戲虛擬裝備詐欺案嫌疑人筆錄

基本資料：略

權利告知：略

問：上記姓名年籍資料是否正確？有何刑案資料？

問：現在是夜間○時○分，你是否願意接受詢問？（日間免問）

問：上述告知之權利你是否知道？是否請辯護律師到場？

問：是否具低收入戶身分？中低收入戶身分？原住民身分？或其他依法令得請求法律扶助者之身分？

問：你是於何時？何地？因何事為警方查獲？（或你因何事接受警方詢問製作筆錄？）

問：你於網路○○遊戲中使用之帳號為何？帳號為何人所有？ID角色及伺服器為何？

問：○○（被害人）你是否認識？何關係？有無恩怨？有無財物糾紛？

問：據○○（被害人）向警方指述，他於網路○○遊戲中之虛擬裝備於○年○

　　月○日○時○分起至○年○月○日○時○分止，遭ID角色○○騙取虛擬裝備是否為你所為？

問：你於何時？何地？上網路遊戲以何方式詐騙○○（被害人）於網路○○遊戲之虛擬裝備？

問：你所詐騙之虛擬裝備種類、數量及價值為何？

問：你所詐騙之虛擬遊戲裝備目前均於何處？

問：警方今提示乙份向遊戲○○股份有限公司調閱之資料中，其中遊戲歷程資料警方所標示之部分是否為你詐騙○○虛擬遊戲裝備？會員資料中○○是否為你本人之資料？（如不是本人所有之帳號時，須再詢問該會員帳號是何人所有？為何會使用該帳號？如何取得該帳號？是否有該會員帳號轉讓、買賣證明文件？）

問：你是如何知道○○（被害人）於網路○○遊戲之帳號、密碼？

問：你是否知道於網路遊戲中意圖為自己不法之所有，進而詐騙他人虛擬遊戲裝備是違法行為？

問：有無其他補充意見？

問：以上所說是否實在？

問：辯護人有無意見陳述？（無辯護人免問）

（三）注意事項

　　1.構成要件：無故取得、刪除或變更他人電腦或其相關設備之電磁紀錄、致生損害於公眾或他人者。

　　2.被害人報案時必須攜帶遊戲帳號證明及遊戲歷程等資料，以便向該網路公司調閱相關資料。

　　3.經濟部工業局於95年2月17日以經授工字地09500511980號公告行政院消費者保護委員會第131次委員會議審議通過之「線上遊戲定型化契約範本」，有關玩家在網路線上之帳號與密碼被非法使用，或裝備、寶物等電磁紀錄被不當移轉時之處理方式，依該範本規定，玩家得逕向遊戲管理公司申訴並要求仲裁；如未獲滿意處理，玩家另可向消基會申訴。警察機關受理此類案件，向業者查詢持有上述電磁紀錄之第三人（犯罪嫌疑人），常發現位址在網咖或國外而無法進一步追查，而電磁紀錄被不當轉移之玩家向遊戲業者申訴，經常未獲

理會，因此如受理玩家報案時，可向其建議直接上網（輸入關鍵字消保官）向消保官申訴，大多可迅速（七日內）獲得解決。惟若是涉有其他犯罪事證（如詐欺、妨害名譽或散發病毒程式等案件），相關當事人得檢具資料依報案程序，循司法途徑處理。（警政署98年3月18日警署刑研字第0980011230號函）

九、網路刊登性交易（援交）案

（一）法律依據

兒童及少年性剝削防制條例第29條。

（二）刊登人筆錄範例

基本資料：略

權利告知：略

問：上記姓名年籍資料是否正確？有何刑案資料？

問：現在是夜間○時○分，你是否願意接受詢問？（日間免問）

問：上述告知之權利你是否知道？是否請辯護律師到場？

問：是否具低收入戶身分？中低收入戶身分？原住民身分？或其他依法令得請求法律扶助者之身分？

問：你是於何時？何地？因何事為警方查獲？（或你因何事接受警方詢問製作筆錄？）

問：你在網路上刊登何訊息？刊登在何網站？網址？

問：你於何時？何地上網刊登性交易訊息？交易一次金額多少？

問：你如何與對方聯絡？（電子信箱或電話）

問：你有無留下電子信箱網址？留在何處？做何用途？電子信箱何人申請？何人付費？

問：你有無留下電話或行動電話？留在何處？做何用途？何人申請？何人付費？

問：有無其他補充意見？

問：以上所說是否實在？

問：辯護人有無意見陳述？（無辯護人免問）

第六節　其他案件

一、兩岸人民關係條例案件

（一）法條依據

1. 國家安全法第3條。
2. 臺灣地區與大陸地區人民關係條例第10條、第15條及相關條款。
3. 香港澳門關係條例第13條、第14條及相關法令。

（二）筆錄範例

1. 大陸偷渡犯筆錄

基本資料：略

權利告知：略

問：上記姓名年籍資料是否正確？有何刑案資料？

問：現在是夜間○時○分，你是否願意接受詢問？（日間免問）

問：上述告知之權利你是否知道？是否請辯護律師到場？

問：你是於何時？何地？因何事為警方查獲？（或你因何事接受警方詢問製作筆錄？）

問：你於何時從何地登船來臺？

問：你搭乘什麼船隻（船名）進港？從何地上岸？船主是何人（指認）？

問：由何人介紹偷渡？多少代價？給誰？

問：與你同船偷渡共有哪些人（姓名或其他稱謂）？

問：你來臺灣預備與何人接頭？前往何處（地址）？

問：其他同行者預備將前往何處（地址）？

問：此次偷渡是由何人領導（指揮）？

問：你是第幾次偷渡來臺？來臺之目的為何？

問：你偷渡入境有無攜帶什麼物品？

問：你在臺有無親友（姓名、如何聯絡）？

問：來臺後停留及工作經過？

問：有無其他補充意見？

問：以上所說是否實在？

問：辯護人有無意見陳述？（無辯護人免問）

2. 大陸地區人民及港澳居民合法入境非法工作或活動筆錄

基本資料：略

權利告知：略

問：上記姓名年籍資料是否正確？有何刑案紀錄？

問：現在是夜間○時○分，你是否願意接受詢問？（日間免問）

問：上述告知之權利你是否知道？是否請辯護律師到場？

問：你是於何時？何地？因何事為警方查獲？（或你因何事接受警方詢問製作
　　筆錄？）

問：你於何時入境？申請事由及入境經過？

問：你申請來臺之保證人？關係為何？來臺住址？

問：你入境後居住及工作（活動）情形？

問：警方查獲當時你的工作（活動）是否與你申請來臺許可目的相符？

問：你從事目前之工作是由何人介紹？雇主是誰？關係為何？

★問：你和雇主接洽時，是否有提出旅行證或其他證件讓雇主登錄資料？（理
　　由：雇主通常會抗辯不知對方為大陸人，故須訊明求職過程中雇主如何確
　　認身分，以作為移送雇主之主要證據）

問：你受僱之工資如何計酬？如何支領？已工作多久？已領取多少工資？

問：你從事本工作有無向行政院勞動部（勞動力發展署）申請許可？或已取得
　　臺灣地區居留證？

問：有無其他補充意見？

問：以上所說是否實在？

問：辯護人有無意見陳述？（無辯護人免問）

（三）注意事項

　　1.犯罪構成要件：大陸地區人民非經主管機關許可，不得進入臺灣地區。

　　2.查核身分要確實，不得將國人誤認為偷渡犯。

　　3.自民國91年6月20日起，經許可在臺灣地區居留，持有居留證尚未領有
國民身分證之大陸地區人民，於居留期間內，不須再向行政院勞工委員會（於

103年2月17日正式揭牌成立勞動部）申請工作許可，即可在臺灣地區工作。

　　4.查獲大陸地區人民及香港澳門居民合法入境非法工作或活動時，應追查其仲介及雇主，依法移送偵辦。

　　5.民國103年1月8日修正公布，自103年7月8日起施行生效之提審法規定，各警察機關對外來人口違反入出國及移民法、臺灣地區與大陸地區人民關係條例及香港澳門關係條例實施逮捕、拘禁者，應製作「執行逮捕、拘禁告知本人通知書」交付被逮捕、拘禁者，及將「執行逮捕、拘禁告知親友通知書」交由其指定之親友；遇有被逮捕、拘禁之外來人口不通曉國語時，應製作並給予附記其所理解語文之通知書，或以其所理解之語文告知內容。（內政部警政署103年7月8日警署外字第1030115734號函）

二、違反就業服務法案件

（一）相關法條

　　就業服務法第43條、第44條、第45條、第57條、第63條、第68條、第73條及第74條等。

（二）筆錄範例

1. 雇主筆錄

基本資料：略

權利告知：略

問：上記姓名年籍資料是否正確？有何刑案資料？

問：現在是夜間○時○分，你是否願意接受詢問？（日間免問）

問：上述告知之權利你是否知道？是否請辯護律師到場？

問：是否具低收入戶身分？中低收入戶身分？原住民身分？或其他依法令得請求法律扶助者之身分？

問：你是於何時？何地？因何事為警方查獲？（或你因何事接受警方詢問製作筆錄？）

★問：是否曾經因非法僱用外國人而為警查獲？何時？（理由：因依就業服務法第63條第1項後段規定，必須是被查獲後5年內再犯才有刑事責任，所以先

訊明是否被查獲過，再向勞工單位查證是否屬實）

問：你（妳）目前從事何種職業？

問：警方於○年○月○日○時○分在○○地點（地址），當場查獲外勞○○非法從事工作，且有你（妳）在場所看到，該外勞○○是誰所僱用？

問：你（妳）於何時？何地僱用○○國籍等○○外籍勞工？有無仲介人介紹？仲介費多少？

問：你（妳）如何與該○○國籍外勞聯絡來此工作？

問：該○○籍外勞在此工作多久？工作性質為何？薪資由誰支付？

問：你（妳）每月（週）支付多少錢給該○○國籍外勞？有無為其繳稅金？

問：你（妳）與他工作時如何稱呼他（她）？並以何種語言交談？

問：有無其他補充意見？

問：以上所說是否實在？

問：辯護人有無意見陳述？（無辯護人免問）

◎注意事項

(1) 在雇主為法人（公司）時，其名稱全銜應敘明，並須有可為該法人代表之人筆錄。

(2) 外勞違反就業服務法時，如係不可歸責於合法聘僱雇主之行為，須有合法雇主或可為代表其人之說明其不可歸責之情形。

(3) 此外於逃逸外勞之原雇主如違反就業服務法第56條之通知規定，於查獲時須有該雇主（法人之負責人）或可為代表人之筆錄。

2. 外勞筆錄

基本資料：略

權利告知：略

問：能否聽懂中文？是否需要通譯？

問：上記姓名年籍資料是否正確？有何刑案資料？

問：現在是夜間○時○分，你是否願意接受詢問？（日間免問）

問：上述告知之權利你是否知道？是否請辯護律師到場？

問：你是於何時？何地（公司或工廠）？因何事為警方查獲？（或你因何事接受警方詢問製作筆錄？）

問：來臺從事何種職業？

問：你（妳）於何時？持用何種簽證？自何機場或港口入境？

問：你（妳）的原雇主是誰？你（妳）於何時離開原雇主？你（妳）為何逃逸？

問：你（妳）現在於何處工作？非法雇主（含公司或工廠）姓名、地址及電話？

問：何人仲介你（妳）至此工作？仲介者姓名、地址及電話？你（妳）付多少仲介費？

問：你（妳）在此工作至今有多久？你每月（日、週）薪資有多少？你（妳）在此從事何種工作？你（妳）是否與現雇主簽訂契約？

問：你（妳）的護照現於何處？有無回程機票？

問：你（妳）是否繳納外僑個人所得稅？是否繳納罰鍰？

問：你（妳）涉嫌違反我國法律，得與貴國駐華使領館或駐華機構聯繫，請求必要之協助。你是否需要與貴國駐華使領館或駐華機構聯繫？

問：依規定我國警方依法逮捕之外國人，於逮捕、拘提、收容或羈押後，應即時通知其本國駐華使領館或駐華機構，但當事人明示反對通知者，不再此限。你是否同意警方通知貴國駐華使領館或駐華機構？

問：有無其他補充意見？

問：以上所說是否實在？

問：辯護人有無意見陳述？（無辯護人免問）

◎注意事項

(1) 筆錄中應詳加填具外勞姓名（中英文姓名，須與護照或居留證姓名相同）、性別、國籍、護照號碼、居留證號碼、出生年月日（以西元記）、入境日期（以西元記）。

(2) 原則上應對每名外勞做個別筆錄，惟若違法人數眾多，且其犯罪事實、內容相同者，應於函送筆錄內容中敘明全體違法之事實與經過，並在向全體朗讀或令其閱讀，逐一將外勞個別資料註記，並由外勞個別簽名或按捺指紋以資佐證，則可免個別偵訊筆錄。

(3) 外勞之個別親筆簽名或按捺指紋者，無論是原本或影本，皆須清晰。

(4) 如係合法聘僱之雇主違法指派，應詳加說明。

(5) 注意米蘭達宣言之告知：你（妳）因涉嫌違反就業服務法而接受偵詢，於

受偵訊時，得行使下列權利：

① 你（妳）有權保持緘默，無須違背自己之意思而陳述。

（You have the right to remain silent and do not have to make any statement against your will.）

② 你（妳）有權選任辯護人。

（You have the right to retain defense attorney.）

③ 你（妳）有權請求調查對你（妳）有利之證據。

（You have the right to investigate favorable evidence.）

④ 你（妳）瞭解我剛剛跟你（妳）所說的每一句話？

（Do you understand everything I have told you？）

(6) 犯罪構成要件：外國人非經雇主申請許可，不得在中華民國境內工作。

(7) 倘係申請入境外勞，而工作地非原申請地，則須加問原申請工作地為何處，因何擅離工作處所等。

(8) 警察偵查犯罪手冊第257點：「涉案人若為一般外國人，依一般法定程序辦理，並告知當事人得與其本國駐華使領館或駐華機構聯繫，請求必要之協助。」

(9) 警察偵查犯罪手冊第258點：「依法逮捕或拘提之一般外國人，於逮捕、拘提、收容或羈押後，應即時通知其本國駐華使領館或駐華機構，但當事人明示反對通知者，不在此限。（第1項）前項通知應作成書面紀錄或載明於筆錄後併案檔存，以利事後查詢。（第2項）」

三、受理查尋人口案件

（一）相關規定

查尋人口查尋注意事項。

（二）筆錄範例

1. 查尋筆錄

基本資料：略

問：上記姓名年籍資料是否正確？

問：你因何事至派出所製作筆錄？

問：（被查尋人）於何時？何地離家？其年籍爲何？與你（報案人）關係爲何？

問：（被查尋人）出門時身著何種衣物？身上特徵？

問：與何人外出？可能去處？有無與人結怨？精神狀況如何？

問：（被查尋人）出門後有無和家裡（或何人）聯絡？（如有，問與何人？聯絡內容？如何聯絡？）

問：所提供之（被查尋人）照片是否願意提供媒體刊登協尋？

問：有無其他補充意見？

問：以上所說是否實在？

2. 撤尋筆錄

基本資料：略

問：上記姓名年籍資料是否正確？

問：你是於何時？何地？因何事爲警方查獲？（或你因何事接受警方詢問製作筆錄？）

問：警方於何時？何地尋獲你？

問：失蹤期間都在何處？有無從事不法行爲？

問：你離家原因爲何？是否要通知報案人到場（未成年人：警方須通知報案人到場）？

問：報案人與你係何關係？是否隨報案人返家？

問：有無其他補充意見？

問：以上所說是否實在？

（三）注意事項

　　1.經核對報案人及被查尋人之身分證明文件後，將被查尋人之基本資料及發生經過，登記於「受（處）理查尋人口案件登記表」，甲聯存根、乙聯送分局（警察局）、丙聯交報案人。

　　2.受理單位如有終端工作站，應即上網輸入資料（報案人如有提供被查尋人照片時，應含影像），如無終端工作站，應即電話報告分局（警察局）勤務指揮中心上網輸入資料。

3.查獲之被查尋人，如為依法律應保護之個案，應依相關法律規定處理，其餘案件，如為成年人，應於筆錄上載明是否通報原報案人及未通報原因，嗣後應將被查尋人已被查獲撤銷情形，轉知原報案人、戶長或關係人；如為未成年人，則通知報案人（或其指定親友）領回，並請其在筆錄上簽章。

第 3 篇

移送實務

第一章 移送書製作要領與範例

一、拘提犯罪嫌疑人或逮捕通緝犯之解送

　　拘提或因通緝逮捕之被告，應於二十四小時內解送指定之處所。[1]司法警察官、司法警察逮捕或拘提犯罪嫌疑人後，除依規定得不予解送者外，應於逮捕或拘提之時起十六小時內，將人犯解送檢察官訊問。但檢察官命其即時移送者，應即解送。[2]

　　警察機關查獲涉及多案通緝之逃犯，其遞解歸案時，應注意事項如下：[3]

　　（一）警察機關查獲一人涉及數院、檢發布通緝案件之逃犯，辦理解（護）送歸案時，得由司法警察機關選擇其一院、檢解送。惟檢察官於收受司法警察機關所解送之通緝人犯後，認有急迫情形而需解送通緝人犯至其他通緝之院、檢時，自亦得視實際需要，協請司法警察機關解送通緝人犯至其他通緝之院、檢。

　　（二）司法警察機關緝獲數院、檢均有通緝之人犯，如將該人犯移送其中某一院、檢時，應同時通知其他院、檢，並在移送書內說明之。

　　（三）該通緝人犯因另涉新案，現行犯被司法警察機關逮捕時，應移送現行犯案件所轄之地檢署收案。

　　（四）其他相關案件處理細節，請參酌「檢察機關辦理通緝案件應行注意事項」第23點至第27點規定辦理。

　　有關查獲涉及數院、檢發布通緝案件之逃犯，雖規定得由司法警察機關選擇其一院檢解送，然亦規定檢察官亦得視實際需要，協請司法警察機關解送

---

[1]　刑事訴訟法第91條。

[2]　檢察官與司法警察機關執行職務聯繫辦法第7條第2項。

[3]　依據內政部警政署98年11月16日警署刑偵字第0980164783號函，轉知臺灣高等法院檢察署98年10月23日檢資緝字第0981405855號函示。

通緝人犯至其他通緝之院、檢。因此如沒有事先瞭解通緝內容，協調發布通緝之院、檢，經常造成解送機關的困擾，尤其是發布通緝之院、檢距離遙遠，例如這些院、檢分別在桃園、高雄及花蓮，位於臺北市的查獲機關，當然以解送至桃園最方便，但是如果桃園不收，就要再解送至高雄或花蓮，如第二地也不收，就要再解送至第三地，如此，解送機關勢必疲於奔命，且影響警力之調度與勤務規劃。理論上，任何檢察署均應接收任何地檢署發布執行案由之通緝犯，因此司法警察機關查獲案由為執行之通緝犯，通常會解送至最近、最方便之地檢署，但也有地檢署拒收的情況，例如判處得易科罰金徒刑之通緝犯，非案件繫屬之檢察署沒有案卷資料，無法辦理易科罰金事宜，即會拒收。因此，最好先瞭解各通緝之內容，事先協調發布通緝之機關，確定可以接收之通緝機關優先解送；如協調後仍沒有明確結果，宜依通緝案情評估接收可能性高低，事先規劃路線，安排解送人員及交通工具，依序解送，才不會臨時不知所措，造成不便與困擾。

二、逮捕或接受現行犯之解送

無偵查犯罪權限之人逮捕現行犯者，應即送交檢察官、司法警察官或司法警察。司法警察官或司法警察逮捕或接受現行犯者，應即解送檢察官。但所犯最重本刑為1年以下有期徒刑、拘役或專科罰金之罪、告訴或請求乃論之罪，其告訴或請求已經撤回或已逾告訴期間者，得經檢察官之許可，不予解送。[4]與逮捕或拘提犯罪嫌疑人相同，司法警察官或司法警察逮捕或接受現行犯者，除依規定得不予解送者外，也應於逮捕或拘提之時起16小時內，將該現行犯隨案解送檢察官偵辦。

三、偵查刑案之移送

警察機關偵查刑案，有下列情形之一者，應將全案移送或報告管轄法院或檢察署：[5]

（一）全案經調查完畢，認有犯罪嫌疑。

---

[4]　刑事訴訟法第92條。
[5]　警察偵查犯罪手冊第197點。

（二）全案雖未調查完畢，但經依法提起自訴或向檢察官告訴。

（三）檢察官命令移送。

（四）其他有即時移送必要。[6]

四、函　送

警察機關偵查刑案，有下列情形之一者，得函送管轄法院或檢察署：[7]

（一）告訴乃論案件，經撤回告訴，或尚未調查完竣，而告訴權人已向檢察官告訴。

（二）證據證明力薄弱或行為事實是否構成犯罪顯有疑義。

（三）犯罪證據不明確，但被害人堅持提出告訴。

拘提或逮捕到案之犯罪嫌疑人，除符合刑事訴訟法第92條規定，經填具免予解送報告書（格式如附件三十四）傳真檢察官核准免予解送者，應將核准免予解送報告書附卷移送外，均應隨案解送。經檢察官核准免予解送之犯罪嫌疑人，仍應依刑事訴訟法第205條之2規定對其執行拍照及按捺指紋等必要措施。解送人犯應填具解送人犯報告書（格式如附件三十五），除應詳填報告書內各欄外，解送前應查明其身分真實性並注意安全。[8]

第二節　移送書製作要領

移送書主要分為通緝案件移送書及刑事案件移送書或報告書，通緝案件移送書須檢附解送人犯報告書，現行犯及逮捕之犯罪嫌疑人之刑事案件移送書或報告書，除經檢察官同意免予解送外，亦須檢附解送人犯報告書。

6　例如逮捕現行犯或拘提犯罪嫌疑人，因情形緊急，不及蒐證調查或案情複雜尚未調查完畢，惟受限應於十六小時內解送之規定，只能檢具初步事證先行解送，再於調查完畢後正式移送。

7　警察偵查犯罪手冊第198點。

8　警察偵查犯罪手冊第203點。

一、通緝案件移送書

法院或檢察署對於傳拘或執行不到之被告發布通緝，偵審文書都在案件繫屬之院、檢，警察機關緝獲後，只要查證身分無誤後製作人別詢問之筆錄，即可製作通緝案件移送書檢附筆錄、通緝及刑案資料、身分證明與解送人犯報告書隨案解送發布通緝機關。

警察機關均使用制式表格化之通緝案件移送書，內容為：被通緝人（含姓名、出生日期、出生地、部隊名稱、職業、身分證統一編號）、住（居）所、通緝（含機關、日期、文號、案由）、原刊犯罪通報案號、逃亡（含人犯、附卷），製作通緝案件移送書人員只要依表格逐項詢問查填即可。

二、刑事案件移送書

刑案移送用紙依刑事訴訟法第229條及第230條、少年事件處理法第18條與軍事審判法第1條及第237條規定，格式如下：[9]

（一）警政署、警察局或警察總隊用移送書（格式如附件三十一）。

（二）警察分局、大隊、中隊或隊用報告書（格式如附件三十一）。

（三）通緝或協尋案件無另犯他罪者，用通緝或協尋案件移送書（格式如附件三十二）。

（四）少年事件用移送書（格式如附件三十三）。

現役軍人於非戰時之犯罪依刑事訴訟法追訴或審判者，準用前項所定移送書或報告書；於戰時犯罪而應受軍事審判者，依軍事審判法第58條及第59條規定辦理。

同一案件有少年與非少年共同犯罪者，應分別繕寫移送書或報告書，移送該管少年法院（庭）及地方檢察署或軍事法院檢察署；且於移送書或報告書關係人欄處，填註係同案犯嫌或少年，並於附記欄載明另案移送之機關及移送文號。持有、施用毒品案件應另案分開一人一案移送。[10]

雖然因為不同的移送或被移送機關的不同而使用不同格式的移送書或報告書，但主要是身分及適用法律不同因而使用之稱謂不同，其實內容大致相同。

9　警察偵查犯罪手冊第199點。

10　警察偵查犯罪手冊第202點。

　　獲案之犯罪嫌疑人，應先查明有無刑案資料或經發布通緝，附送供為偵查審判之參考；如有通緝並應以移送書或報告書副本通知通緝機關。[11]

　　通緝犯因另涉新案，為警察機關以現行犯逮捕時，應於調查完畢隨案移送所轄地方檢察署。通常警察機關除會在刑事案件移送書或報告書之犯罪事實欄最後加註一點：「犯罪嫌疑人○○○另因○○案為○○院檢以○○年○月○日○○字第○○○○號通緝書發布通緝，特（或併）予敘明。」並以副本通知發布通緝機關外，也會另製作通緝案件移送書，在通緝書之備註欄註明：「被通緝人另因涉嫌○○案為本單位以○○年○月○日○○字第○○○○號刑事案件移送書或報告書移送○○地方檢察署偵辦中，請逕行提辦。」移送通緝機關，並以副本通知刑事案件移送之檢察署。

　　移送書或報告書各欄之填寫，應注意下列事項：[12]

　　（一）詳填犯罪嫌疑人資料及特徵；不知其眞實姓名者，得不予記載，於查明後再補行移送；如因通知不到場或在逃者，應查明其戶籍記載情形填註或影送，以利通緝或傳喚。被移送人有隨案解送或護送或另案在押者，應在備考欄內註明；其已先行解送者，應註明解送日期及文號。

　　（二）關係人，應載明刑事訴訟法上之關係，如告訴人、告發人、被害人、證人或同案之少年或一般正犯或共犯等。

　　（三）犯罪時間：應記載各犯罪行為之起止時間，以定追訴時效。對於影響罪責之加重條件、身分或其他特定關係，應一併記明。

　　（四）犯罪地點：犯罪之行為地及結果地均應記載。

　　（五）拘提或逮捕之時間及地點：隨案移送案件，應載明拘提或逮捕到案日期、時間及地點。無拘捕行為則免載。

　　（六）犯罪事實：應敘明犯罪動機、緣由、行為經過情形及據以認定之證據理由等。

　　（七）破案經過：敘明發覺犯罪（犯罪嫌疑人是否於犯罪發覺前自首）及偵查破案情形。

　　（八）所犯法條：認事用法、力求允當，除刑法分則及有關特別刑事法令外，其總則部分如累犯、未遂犯、保安處分等，可予併列。

---

[11]　警察偵查犯罪手冊第200點。

[12]　警察偵查犯罪手冊第205點。

（九）對本案意見：就犯罪嫌疑人犯罪情節輕重，建議應否羈押、從輕、從重求刑或聲請宣告保安處分，均應敘明理由。

（十）附送：載明附送之人犯、文件、贓物或證物等；數目繁多者，應另附目錄清單。

（十一）各欄如不敷填寫，得以附件或附表為之。

刑事案件移送書或報告書主要分為下列幾部分：

（一）基本資料

1. 犯罪嫌疑人：含性別、年齡、出生日期、職業、出生地、國民身分證統一編號、照片（有無打勾）。

2. 關係人：含性別、年齡、出生日期、職業、出生地、何種關係。

3. 選任辯護人：含辯護對象、事務所名稱、住居所、聯絡處所或聯絡電話。

4. 案由。

5. 犯罪時間、犯罪地點。

6. 拘捕時間、拘捕地點。

警察機關制式之刑事案件移送書或報告書均已將基本資料之項目表格化，移送書或報告書之製作人員只要按表依據事實逐項查填即可。

（二）犯罪事實

移送書或報告書之製作以撰寫犯罪事實最重要，有關撰寫移送書犯罪事實之要領、常見缺失與撰寫範例，請參閱本章第三節說明。

（三）結　尾

移送竊盜、贓物案件應注意事項：[13]

1. 習慣犯合於宣告保安處分者，應於移送書或報告書對本案意見欄內註明擬請依法從重求刑，並聲請宣告保安處分等意見。

---

[13]　警察偵查犯罪手冊第201點。

2. 有刑事訴訟法第101條第1項或第101條之1第1項各款情形之一，而有羈押之必要者，應將其具體事實記明於移送書或報告書。

（刑事訴訟法第101條第1項：被告經法官訊問後，認爲犯罪嫌疑重大，而有下列情形之一，非予羈押，顯難進行追訴、審判或執行者，得羈押之：

（一）逃亡或有事實足認爲有逃亡之虞者。

（二）有事實足認爲有湮滅、僞造、變造證據或勾串共犯或證人之虞者。

（三）所犯爲死刑、無期徒刑或最輕本刑爲五年以上有期徒刑之罪，有相當理由認爲有逃亡、湮滅、僞造、變造證據或勾串共犯或證人之虞者。

刑事訴訟法第101條之1第1項：被告經法官訊問後，認爲犯下列各款之罪，其嫌疑重大，有事實足認爲有反覆實施同一犯罪之虞，而有羈押之必要者，得羈押之：

（一）刑法第173條第1項、第3項、第174條第1項、第2項、第4項、第175條第1項、第2項之放火罪、第176條之準放火罪、第185條之1之劫持交通工具罪。

（二）刑法第221條之強制性交罪、第222條之加重強制性交罪、第224條之強制猥褻罪、第224條之1之加重強制猥褻罪、第225條之乘機性交猥褻罪、第226條之1之強制性交猥褻之結合罪、第227條之與幼年男女性交或猥褻罪、第271條第1項、第2項之殺人罪、第272條之殺直系血親尊親屬罪、第277條第1項之傷害罪、第278條第1項之重傷罪、性騷擾防治法第25條第1項之罪。但其須告訴乃論，而未經告訴或其告訴已經撤回或已逾告訴期間者，不在此限。

（三）刑法第296條之1之買賣人口罪、第299條之移送被略誘人出國罪、第302條之妨害自由罪。

（四）刑法第304條之強制罪、第三百零五條之恐嚇危害安全罪。

（五）刑法第320條、第321條之竊盜罪。

（六）刑法第325條、第326條之搶奪罪、第328條第1項、第2項、第4項之強盜罪、第330條之加重強盜罪、第332條之強盜結合罪、第333條之海盜罪、第334條之海盜結合罪。

（七）刑法第339條、第339條之3之詐欺罪、第339條之4之加重詐欺罪。

（八）刑法第346條之恐嚇取財罪、第347條第1項、第3項之擄人勒贖罪、第348條之擄人勒贖結合罪、第348條之1之準擄人勒贖罪。

（九）槍砲彈藥刀械管制條例第7條、第8條之罪。

（十）毒品危害防制條例第4條第1項至第4項之罪。

（十一）人口販運防制法第34條之罪。）

移送書或報告書所附案卷，應用刑事案件偵查卷宗卷面（格式如附件三十六），裝訂整齊，並詳具目錄（格式如附件三十七），載明頁數以備查考。[14]

結尾部分包含：

1. 偵辦經過：簡述即可，常用的詞句例如：「循線偵破」、「被害人報案循線破獲」等。

2. 犯罪證據：因為犯罪事實欄的撰寫，基本上包括犯罪事實、證據及所犯法條三部分，每一個犯罪嫌疑人涉嫌的每一個案件，都會具體列舉所有的證據，因此此處只需要列舉重要證據即可，例如「被害人筆錄、嫌疑人筆錄、通訊監察譯文等」、「筆錄、現場採獲指紋及鑑驗書等」、「筆錄、搜索查扣之毒品等犯罪證據詳如扣押物品目錄表等」。

3. 所犯法條：載明移送書或報告書所敘述之所有犯罪嫌疑人違反或觸犯之法條。

4. 發查（交）核退案件：如非發查（交）核退案件即空白：如是，則依來文填寫機關股別及日期文號。

5. 偵辦意見：

   (1) 一般案件大多撰寫「請依法偵辦」。

   (2) 移送竊盜、贓物案之習慣犯合於保安處分者，註明「擬請依法從重求刑並聲請宣告保安處分」。

   (3) 其他意見，在移送書或報告書附錄之填表說明三、偵辦意見欄位點選項目勾選符合的項目，例如希望檢方聲押，則在符合羈押要件之項目勾選即可。

6. 附送：敘明

   (1) 隨案解送的嫌犯數。

   (2) 偵查卷○宗計○頁。移送書所附案卷，應用刑事案件偵查卷宗卷面，裝訂整齊，並詳具目錄，載明頁數以備查考。

---

[14] 警察偵查犯罪手冊第193點。

(3) 警詢光碟計○片

(4) 隨案移送的贓證物名稱與數量。

7. 承辦單位及承辦人員之職稱、姓名與電話。

第三節　犯罪事實欄撰寫要領與案例解析

一、犯罪事實欄之撰寫要領

（一）撰寫原則

犯罪事實欄基本上包含犯罪事實、證據及所犯法條三部分，如果一個移送案件，嫌犯不只一人或嫌犯涉嫌不只一案，其撰寫的原則如下：

1. 各犯罪嫌疑人，分點敘述。

2. 各犯罪嫌疑人項下，再依該犯罪行為人之各犯罪事實分點敘述。

3. 各犯罪事實之證明方式及其證據，包含筆錄、各類證物、鑑定書狀及所觸犯罪名等，應於各犯罪事實之證據項下敘明。

4. 各犯罪事實原則上以犯罪時間為區分標準。

（二）撰寫要領

基本上犯罪事實欄包括犯罪事實、證據及所犯法條三部分，如有補充說明之必要，可再增加補充說明：

1. 犯罪事實：犯罪事實係深入瞭解被害人、關係人及嫌疑人之筆錄內容、偵查報告、現場勘察報告、鑑驗報告、相驗報告、現場圖及其他事證如通訊監察譯文、通聯、監視錄影帶等所有相關資料，整個融會貫通充分掌握案情拼湊出犯罪發生完整的經過，形成心證。

2. 證據：每個嫌犯涉嫌的每一個犯罪事實，均應分別具體列舉。

3. 所犯法條：每個嫌犯涉嫌的每一個犯罪事實，均應分別具體列舉所有違反或觸犯的法條。

4. 補充或附帶說明：如果有補充及附帶說明之必要，可在敘述所有的犯罪事實（包含犯罪事實、證據及所犯法條）後，再加以敘明，例如：

(1) 「犯罪嫌移人○○○業經本局以○○年○月○日○○字解送人犯報告書先行解送貴署偵辦，特（或併）予敘明。」

(2) 「本局以○○年○月○日○○字犯罪嫌疑人○○○不解送人犯報告書陳報貴署，業經貴署○○○檢察官准不予解送在案，特（或併）予敘明。」

(3) 「犯罪嫌疑人○○○另因○○案為○○院檢以○○年○月○日○○字第○○○○號通緝書發布通緝，特（或併）予敘明。」

(4) 「本案尚有綽號『阿強』之共犯身分待查，俟查明其真實身分及相關案情後，再行移請併辦，特（或併）予敘明。」

（三）常見之疏失

犯罪事實欄之撰寫包含犯罪事實、證據及所犯法條三部分，第一部分犯罪事實應敘明犯罪動機、緣由、犯行經過情形等，亦即應包含人、事、時、地、物、如何、為何及犯罪構成要件等，惟常見有下列疏失：

1. 第一部分犯罪事實，撰寫之事實經過不完整，部分之事實未在第一部分敘明，而在第二部分之證據引用嫌疑人的供詞，且又未敘明採信與否及採不採信之理由。

2. 第一部分犯罪事實之部分事實，並非犯罪發生之經過，而是以嫌疑人或關係人筆錄的陳述作為犯罪事實。犯罪事實是描述已發生的犯罪經過，嫌疑人筆錄是犯罪發生後就犯罪事實詢問嫌疑人而製作，因此不宜將嫌疑人或關係人事後的說法直接引用當成第一部分已發生的經過。

二、犯罪事實撰寫之缺失案例與解析

案例一

（一）原犯罪事實

1. 犯罪事實

犯罪嫌疑人黃○○，業商，有妨害自由、侵占、詐欺、偽造文書等刑案資料，意圖為自己不法之所有，涉嫌於103年11月至104年3月間由嫌疑人黃

○○、宋○○、陳○○等人共組「假汽車竊盜」、「真恐嚇、詐財」集團。犯嫌黃○○委託宋○○蒐集不特定被害人之資料後，由黃○○或宋○○以傳真方式交付查詢資料給陳○○，陳○○收到資料後以每筆新臺幣6,500元之價格，匯入犯嫌黃○○及宋○○提供之帳戶內，若陳○○直接匯入犯嫌黃○○所提供之戶頭中，則由黃嫌抽取每筆1,500元之佣金後，再將所剩餘之金錢匯入宋○○之戶頭內。另經宋○○恐嚇被害人後指定被害人匯款之帳戶，戶名：李○○（日盛銀行○○分行、帳號○○○○○○）及戶名：李○○（大眾銀行○○分行、帳戶：○○○○○○），經傳訊通知後於105年1月4日到案說明，二人供稱當時是其父親李○○（49/00/00，A122060000，無業，有公共危險之刑案資料）帶他們至銀行辦理該帳戶後就由父親使用，並不知有將該二本帳戶轉賣的情形。

2. 證　據

(1)犯罪嫌疑人黃○○筆錄

詢據犯罪嫌疑人黃○○坦承上揭犯行不諱。

(2)犯罪嫌疑人李○○筆錄

詢據嫌疑人李○○供稱於104年6月至7月間，因失業又積欠房租，於是帶二名未成年之兒子到日盛銀行○○分行及大眾銀行○○分行申辦帳戶後，以每本新臺幣2,000至3,000元之代價，以每十天為一期之方式租用給一名綽號「小陳」之男子。

解析

（一）第1部分之「犯罪事實」不完整；部分事實以關係人筆錄的陳述作為犯罪事實。

（二）部分犯罪事實在第2部分之「證據」引用嫌疑人的供詞，且又未敘明採信與否及採不採信之理由。

（二）修正後犯罪事實

犯罪嫌疑人黃○○，業商，有妨害自由、侵占、詐欺、偽造文書等刑案資料，意圖為自己不法之所有，涉嫌於103年11月至104年3月間由嫌疑人黃

○○、宋○○、陳○○等人共組「假汽車竊盜」、「眞恐嚇、詐財」集團。犯嫌黃○○委託宋○○蒐集不特定被害人之資料後，由黃○○或宋○○以傳眞方式交付查詢資料給陳○○，陳○○收到資料後以每筆新臺幣6,500元之價格，匯入犯嫌黃○○及宋○○提供之帳戶內，若陳○○直接匯入犯嫌黃○○所提供之戶頭中，則由黃嫌抽取每筆1,500元之佣金後，再將所剩餘之金錢匯入宋○○之戶頭內。

　　另嫌疑人李○○於104年6月至7月間，因失業又積欠房租，於是帶二名未成年之兒子李○○及李○○到日盛銀行○○分行及大眾銀行○○分行分別申辦戶名：李○○（日盛銀行○○分行、帳號○○○○○○）及戶名：李○○（大眾銀行○○分行、帳戶：○○○○○○）之帳戶後，以每本新臺幣2,000至3,000元之代價，每十天爲一期之方式租用給一名綽號「小陳」之男子，輾轉作爲宋○○直接恐嚇被害人後指定被害人匯款之帳戶，案經本局刑警大隊偵三隊依法通知偵辦。

解析

　　採用關係人及嫌疑人供詞，連貫事實經過，使犯罪事實完整。

案例二

（一）原犯罪事實

1. 犯罪事實

　　犯罪嫌疑人葉○○，業商，經查曾犯有菸酒專賣條例、商業登記法刑案資料，仍不知悛悔，爲牟取暴利，竟將Diazepam（管制藥品管理條例第四級管制藥品或毒品危害防制條例第四級毒品）、Clobenzorex（安非他命前驅藥）、Caffeine（中樞神經興奮劑）等成分，在家中工廠內大量生產製造含有四級毒品之不明膠囊後，以減肥藥名義販賣予許○○等臺中、臺北地區不特定之人，層層轉賣圖利，案經貴署洪○○檢察官囑託板橋地方檢察署由檢察官吳○○指揮本局刑事警察大隊偵五隊及新北市政府警察局三重分局逕行搜索嫌疑人葉○○住居所，於上記拘捕時、地查獲膠囊拋光機1臺、分裝機1臺、研磨機1臺、膠囊器1臺、搗藥器1臺、分裝塑膠筒3筒、製藥不明粉末1包、濾網

3個、包裝機手冊1本、已製成不明膠囊（自稱減肥藥）計83,619顆、分裝用塑膠空罐3,960罐、夾鏈袋1箱等證物（詳如扣押物目品目錄表），乃帶案調查。

2. 證　據

  (1) 犯罪嫌疑人葉○○筆錄

    詢據犯罪嫌疑人葉○○坦承上揭犯行不諱，並供稱：自104年10月起開始製造，不明膠囊（自稱減肥藥）其原料係向一名自稱曾○順之男子（調閱同名同姓供其指認未指認出）主動連繫後，將上述原料不明白色粉末載至家中附近，以每公斤新臺幣（以下同）29,300元銀貨兩訖，前後已購買500公斤，由原料再摻入青草藥粉、維他命B1、B2、B6等成分混合製造而成，再以每包（罐）80顆700元販賣予許○○等不特定之人，不知白色粉末之原料成分為何，迄今共獲利300萬至400萬元等情。

  (2) 證人許○○、林○○、葉○○等指證筆錄。

  (3) 扣案之製造機具膠囊拋光機、分裝機、研磨機、膠囊器、搗藥器、分裝塑膠筒、製藥不明粉末、濾網、包裝機手冊、已製成不明膠囊、分裝用塑膠空罐、夾鏈袋等證物及相同膠囊送行政院衛生署管制藥品管理局之鑑驗結果呈Diazepam、Clobenzorex及Caffeine成分；Diazepam屬「毒品危害防制之條例」第四級毒品；Clobenzorex為安非他命前驅藥之該局之函文影本壹份。

解析

  （一）第1段「犯罪事實」不完整。

  （二）部分犯罪事實以嫌疑人筆錄列在第2部分「證據」，如採信即為犯罪事實之一部分，應在第1部分之「犯罪事實」敘述。

（二）修正後犯罪事實

  犯罪嫌疑人葉○○，業商，經查曾犯有菸酒專賣條例、商業登記法刑案資料，仍不知悛悔，為牟取暴利，自104年10月起向一名自稱曾○○之男子（調閱同名同姓供其指認未指認出）主動連繫後，以每公斤新臺幣（以下同）

29,300元之代價，將前後購買約500公斤之不明白色粉末載至家中，由所購原料摻入青草藥粉、維他命B1、B2、B6等成分混合生產製造含有四級毒品之不明膠囊後，再以減肥藥名義每包（罐）80顆700元販賣予許○○等臺中、臺北地區不特定之人，層層轉賣圖利，迄今共獲利300萬至400萬元等情，案經貴署洪○○檢察官囑託板橋地方檢察署由檢察官吳○○指揮本局刑事警察大隊偵五隊及新北市政府警察局三重分局逕行搜索嫌疑人葉○○住居所，於上記拘捕時、地查獲膠囊拋光機1臺、分裝機1臺、研磨機1臺、膠囊器1臺、搗藥器1臺、分裝塑膠筒3筒、製藥不明粉末1包、濾網3個、包裝機手冊1本、已製成不明膠囊（自稱減肥藥）計83,619顆、分裝用塑膠空罐3,960罐、夾鏈袋1箱等證物（詳如扣押物目品目錄表），乃帶案調查。

解析

　　採信嫌疑人供述，將之引用於犯罪事實。

第二章　移送報告書犯罪事實欄撰寫範例

第一節　單一犯罪嫌疑人觸犯單一罪名

　　犯罪嫌疑人李○○因涉嫌加重竊盜罪，業經調查完畢，認應移送偵辦，茲將犯罪事實、證據及所犯法條分敘如下：

一、犯罪事實

　　犯罪嫌疑人李○○現為○○保全公司保全員，意圖為自己不法之所有，涉嫌於104年10月10日凌晨2時許，趁被害人莊○○住宅（臺中市○○區○○路○號○樓）屋內無人時，先行破壞住宅大門紗窗，再以衣架勾開大門門鎖後潛入屋內行竊財物，嗣經警於執行盤查時，主動提示而當場查獲。案經本分局○○派出所員警查獲並調查呈報。

二、證　據

（一）被害人莊○○所有之臺中企銀金融卡1張

　　本項證據係本分局○○派出所員警於104年10月15日20時30分許，於臺中市○○區○○路○號之○○PUB執行臨檢時，當場在犯罪嫌疑人李○○主動提示之皮包內發現。

　　經電腦查詢係被害人莊○○報案失竊之財物，乃扣案偵辦。

（二）被害人莊○○所有之金項鍊1條、金戒指2枚、現金新臺幣30萬元

　　本項證據係犯罪嫌疑人李○○自願性帶同警方至渠住所（臺中市○○區○○路○段○巷○號）執行同意搜索所搜得，經被害人莊○○指認為其失竊之財物無誤。

（三）犯罪嫌疑人李○○筆錄

詢據犯罪嫌疑人李○○坦承上揭犯行不諱。

（四）被害人莊○○報案筆錄、報案三聯單及犯罪現場照片

被害人莊○○於104年10月11日之報案筆錄中供述失竊之財物為「臺中企銀金融卡1張、金項鍊1條、金戒指2枚、現金新臺幣30萬元」。

三、所犯法條

核犯罪嫌疑人李○○所為顯涉刑法第321條第1項第1款、第2款之加重竊盜罪嫌，爰移請偵辦。

第二節　單一犯罪嫌疑人觸犯（同一）數罪名

犯罪嫌疑人吳○○因涉嫌二次普通搶奪罪，業經調查完畢，認應移送偵辦，茲將各案犯罪事實、證據及所犯法條分敘如下：

一、105年10月25日晚上9時涉嫌普通搶奪罪

（一）犯罪事實

吳○○意圖為自己不法之所有，涉嫌於104年10月25日晚上9時，前往被害人張○○擺設之行動電話攤位前（豐原區中正路廟東夜市入出口處）佯稱挑選手機，並趁被害人不及防備之際，徒手搶奪摩托羅拉V9999及新力牌Z99行動電話2支（價值約新臺幣2萬元）後逃逸。案經本局刑警大隊偵○隊員警執行搜索查獲。

（二）證　　據

1. 被害人張○○遭搶之行動電話2支

摩托羅拉V9999（序號○○○○）及新力牌Z99（序號○○○○）行動電

話係本局刑警大隊偵○隊於104年11月10日持臺灣臺中地方法院核發之搜索票前往吳○○住所（臺中市○○路○段○號○樓）所搜得，經比對機身序號與被害人張○○報案筆錄所載符合，乃予扣押。

2. 犯罪嫌疑人吳○○筆錄

詢據犯罪嫌疑人吳○○坦承上揭犯行不諱。

3. 被害人張○○報案筆錄1張、報案三聯單及犯罪現場照片2張

二、105年10月31日晚上8時涉嫌普通搶奪罪

（一）犯罪事實

吳○○於前次犯罪得手後，復於105年10月31日晚上8時，意圖為自己不法之所有，前往被害人陳○○所開設之○○體育用品店（地址：臺中市○○路○段○號），佯裝顧客欲購買運動鞋，於櫃檯前趁店員王○○裝箱時不及防備，搶奪耐吉牌運動鞋一雙（價值約新臺幣5,000元）後逃逸。案經本大隊現場採證後循線查獲。

（二）證　據

1. 內政部警政署刑事警察局指紋鑑驗報告書

案發後本局鑑識人員前往犯罪現場採證，於遭搶運動鞋之鞋盒上採得5枚清晰指紋，經送刑事警察局比對，其中3枚為店員王○○留下，另2枚確認為吳○○之指紋。

2. 吳○○逃逸時被拍攝之錄影帶

吳○○搶奪得手後，由○○運動用品店沿○○路往○○路方向逃逸，經調閱沿途店家門口所拍攝之錄影帶，有拍得吳○○匆忙逃逸之影像，翻拍成照片後，經店員王○○指認無誤。

3. 犯罪嫌疑人吳○○筆錄

詢據犯罪嫌疑人吳○○坦承上揭犯行不諱。惟搶得之運動鞋已於網路拍賣予代號「小呆」之人，得款新臺幣2,500元。

4. 證人店員王○○報案筆錄、報案三聯單及犯罪現場照片、指認筆錄

　　證人店員王○○指認吳○○確實為105年10月31日晚上8時搶奪耐吉運動鞋之人。

三、所犯法條

　　核犯罪嫌疑人吳○○所為顯涉嫌刑法第325條第1項之普通搶奪罪，爰移請偵辦。

第三節　單一犯罪嫌疑人觸犯數不同之罪名

　　犯罪嫌疑人張○○因涉嫌非法持有改造槍枝罪、恐嚇危害安全罪，業經調查完畢，認應移送偵辦，茲將犯罪事實、證據及所犯法條分敘如下：

一、犯罪事實

　　犯罪嫌疑人張○○現任職於○○資產管理公司，負責催收債務工作，渠不思以正當方式催收債務，竟於105年12月5日中午12時，持可發射子彈具有殺傷力之改造手槍一枝，前往被害人周○○之住所（臺中市○○區○○路○巷○號）收帳，周○○告以「我沒錢，你想怎樣」後，張○○即取出上開改造槍枝瞄準周○○，並當場以「今天不還錢，就一槍打死你」等語，以加害生命、身體之事恐嚇周○○，使周○○心生畏懼，致生危害於周○○之安全。案經本分局○○派出所線上巡邏員警接獲報案並當場查獲。

二、證　據

（一）改造槍枝一把及內政部警政署刑事警察局○○○○號槍彈鑑定書

　　張○○與周○○爭吵之際，周○○之鄰居胡○○恰買菜回家撞見張○○正以手槍瞄準周○○，胡○○乃立即報案，本分局○○派出所線上巡邏員警迅速前往案發地點逮捕張○○，當場查獲改造槍枝一把，經送請刑事警察鑑定，認

具有引爆火藥發射金屬彈丸之能力，具有殺傷力。

（二）犯罪嫌疑人張○○筆錄

詢據犯罪嫌疑人張○○坦承上揭犯行不諱。渠供稱因公司政策，如債務收回比率高將有高額獎金，渠因貪圖獎金而以恐嚇方式收帳，並非他人指使；另有關槍枝來源部分，張○○堅稱係向一綽號「龍哥」男子以新臺幣5萬元代價購得，本分局正循線追緝綽號「龍哥」之男子。

（三）被害人周○○報案筆錄

周○○指認張○○確有以手槍瞄準渠之頭部，並以「今天不還錢，就一槍打死你」等語恐嚇，致渠心生恐懼。

（四）證人胡○○報案筆錄

證人胡○○指認張○○確有以手槍瞄準周○○之頭部。

三、所犯法條

核犯罪嫌疑人張○○所為顯涉槍砲彈藥刀械管制條例第8條第4項未經許可持有改造槍枝及刑法第305條之恐嚇危害安全罪，爰移請偵辦。

第四節　數犯罪嫌疑人觸犯相同之單一罪名

犯罪嫌疑人韓○○、蔣○○、陳○○共同故意傷害他人，涉嫌普通傷害罪，業經調查完畢，認應移送偵辦，茲將犯罪嫌疑人之犯罪事實、證據及所犯法條分敘如下：

一、犯罪嫌疑人韓○○部分

（一）犯罪事實

犯罪嫌疑人韓○○於105年3月15日19時，與另犯罪嫌疑人蔣○○、陳○○三人相約前往○○KTV唱歌作樂（地址：臺中市○○區○○路○號○樓），聚會於22時結束，往櫃檯付帳時，三人見櫃檯小姐曹○○美貌，邀曹○○共同宵夜，遭曹○○婉拒後，韓○○等三人仍盤據櫃檯附近大聲斥責曹○○服務態度不佳，○○KTV經理趙○○即出面制止韓○○等三人，不料韓○○竟然持櫃檯上之煙灰缸朝趙○○頭部敲打，蔣○○及陳○○亦同時徒手毆打趙○○，致趙○○頭部鈍傷及全身挫傷多處。案經本局○○大隊巡邏員警當場查獲。

（二）證　據

1. ○○KTV大廳監視錄影帶

韓○○、蔣○○、陳○○等三人犯案經過均為○○KTV大廳監視錄影帶拍下。

2. 煙灰缸及內政部警政署刑事警察局指紋鑑驗報告

韓○○用以攻擊被害人之煙灰缸經鑑驗有韓○○指紋4枚。

3. 衛生署立豐原醫院驗傷單

被害人趙○○於案發後前往豐原醫院急診室治療並驗傷。

4. 證人曹○○筆錄

證人曹○○目擊犯罪經過，並指認三名犯罪嫌疑人。

5. 證人王○○筆錄

　　證人王○○於105年3月15日22時前往○○KTV訪友，於現場目擊犯罪經過，並指認三名犯罪嫌疑人。

6. 被害人趙○○報案筆錄及報案三聯單

7. 犯罪嫌疑人韓○○調查筆錄

　　詢據犯罪嫌疑人韓○○對上開犯罪事實坦承不諱，惟另供稱當時係因飲酒後較暴躁故出手打人，事後十分後悔。

二、犯罪嫌疑人蔣○○部分

（一）犯罪事實

　　犯罪嫌疑人蔣○○於105年3月15日19時，與另犯罪嫌疑人韓○○、陳○○三人相約前往○○KTV唱歌作樂（地址：臺中市○○區○○路○號○樓），聚會於22時結束，往櫃檯付帳時，三人見櫃檯小姐曹○○美貌，邀曹○○共同宵夜，遭曹○○婉拒後，韓○○等三人仍盤據櫃檯附近大聲斥責曹○○服務態度不佳，○○KTV經理趙○○即出面制止韓○○等三人，不料韓○○竟然持櫃檯上之煙灰缸朝趙○○頭部敲打，蔣○○及陳○○亦同時徒手毆打趙○○，致趙○○頭部鈍傷及全身挫傷多處。案經本局○○大隊巡邏員警當場查獲。

（二）證　　據

1.○○KTV大廳監視錄影帶
2.衛生署立豐原醫院驗傷單
3.證人曹○○筆錄
4.證人王○○筆錄
5.被害人趙○○報案筆錄及報案三聯單
6.犯罪嫌疑人蔣○○調查筆錄：詢據犯罪嫌疑人蔣○○對上開犯罪事實坦承不諱

三、犯罪嫌疑人陳○○部分

（一）犯罪事實

犯罪嫌疑人陳○○於105年3月15日19時，與另犯罪嫌疑人韓○○、蔣○○三人相約前往○○KTV唱歌作樂（地址：臺中市○○區○○路○號○樓），聚會於22時結束，往櫃檯付帳時，三人見櫃檯小姐曹○○美貌，邀曹○○共同宵夜，遭曹○○婉拒後，韓○○等三人仍盤據櫃檯附近大聲斥責曹○○服務態度不佳，○○KTV經理趙○○即出面制止韓○○等三人，不料韓○○竟然持櫃檯上之煙灰缸朝趙○○頭部敲打，蔣○○及陳○○亦同時徒手毆打趙○○，致趙○○頭部鈍傷及全身挫傷多處。案經本局○○隊巡邏員警當場查獲。

（二）證　據

1. ○○KTV大廳監視錄影帶
2. 衛生署立豐原醫院驗傷單
3. 證人曹○○筆錄
4. 證人王○○筆錄
5. 被害人趙○○報案筆錄及報案三聯單
6. 犯罪嫌疑人陳○○調查筆錄：詢據犯罪嫌疑人陳○○對上開犯罪事實坦承不諱

四、所犯法條

核犯罪嫌疑人韓○○、蔣○○、陳○○等三人所為顯涉刑法第277條第1項普通傷害罪，爰移請偵辦。

第五節　數犯罪嫌疑人觸犯數不同之罪名

犯罪嫌疑人徐○○涉嫌行使偽造特種文書罪，並與黃○○共同涉嫌二次加重竊盜罪，業經調查完畢，認應移送偵辦，茲將各案犯罪嫌疑人之犯罪事實、

證據及所犯法條分敘如下：

一、犯罪嫌疑人徐○○部分

（一）105年2月2日19時涉嫌行使偽造特種文書罪

1. 犯罪事實

　　犯罪嫌疑人徐○○於105年2月2日19時，明知其持有之「李○○」國民身分證係偽造之證件，仍於105年2月2日19時持該偽造之證件向○○租車行租用車號YY-○○○○自小客車。案經本分局偵查隊員警執行搜索查獲。

2. 證　據

　　(1)偽造之「李○○」國民身分證

　　本分局偵查隊於105年2月10日持臺灣臺北地方法院簽發之搜索票前往徐○○之住處（新北市○○區○○路○號○樓）搜索時，於徐○○之皮夾內查獲。

　　(2)車號 YY- ○○○○自小客車租賃契約書

　　(3)犯罪嫌疑人徐○○筆錄

　　詢據犯罪嫌疑人徐○○對上開犯罪事實坦承不諱。

3. 所犯法條

　　核犯罪嫌疑人徐○○所為顯涉嫌刑法第216條行使偽造特種文書罪，爰移請偵辦。

（二）105年2月3日凌晨2時15分涉嫌加重竊盜罪

1. 犯罪事實

　　犯罪嫌疑人徐○○與另嫌疑人黃○○基於意圖為自己不法之所有犯意聯絡，於105年2月3日凌晨2時15分，由徐○○以螺絲起子破壞MBI電腦公司之大門（臺中市○○區○○路○號）後侵入竊取財物，並由黃○○在門口把風，至2時40分許，徐○○持竊得之財物與黃○○共同逃離犯罪現場。案經本分局偵查隊員警執行搜索查獲。

2. 證　據

(1)MBI 電腦公司設置保全裝置攝得犯罪經過之錄影帶 1 卷

錄影帶所攝得犯罪嫌疑人之容貌翻拍為彩色照片後、經證人王○○指認，其中一人為犯罪嫌疑人徐○○。

(2)證人王○○筆錄

本分局偵查隊持MBI電腦公司之保全裝置錄影帶翻拍所得之照片，依地緣關係逐一查訪犯罪現場周邊民家，其中經營租車業（○○租車行，臺中市○○區○○路○號）之證人王○○指認徐○○為105年2月2日向渠租用車號YY-○○○○自小客車之男子。

(3)車號 YY- ○○○○自小客車租賃契約書

經向證人王○○調閱向其租車之男子之租賃契約書正本，比對證物1錄影帶翻拍照片確與徐○○十分相似，惟所留駕照影本之姓名為「李○○」。租賃契約經送請刑事警察局鑑驗結果，驗得犯罪嫌疑人徐○○之指紋。

(4)內政部警政署刑事警察局指紋鑑驗報告

(5)MBI 電腦公司失竊之電腦及周邊用品（含 DVD 播放機 1 臺、掃瞄器 3 臺、手提電腦 5 臺）

本分局偵查隊於105年2月10日持臺灣臺中地方法院簽發之搜索票前往徐○○之住處（臺中市○○區○○路○號○樓）搜索，於現場查獲上開MBI電腦公司所失竊財物。

(6)犯罪嫌疑人徐○○筆錄

詢據犯罪嫌疑人徐○○對上開犯罪事實坦承不諱。

(7)MBI 電腦公司代表人鄭○○筆錄、報案三聯單

3. 所犯法條

核犯罪嫌疑人徐○○所為顯涉嫌刑法第321條第1項第1款、第2款加重竊盜罪，爰移請偵辦。

（三）105年2月7日凌晨3時涉嫌加重竊盜罪

1. 犯罪事實

犯罪嫌疑人徐○○與另嫌疑人黃○○基於意圖為自己不法之所有犯意聯

絡，於105年2月7日凌晨3時，共同自窗戶攀爬侵入○○珠寶公司（臺中市○○區○○路○號○樓）竊取財物。案經本分局偵查隊員警執行搜索查獲。

2. 證　　據

(1)○○珠寶公司所在之大樓停車場錄影帶

經調閱○○珠寶公司遭竊當日之停車場錄影帶，犯罪嫌疑人徐○○，與黃○○駕駛車號YY-○○○○自小客車進入、離開停車場之畫面。

(2)○○珠寶公司失竊之財物（含 K 金鍊 30 條、1 克拉鑽石 8 顆、臺玉項鍊 5 條）

本分局偵查隊於105年2月10日持臺灣臺中地方法院簽發之搜索票前往徐○○之住處（臺中市○○區○○路○號○樓）搜索，於現場查獲上開○○珠寶公司失竊之財物。

(3)犯罪嫌疑人徐○○筆錄

詢據犯罪嫌疑人徐○○對上開犯罪事實坦承不諱。

(4)○○珠寶公司代表人林○○筆錄及報案三聯單

3. 所犯法條

核犯罪嫌疑人徐○○所為顯涉嫌刑法第321條第1項第1款、第2款加重竊盜罪，爰移請偵辦。

二、犯罪嫌疑人黃○○部分

（一）105年2月3日凌晨2時許涉嫌加重竊盜罪

1. 犯罪事實

犯罪嫌疑人黃○○與另犯罪嫌疑人徐○○基於意圖為自己不法之所有犯意聯絡，於105年2月3日凌晨2時許，由徐○○以螺絲起子破壞MBI電腦公司之大門（臺北市○○區○○路○號）後侵入竊取財物，並由黃○○在門口把風，至2時40分許，徐○○持竊得之財物與黃○○共同逃離犯罪現場。

2. 證　據

(1)MBI 電腦公司設置保全裝置攝得犯罪經過之錄影帶 **1** 卷

(2)犯罪嫌疑人徐○○筆錄

詢據犯罪嫌疑人徐○○供稱於MBI公司門口把風者爲黃○○無誤。

(3)犯罪嫌疑人黃○○筆錄

詢據犯罪嫌疑人黃○○對上開犯罪事實坦承不諱，惟另供稱係因欠徐○○10萬元無力償還，徐○○提議由渠把風抵債，黃○○迫於無奈而同意。

(4)MBI 電腦公司代表人鄭○○筆錄、報案三聯單

3. 所犯法條

核犯罪嫌疑人徐○○所爲顯涉嫌刑法第321條第1項第1款、第2款加重竊盜罪，爰移請偵辦。

（二）105年2月7日凌晨3時涉嫌加重竊盜罪

1. 犯罪事實

犯罪嫌疑人黃○○與另犯罪嫌疑人徐○○基於意圖爲自己不法之所有犯意聯絡，於105年2月7日凌晨3時，共同自窗戶攀爬侵入○○珠寶公司（臺北市○○區○○路○號○樓）竊取財物涉嫌刑法第321條第1項第1款、第2款加重竊盜罪。

2. 證　據

(1) ○○珠寶公司所在之大樓停車場錄影帶

(2) 犯罪嫌疑人黃○○筆錄：詢據犯罪嫌疑人黃○○對上開犯罪事實坦承不諱

(3) ○○珠寶公司代表人林○○筆錄、報案三聯單

3. 所犯法條

核犯罪嫌疑人黃○○所爲顯涉刑法第321條第1項第1款、第2款加重竊盜罪，爰移請偵辦。

第六節　集團性犯罪

　　犯罪嫌疑人胡○○、鄭○○、徐○○、張○○、吳○○、陳○○、楊○○涉嫌意圖為自己不法之所有，共同以詐術使人將本人之物交付；另胡○○、鄭○○、張○○、龍○○涉嫌持械恐嚇他人，業經調查完畢，認應移送偵辦，茲將各案犯罪嫌疑人之犯罪事實、證據及所犯法條分敘如下：

一、涉嫌詐欺罪部分

（一）犯罪事實

　　犯罪嫌疑人鄭○○、胡○○、徐○○自民國103年2月2日起於臺中市○○路○號址設「○○美麗會館」，共同基於意圖為自己不法之所有之詐欺取財犯意聯絡，以開設護膚店為幌子共組詐欺集團，並以薪資每月新臺幣3萬元至5萬元不等之代價，僱用同具犯意聯絡之：1.張○○擔任現場經理；2.龍○○擔任少爺；3.吳○○、陳○○、楊○○擔任服務小姐，而共同參與前開詐欺集團，並由渠等在臺中縣、市各地張貼汽車小廣告，引誘接洽被害人至該處消費。其詐騙模式，係由前開嫌疑人以：1.藉推銷優待券為由，要求被害人刷卡2萬元不等之費用，若被害人不願刷卡，則佯稱以加入會員始享有「包養」、「帶出場」、「無限次出遊」等特別服務為由，誘使被害人願意刷卡付費，並於被害人刷卡數萬元不等之費用後，佯稱「小姐已捲款潛逃」等不實情事，藉詞推託；2.佯稱護膚小姐將以胸部為被害人進行按摩，實則以充水之氣球偽裝胸部，使人不疑有他，而收取高價之費用；3.於被害人要求退款時，以退款人數很多為由，需比較刷卡額度高者優先，始可優先退款，使被害人不疑有他，再度受騙刷卡；4.要求被害人支付數十萬元不等之金額，為小姐贖身；5.要求被害人支付資金，成為股東（實則未分紅）等方式，共同詐騙被害人朋分所得。（詳如附件一、各犯罪嫌疑人之犯罪事實）案經本局刑警大隊偵○隊員警執行搜索查獲。

（二）證　據

1. 刷卡機等扣案物品

　　本局刑警大隊偵○隊於103年5月28日持臺灣臺中地方法院簽發之搜索票前往臺中市○○路○號「○○美麗會館」搜索時，扣案偵辦。（詳如附件二、扣案物品一覽表）

2. 犯罪嫌疑人鄭○○、胡○○、徐○○及僱用之同案犯罪嫌疑人張○○、吳○○、陳○○、楊○○筆錄

　　詢據渠等犯罪嫌疑人對上開犯罪事實均坦承不諱。

3. 被害人賴○○、陳○○、譚○○、張○○、林○○、徐○○、劉○○筆錄及報案三聯單

　　經被害人指認上開犯罪嫌疑人無誤。

4. 實施通訊監察譯文表20頁

二、涉嫌恐嚇罪

（一）犯罪事實

　　犯罪嫌疑人鄭○○、胡○○為牟取利益，確保詐騙所得，若於被害人發覺上當，欲索回消費之金額時，即夥同擔任現場經理之張○○與擔任少爺之龍○○分別以持棍作勢、加害脅迫等方式恐嚇被害人，致其心生畏懼，放棄追討。（詳如附件一各犯罪嫌疑人之犯罪事實）

（二）證　據

1. 扣案之棒球棒2支、鐵棒3支

　　本局刑警大隊偵○隊於103年5月28日持臺灣臺中地方法院簽發之搜索票前往臺中市○○路○號「○○美麗會館」搜索時，扣案偵辦。（詳如附件二、扣案物品）

2. **犯罪嫌疑人鄭○○、胡○○、張○○、龍○○筆錄**

　　詢據渠等犯罪嫌疑人對上開犯罪事實坦承不諱。

3. **被害人賴○○、陳○○筆錄及報案三聯單**

　　經被害人指認上開犯罪嫌疑人無誤。

三、所犯法條

　　核犯罪嫌疑人鄭○○、胡○○、徐○○及僱用之同案犯罪嫌疑人張○○、吳○○、陳○○、楊○○所為顯涉嫌刑法第339條第1項普通詐欺罪；鄭○○、胡○○、張○○、龍○○所為顯涉刑法第305條恐嚇危害安全罪，爰移請偵辦。

附件：犯罪事實與扣案證物

一、各犯罪嫌疑人之犯罪事實

（一）犯罪嫌疑人鄭○○部分

編號	案由	犯案時間	犯案地點	被害人	犯罪事實	證據	所犯法條
01	詐欺	103年5月28日	臺中市○○路○號「○○美麗會館」	賴○○	犯罪嫌疑人鄭○○夥同另嫌胡○○、徐○○自民國103年2月2日起，於臺中市○○路○號址設「○○美麗會館」，以薪資每月新臺幣3萬元至5萬元不等之代價僱用另嫌張○○等，期間共同基於為不法所有之意圖，於上記日期22時許，由徐○○與一女子騎機車引導被害人至上記地點，再由張○○為被害人按摩，佯以加入會員可享俗稱全套性服務為由，誘使被害人持○○銀行信用卡刷卡3萬9,000元，事後被害人仍未獲較佳服務，始知受騙，詐騙金額合計3萬9,000元。	1.刷卡機等扣案物品（如附件二、扣案物品編號01至15）。2.犯罪嫌疑人鄭○○、另嫌胡○○、徐○○、張○○筆錄。3.被害人賴○○筆錄及報案三聯單。4.犯罪嫌疑人鄭○○使用之912-*****電話通訊監察譯文表6頁。	刑法339條第1項普通詐欺罪

編號	案由	犯案時間	犯案地點	被害人	犯罪事實	證據	所犯法條
02	詐欺	103年4月24日	臺中市○○路○號「○○美麗會館」	陳○○	犯罪嫌疑人鄭○○夥同另嫌胡○○、徐○○自民國103年2月2日起，於臺中市○○路○號址設「○○美麗會館」，並以薪資每月新臺幣3萬元至5萬元不等之代價僱用另嫌張○○等，期間共同基於爲不法所有之意圖，於上記日期18時許，由徐○○與一女子騎機車引導被害人至上記地點，約定3,000元可提供按摩服務，被害人先以現金支付，由張○○爲被害人按摩護膚，伺機推銷會員制，佯稱可享有優惠，誘使被害人持○○銀行信用卡分別刷卡2萬8,000元、2萬1,000元，事後被害人仍未獲等值服務，始知受騙，詐騙金額合計5萬2,000元。	1.刷卡機等扣案物品（如附件二、扣案物品編號01至15）。 2.犯罪嫌疑人鄭○○、另嫌胡○○、徐○○、張○○筆錄。 3.被害人陳○○筆錄及報案三聯單。 4.犯罪嫌疑人鄭○○使用之912-＊＊＊＊＊＊電話通訊監察譯文表6頁。	刑法339條第1項普通詐欺罪
03	詐欺	（一）103年5月12日 （二）103年5月28日	臺中市○○路○號「○○美麗會館」	張○○	犯罪嫌疑人鄭○○夥同另嫌胡○○、徐○○，自民國103年2月2日起，於臺中市○○路○號址	1.刷卡機等扣案物品（如附件二、扣案物品編號01至15）。 2.犯罪嫌疑人	

編號	案由	犯案時間	犯案地點	被害人	犯罪事實	證據	所犯法條
03	詐欺	(一)103年5月12日 (二)103年5月28日	臺中市○○路○號「○○美麗會館」	張○○	設「○○美麗會館」，並以薪資每月新臺幣3萬元至5萬元不等之代價僱用另嫌張○○等；期間共同基於不法所有之意圖，於上記日期(一)23時許，依小廣告上之0923＊＊＊＊＊＊電話撥打，約定在臺中市黎明路與永春東路口等候，由徐○○、吳○○騎機車引導被害人至上記地點，再由楊○○帶往二樓房間作按摩護膚，並以加入會員始能享有特別服務，誘使被害人支付現金1萬6,000元加入會員後，張○○以提升會員等級可有小姐伴遊為由，再誘使被害人持○○銀行信用卡刷卡2萬元。被害人於上記日期(二)17時許再前往上開地點消費，嗣遇警方人員查緝，始知受騙，詐騙金額合計3萬6,000元。	鄭○○、胡○○、徐○○、吳○○、楊○○之筆錄。 3.被害人張○○筆錄及報案三聯單。 4.犯罪嫌疑人鄭○○使用之0912－＊＊＊＊＊＊電話通訊監察譯文表6頁。	刑法339條第1項普通詐欺罪

編號	案由	犯案時間	犯案地點	被害人	犯罪事實	證據	所犯法條
04	詐欺	103年5月20日	臺中市○○路○號「○○美麗會館」	劉○○	犯罪嫌疑人鄭○○夥同另嫌胡○○、徐○，自民國103年2月2日起於臺中市○○路○號址設「○○美麗會館」，並以薪資每月新臺幣3萬至5萬元不等之代價，雇用另嫌張○○等；期間共同基於不法所有之意圖，於上記日期15時許，由徐○○、吳○○騎機車引導被害人至上記地點，約定2,000元可提供按摩服務，被害人付款現金3,000元後，張○○再佯稱，需加入會員才可消費，誘使被害人持○○銀行信用卡刷卡3萬1,000元，並帶往二樓房間作按摩護膚，另一小姐再以會員等級不夠為由，要求被害人再付款，經與周旋，為求脫身，再持○○銀行信用卡刷卡2萬元。詐騙金額合計5萬元。	1.刷卡機等扣案物品（如附件二、扣案物品編號01至15）。 2.犯罪嫌疑人鄭○○、胡○○、徐○○、吳○○之筆錄。 3.被害人劉○○、筆錄及報案三聯單。 4.犯罪嫌疑人鄭○○使用之0912－＊＊＊＊＊＊電話通訊監察譯文表6頁。	刑法339條第1項普通詐欺罪

編號	案由	犯案時間	犯案地點	被害人	犯罪事實	證據	所犯法條
05	詐欺	103年5月28日	臺中市○○路○號「○○美麗會館」	譚○○	犯罪嫌疑人鄭○○夥同另嫌胡○○、徐○○，自民國103年2月2日起，於臺中市○○路○號址設「○○美麗會館」，並以薪資每月新臺幣3萬元至5萬元不等之代價，僱用另嫌張○○等；期間共同基於不法所有之意圖，於上記日期17時許，由一女子引導被害人至上記地點，約定2,000元可提供按摩服務，被害人持○○銀行信用卡刷卡2,000元支付，由一女子為被害人按摩，張○○伺機推銷會員制，佯稱可享有外叫小姐性交易服務，誘使被害人持○○銀行信用卡分別刷卡2萬8,000、2萬1,000元，事後被害人仍未獲性服務，始知受騙。詐騙金額合計5萬1,000元。	1.刷卡機等扣案物品（如附件二、扣案物品編號01至15）。 2.犯罪嫌疑人鄭○○、胡○○、徐○○、張○○之筆錄。 3.被害人譚○○筆錄及報案三聯單。 4.犯罪嫌疑人鄭○○使用之0912-******電話通訊監察譯文表6頁。	刑法339條第1項普通詐欺罪

編號	案由	犯案時間	犯案地點	被害人	犯罪事實	證據	所犯法條
06	詐欺	103年5月14日	臺中市○○路○號「○○美麗會館」	林○○	犯罪嫌疑人鄭○○夥同另嫌胡○○、徐○○，自民國103年2月2日起，於臺中市○○路○號址設「○○美麗會館」，並以薪資每月新臺幣3萬元至5萬元不等之代價，僱用另嫌張○○等；期間共同基於不法所有之意圖，於上記日期12時許，由張○○佯以介紹護膚為由，約被害人於同日20時至上記地點，約定2,000元可提供護膚服務，被害人以現金付款後，張○○再以加入會員持折價券可免費消費，被害人遂持○○銀行信用刷卡9,500元，仍未獲服務，始知受騙。詐騙金額合計1萬1,000元。	1.刷卡機等扣案物品（如附件二、扣案物品編號01至15）。 2.犯罪嫌疑人鄭○○、胡○○、徐○○、張○○之筆錄。 3.被害人林○○筆錄及報案三聯單。 4.犯罪嫌疑人鄭○○使用之0912－＊＊＊＊電話通訊監察譯文表6頁。	刑法339條第1項普通詐欺罪
07	詐欺	103年5月28日	臺中市○○路○號「○○美麗會館」	徐○○	被害人於上記日期17時許，依小廣告上之0913＊＊＊＊＊＊＊電話撥打，約定在臺中市文心路與文心南五路路口	1.刷卡機等扣案物品（如附件二、扣案物品編號01至15）。 2.犯罪嫌疑人鄭○○、胡	刑法339條第1項普通詐欺罪

編號	案由	犯案時間	犯案地點	被害人	犯罪事實	證據	所犯法條
07	詐欺	103年5月28日	臺中市○○路○號「○○美麗會館」	徐○○	等候，由嫌疑人吳○○與另嫌徐○○騎機車引導被害人至上記地點，約定2,000元可提供按摩服務，被害人先以現金付款，再由另嫌陳○○帶往二樓房間作按摩護膚，再佯稱加入會員持折價券可免費消費，被害人遂持○○銀行信用卡刷卡9,500元，仍未獲服務，始知受騙，詐騙金額合計1萬1,000元。	○○、徐○○、吳○○、陳○○之筆錄。 3.被害人徐○○筆錄及報案三聯單。 4.犯罪嫌疑人鄭○○使用之0912-＊＊＊＊＊＊電話通訊監察譯文表6頁。	刑法339條第1項普通詐欺罪
08	恐嚇	103年2月29日	臺中市○○路○號「○○美麗會館」	賴○○	被害人賴○○因知受騙，於上記日期18時許，再返該店欲討回其被騙損失金額，並與店內人員理論爭執，詎料嫌疑人鄭○○與另嫌胡○○夥同現場經理張○○與少爺龍○○分別以棒球棒、鐵棍等器械，要脅被害人並拒絕賠償，被害人見其人多勢眾且畏於脅迫，自認倒楣了事。	1.棒球棒、鐵棍等扣案物品（如附件二、扣案物品編號16至17）。 2.犯罪嫌疑人鄭○○、胡○○、張○○、龍○○之筆錄。 3.被害人賴○○筆錄及報案三聯單。	刑法305條恐嚇安全罪

編號	案由	犯案時間	犯案地點	被害人	犯罪事實	證據	所犯法條
09	恐嚇	103年4月28日	臺中市○○路○號「○○美麗會館」	陳○○	被害人因知受騙，亦於上記日期21時許，返該店欲討回其被騙損失金額時，與店內人員發生爭執，並揚言報警處理，詎料嫌疑人鄭○○即持鐵棍作勢毆打，另嫌張○○（擔任現場經理）與擔任少爺之另嫌龍○○，出言恐嚇被害人：「你敢報警的話，就給你死的很難看，有種試試看」，被害人見其人多勢眾且畏於脅迫，自認倒楣了事。	1.鐵棍等扣案物品（如附件二、扣案物品編號16至17）。 2.犯罪嫌疑人鄭○○、張○○、龍○○之筆錄。 3.被害人陳○○筆錄及報案三聯單。	刑法305條恐嚇安全罪

（二）犯罪嫌疑人胡○○部分（略：參照前述格式填載）

（三）犯罪嫌疑人徐○○部分（略：參照前述格式填載）

（四）犯罪嫌疑人張○○部分（略：參照前述格式填載）

（五）犯罪嫌疑人吳○○部分（略：參照前述格式填載）

（六）犯罪嫌疑人陳○○部分（略：參照前述格式填載）

（七）犯罪嫌疑人楊○○部分（略：參照前述格式填載）

（八）犯罪嫌疑人龍○○部分（略：參照前述格式填載）

二、扣案物品

編號	扣案物品名稱	單位	數量	所有人	扣案處所	備考
01	刷卡機	臺	貳	胡○○	臺中市○○路○號「○○美麗會館」1樓櫃檯	
02	打卡鐘	臺	壹	同上	同上	
03	員工勤惰表	張	玖	同上	同上	
04	帳冊	冊	陸	同上	同上	
05	簽帳單	冊	貳	同上	同上	
06	請款單	本	壹	同上	同上	
07	營利事業登記證	張	壹	同上	同上	
08	營利事業登記章	顆	貳	同上	同上	
09	監視器（鏡頭）	臺	伍	同上	臺中市○○路○號「○○美麗會館」騎樓右側	
10	監視器（螢幕）	臺	肆	同上	臺中市○○路○號「○○美麗會館」2樓	
11	敷面膜	包	參	同上	臺中市○○路○號「○○美麗會館」3樓	
12	護膚粉	罐	伍	同上	同上	
13	折價券	本	貳	同上	同上	
14	小廣告紙	張	壹仟玖佰肆拾捌	林○○	同上	
15	橡皮章	顆	參	徐○○	同上	
16	棒球棒	支	貳	鄭○○	臺中市○○路○號「○○美麗會館」1樓櫃檯	
17	鐵棒	支	參	鄭○○	同上	

第三章　移送案件缺失與改善建議

　　刑事訴訟法第231條之1規定，檢察官對於司法警察（官）之移送或報告之案件，認為調查未完備者，得將卷證發回，並得限定時間，命其補足，或發交其他司法警察（官）調查。司法警察（官）應於補足或調查後，再行移送或報告。臺灣臺中地方檢察署立案審查專責組曾就臺中地區各警察機關移送之案件，立案審查結果提出專案之書面報告，內容包含主要核退補足調查事由、可改善之移送案例、因應刑事訴訟法要求與未來對檢警調等衝擊逐漸浮出問題與改善建議對策、其他會同辦理事項等，立案審查專責組之檢察官們並共同前往警察局與警察局刑警大隊及各分局偵查隊各級幹部舉行核退業務座談會。由上述書面與座談資料，除了列舉警察機關移送案件的缺失外，並具體提出改進的建議及對策。臺中地區各警察機關移送案件的缺失，應該就是各警察機關移送案件之缺失，因此，警察機關辦理移送案件，如能確實參考臺中地檢署立案審查發現之移送缺失與改善作法，必能有效提升移送案件之水準與品質。

第一節　主要核退補足調查事由

　　一、未經合法通知送達嫌疑人或卷內未附通知送達資料（若已合法通知送達而無正當理由未到案，亦未聲請拘票執行），移送時以嫌疑人經通知未到案，即認定嫌疑人涉嫌。

　　二、人頭帳戶案件，未向人頭帳戶所屬銀行調取開戶與往來明細資料。

　　三、恐嚇取財、詐欺、竊盜等案件，嫌疑人否認涉嫌，但未調取案發前後之通訊聯絡紀錄（或含基地臺位置）佐證。

　　四、對案件嫌疑人所提出有利證據與證人，未予調查傳證即行移送。

　　五、竊盜案件（如住宅遭竊或車輛遭竊），欠缺現場照片、採證及竊嫌破壞現場照片、與研判竊嫌可能侵入路線圖等。

　　六、過失傷害（車禍肇事）案件，關於道路交通事故現場圖之繪製，未詳實描繪完整刮地痕、掉落物等重要研判責任歸屬跡證位置，及與周遭道路路

線之相關距離，亦常欠缺車輛碰撞位置比對照片，及車禍發生現場清晰遠近照片，致案件移送而現場已變動，偵查時證據資料侷限，影響雙方當事人權益甚鉅。

七、查獲毒品案件，若在場人均否認毒品為其所有時，移送卷內，未見有採集指紋之蒐證動作。

八、傷害案件，常僅有告訴人唯一指訴及驗傷診斷證明書，而未再深入訊問是否有其他在場目擊者或查證現場有無監視錄影設備，而可以盡速調閱查明案發經過，並查證告訴人指訴情節是否與事實相符。

九、通知嫌疑人到案說明之通知書，如以寄存送達方式，依刑事訴訟法第62條規定準用民事訴訟法第138條，且民事訴訟法第138條第2項規定：「寄存送達，自寄存之日起，經過十日發生效力」，如寄存送達未符合上開規定，則屬非合法送達，自無從依刑事訴訟法第71條之1第1項聲請檢察官核發拘票，常見寄存送達未符合規定，甚至連送達證書上填載亦未詳盡，致無從判別。

十、有關於詐欺案件部分：網路犯罪之相關網路資料未查，例如請被害人提供當初上網拍賣或遭詐騙之相關網頁資料，以供查證，或是否可明確知悉何時上網，續查拍賣人或當時上網之人為何人？就被害人所提供之網路資料，查詢該拍賣資訊刊登人IP位置等相關資料。

十一、人頭帳戶案件部分：嫌疑人常辯稱帳戶遺失，惟筆錄未加以訊明：從事何業？其所有帳戶申請做何用途？遺失時是否仍有存款？數額多少？遺失時將存摺及提款卡一起攜出做什麼？遺失時將存摺及提款卡放置何處遺失？住處或機車是否有遭竊之證明（如遭撬開之痕跡之照片等或報案證明未附）？有無其他人知悉該帳戶密碼？何時申請語音查詢？是否有申辦其他金融機構之帳戶使用？申請何用？何以將多本帳戶一起放置該處遭竊等。如能更詳細訊明，嫌疑人常因無以回答即承認販賣。換言之，此類核退事由常見缺失如下：

（一）如嫌疑人否認提供帳戶予不法集團使用，且辯稱帳戶之存摺及金融卡係遺失或被竊時，未再追問嫌疑人自己對系爭帳戶之使用情形、遺失或被竊之細節、用以提款之密碼另有何人知悉等足以反駁嫌疑人辯詞之問題。另嫌疑人如供稱其曾向警察機關報案遺失或失竊，亦常未向該警察機關調取報案紀錄，以作為對嫌疑人有利之參考。

（二）嫌疑人供稱其除將本案帳戶之存摺及金融卡提供予不法集團外，另有提供其餘帳戶之存摺及金融卡，惟常未見就該部分調查。

（三）被害人陳稱其除匯款或轉帳存入本案嫌疑人之帳戶外，另有匯款或轉帳存入其餘金融機構帳戶，然未見就此部分調查，縱有繼續追查，卻未於移送書內敘述載明。

十二、人頭電話之案件，除續查遭使用為詐騙或恐嚇之行動電話之申辦人資料附卷外，並應續查是否涉有罪嫌，應通知電話申辦人或使用人製作筆錄，如供稱其電話遭盜接則請續調該電話一年內全年度之電話費繳費數額各多少？繳款情形？及是否曾因電話或電話費異常而向電信公司查詢或申請修理之查詢或申請修理之申請資料附卷。如供稱電話非其所申辦，則請續調取各該電話號碼之申辦人申辦時所有申辦之文件資料附卷。

十三、關於竊盜案件部分：竊盜案件常有失竊之物，應可依失竊物品續查何人所竊，例如：失竊為行動電話，應調取所有失竊之行動電話申辦人資料及自失竊時起至報失竊停話時或查獲時止之雙向通聯紀錄，並查明該失竊之多支行動電話手機現是否曾插卡或現插卡使用中，如有查明各該手機自何處取得，續查是否嫌疑人所持用或所持以販售（如有切結書、讓渡書等請附卷，並可續查是否另在切結書等上偽造署押之偽造文書情形，如有亦請鑑定指紋，查明何人持以販售）。並與告訴人核對通聯，查明是否有遭盜打之情形。換言之，此類核退事由常見缺失如下：

（一）未調取該手機原配用之行動電話門號自被竊或遺失之日起之雙向通聯紀錄，供被害人指認該電話號碼是否遭盜用，以調查是否另有違反電信法之嫌疑。

（二）未依被害人失竊或遺失之手機序號查明自被竊或遺失之日起，是否有行動電話號碼使用該手機，而該電話號碼與嫌疑人是否有關。

十四、被害人所失竊之物品為支票時，請查明多少張支票？票號各為多少，以續查是否有何人持以提示？依此查明該支票係何人所交付是否為嫌疑人所交付等情。並應訊問被害人本案之支票一紙上之印章是否你所有？是否你所先蓋好？支票金額是否你所填寫好的？共失竊哪些東西？幾張支票？票號幾號至幾號？失竊物品是否曾尋獲？尋獲哪些東西？哪個機關通知認領？（如有請向該機關調取查獲之所有相關資料文件附卷）是否查獲嫌犯等情。

十五、關於偽造文書之案件，究係偽造何文書，應查明，並調取各該偽造文書附卷，並查明文書何人所填載、印章何人所有或何人所蓋？或簽名係何人所簽，如可能可採指紋查係何人所為。

　　十六、遭盜領之案件，（一）應先與被害人確認帳戶內哪幾筆款項遭盜領後，向該銀行函調所有帳戶如告訴人所指遭盜領款項之每一張提款單附卷，並與告訴人核對。（二）應就上開所調之提款單（每一張），詢問：該提款單是否你所填寫？提款單上提款人欄內「○○○」之簽名是否你簽的？印章是否你所有？是否你所蓋的？是否曾同意或授權他人提領上開款項？平時存摺、印章由何人保管（可為竊盜或侵占）？保管於何處？是否曾遺失？有何人可以使用拿取該印章等。

　　十七、信用卡遭盜刷案件，除與被害人核對確認盜刷之時間及盜刷之筆數後，應函調遭盜刷之各筆交易之簽帳單，並確認該簽帳單上之簽名是否被害人或嫌疑人所簽名附卷。嫌疑人如否認，可請其書寫簽帳單上之簽名十次，且提供其平時書寫簽名之文件資料附卷，以供送鑑定。

　　十八、告訴人或嫌疑人已於警詢中指稱有證人，並提出聯絡方式或可資追查之年籍資料，且筆錄亦已載明，惟未見通知證人到場說明所見聞之事實。

　　十九、案發地點如為營業場所或係路口，未查明是否設有監視錄影機，及調取錄影監視畫面，翻拍照片。

第二節　移送案件核退案例

編號	案由	移送機關	核退事由	移送書及核退文號
1	公共危險	臺中市警察局第一分局	嫌疑人彭○○於94年○月○日凌晨3時32分，酒後駕車在臺中市○○路與○○街口發生車禍，經檢測呼氣酒精濃度0.16mg/ℓ。案經報告偵辦。依警卷內職務報告稱同車兩人指陳○○為駕駛者（無酒精反應），雖被害人指彭○○為駕駛者，但依被害人警訊筆錄僅表示因車禍後僅跟彭○○講話，所以確定彭○○是駕駛者，則職務報告之判定，顯然	（94年○月○日中分一刑字第○○○○○○○○號）（94核退○○○）

編號	案由	移送機關	核退事由	移送書及核退文號
1	公共危險	臺中市警察局第一分局	違反經驗法則，而嫌疑人彭○○經移送本署內勤檢察官偵查時，亦明確表示非駕駛者，僅下車看被害人狀況而已，足見此案認定蒐證及移送有所疏失。	（94年○月○日中分一刑字第○○○○○○○○號）（94核退○○○）
2	賭博等	臺中縣警察局豐原分局	嫌疑人何○○在臺中縣○○鄉和平路46號開設○○○超商，僱用張○○看店，於94年○月○日下午1時許，為警持搜索票查獲擺設賭博性電動機具，適有嫌疑人劉○○玩賭，因嫌疑人何○○非現行犯在外候傳，移送嫌疑人劉○○賭博到署。移送書僅列嫌疑人劉○○一人，法條卻引用刑法第266條、第268條及違反電子遊藝場業管理條例，明顯將賭客誤為負責人移送。另負責人何○○及店員張○○有無另案移送，移送書內未載明。	（94年○月○日豐警刑字第○○○○○○○○號）（94核退○○○）
3	妨害性自主	臺中市警察局第五分局	嫌疑人黃○○與被害人係朋友關係，竟趁被害人心智尚未成熟之際，以贈與手機為由，邀約被害人在車內對被害人強制性交得逞，移送偵辦。卷內對被害人受理疑似性侵害事件驗傷診斷書部分，竟未依兒童及少年福利法第46條及性侵害防治條例第12條規定辦理，未予密封保密，竟於警卷內將上開診斷書之被害人資料揭露。	（94年○月○日中分五刑字第○○○○○○○○號）（94核退○○○）
4	竊盜、贓物	臺中市警察局	嫌疑人文○○、褚○○基於共同犯意聯絡，竊取被害人林○○車輛後，向被害人電話索款，俟被害人匯款入嫌疑人褚○○帳戶，分贓後再將贓車賣	（94年○月○日中市警刑字第○○○○○○○○號）（94核退○○○）

編號	案由	移送機關	核退事由	移送書及核退文號
4	竊盜、贓物	臺中市警察局	予不知情嫌疑人江○○，事後江○○得悉為贓物，竟又賣予不知情黃○○而移送偵辦。警卷內無嫌疑人文○○、褚○○及江○○及關係人黃○○筆錄，僅有被害人林○○筆錄及贓物領據。次者，缺車輛失竊之電腦資料，亦無起獲贓物之照片。再者，上開應有調閱匯款明細及銀行帳戶申設及往來資料等作為及附卷，惟資料均欠缺，顯屬明顯疏失。	（94年○月○日中市警刑字第○○○○○○○○號）（94核退○○○）
5	強制猥褻	臺中市警察局第三分局	嫌疑人鄭○○與被害人係鄰居關係，竟趁被害人無防備之心，涉嫌於94年○月○日清晨6時30分，在臺中市○區○○路○○號○樓之○，佯稱借用被害人盥洗室為由，侵入，裸露生殖器躺臥被害人身旁言稱「我想要」，被害人拒從反抗，嫌疑人遂於被害人面前做自慰之行為，使被害人懼怕心悸，案經被害人訴請偵辦。根據移送資料，僅有被害人警訊筆錄、送達證書及現場圖，但依被害人筆錄內容記載，曾有第一份之警訊筆錄，但卷內卻無第一份筆錄，且僅存卷之第二次筆錄，僅有十八行，對於嫌疑人長相與身體特徵等之描述或與嫌疑人關係等重要關鍵應訊問事項均未訊問。另卷內對於嫌疑人指認部分闕如，亦無任何現場照片可供與現場圖對照，且現場有無任何精液跡證，亦無任何採證書面資料，此部分蒐證，尚有疏漏。	（94年○月○日中分三刑字第○○○○○○○○號）（94核退○○○）

編號	案由	移送機關	核退事由	移送書及核退文號
6	公共危險	臺中縣警察局大甲分局	嫌疑人黃○○飲用酒類不能安全駕駛動力交通工具，於94年○月○日○○時○分，駕駛重型機車，在臺中縣○○鎮○○路與○○路口，與騎乘自行車之顏○○生交通事故，經據報查獲，移送偵辦。依警卷內無嫌疑人與被害人車禍發生現場之照片及機車與自行車毀損部位照片，僅有現場圖，而現場圖亦無任何標示撞擊後兩車掉落物之相關位置描述，其車禍現場處理，尚有疏漏。另移送書所引法條竟將過失傷害與傷害條文並列，且被害人筆錄已載明對嫌疑人提出傷害與毀損罪名之告訴，毀損部分亦未交代，本件乃屬函送案件，關於過失傷害部分之事證資料欠缺，顯於移送前之審查及證卷未落實。	（94年○月○日中縣甲警刑字第○○○○○○○○號）（94核退○○○）
7	公共危險	臺中市警察局第一分局	嫌疑人吳○○於94年○月○日凌晨○時許，酒後駕駛自用小客車，在臺中市○區○○路與○○路口與另嫌疑人游○○所駕駛自用小客車發生碰撞肇事，經警施以酒測，嫌疑人吳○○、游○○分為1.04、0.06毫克，經隨案移送本署偵辦。本件嫌疑人游○○部分，以該員涉嫌酒駕之公共危險罪嫌移送，然酒測值僅0.06毫克，遠低於0.55毫克標準，且卷內未附嫌疑人游○○之觀察測試報告書，顯然無從由卷證獲得嫌疑人游○○有無法為安全駕駛之具體情事，則該員	（94年○月○日中分一刑字第○○○○○○○○號）（94核退○○○○）

編號	案由	移送機關	核退事由	移送書及核退文號
7	公共危險	臺中市警察局第一分局	於警局查獲時之跡證，即難認定涉嫌，竟予以隨案解送，尚有改進空間。	（94年○月○日中分一刑字第○○○○○○○○號）（94核退○○○○）
8	電子遊戲場業管理條例	臺中市警察局第六分局	嫌疑人林○○、陳○○於94年○月○日16時35分，在臺中市○區○○路○號「○○商行」，未依法申請營利事業登記證，非法擺設「七龍珠」及「全家樂777」電子遊戲機臺各乙臺營利，經當場查獲而隨案移送。依警卷所附經濟部商業司網頁公告及函文資料顯示「七龍珠」及「全家樂777」電子遊戲機臺均非屬電子遊戲機之範疇，惟仍以嫌疑人均已於警訊時表示上開機臺非屬電子遊戲機臺甚明，惟仍予以隨案移送，此偵辦過程，對於嫌疑人所提出有利事證，未予以查證，實有所疏失。	（94年○月○日中分六刑字第○○○○○○○○號）（94核退○○○）
9	洗錢防制法等	臺中縣警察局豐原分局	嫌疑人游○○意圖為自己或第三人不法所有，於94年○月○日10時50分在臺中縣○○市○○路○○號，打電話給被害人陳○○佯稱其母親有筆退稅金額新臺幣9,800元為由，被害人依其指示至金融機關匯款入嫌疑人游○○所申設第一商業銀行○○分行帳戶內，案經被害人訴請偵辦。根據移送資料顯示，僅單憑嫌疑人所申設之帳戶為警示戶，並訊問嫌疑人與被害人後，即以嫌疑人涉嫌洗錢防制法與詐欺函送本署，然卷內並無任何開戶資料、交易明細、匯款憑單等資料，且嫌疑人表示93年7月發	（94年○月○日豐警刑字第○○○○○○○○○○號）（94核退○○○○）

編號	案由	移送機關	核退事由	移送書及核退文號
9	洗錢防制法等	臺中縣警察局豐原分局	現遺失身分證、存摺及提款卡等物，曾以電話向第一商業銀行電話掛失，此部分蒐證實嫌草率，對於嫌疑人提出有利辯解未予查證。	（94年○月○日豐警刑字第○○○○○○○○○○號）（94核退○○○○）
10	賭博、電子遊戲場業管理條例	臺中縣警察局豐原分局	嫌疑人蔣○○於94年○月○日起至同年月○日20時40分止，在臺中縣○○鄉○○路○段○○○號「○○○便利商店」無照經營電子遊戲場業，擺設賭博性電子機臺「大舞臺小瑪莉」兩臺，供不特定人玩賭，經臨檢查獲，函送偵辦。依警卷資料顯示，或員警職務報告僅以嫌疑人涉嫌違反電子遊戲場業管理條例，且嫌疑人警訊時已供述無賭博情事，而店員供述亦稱無賭博情事，則移送罪名卻突然出現賭博罪名，則移送時顯無任何賭博事證存在，賭博部分認定移送顯有缺失存在。	（94年○月○日豐警刑字第○○○○○○○○○○號）（94核退○○○○）
11	公共危險	臺中縣警察局清水分局	嫌疑人劉○○於94年4月28日下午5時8分許，駕駛營業大貨車，在臺中縣○○鎮○○路與○○○路口，與吳○○所駕駛自小客車發生交通事故肇事，致自客車內之乘客張○○、吳○○受傷，嫌疑人雖下車察看，因本身無駕駛執照竟未留在現場救護隨即駕車逃逸，案經通知到案函送偵辦。本件警卷內，既無嫌疑人警訊筆錄、亦缺被害人、嫌疑人與證人之警訊錄音帶，且現場圖之製作，僅概略繪出被害人車輛位置，並未標繪出撞擊後掉落物	（94年○月○日清警刑字第○○○○○○○○○○號）（94核退○○○○）

編號	案由	移送機關	核退事由	移送書及核退文號
11	公共危險	臺中縣警察局清水分局	位置，以至於無法觀察出兩車可能撞擊點之相關位置，本件移送明顯有未確實再檢視卷證疏失存在。	（94年○月○日清警刑字第○○○○○○○○○○號）（94核退○○○○）
12	電子遊戲場業管理條例、賭博	臺中縣警察局豐原分局	嫌疑人楊○○於94年○月○日20時30分，在臺中縣○○鄉○○路○○○號旁鐵皮屋「○○便利超商」並另闢密室，由櫃檯控管，密室內擺設公告查禁之賭博性電玩供不特定人玩賭，聘請嫌疑人李○○為店員及櫃檯密室控管員，案經馬岡派出所當場查獲賭客吳○○、周○○與胡○○及機臺四臺而移送偵辦。依警卷所附筆錄資料顯示，嫌疑人楊○○與店員李○○未供述有賭博情事，而賭客均未供述有賭博情事，何以認定涉嫌賭博罪嫌？此偵辦過程，就賭博罪嫌，蒐證部分有明顯疏失。	（94年○月○日豐警刑字第○○○○○○○○號）（94核退○○○○）
13	傷害	臺中市警察局第二分局	嫌疑人廖○○酒後駕駛自小客車撞傷被害人陳○○。案經被害人之配偶代對嫌疑人提出告訴。酒後車禍肇事案件，應檢附肇事現場圖、現場照片，然本件移送警卷內，卻闕如，僅有嫌疑人與告訴人筆錄及診斷書，顯然卷證闕漏，移案過程，有所疏失。	（94年○月○日中分二刑字第○○○○○○○○號）（94核退○○○○）
14	洗錢防制法、詐欺	臺中縣警察局豐原分局	嫌疑人楊○○意圖為自己不法之所有，竟提供本人○○郵局○○第○支局帳戶供詐騙集團作「人頭帳戶」，致被害人周○○於94年○月○日10時，遭人以向銀行貸款須先匯款之詐	（94年○月○日豐警刑字第○○○○○○○○○○號）（94核退○○○○）

編號	案由	移送機關	核退事由	移送書及核退文號
14	洗錢防制法、詐欺	臺中縣警察局豐原分局	騙手法，匯入上開帳戶新臺幣2萬5,500元，案經循線於94年○月○日13時10分通知嫌疑人到場說明而移送偵辦。本移送卷內僅有嫌疑人、被害人筆錄、匯款資料即行移送，嫌疑人警訊時即否認有前述犯行，筆錄內亦未再深入訊明遭竊時帳戶內款項數額、再調取該帳號之存提明細以資核對嫌疑人說法是否可採，顯然對於嫌疑人有利之事證未予查證，即行移送，偵辦過程顯有疏失。	（94年○月○日豐警刑字第○○○○○○○○○○號）（94核退○○○○）
15	公共危險	臺中縣警察局東勢分局	嫌疑人賴○○於94年○月○日14時26分許，酒後駕駛自用小客車，途經臺中縣○○鎮○○街○○號前，不勝酒力駛入對向車道與賴○○所駕駛營業弋引車發生碰撞，經報警處理並送醫急救，測得嫌疑人吐氣酒精值0.21毫克，經請示免予解送後函送偵辦。依警卷資料顯示，僅以嫌疑人有酒精反應，並未善用測試觀察記錄內所載勾選事項予以觀察記錄，而嫌疑人警訊時已答稱無法記憶，故對於另證人部分，理應再通知瞭解肇事前對方車輛行徑有無異常，或肇事後處理過程，對方有無酒醉跡象，始足以認定嫌疑人確有不能安全駕駛動力交通工具之具體情事，此部分認定移送尚顯簡略。	（94年○月○日東警刑字第○○○○○○○○○號）（94核退○○○○）

編號	案由	移送機關	核退事由	移送書及核退文號
16	妨害性自主	臺中市警察局第五分局	嫌疑人劉○○與被害人係網路相識，而同居四月，於94年○月○日下午10時許，在臺中市○○區○○路○段○○○號○樓，因細故與被害人發生爭執，並徒手毆傷被害人且在違反被害人意願下強暴性侵被害人得逞，案經被害人訴請偵辦。依警卷內容，未依規定將被害人疑似性侵害事件驗傷診斷書之姓名年籍欄予以掩蓋影印並將診斷書原本密封附卷，此屬卷證證據重大移案瑕疵，務必注意改進。	（94年○月○日中分五刑字第○○○○○○○○號）（94核退○○○○）
17	詐欺	臺中市警察局第六分局	嫌疑人林○○在臺中市○○區○○商業銀行○○分行開設帳戶，並對被害人吳○○佯稱其所失竊自小客車在其手上，致被害人依指示將贖款匯至嫌疑人所申設帳戶內，經被害人報案並將該帳戶列為警示戶，嫌疑人前往銀行申請補發時，為警查獲而移送偵辦。依警卷顯示，僅有嫌疑人與被害人筆錄及匯款單資料即予移送，既缺嫌疑人申設帳戶開戶資料，亦無該帳戶往來明細，且對於被害人究竟接獲歹徒電話時，該歹徒是男或女性，而嫌疑人所指帳戶已遺失，亦未深入再詢問遺失時帳戶內存款金額與該帳戶用途等，移案過程，明顯有疏失及遺漏。	（94年○月○日中分六刑字第○○○○○○○○號）（94核退○○○○）

編號	案由	移送機關	核退事由	移送書及核退文號
18	公共危險	臺中縣警察局霧峰分局	嫌疑人陳○○於94年○月○日22時39分許，酒後駕駛機車途經臺中縣○○市○○○路與○○路口與羅○○所駕駛機車發生碰撞肇事，經送醫急救，測得血液酒精值為118mg/ℓ而移送偵辦。依函文顯示檢陳筆錄與現場照片，但依警卷資料顯示，既無酒精測試報告、亦無測試觀察紀錄、肇事現場圖，此部分移送卷證資料明顯欠缺簡略。	（94年○月○日霧警刑字第○○○○○○○○○號函）（94核退○○○○）
19	詐欺	臺中縣警察局豐原分局	嫌疑人黃○○於94年○月○日向臺中縣○○市○○陽路○○○號臺北○○銀行○○分行申請開戶後，以每月新臺幣1,500元代價租讓予江姓男子使用，於同年月25日16時30分欲領取提款卡時，為銀行查詢得知該帳戶已列為通報警示戶，為警查獲而移送偵辦。依警卷顯示，僅有嫌疑人與被害人筆錄及匯款單資料即予移送，既缺嫌疑人申設帳戶開戶資料，亦缺帳戶往來明細，且於製作嫌疑人筆錄時，未依刑事訴訟法第95條規定告知權利程序，亦無筆錄製作過程之錄音帶或錄影帶，本件移案尚未具備必要程序。	（94年○月○日豐警刑字第○○○○○○○○○號函）（94核退○○○○）
20	公共危險－肇事逃逸	臺中市警察局第一分局	嫌疑人林○○於93年○月○日上午10時許，駕駛自用小客車，沿臺中市市府路行駛，途經臺中市○○路與○○路口，撞擊同向（○○路）行駛，由歐○○駕駛重型機車左後側，致歐○○人車倒地受傷，嫌疑	（94年○月○日中分一刑字第○○○○○○○號）（94核退○○○○）

編號	案由	移送機關	核退事由	移送書及核退文號
20	公共危險－肇事逃逸	臺中市警察局第一分局	人竟未停車查看或通知救護，反驅車加速逃逸。案經歐○○告訴函送偵辦。本件警卷內，既缺合法通知嫌疑人到案之送達回證，率予認定已經合法通知，亦缺現場圖、車禍照片，且何以查知認定肇事者為嫌疑人林○○，本案偵辦過程稍嫌粗略。	（94年○月○日中分一刑字第○○○○○○○○號）（94核退○○○○）
21	毀損	臺中市警察局第二分局	嫌疑人林○○駕駛自用小客車搭載綽號「○○」男子，於94年○月○日凌晨3時許，在臺中市○區○○路與○○路口，綽號「○○」男子以腳踹告訴人陳○○所有自用小客車，致左後方向燈毀損。案經被害人訴請偵辦。依警卷內容，告訴人指訴綽號「○○」男子所為毀損，依現有資料，無跡證足認嫌疑人與其所搭載綽號「○○」男子有共犯之犯意聯絡，即率予認定嫌疑人有毀損罪嫌，顯將追查綽號「○○」男子責任移轉地檢署，此屬辦案移案過程重大瑕疵。	（94年月○日中分二刑字第○○○○○○○○號）（94核退○○○○）
22	電子遊戲場業管理條例	臺中縣警察局豐原分局	嫌疑人陳○○涉嫌於94年○月○日為嫌疑人蔣○○以月薪1萬9,000元僱用擔任超商收銀員及兌換電玩代幣工作，於94年○月○日凌晨1時25分，在臺中縣○○鄉○○路○○號當場為警查獲電玩「超級大舞臺」、「魔法球」各乙臺。案經將嫌疑人陳○○隨案移送而嫌疑人蔣○○函送偵辦。依警卷內容，並無賭客玩賭情事或	（94年○月○日豐警刑字第○○○○○○○○○○號）（94核退○○○○）

編號	案由	移送機關	核退事由	移送書及核退文號
22	電子遊戲場業管理條例	臺中縣警察局豐原分局	有賭博事證，即以嫌疑人涉嫌刑法第267條、第268條移送，且電子遊戲場業管理條例，原則上係以負責人為處罰對象，本件移送卻以店員隨案移送，但店主卻函送，情節輕重程度，顯有失衡。	（94年○月○日豐警刑字第○○○○○○○○○○號）（94核退○○○○）
23	傷害	臺中市警察局第一分局	嫌疑人洪○○於94年○月○日中午12時20分許，駕駛車號QM-○○○○號自小客車，途經臺中市○區○○路與○○路口，自後撞擊被害人林○○所駕駛車號EZS-○○○號輕型機車，致該機車受損及被害人林○○受傷，雖經被害人聲請調解，但嫌疑人均未到場而向分局提出告訴。案經函送偵辦。本件警卷內，既無交通事故調查表及現場圖、亦無現場照片，甚至機車毀損照片，均付之闕如，僅以告訴人筆錄、調解不成立證明即行函送，顯然未盡蒐證之能事。	（94年○月○日中分一刑字第○○○○○○○○○○號）（94核退○○○○）
24	公共危險－酒醉駕車	臺中市警察局第四分局	嫌疑人王○○明知飲酒後不能駕駛動力交通工具，仍貿然駕駛車號QT-○○○○號自小客車，於94年○月○日凌晨1時20分許，在臺中市○○區○○○路與○○○路口，與被害人魏○○所駕駛車號○○○○-JV號自小客車發生車禍肇事，經警據報處理，嫌疑人送醫急救，測得嫌疑人酒精值為0.05mg/ℓ，案經被害人提出過失傷害及毀損告訴而移	（94年○月○日中分四偵字第○○○○○○○○○○號）（94核退○○○○）

編號	案由	移送機關	核退事由	移送書及核退文號
24	公共危險－酒醉駕車	臺中市警察局第四分局	送偵辦。本件警卷內所附道路交通事故調查報告表，非屬本件嫌疑人與被害人之事件，且吐氣酒精值僅0.05mg/ℓ，無其他具體酒醉行徑之記載，即遽以移送公共危險，顯然於移送前對於整卷與認定罪名部分，有所疏失，且肇事車禍之過失毀損，不成立刑責，卻仍以毀損罪名移送，移案尚有改進之必要。	（94年○月○日中分四偵字第○○○○○○○○號）（94核退○○○○）
25	毒品危害防制條例	臺中縣警察局大甲分局	紀○○於94年○月○日凌晨○時15分與通緝犯鄭○○同處一室，為本分局查獲，經紀○○同意採尿送檢驗結果，均呈陰性反應，報請參辦。依函文及資料既顯示採集紀○○尿液檢驗結果均呈陰性反應，亦無其他不法罪嫌，即可存參，卻仍報署參辦，自無法令上之根據。	（94年○月○日中縣甲警刑字第○○○○○○○○號函）（94核退○○○○）
26	傷害、妨害自由	臺中縣警察局豐原分局	嫌疑人林○○與被害人陳○○係夫妻關係，平時雙方即不睦，嫌疑人竟自94年○月○日下午5時至同年月28日上午8時止，在臺中縣○○鄉○○村○○路○段○○○巷○弄○號，毆打傷害被害人並辱罵被害人，且揚言威脅對被害人不利，致被害人精神受創訴警究辦。依警卷內容，僅對於被害人製作筆錄後，即行移送偵辦，既未合法通知嫌疑人戶籍地址，亦未查索嫌疑人基本戶籍資料，即以陳報單記載嫌疑人已搬離現住地，無電話可聯絡，無法通知到案製作筆錄等語，顯然不熟悉刑事訴訟法規定通知嫌疑人程序辦理。	（94年○月○日豐警刑字第○○○○○○○○○號）（94核退○○○○）

編號	案由	移送機關	核退事由	移送書及核退文號
27	毒品危害防制條例	臺中市警察局第六分局	嫌疑人陳○○於95年○月○日凌晨2時30分，在臺中市○○區○○○路○○○號「○○汽車旅館○○○室」為警查獲意圖販賣而持有MDMA（4顆）、K他命（30.35公克），並持有施用MDMA而移送偵辦，但(1)移送書未將施用毒品與持有販賣部分，分別移送，卻一併以同一移送書併送，違反施用毒品單獨移送原則；(2)施用或單純持有K他命（第3級毒品）並無刑責，而嫌疑人陳○○究竟涉嫌施用何種毒品，移送書未載明。	（95年○月○日中分六警偵字第○○○○○○○○號）（95年度核退字第○○○○號）
28	詐欺	臺中市警察局第一分局	嫌疑人鄭○○提供○○國際商業銀行帳戶供詐欺集團使用，致被害人林○○接獲「○○金融國際公司」名義告知抽中獎金港幣30萬元須扣繳新臺幣3,700元稅額電話，信以為真，依電話指示於95年○月○日下午4時3分至○○國際商業銀行大樹林分行以臨櫃匯款方式匯新臺幣17萬5,000元入鄭○○帳戶，被害人知受騙後，向桃園縣政府警察局桃園分局大樹派出所報案並列為警示戶，於95年○月○日上午10時40分，嫌疑人至臺中市○區○○路○段○○○號「○○銀行臺中分行」辦理開戶時，為警查獲，惟移送卷證，對於被害人於警訊筆錄供述被害人匯款地點係桃園市○○郵局，顯與移送書所載不符，且被害人被害時間與查獲時間亦不合，	（95年○月○日中分一偵字第○○○○○○○○號）

編號	案由	移送機關	核退事由	移送書及核退文號
28	詐欺	臺中市警察局第一分局	又筆錄載除了上開帳戶外，尚有人頭戶陳○○（臺北○○銀行○○分行）、吳○○（○○銀行敦化分行）、彭○○（○○銀行）等多個帳戶，均未查證，且移送書亦未載明是否繼續蒐證偵辦，本件移送顯屬草率。	（95年○月○日中分一偵字第○○○○○○○號）

第三節　移送缺失與改善建議

　　一、酒後駕車案件，（一）常發現卷內所附之「刑法第185條之3之查獲後測試、觀察職務報告」中，未記載嫌疑人之姓名致無法單就該項資料得知嫌疑人爲何人，請務必顯示嫌疑人之姓名；（二）如嫌疑人接受酒測時之測定值未逾0.55mg/ℓ（現修正爲0.25mg/ℓ），請務依該項資料中所列載之公式推估嫌疑人飲酒後開始駕車時之酒精濃度。

　　二、在網路上刊登廣告販賣遊戲主機並附贈盜版遊戲光碟之違反著作權法案件，移送或報告本署時，卷內請同時附具（一）鑑定人之鑑定資格證明及正式鑑定報告書；（二）著作財產權人或受其委任之人之筆錄；（三）著作權證明文件。如因時間急迫，不及檢附上開資料時（如查獲現行犯），請務必於刑事案件移送書或刑事案件報告書中敘明「將於○○時補送」或同義字句。可不以欠缺上開資料之理由核退，如未記載，仍予核退。

　　三、網路援交案件，兒童及少年性交易防制條例第29條處罰之行爲，係「散布、播送或刊登足以引誘、媒介、暗示或其他促使人爲性交易之訊息」，故須行爲人有「散布、播送或刊登」之行爲，且係「足以引誘、媒介、暗示或其他促使人爲性交易之訊息」，始構成該罪。在移送或報告案件中，常見員警喬裝上網，點選聊天室中之某個代號名稱後，與之對談，挑起對方性交易之意，再將對方約出見面，予以查獲，然此種做法，容易有陷害教唆之疑慮。是以，請注意下列事項：

（一）如單就嫌疑人使用之代號名稱即可認為係「足以引誘、媒介、暗示或其他促使人為性交易之訊息」者，因該代號名稱係進入網站之不特定人皆可看到，已符合「散布、播送或刊登」之行為，應已有構成犯罪之可能。

（二）如單就嫌疑人使用之代號名稱尚不足以認為係「足以引誘、媒介、暗示或其他促使人為性交易之訊息」者，則須就其交談方式及內容決定：

1. 交談如非採用「密語（或密談）」功能者：文字交談內容係進入網站之不特定人皆可視之，應屬「散布、播送或刊登」之行為，此時如交談內容涉及性交易訊息者，亦可成罪。惟應注意須由嫌疑人先提出性交易之邀約或詢問，不宜由喬裝之員警先提出，以避免產生陷害教唆之疑慮。

2. 交談如採用「密語」（或密談）功能，或係以電話聯絡者，則文字或言詞交談之內容僅有交談之雙方可以得知，不符合「散布、播送或刊登」之行為，縱交談內容涉及性交易訊息，亦不構成本罪。

　　四、如案件原移送或報告嫌疑人A、B，而地檢署以案件另有共犯或涉嫌犯罪之人C、D未移送或報告而予核退，請於「函覆」（注意：非重新移送或報告）地檢署關於補辦之情形時，於公文中記載就原未移送或報告之嫌疑人C、D已另案移送或報告之旨，並附具刑事案件移送書或報告書影本或副本，切勿僅以加入原未移送或報告之嫌疑人C、D後之刑事案件移送書或報告書（A、B、C、D）函覆核退辦理情形。換言之，函覆核退補辦情形，與另案移送或報告，須分別為之，即須具備兩種公文，分別行文地檢署。

　　五、非告訴乃論案件，如竊盜、侵占等，常看見卷內將某人列為告訴代理人，卷內卻無真正被害人之告訴資料，致被核退。請確定被害人要提出告訴，附上告訴狀或告訴筆錄，再將某人列為告訴代理人。

　　例如：被害人是公司或政府機關，來做筆錄者係公司法務或承辦人員，並表示提出告訴，但卷內並無該公司或政府機關之告訴狀。非告訴乃論之罪原本不經告訴即可追訴，然而既然筆錄內已載明提出告訴，就應「合法告訴」。故應確認被害人究竟是否提出告訴？如是，應提出完整之告訴狀及委任狀。

　　六、告訴乃論案件，被害人如係公司或政府機關，應檢附該公司或政府機

關之告訴狀及委任狀，而非僅由法務或承辦人員在筆錄中簡單表示「代表提出告訴」，而未附任何告訴狀。

說明：告訴乃論如未經被害人提出告訴，嚴格來說是告訴不合法，可以逕為不起訴處分，曾有個案因此被核退後，僅以文字敘明「被害人稱出庭時才提出告訴狀」即行函覆，嚴格來說，此案於移送時係「未經合法告訴」。

七、通知嫌疑人應有送達證書。最近核退後函覆之案件，竟發現有個案因未合法送達，僅以電話通知嫌疑人，經核退後，還是以電話通知嫌疑人未到案即行函覆，於法不合。

原因：有送達證書才能合法送達，並進一步拘提嫌疑人。若僅以電話通知，不但不生法律送達之效果，延宕偵查時效，且如嫌疑人因此未到案即行移送，亦有違反人權及偵查不備之虞。

八、嫌疑人如顯然經合法送達（如本人收受或同居人代收），送達處所又係本署轄區，請儘量派員來聲請拘票前往拘提嫌疑人。

說明：嫌疑人未到場即行移送之情形，除非其他事證調查十分完善，否則難以逕行起訴，故請儘量來署聲請拘票，使移送資料更臻完整。

九、移送資料如有其他證人可資調查，應通知證人到場製作筆錄；證人如拒不到場，應檢附證人如何經通知拒不到場之資料（如送達證書、電話紀錄、或證人陳報書狀等），將證人姓名、地址、年籍等資料附在卷內，並以文字敘明。

說明：上開情形可免被核退，由檢察官視必要傳拘證人。

十、車禍過失傷害案件，請交通處理小組知會市（縣）警局交通隊，提供「道路交通事故初步分析研判表」。如係現行犯解送未及製作之情形，請於移送書註明已製表中，俟有結論再行呈報，免被核退。

十一、重利案件，「乘人急迫、輕率或無輕驗」及「取得重利」為二大要件。故應詢問被害人向嫌疑人借錢之原因，並請被害人提供交付重利予嫌疑人之證據。否則難以構成重利罪。

例如：匯款單據、經標示之現金提領明細、其他證人之證詞等。

十二、施用毒品案件，應一人一案。如同一人移送施用毒品或其他案件，應分開移送，移送書或報告書請將移送罪名分別論述，勿在同一移送書或報告書併列舉施用毒品罪名及其他罪名。

原因：此種情形如係分別移送，但移送書或報告書將施用毒品與其他罪名

併予論述，會使人誤會未分別移送，而遭核退。因為上開卷宗不一定放在同一批編排案號，審查時無法判別。

十三、施用毒品案件，請詢問嫌疑人：最後一次及上一次施用之時間、地點為何？

理由：如在72小時內，因有驗尿報告佐證，法院會全部判進去，否則法院有時只認定最後一次。

十四、人頭帳戶案件，最近發現有許多個案未調取開戶資料及交易明細，僅憑筆錄或被害人提供之匯款單即移送，未盡基本蒐證之責。

說明：此為基本證據資料，證明該帳戶確實被利用作為犯罪帳戶，如未調取，屬有重大缺失。

十五、人頭電話案件，請務必查明被害人使用之電話，並調取人頭電話於案發日與被害人之通聯紀錄，予以標示。

原因：與人頭帳戶之交易明細同樣道理，證明該電話確實作為犯罪電話使用。否則，僅根據被害人稱曾以該電話聯絡，即移送該電話使用人，顯然不妥。

十六、人頭帳戶或電話案件，依移送資料之犯罪事實，如顯示有其他犯罪之帳戶或電話，務必註明另行續查之情形（或續查中），免被核退並延遲偵查時效。

例如：通聯紀錄之調取有時效性，如未續查，可能被列為核退理由。

十七、如有扣案物品或採驗檢體，請在移送書註明扣物去向。

例如：某年某月某日前送地檢署贓物庫；或已於某年某月某日送某單位檢驗，俟檢驗結果回覆即呈報；酒駕案件，「實際觀察酒醉情狀」與「製作觀察測試表」之警員應為同一人。

原因：避免有詢問或傳喚必要時產生延宕，亦喪失設計表格時之原意。

十八、兒童及少年性交易防制條例案件，依張貼之小廣告（或報紙分類廣告），以釣魚方式移送前往性交易之女性嫌疑人，有違法之虞。

說明：

（一）通常並無證據證明前往為性交易者即為刊登廣告之人，憑此移送，恐有濫行移送之虞。

（二）正確做法，應追查實際刊登性交易廣告之人，如依電話使用人或報業提供之刊登者資料。

十九、有被害人之案件，務必詢問被害人是否對嫌疑人提出告訴？財產損失若干？

原因：告訴人與被害人在訴訟上之權利有程度上之差距（如再議權、認罪協商之同意權等）；明瞭財產損失情形有助具體求刑。

二十、親屬間有特別規定之案件（如親屬間竊盜、特定親屬提出告訴），應檢附戶籍資料、戶役政資料、或身分證影本。

說明：視案情檢附上開資料之其中一種，必須得以判別相關當事人間之關係。

二十一、嫌疑人未到案或否認犯罪之情形，被害人或證人不得僅以單一指認方式指認嫌疑人，應依警政署頒訂「警察機關實施指認犯罪嫌疑人注意事項」指認嫌疑人。

說明：如指認未依上開規定進行，法院可能認定該指認不具備證據能力，若無其他強而有力之補強證據，判決無罪之可能性極高，例如飛車搶奪案件。

第四節　刑事訴訟法要求對檢警衝擊與改善建議

一、加強製作筆錄過程的錄影錄音設備與操作檢修能力：製作嫌疑人筆錄時，司法警察所錄製之錄音帶或光碟片，經公訴蒞庭檢視時發現無內容或無法播放等情形，造成嫌疑人警訊筆錄之合法性遭嚴重挑戰。

二、遵守警政署公布之警察機關實施指認犯罪嫌疑人注意事項規定：關於司法警察機關偵辦案件過程，對於指認嫌疑人程序上瑕疵，如單一指認，造成公訴蒞庭時，遭被告選任辯護人對於指認程序合法性質疑。

三、95年7月1日起，實施新修正之刑法，已無連續犯與牽連犯之規定，對於案發時蒐證程度與筆錄訊問深度，檢警調憲海巡等，勢將面臨新挑戰，如何使蒐證與筆錄訊問精緻化，硬體設備再充實與軟體訓練再提升品質，將為迫切課題。

四、評估各司法警察機關移送案件中，被移送犯罪嫌疑人有施用毒品前科紀錄者，比例不低，嫌疑人為施用毒品所需而另犯竊盜、詐欺、搶奪或強盜等犯罪，當不在少數，如何再加強查緝毒品，亦為現今維護治安不可忽視的課題。

　　五、通知書送達等程序正義須再落實，與相關辦案資訊函調獲取須再強化，方能符合刑事專業要求。

　　六、建議各司法警察機關對於辦案資源之橫向聯繫，於平時在職訓練時應予重視，如臺中地區刑事案件，核退比率以詐欺案件為最，其中又以人頭帳戶幫助詐欺占最大比率，姑不論其社會經濟與績效評比等因素，以偵辦詐欺案件時，司法警察同仁均已形成制式化模式，如何從現有模式再精緻化，有效降低核退比率，請務必參考上開主要被核退補足調查事由列舉辦理，提升辦案品質。

附錄一　通知詢問與移送遞解規定

　　內政部警政署為因應警察偵辦刑案工作之需要，於民國69年5月10日訂頒警察偵查犯罪規範，民國97年9月30日更名為警察偵查犯罪手冊。為使內容更符合法制現況及實務運作，期間歷經13次修正，最後一次修正日期為民國110年11月26日，內容計有十章三十四節。第一章總則，第二章受理報案與通報管制及支援，第三章情報諮詢及查察，第四章現場處理之偵查及勘查處置，第五章被害保護及關懷協助，第六章實施偵查，第七章案件移送及司法偵審，第八章特殊案件之處理，第九章刑案紀錄及資料運用，第十章督導管理考核。

　　上述警察偵查犯罪手冊的內容包含了警察偵查犯罪所有的流程、訴訟刑事法令、各種警察法規、更重要的是提供了各種偵查作為之執行要領與技巧，可以稱之為犯罪偵查實務概論，實可作為教育警察人員偵查犯罪的基本教材。因此筆者在臺中縣警察局刑警大隊服務時，如有辦理新進刑事人員講習，一定將「警察偵查犯罪手冊」列為講習科目，並親自介紹、講解，期使新進人員於擔任刑事工作前，對偵查犯罪先有一個有系統的、完整的概念。又由於長期擔任中央與地方之各項外勤刑事警察職務，負責偵辦國內外各項特殊重大刑案，深知偵訊的重要性，因此除將「偵訊實務」單獨列為一個講習科目，也特別將手冊第六章第五節通知及詢問（第99點至第133點）與第七章第一節移送遞解（第197點至第207點），逐點解析，除優先列出各點規定的法令依據外，特別針對警察機關過去經常或曾發生過的缺失，或提供案例，或分析案例，以提醒基層同仁注意，避免一再重複類似缺失，或提供具體作法之建議，以供參考。因此從事與偵查有關工作之警察人員，如能瞭解手冊中有關通知詢問與移送遞解的內容、規定與解析，於實際辦理通知詢問與案件移送的過程中，遵循參酌各項規定與與解析，使各項作業均能符合要件與程序正義，應即具備了刑事工作重要的基本專業能力。

壹、通知詢問規定與解析

第99點

司法警察官或司法警察為調查犯罪情形及蒐集證據，得使用通知書（格式如附件三），通知犯罪嫌疑人到場接受詢問。惟案件未經調查且非有必要，不得任意通知犯罪嫌疑人到場。

前項通知書，應記載下列事項，由地區警察分局長或其相當職務以上長官簽章，以派員或郵寄方式送達犯罪嫌疑人：

（一）犯罪嫌疑人之姓名、性別、年齡、出生地及住所、或居所。

（二）涉嫌之罪名。

（三）應到之日、時、處所。

（四）特別事項，例如應攜帶物品等，得於注意欄內註明。

前項送達，對於無急迫性或時效性之案件，以郵務送達方式為原則。

通知書指派員警送達者，應於非例假日之日間行之。但應受送達人不拒絕收領者或因案情需要經簽報其主管長官核准者，不在此限。

解析

• 刑事訴訟法第71條第1至3項

傳喚被告，應用傳票。

傳票，應記載下列事項：

（一）被告之姓名、性別、出生年月日、身分證明文件編號及住、居所。

（二）案由。

（三）應到之日、時、處所。

（四）無正當理由不到場者，得命拘提。

被告之姓名不明或因其他情形有必要時，應記載其足資辨別之特徵。被告之出生年月日、身分證明文件編號、住、居所不明者，得免記載。

• 刑事訴訟法第71條之1

司法警察官或司法警察，因調查犯罪嫌疑人犯罪情形及蒐集證據之必要，得使用通知書，通知犯罪嫌疑人到場詢問。經合法通知，無正當理由不到場

者，得報請檢察官核發拘票。

前項通知書，由司法警察機關主管長官簽名，其應記載事項，準用前條第2項第1款至第3款之規定。

部分警察人員常將傳喚與通知混淆，正確的名稱為，法院、檢察署使用傳票傳喚被告到場訊問，司法警察機關使用通知書通知犯罪嫌疑人到場詢問。

第100點

送達人應製作送達證書（格式如附件四），交應受送達人簽名、蓋章或按指印；如未獲會晤應受送達人者，得將文書交予有辨別事理能力之同居人或受僱人代收。但同居人或受僱人為他造當事人者，不得將文書交予之。

前項送達，如係交郵政機關送達者，應製作郵務送達證書（格式如附件五），黏貼於信封上。

如未獲會晤本人或其同居人或受僱人者，得將文書寄存於送達地之自治或警察機關，另製作送達通知書二份（格式如附件六），一份粘貼於應受送達人住所居所門首，另一份置於該送達處所信箱或其他適當位置，以為送達。

寄存送達者，送達時效依刑事訴訟法第六十二條送達文書準用民事訴訟法之規定，民事訴訟法第一百三十八條第二項規定寄存送達，自寄存之日起，經過十日發生效力。寄存送達之文書自寄存之日起，應保存二個月。

應受送達人無法律上理由而拒絕收領者，得將通知書留置於送達處所，將送達情形於送達證書記明後附卷。

郵寄送達者，應將回執附卷備查。

解析

一、本點最需要注意的是第3項寄存送達之規定及第4項寄存送達的時效，實務上，許多未符合寄存送達之規定。臺中地檢署立案審查警察機關移送案件，寄存送達未符合規定是主要被核退補足調查事由之一，茲說明如下：

　　（一）警察機關通知嫌疑人到案說明之通知書，如以寄存送達方式，自寄存之日起，經過十日即非屬合法送達，自無從依刑事訴訟法第71條之1第1項聲請核發拘票，亦無從以犯罪嫌疑人經合法通知無正當理由不到場為理由逕行將其移送。

　　（二）常見寄存送達未符合規定，甚至連送達證書上填載亦未詳盡，致無從判別。（依法通知嫌疑人到場，該通知如係屬「寄存送達」之情

形時，通常該通知均未合法，雖有調戶籍謄本查明送達地點是否正確，但通知到場製作筆錄日期之通知書，多未在「十天前」送達，除因通知書未附不知應到場之時間外，送達證書亦未記載應到場之期日，另外送達證書常有多項應載明之事項，如：已將文書寄存於何處未記載或未記載詳細單位名稱、或未記載送達之時日、或未記載送達之處所、或不知何人製作等，因此該通知均不合法。換言之，此類核退事由常見缺失為：

1. 警卷未同時檢附通知書（或應到場時日之資料）及送達證書，致無法判斷是否合法送達。

2. 通知書係寄存送達者，自寄存之日起至應到場時日間常未逾十日，致寄存送達生效時，已逾應到場時日，送達不合法。

3. 僅就嫌疑人之戶籍地址送達，未就卷內所顯現之嫌疑人其餘居所送達，致送達常徒勞無功。

4. 送達證書上常未逐項確實填載，甚有製作送達證書之員警未簽章者。）

（三）警察機關應注意事項

1. 通知書如交應受送達人本人或交予有辨別事理能力之同居人或受僱人代收，應於應到時間之24小時前送達之。但情形急迫者，不在此限。

2. 如為寄存送達，則製發通知書時即應考慮到要予協助送達單位（人）能於應到時日十日前完成送達的足夠時間，如係函請被通知人轄區分局之派出所送達，應考量行文至分局（二日）交到派出所（二日）勤區警員（可能遇休假二日、通常給予利用三個工作日完成）送達，加上十日前的所需時間，故到場時日至少須於發文後之二十日以上。

3. 派出所於收到代送達之通知書，應注意寄存送達之規定時效，以免送達不合法而影響全案偵查程序（如需再次送達，還是要代送）。

二、另項代送達機關（通常為轄區派出所）常犯的錯誤，是將囑託機關之通知書直接貼於應受送達人住所居所門首，然後照相後，將送達證書連同照片函復囑託機關，而非依本手冊所訂作法，將文書寄存於送達地之自治或警

察機關（通常即為代送達機關），另「製作《送達通知書》黏貼於應受送達人住所居所門首」，再照相後，將送達證書連同照片函復囑託機關。

> ### 第101點
>
> 　　犯罪嫌疑人經通知到場者，應依原定時間及處所即時詢問，不得拖延。

解析

• 刑事訴訟法第93條之1第1項5款前段

　　被告或犯罪嫌疑人因表示選任辯護人之意思，而等候辯護人到場致未予訊問者。但等候時間不得逾四小時。

> ### 第102點
>
> 　　經通知到場之犯罪嫌疑人，於詢問完畢後囑其返回，必要時由其家屬帶回或派員送返。但如有刑事訴訟法第八十八條之一第一項各款情形之一，且情況急迫不及報告檢察官者，得逕行拘提之。惟於執行後，應即報請檢察官簽發拘票，如檢察官不簽發拘票時，應即將被拘提人釋放。

解析

一、本點前段

　　「詢問完畢後囑其返回，必要時由其家屬帶回或派員送返。」重點在於如何判斷係「必要時」，是以詢問人應有足夠的經驗或敏銳度，當然幹部更應掌控全局，審度案情及被詢問人之年紀、智能、身心狀況等，指揮為適當的處置。除被詢問人未成年要有人陪同來回外，對於情緒不穩、沮喪、言行舉止及身體狀況顯為異常者，視情通知家屬帶回或派員送返並親自交給家屬。被詢問人詢畢獨自離開，如發生意外，家屬極可能質疑警方不當，因此「必要時」的判斷極其重要。

二、本點後段

• **刑事訴訟法第88條之1第1、2項**

　　檢察官、司法警察官或司法警察偵查犯罪,有下列情形之一而情況急迫者,得逕行拘提之:

　　（一）因現行犯之供述,且有事實足認為共犯嫌疑重大者。

　　（二）在執行或在押中之脫逃者。

　　（三）有事實足認為犯罪嫌疑重大,經被盤查而逃逸者。但所犯顯係最重本刑為一年以下有期徒刑、拘役或專科罰金之罪者,不在此限。

　　（四）所犯為死刑、無期徒刑或最輕本刑為五年以上有期徒刑之罪,嫌疑重大,有事實足認為有逃亡之虞者。

　　前項拘提,由檢察官親自執行時,得不用拘票;由司法警察官或司法警察執行時,以其急迫情況不及報告檢察官者為限,於執行後,應即報請檢察官簽發拘票。如檢察官不簽發拘票時,應即將被拘提人釋放。

第103點

　　犯罪嫌疑人受合法通知,無正當理由不到場,警察機關主管長官得派員攜同拘票聲請書（格式如附件七）,敘明犯罪嫌疑人涉嫌犯罪事實要旨及應予拘提之事由,連同送達證書及卷宗、證物,報請檢察官核發拘票。

解析

• **刑事訴訟法第71條之1第1項**

　　司法警察官或司法警察,因調查犯罪嫌疑人犯罪情形及蒐集證據之必要,得使用通知書,通知犯罪嫌疑人到場詢問。經合法通知,無正當理由不到場者,得報請檢察官核發拘票。

第104點

　　爲調查犯罪情形及蒐集證據之必要，警察機關得使用證人通知書（格式如附件八）通知被害人、被害人親屬、告訴人、告發人、證人或關係人到場說明。

　　前項通知書，應於命到場前二十四小時送達之。但情形急迫者或案情單純者，得以電話、傳眞或口頭等方式通知之。

　　證人經通知到場者，應依原定時間及處所即時詢問，不得拖延。

　　證人如有數人者，應分別詢問之；未經詢問者，非經許可，不得在場。

解析

- ### 刑事訴訟法第176條之1

　　除法律另有規定者外，不問何人，於他人之案件，有爲證人之義務。

- ### 刑事訴訟法第178條第1項

　　證人經合法傳喚，無正當理由而不到場者，得科以新臺幣三萬元以下之罰鍰，並得拘提之；再傳不到者，亦同。

- ### 刑事訴訟法第196條之1第1項

　　司法警察官或司法警察因調查犯罪嫌疑人犯罪情形及蒐集證據之必要，得使用通知書通知證人到場詢問。

一、犯罪嫌疑人經合法通知，無正當理由不到場者，警察機關得報請檢察官核發拘票。至於證人，經通知不到場者，警察機關並無報請檢察官核發拘票效力，實務上，警察機關可協調檢察官發傳票傳喚證人到場，再交由警察機關詢問；如證人傳喚不到，則由檢察官簽發拘票交由警察機關拘提證人到場，再由檢察官交由警察機關詢問。

二、犯罪嫌疑人通知書名稱爲（警察機關）通知書，注意欄有四點：

　　（一）經合法通知，無正當理由不到場者，得依法報請檢察官核發拘票。

　　（二）應帶本通知書及國民身分證準時報到。

　　（三）得選任辯護人，偕同到場。但應提出委任書狀。

（四）此通知書不收任何費用。

證人通知書名稱為（警察機關）證人通知書，注意欄只有二點：

（一）應帶本通知書及國民身分證準時報到。

（二）此通知書不收任何費用。

此二種通知書之格式幾乎完全相同，因此一疏忽就可能使用錯誤，尤其是通知證人卻使用犯罪嫌疑人通知書最易引發不滿，主要是犯罪嫌疑人通知書注意欄第一點「經合法通知，無正當理由不到場者，得依法報請檢察官核發拘票。」的字眼帶有威脅性，讓證人不悅，如因而降低了其配合或協助的意願，實是得不償失，故務必謹慎不要使用錯誤的通知書。

三、證人可能特別請假甚至從遠地前來，如未按時或拖延詢問，甚至通知詢問之承辦人員不在而無法或延遲詢問，都會影響其原預定計畫行程，當然可能引起證人的不悅，甚至影響其配合或合作的意願，因此詢問人應特別注意證人角色、身分地位、居住所及工作等，態度誠懇，予以適當尊重，視情況表達謝意。

第105點

司法警察或司法警察官詢問證人或關係人等人時，如證人有下列情形之一者，應告知得拒絕證言：

（一）現為或曾為犯罪嫌疑人之配偶、直系血親、三親等內之血親、二親等內之姻親或家長、家屬者。

（二）與犯罪嫌疑人訂有婚約者。

（三）現為或曾為犯罪嫌疑人之法定代理人或現由或曾由犯罪嫌疑人為其法定代理人者。

解析

● **刑事訴訟法第180條**

證人有下列情形之一者，得拒絕證言：

（一）現為或曾為被告或自訴人之配偶、直系血親、三親等內旁系血親、二親等內之姻親或家長、家屬者。

（二）與被告或自訴人訂有婚約者。

（三）現為或曾為被告或自訴人之法定代理人或現由或曾由被告或自訴人為其法定代理人者。

對於共同被告或自訴人中一人或數人有前項關係，而就僅關於他共同被告或他共同自訴人之事項為證人者，不得拒絕證言。

第106點

司法警察官或司法警察於製作證人或關係人指證筆錄時，應注意事項如下：

（一）證人或關係人因到場作證致生命、身體、自由或財產有遭受危害之虞時，得依證人保護法聲請保護。

（二）證人保護法規定之證人，係指其指證之案件為證人保護法第二條之刑事案件，且願意在檢察官偵查中或法院審理中到場作證，陳述自己見聞之犯罪事證，並依法接受對質及詰問者。

（三）檢舉人、告發人、告訴人或被害人須於檢察官偵查中或法院審理中到場作證，而有保護之必要者，比照證人保護法規定辦理；無須到場作證者，應依警察機關獎勵民眾提供犯罪線索協助破案實施要點」規定辦理。

證人有依證人保護法規定施以保護之必要者，應請證人書立切結書（如附件九），並向檢察官聲請核發證人保護書（如附件十）。但時間急迫者，得先採取必要之保護措施，並於七日內將所採保護措施陳報檢察官。

證人保護法規定之保護措施有身分保密、人身隨身安全保護、禁止或限制特定人接近、短期生活安置，於聲請核發證人保護書時，應就個案狀況需要審慎選定之。

證人採取身分保密之保護措施時，應注意事項如下：

（一）製作筆錄或文書時，證人之真實姓名及身分資料應以代號為之，不得記載證人之年籍、住居所、身分證統一編號或護照號碼及其他足資識別其身分之資料；證人之簽名亦以按指印代之，並另製作代號及真實姓名對照表（如附件十一），連同詢問錄音（錄影）資料以密封套密封附卷。

（二）載有保密證人真實身分資料之筆錄、錄音（錄影）、文書原本或其他足以顯示應保密證人身分之文書，應另行製作卷面封存之；於移送檢察官偵辦時，不得與其他真實姓名筆錄或文書同時裝訂於同一卷宗。

（三）封存之筆錄、錄音（錄影）或文書，除法律另有規定者外，不得提供閱覽或提供偵查、審判機關以外之其他機關、團體或個人。

解析

• **證人保護法第2條**

本法所稱刑事案件，以下列各款所列之罪為限：

（一）最輕本刑為三年以上有期徒刑之罪。

（二）刑法第100條第2項之預備內亂罪、第101條第2項之預備暴動內亂罪或第106條第3項、第109條第1項、第3項、第4項、第121條第1項、第122條第3項、第131條第1項、第142條、第143條第1項、第144條、第145條、第256條第1項、第3項、第257條第1項、第4項、第296條之1第3項、第298條第2項、第300條、第339條、第339條之3或第346條之罪。

（三）貪污治罪條例第11條第1項、第2項之罪。

（四）懲治走私條例第2條第1項、第2項或第3條之罪。

（五）藥事法第82條第1項、第2項或第83條第1項、第3項之罪。

（六）銀行法第125條之罪。

（七）證券交易法第171條或第173條第1項之罪。

（八）期貨交易法第112條或第113條第1項、第2項之罪。

（九）槍砲彈藥刀械管制條例第8條第4項、第11條第4項、第12條第1項、第2項、第4項、第5項或第13條第2項、第4項、第5項之罪。

（十）公職人員選舉罷免法第88條第1項、第89條第1項、第2項、第90條之1第1項、第91條第1項第1款或第91條之1第1項之罪。

（十一）農會法第47條之1或第47條之2之罪。

（十二）漁會法第50條之1或第50條之2之罪。

（十三）兒童及少年性剝削防制條例第32條第1項、第3項、第4項之罪。

（十四）洗錢防制法第14條第1項、第2項、第15條或第17條之罪。

（十五）組織犯罪防制條例第3條第1項後段、第2項、第5項、第7項、第8項、第4條、第6條或第11條第3項之罪。

（十六）營業秘密法第13條之2之罪。

（十七）陸海空軍刑法第42條第1項、第43條第1項、第44條第2項前段、第5項、第45條、第46條之罪。

- **證人保護法第3條**

　　依本法保護之證人，以願在檢察官偵查中或法院審理中到場作證，陳述自己見聞之犯罪或流氓事證，並依法接受對質及詰問之人為限。

- **證人保護法第4條**

　　證人或與其有密切利害關係之人因證人到場作證，致生命、身體、自由或財產有遭受危害之虞，而有受保護之必要者，法院於審理中或檢察官於偵查中得依職權或依證人、被害人或其代理人、被告或其辯護人、被移送人或其選任律師、輔佐人、司法警察官、案件移送機關、自訴案件之自訴人之聲請，核發證人保護書。但時間急迫，不及核發證人保護書者，得先採取必要之保護措施。

　　司法警察機關於調查刑事或流氓案件時，如認證人有前項受保護必要之情形者，得先採取必要之保護措施，並於七日內將所採保護措施陳報檢察官或法院。檢察官或法院如認該保護措施不適當者，得命變更或停止之。

　　聲請保護之案件，以該管刑事或檢肅流氓案件之法院，為管轄法院。

- **證人保護法第11條**

　　有保密身分必要之證人，除法律另有規定者外，其真實姓名及身分資料，公務員於製作筆錄或文書時，應以代號為之（格式如附件六），不得記載證人之年籍、住居所、身分證統一編號或護照號碼及其他足資識別其身分之資料。該證人之簽名以按指印代之。

　　載有保密證人真實身分資料之筆錄或文書原本，應另行製作卷面封存之。其他文書足以顯示應保密證人之身分者，亦同。

　　前項封存之筆錄、文書，除法律另有規定者外，不得供閱覽或提供偵查、審判機關以外之其他機關、團體或個人。

　　對依本法有保密身分必要之證人，於偵查或審理中為訊問時，應以蒙面、變聲、變像、視訊傳送或其他適當隔離方式為之。於其依法接受對質或詰問時，亦同。

- **證人保護法第12條第1、2項**

　　證人或與其有密切利害關係之人之生命、身體或自由有遭受立即危害之虞時，法院或檢察官得命司法警察機關派員於一定期間內隨身保護證人或與其有密切利害關係之人之人身安全。

　　前項情形於必要時，並得禁止或限制特定之人接近證人或與其有密切利害關係之人之身體、住居所、工作之場所或為一定行為。

- **證人保護法第13條第1、2項**

　　證人或與其有密切利害關係之人之生命、身體、自由或財產有遭受危害之虞，且短期內有變更生活、工作地點及方式之確實必要者，法院或檢察官得命付短期生活安置，指定安置機關，在一定期間內將受保護人安置於適當環境或協助轉業，並給予生活照料。

　　前項期間最長不得逾一年。但必要時，經檢察官或法院之同意，得延長一年。所需安置相關經費，由內政部編列預算支應。

- **證人保護法第14條第1至3項**

　　第2條所列刑事案件之被告或犯罪嫌疑人，於偵查中供述與該案案情有重要關係之待證事項或其他正犯或共犯之犯罪事證，因而使檢察官得以追訴該案之其他正犯或共犯者，以經檢察官事先同意者為限，就其因供述所涉之犯罪，減輕或免除其刑。

　　被告或犯罪嫌疑人雖非前項案件之正犯或共犯，但於偵查中供述其犯罪之前手、後手或相關犯罪之網絡，因而使檢察官得以追訴與該犯罪相關之第2條所列刑事案件之被告者，參酌其犯罪情節之輕重、被害人所受之損害、防止重大犯罪危害社會治安之重要性及公共利益等事項，以其所供述他人之犯罪情節或法定刑較重於其本身所涉之罪且經檢察官事先同意者為限，就其因供述所涉之犯罪，得為不起訴處分。

　　被告或犯罪嫌疑人非第1項案件之正犯或共犯，於偵查中供述其犯罪之前手、後手或相關犯罪之網絡，因而使檢察官得以追訴與該犯罪相關之第2條所列刑事案件之被告，如其因供述所涉之犯罪經檢察官起訴者，以其所供述他人

之犯罪情節或法定刑較重於其本身所涉之罪且曾經檢察官於偵查中爲第2項之同意者爲限，得減輕或免除其刑。

- **證人保護法第15條**

　　檢舉人、告發人、告訴人或被害人有保護必要時，準用保護證人之規定。

　　政府機關依法受理人民檢舉案件而認應保密檢舉人之姓名及身分資料者，於案件移送司法機關或司法警察機關時，得請求法院、檢察官或司法警察官依本法身分保密之規定施以保護措施。

　　民眾向警察機關提供犯罪線索因而破案者，除了警察機關訂有「獎勵民眾提供犯罪線索協助破案實施要點」規定外，提供毒品、查賄、盜採主要河川（經濟部河川局管轄河川）砂石及台電之供電線路設備等線索因而破案者，法務部（破案機關報請管轄地方法院檢察署向高等法院檢察署或法務部請領）、經濟部（管轄河川局）及台電公司亦均分別提供檢舉民眾及查緝獎金（台電公司新修正「台灣電力股份有限公司防止供電線路設備被竊獎勵檢舉要點」，自民國99年1月1日起取消發給警察機關獎勵金，獎勵對象僅爲檢舉人），惟基層員警常因未製作檢舉筆錄，並於偵辦過程中顯示係據民眾檢舉而偵辦，如檢舉筆錄附卷報請指揮、聲請通訊監察或聲請搜索票等，致破獲後無法據以請領檢舉獎金，也偶有請領逾期致遭拒之案例，嚴重影響檢舉民眾及出力人員權益，不可不慎。

第107點

　　經以證人或關係人等人之身分通知到場接受詢問後，認有犯罪嫌疑，應告知緣由及相關權利事項，俟其同意後，再就有關犯罪事實重新詢問。

解析

　　除非犯罪嫌疑人同意詢問，否則必須合法通知「與以辯明犯罪嫌疑之機會」，到場詢問時則應依法告知緣由及相關權利事項。通知證人或關係人詢問，發現證人或關係人就是犯罪嫌疑人，於詢問時很容易就接續問下去，而疏忽了詢問其是否同意亦未告知緣由與相關權利事項，移送時就以證人筆錄當作犯罪嫌疑人筆錄，雖相關犯罪事實均已詢問，然卻不合法定要件。

第108點

　　犯罪嫌疑人受司法警察官或司法警察調查者，得隨時提出委任書狀選任辯護人。

　　犯罪嫌疑人表示已選任辯護人者，應以電話將詢問時間及處所通知其辯護人。但犯罪嫌疑人係因拘提或逮捕到場者，等候其辯護人到場之時間，自通知時起，不得逾四小時。

解析

- **刑事訴訟法第27條第1項**

　　被告得隨時選任辯護人。犯罪嫌疑人受司法警察官或司法警察調查者，亦同。

- **刑事訴訟法第30條第1項**

　　選任辯護人，應提出委任書狀。

- **刑事訴訟法第93條之1第1項第5款前段**

　　被告或犯罪嫌疑人因表示選任辯護人之意思，而等候辯護人到場致未予訊問者。但等候時間不得逾四小時。

第109點

　　詢問開始前，詢問人員應先行瞭解全盤案情，另對受詢人之身分、個性、習癖及生活環境等，亦應作充分之瞭解。

解析

一、偵訊的基本原則——「先查再問」，在對受詢人實施詢問前，必須盡可能對案情做最詳細地調查，而不是未做調查就貿然偵訊。

二、先行瞭解受詢問人的背景資料（例如家庭、經歷、交往、興趣嗜好等），研判犯案動機，有助於建立投契之關係，達成偵訊目的。至於身分之查證

方式,詳本手冊第115點。

三、受詢問人通常會看偵訊者到底掌握多少資料,盤算自己是不是被掌握,再決定要不要說實話。能夠充分掌握訊息的人,才能問出關鍵,提升偵訊的效率。

四、「先查再問」固然是對犯罪嫌疑人偵訊的基本原則,即使是查訪被害人、證人或關係人等,先查再問基本上仍有其適用性。因為他們不知道偵查人員要的是什麼,所以通常只回答偵查人員的問題,以致可能遺漏了有價值的訊息,是以偵查人員如果先調查盡可能瞭解掌握相關資料後才問,才知道要問什麼,也才能瞭解受詢問人是否能提供有用的訊息。

第110點

詢問應態度誠懇,秉持客觀,勿持成見,不可受外力左右,不得提示、暗示,並能尊重被詢人之人格,使能在自由意志下坦誠供述,且不得使用強暴、脅迫、利誘、詐欺、疲勞詢問或其他不正當之方法。

解析

• 刑事訴訟法第98條

訊問被告應出以懇切之態度,不得用強暴、脅迫、利誘、詐欺、疲勞訊問或其他不正之方法。

人受主、客觀環境影響難免多少會有自己的想法與意見,可能因此而有意無意忽視與自己想法或意見不一致或不符合的情資或證據,因此偵查人員雖應有看法,但更應秉持客觀,切忌有先入為主的主觀判斷,尤應以不變的物證及科學鑑驗結果研判案情,做為詢問之基礎。

第111點

詢問被告或犯罪嫌疑人時應全程連續錄音;必要時,應全程連續錄影。不得筆錄製作完成後,始重新詢問並要求受詢問人照筆錄朗讀再予以錄音。

詢問犯罪嫌疑人之錄音及錄影,應自開始詢問其姓名、年齡、職業及住所或居所時起錄,至詢問完畢時停止,其間始末連續為之。

解析

一、有證據力的自白，除了合法偵訊外，尚要求自白必須是任意性的，才能做為適當證據。這種要求所根據的原則就是保護無辜者。刑事訴訟法第100條之1第1項前段規定「訊問被告，應全程連續錄音；必要時，並應全程連續錄影。」警方之詢問筆錄，在訴訟程序中，時有被告或辯解非其真意，或辯解遭受不正方法訊問，警詢筆錄之真實性屢遭質疑，為建立警詢筆錄之公信力，以擔保程序之合法，所以詢問過程應全程連續錄音並錄影，並應於一定期間內妥為保存，偵審機關如認為有必要時即可調取勘驗，以期發現真實，並確保自白之任意性。

二、刑事訴訟法修訂「詢問應全程連續錄音；必要時應全程連續錄影」施行之初，大多數之偵詢確都於筆錄之製作完成後，始重新詢問並要求受詢問人照筆錄其回答內容朗讀再予以錄音。近來則因電腦使用普及，幾乎都以電腦打字製作筆錄，建議在電腦上裝置視訊球，即可於偵詢時同步錄音、錄影，自可依照法定要求實施詢問。

三、在未實施「詢問應全程連續錄音；必要時並應全程連續錄影」之前，只要被詢問人在詢畢簽名前對詢問之回答內容反悔或翻供，偵訊工作即功虧一簣。實施後，如被詢問人拒絕在筆錄上簽名，則因於偵訊過程中已全程連續錄音錄影，可將其拒絕原因或理由記載於筆錄上，仍可發生筆錄之效力。另錄影或錄音的動作，雖是法定程序，但另一層意義是保護詢問人，日後免於被訴遭強暴、脅迫、利誘、詐欺、疲勞訊問或其他不正之方法逼供之困擾，因此建議從談話過程即著手錄影錄音。

第112點

　　刑事訴訟法第九十三條之一第一項所列各款法定障礙事由之經過時間內，不得詢問犯罪嫌疑人。

　　詢問犯罪嫌疑人，不得於夜間行之。但有刑事訴訟法第一百條之三第一項所列各款或第二項之情形者不在此限。

解 析

• 刑事訴訟法第93條之1

第91條（拘提因通緝逮捕之被告，應隨即解送至指定之處所）及前條第2項（偵查中經檢察官訊問後，認有羈押之必要者，應自拘提或逮捕之時起二十四小時內，敘明羈押之理由，聲請該管法院羈押之）所定之二十四小時，有下列情形之一者，其經過之時間不予計入。但不得有不必要之遲延：

（一）因交通障礙或其他不可抗力事由所生不得已之遲滯。

（二）在途解送期間。

（三）依第100條之3第1項規定不得為詢問者

（四）因被告或犯罪嫌疑人身體健康突發之事由，事實上不能訊問者。

（五）被告或犯罪嫌疑人因表示選任辯護人之意思，而等候辯護人到場致未予訊問者。但等候時間不得逾四小時。其等候第31條第5項律師到場致未予訊問或因精神障礙或其他心智缺陷無法為完全之陳述，因等候第35條第3項經通知陪同在場之人到場致未予訊問者，亦同。

（六）被告或犯罪嫌疑人須由通譯傳譯，因等候其通譯到場致未予訊問者。但等候時間不得逾六小時。

（七）經檢察官命具保或責付之被告，在候保或候責付中者。但候保或候責付時間不得逾四小時。

（八）犯罪嫌疑人經法院提審之期間。

前項各款情形之經過時間內不得訊問。

因第1項之法定障礙事由致二十四小時內無法移送該管法院者，檢察官聲請羈押時，並應釋明其事由。

• 刑事訴訟法第100條之3

司法警察官或司法警察詢問犯罪嫌疑人，不得於夜間行之。但有下列情形之一者，不在此限：

（一）經受詢問人明示同意者。

（二）於夜間經拘提或逮捕到場而查驗其人有無錯誤者。

（三）經檢察官或法官許可者。

（四）有急迫之情形者。

犯罪嫌疑人請求即詢問者，應即時爲之。

稱夜間者，爲日出前，日沒後。

上網以關鍵字「交通部中央氣象局每日天文現象」查詢，再點選地點，即有當地每日確切之日出、日沒時間。

第113點

實施詢問時應結合現場勘察、物證蒐採、檢驗結果、屍體解剖報告及調查訪問等所得情資，作爲案情研判依據，並運用偵訊技巧爲之。

解析

偵訊人員應深入瞭解各項相關查訪、訪談及調查筆錄內容、偵查報告、現場勘察採證報告、鑑驗報告、相驗報告等，研析這些資料的內容代表的意義，整個融會貫通後，才能客觀研判案情。能夠充分掌握訊息的人，才能分辨被詢問人供述之眞實或虛假，問出關鍵，提升偵訊的效率。

第114點

詢問時應有耐心，切勿期望一次即可獲得正確而完整之供述。多次詢問應註明製作筆錄次數，研析前後所述矛盾之處，追根究底，求得供述之眞實。

解析

一、供詞內容與其他證據及客觀事實是否吻合。審查的方式有三種：

（一）供詞內容前後不一致，或者說自相矛盾。

（二）供詞內容與本案中其他證據內容的不一致。

（三）供詞內容與本案中已知的事實不一致。

二、讓被詢問人對特定事件重複多次供述。偶爾使用不同的問法，注意被詢問人回答是否不一致。如果回憶的是事實，回答的內容將會是一致的；如非事實，則須使用更多的謊言，不是忘記他們之前所講的，就是虛構的細節與之前的供述不一樣。

三、偵訊與案情構成要件關鍵之處，偵訊者須不斷地在問題中重述出現，雖然問題呈現的方式不同，但偵訊者想得到的答案卻是一致的。藉以檢驗受詢問人對相同的問題，答案是否前後一致，以驗明其所言是否真實。受詢問人回答過的問題，偵訊者也會以重述性的問題多次詢問，從中發現受詢問人說詞不合理之處，讓受詢問人的謊言出現漏洞。

第115點

　　詢問犯罪嫌疑人，應先詢其姓名、年齡、出生地、職業、住、居所，以查驗其人有無錯誤，如係錯誤，應即釋放。

　　依法拘提或逮捕之犯罪嫌疑人、被告或通緝犯，經令其出示相關身分證明文件，仍無法查驗身分，或無法出示相關證明文件，而有必要時，得循下列方式加強身分驗證：

　　（一）比對犯罪嫌疑人、被告或通緝犯於偵查或審判卷內之簽名及照片是否相符，其未帶國民身分證或其他身分證明文件者，並得命其立即設法通知其親友補送，或命其於指定之期日補送。

　　（二）採取指紋，循個人身分識別系統（PID）查驗。

　　（三）拍攝相片影像，調取口卡片、戶役政電子閘門系統、國民身分證相片影像資料系統之相片影像資料核對。

　　（四）通知被害人、告訴人、告發人、證人（關係人）、其他正犯或共犯，或通知被告、犯罪嫌疑人之家屬前來指認。

　　案件於移送時應將犯罪嫌疑人提出身分證明文件影存附卷。

　　詢問犯罪嫌疑人，應先給與權利告知書（格式如附件十二），或告知下列事項且記明於筆錄：

　　（一）犯罪嫌疑及所犯所有罪名。罪名經告知後，認為應變更者，應再告知。

　　（二）得保持緘默，無須違背自己之意思而為陳述。

　　（三）得選任辯護人。如為低收入戶、中低收入戶、原住民或其他依法令得請求法律扶助者，得請求之。

　　（四）得請求調查有利之證據。

　　無辯護人之犯罪嫌疑人表示已選任辯護人時，應即停止訊問。但犯罪嫌疑人同意續行訊問者，不在此限。

　　經通知到場之犯罪嫌疑人，若屬去氧核醣核酸採樣條例第五條所列應接受DNA採樣者，應依本署去氧核醣核酸採樣作業程序進行採樣。

解析

● **刑事訴訟法第94條**

　　訊問被告，應先詢其姓名、年齡、籍貫、職業、住所或居所，以查驗其人有無錯誤，如係錯誤，應即釋放。（第100條之2：本章（被告之訊問）之規定，於司法警察官或司法警察詢問犯罪嫌疑人時，準用之。）

一、製作筆錄前應先辨識被訊問人身分，目的在於防止冒名頂替。新增之辨識方法均無提及以偵訊方式查驗，實務上，經調取相關資料比對後發現顯有可疑為冒名頂替時，只要據被冒用者之身分、照片、前科及戶役政資料，大多可以偵訊方式查明是否有冒名頂替情事。

二、第3項案件於移送時應將犯罪嫌疑人提出身分證明文件影存附卷；如嫌疑人無法提出身分證明文件，應捺印製作其指紋卡附卷。

三、民國102年1月25日生效之刑事訴訟法重點如下：

　　（一）第31條第5項之強制辯護：被告或犯罪嫌疑人因精神障礙或其他心智缺陷（104.1.14修正）無法為完全之陳述或具原住民身分者，於偵查中未經選任辯護人，檢察官、司法警察官或司法警察應通知依法設立之法律扶助機構指派律師到場為其辯護。但經被告或犯罪嫌疑人主動請求立即訊問或詢問，或等候律師逾四小時未到場者，得逕行訊問或詢問。

　　（二）第95條第1項訊問被告應告知下列事項：1.犯罪嫌疑及所犯所有罪名。罪名經告知後，認為應變更者，應再告知；2.得保持緘默，無須違背自己之意思而為陳述；3.得選任辯護人。如為低收入戶、中低收入戶、原住民或其他依法令得請求法律扶助者，得請求之；4.得請求調查有利之證據。

● **去氧核醣核酸採樣條例第5條**

　　犯下列各罪之被告或犯罪嫌疑人，應接受去氧核醣核酸之強制採樣：

　　（一）刑法公共危險罪章第173條第1項與第3項（放火燒燬現住建築物及交通工具）、第174條第1項、第2項與第4項（放火燒燬非現住建築物及交通工具）、第175條第1項（放火燒燬住宅等以外之物）。

（二）刑法妨害性自主罪章第221條至第227條（強制性交、強制猥褻等）、第228條（利用權勢性交或猥褻）、第229條（詐術性交）之罪。

（三）刑法殺人罪章第271條之罪。

（四）刑法傷害罪章第277條第2項（傷害致人於死）、第278條（重傷害）之罪。

（五）刑法搶奪強盜及海盜罪章第325條第2項（搶奪致人於死）、第326條至第334條之1（加重搶奪、強盜、海盜）之罪。

（六）刑法恐嚇及擄人勒贖罪章之罪。

犯下列各罪經有罪判決確定，再犯本項各款之罪之被告或犯罪嫌疑人，應接受去氧核醣核酸之強制採樣：

（一）刑法公共危險罪章第183條第1項與第4項（傾覆或破壞現有人所在之交通工具）、第184條第1項、第2項與第5項（妨害舟車籍航空器行駛安全）、第185條之1（劫持交通工具）、第186條（單純持有危險物）、第186條之1第1項、第2項與第4項（不法使用爆裂物）、第187條（加重危險物）、第187條之1（非法產銷或持有核子原料等物）、第188條（妨害公共事業）、第189條第1項、第2項與第5項（損害保護生命設備）、第190條第1項、第2項與第4項（妨害公眾飲水）、第191條之1（製造販賣陳列妨害衛生物品）及故意犯第176條（準放火）之罪。

（二）刑法妨害自由罪章第296條（使人為奴隸）、第296條之1（販賣人口）及第302條（剝奪奪人行動自由）之罪。

（三）刑法竊盜罪章第321條（加重竊盜）之罪。

（四）刑法搶奪強盜及海盜罪章第325條第1項（普通搶奪）之罪。

（五）槍砲彈藥刀械管制條例第7條（製造販賣運輸轉讓出租、未經許可持有寄藏重型槍械）、第8條（製造販賣運輸輕型槍）、第12條（製造販賣運輸輕型槍）及第13條（製造販賣運輸槍砲彈藥之主要零件）之罪。

（六）毒品危害防制條例第4條至第8條（製造運輸販賣轉讓使人施用毒品）、第10條（施用一、二級毒品）及第12條（栽種罌粟古柯大麻）之罪。

第116點

詢問犯罪嫌疑人時，應給予辯明犯罪嫌疑之機會；如有辯明，應命其就始末連續陳述，其陳述有利之事實者，應命其指出證明之方法，並於筆錄內記載明確。

解析

• 刑事訴訟法第96條

訊問被告，應與以辯明犯罪嫌疑之機會；如有辯明，應命就其始末連續陳述；其陳述有利之事實者，應命其指出證明之方法。

本點後段之重點在於「應命其指出證明之方法」。如只詢問並記錄嫌疑人辯解，常無法判斷其所是否屬實；如命其指出證明之方法，則可據此查證其供詞真偽；如其所辯為不實，命其指出證明之方法之同時，運用偵訊技巧追問或剖析利害，常能突破其心防，供出實情。

第117點

犯罪嫌疑人因精神障礙或其他心智缺陷無法為完全之陳述者，應通知其法定代理人、配偶、直系或三親等內旁系血親或家長、家屬等得為犯罪嫌疑人選任辯護人。但不能通知者，不在此限。

犯罪嫌疑人因精神障礙或其他心智缺陷無法為完全之陳述或具有原住民身分，於偵查中未經選任辯護人者，應通知依法設立之法律扶助機構指派律師到場為其辯護。但經犯罪嫌疑人主動請求立即詢問，或等候律師逾四小時未到場者，得逕行詢問。

犯罪嫌疑人因精神障礙或其他心智缺陷無法為完全之陳述者，應有第一項之人或其委託之人或主管機關、相關社福機構指派之社工人員或其他專業人員為輔佐人陪同在場。但經合法通知無正當理由不到場者，不在此限。

前三項所稱智能障礙，係指依身心障礙者保護法規定，經鑑定符合衛生主管機關所訂等級之精神障礙或其他心智缺陷，係指依身心障礙者權益保障法規定，經鑑定符合衛生主管機關所訂等級之智能障礙，並領有身心障礙手冊之情形。

解 析

• 刑事訴訟法第27條第3項

　　被告或犯罪嫌疑人因精神障礙或其他心智缺陷無法爲完全之陳述者，應通知前項之人得爲被告或犯罪嫌疑人選任辯護人。但不能通知者，不在此限。

• 刑事訴訟法第31條第5項

　　被告或犯罪嫌疑人因精神障礙或其他心智缺陷無法爲完全之陳述或具原住民身分者，於偵查中未經選任辯護人，檢察官、司法警察官或司法警察應通知依法設立之法律扶助機構指派律師到場爲其辯護。但經被告或犯罪嫌疑人主動請求立即訊問或詢問，或等候律師逾四小時未到場者，得逕行訊問或詢問。

• 刑事訴訟法第35條第3項

　　被告或犯罪嫌疑人因精神障礙或其他心智缺陷無法爲完全之陳述者，應有第1項得爲輔佐人之人或其委任之人或主管機關、相關社福機構指派之社工人員或其他專業人員爲輔佐人陪同在場。但經合法通知無正當理由不到場者，不在此限。

第118點

　　詢問二人以上可疑爲共同實施犯罪行爲之犯罪嫌疑人者，應決定其先後順序，隔離詢問，其未經詢問者不得在場。但爲發現眞實，得命其對質。（對質筆錄範例如附件十三）

解 析

• 刑事訴訟法第97條

　　被告有數人時，應分別訊問之；其未經訊問者，不得在場。但因發見眞實之必要，得命其對質。被告亦得請求對質。

　　對於被告之請求對質，除顯無必要者外，不得拒絕。

一、有二個以上的嫌犯同時偵訊時，應依嫌犯涉案及配合、合作程度，決定偵訊人員及偵訊順序。因為並非每個偵查人員都具備相同的偵訊能力，除非案情輕微，所有嫌犯都配合，否則應視嫌犯個別狀況指派適當的偵訊人員。

二、一般認為主嫌最重要，所以應由最有經驗的偵查人員詢問，但是主嫌經常是有前科的，與司法警察有過交手的經驗的，通常也是同案嫌犯中最世故、狡猾者，同時也可能就是刑責最重者，因此大多數的主嫌最不配合、最不容易被突破，面對這種嫌犯，在偵訊初期，即使最有經驗的偵查人員用盡偵查技巧，都很難突破其心防，因此就不須急著詢問。應指派最有經驗、最靈光、偵訊能力最強的偵查人員，詢問刑責最輕、最沒經驗、最有罪惡感、最容易配合、最容易突破的嫌犯，而且要先偵訊，只要取得其供詞，就能瞭解部分案情，取得一些具體證據，鞏固部分事證，再據此訊問主嫌，即使其仍堅決否認犯行，偵查人員也能駁斥其所辯，具體舉證其確涉重嫌，檢察官聲押時也較能獲法官支持。

三、不論是犯罪嫌疑人或關係人，兩造的說法不同，應有一方不實，偵訊人員依據各種偵查所得及所蒐集之事證，大致可判定何者可採，何者不可採，因此除非有必要，例如雖有共犯或證人之指證，但嫌犯仍堅決否認犯行，此時利用對質方式，使嫌犯不得不坦承犯行，只有坦承犯行，才會供出犯案動機、共犯或贓證物等事實，否則很少製作對質筆錄。因此雖刑事訴訟法第97條第2項規定「對於被告之請求對質，除顯無必要者外，不得拒絕。」但此項並未列入本點內容。

第119點

實施詢問，應當場製作調查筆錄。（詢問犯罪嫌疑人之調查筆錄格式如附件十四、詢問關係人之調查筆錄格式如附件十五）

詢問時如受詢問人為聽覺或語言障礙或語言不通者，應由通譯傳譯之；必要時，並得以文字詢問或命以文字陳述。

解析

- ### 刑事訴訟法第41條第1項

訊問被告、自訴人、證人、鑑定人及通譯，應當場製作筆錄，記載下列事項：

（一）對於受訊問人之訊問及其陳述。

（二）證人、鑑定人或通譯如未具結者，其事由。

（三）訊問之年、月、日及處所。

- ### 刑事訴訟法第99條

被告為聽覺或語言障礙或語言不通者，應由通譯傳譯之；必要時，並得以文字訊問或命以文字陳述。

前項規定，於其他受訊問或詢問人準用之。但法律另有規定者，從其規定。

第120點

　　詢問時應針對犯罪嫌疑人所犯罪名之構成要件事實逐一敘明，並與所調查之證據、相關聯事證及可參考之事實等相呼應，但與犯罪經過不相關之事項，避免在筆錄中記載。

第121點

　　實施詢問，應採問答方式，除依規定詢問其是否選任辯護人並記載於調查筆錄外，當場製作之調查筆錄，要點如下：

　　（一）姓名：以身分證記載者為準，並應記載身分證統一號碼、化名、別名、筆名、綽號，同時注意身分證之真偽。如欄內不敷記載，應另以問答寫明。

　　（二）年齡：應記載其出生年月日。尤對七歲、十二歲、十四歲、十六歲、十八歲、二十歲及八十歲之年齡（按周年計算非依曆年計算），更應慎重記載。

　　（三）職業：除記載其職業及稱謂外，必要時應詢明記載其所負職責，不

得僅記工、商、公等。

（四）住址：應記載其現住地之街、路、巷、弄名稱、門牌號碼及聯絡電話；戶籍地與現住地不同時，應分別記載。軍人應記明其駐地及信箱號碼。

（五）教育程度：應記載其最高學歷、學校名稱、畢業或肄業。

（六）家庭狀況：應記載其家庭人數、稱謂、生活、經濟狀況以及與案情有關之親屬等。

（七）刑案資料：應記載其曾受有罪判決確定之判決時間、判決法院、刑罰種類及執行情形，得另以電腦查詢後列印附卷。

（八）犯意：係指犯罪之原因、目的、動機、精神狀態、故意或過失等。包括刑法上之正當防衛、緊急避難或激於義憤之主觀要素等。

（九）關於人的部分：包括正犯（直接正犯、間接正犯、共同正犯）、共犯（如教唆犯、幫助犯）及與犯罪行為有關之人。

（十）關於時的部分：應詳記預備、實施、發現、報案、被害人死亡時間與在犯罪發生時間內涉嫌人行蹤等，儘量詳細記載。

（十一）關於地的部分：係指犯罪起、止、經過及其他有關之處所、區域。

（十二）關於事的部分：係指犯罪全部經過及犯罪方式、方法、與被害人之關係、違反義務之程度等。

（十三）關於物的部分：係指犯罪交通工具、贓、證物、違禁物等。

（十四）受詢問人之意見及犯罪後之表示。

（十五）詢問所供是否實在。

（十六）辯護人陳述之意見；如其有因刑事訴訟法第二百四十五條第二項但書受限制或禁止在場之事實或有足以影響偵查秩序之不當行為者，亦應記載之。

解析

一、刑事訴訟法第41條第1項第1款：「訊問被告、自訴人、證人、鑑定人及通譯，應當場制作筆錄，記載左列事項：一、對於受訊問人之訊問及其陳述。」因此司法警察實施詢問，係採問答方式製作筆錄。

二、製作警詢筆錄可使用警察機關制訂之詢問犯罪嫌疑人調查筆錄與詢問關係人調查筆錄格式。至於如何製作，本書第二篇筆錄製作之第一節筆錄製作要領，有詳細的說明。

● 刑事訴訟法第245條第2項

　　被告或犯罪嫌疑人之辯護人，得於檢察官、檢察事務官、司法警察官或司法警察訊問該被告或犯罪嫌疑人時在場，並得陳述意見。但有事實足認其在場有妨害國家機密或有湮滅、偽造、變造證據或勾串共犯或證人或妨害他人名譽之虞，或其行為不當足以影響偵查秩序者，得限制或禁止之。

　　法律有關年齡之規定：

　　一、民法第13條第1項：「未滿七歲之未成年人，無行為能力。」第2項：「滿七歲以上之未成年人，有限制行為能力。」

　　二、兒童及少年福利與權益保障法第2條：「本法所稱兒童及少年，指未滿十八歲之人；所稱兒童，指未滿十二歲之人；所稱少年，指十二歲以上未滿十八歲之人。」

　　三、少年事件處理法第2條：「本法稱少年者，謂十二歲以上十八歲未滿之人。」

　　四、刑法第18條第1項：「未滿十四歲人之行為，不罰。」第2項：「十四歲以上未滿十八歲人之行為，得減輕其刑。」第3項：「滿八十歲人之行為，得減輕其刑。」

　　五、刑法妨害性自主罪章第222條第1項第2款：「犯前條之罪而有下列情形之一者，處七年以上有期徒刑：對未滿十四歲之男女犯之者。」第227條第1項：「對於未滿十四歲之男女為性交者，處三年以上十年以下有期徒刑。」第2項：「對於未滿十四歲之男女為猥褻之行為者，處六月以上五年以下有期徒刑。」第3項：「對於十四歲以上未滿十六歲之男女為性交者，處七年以下有期徒刑。」第4項：「對於十四歲以上未滿十六歲之男女為猥褻之行為者，處三年以下有期徒刑。」第227條之1：「十八歲以下之人犯前條之罪者，減輕或免除其刑。」

第122點

筆錄不得竄改、挖補或留空行，如有增刪更改，應由製作人及受詢問人在其上蓋章或按指印，其刪除處應留存原字跡，並應於眉欄處記明更改字數。繕妥後應先交受詢問人閱覽或向其朗讀，並詢其有無錯誤及補充意見，在場之辯護人得協助其閱覽，並得對筆錄記載有無錯誤表示意見。如受詢問人及在場之辯護人請求記載增刪、變更者，應將其陳述附記於筆錄。但附記辯護人之陳述，應使受詢問人明瞭後為之。

以電腦製作筆錄者，得引導受詢問人及在場之辯護人於電腦螢幕閱覽筆錄或向其朗讀，如有錯誤、補充意見請求記載增刪、變更者，立即於電腦檔修正之。

解析

- ### 刑事訴訟法第40條

公務員制作之文書，不得竄改或挖補；如有增加、刪除或附記者，應蓋章其上，並記明字數，其刪除處應留存字跡，俾得辨認。

- ### 刑事訴訟法第41條第2、3項

前項筆錄應向受訊問人朗讀或令其閱覽，詢以記載有無錯誤。受訊問人為被告者，在場之辯護人得協助其閱覽，並得對筆錄記載有無錯誤表示意見。

受訊問人及在場之辯護人請求將記載增、刪、變更者，應將其陳述附記於筆錄。但附記辯護人之陳述，應使被告明瞭後為之。

第123點

筆錄經受詢問人確認無誤後，應由受詢人於緊接其記載之末行簽名、蓋章或按指印（左拇指），再於次行由詢問人、記錄人、通譯及在場人等簽章（用職名章，如僅簽名，應記載職稱）。

辯護人在場者，應請其於筆錄內簽章。

解析

刑事訴訟法第41條第2項：「前項筆錄應向受訊問人朗讀或令其閱覽，

詢以記載有無錯誤。」第4項前段：「筆錄應命受訊問人緊接其記載之末行簽名、蓋章或按指印。」其他得在場人應簽名、蓋章或按指印之順序，刑事訴訟法並無規定，通常受詢人簽章或按指印後，依序由詢問人、紀錄人及通譯、辯護人等其他在場人如簽章。

> ### 第124點
>
> 　　筆錄有二頁以上者，應立即裝訂，並由製作人及受詢問人當場於騎縫處加蓋印章或按指印。

解析

一、移送卷資料之騎縫通常是蓋移送機關之騎縫專用章或承辦人員之職名章；筆錄的騎縫則僅由受詢問人按指印。

二、筆錄於騎縫處加蓋印章或按指印除為保障筆錄連續性外，更重要的是確保受詢問人之供詞正確無誤，由受詢問人在騎縫處加蓋印章或按指印，自然較由製作人加蓋印章或按指印更無爭議。且實務上，詢問完畢後於受詢問人親閱確認無誤後，均僅由受詢問人在筆錄騎縫處蓋章或按指印，再於緊接其記載之次行蓋章或簽名及按指印，因此於筆錄騎縫處加蓋印章或按指印，通常做法仍僅由受詢問人為之。

> ### 第125點
>
> 　　受詢問人如拒絕回答或拒絕在筆錄上簽名、蓋章或按指印時，不得強制為之，但應將其拒絕原因或理由記載於筆錄上，仍可發生筆錄之效力。

解析

- ### 警察詢問犯罪嫌疑人錄音錄影要點第7點

　　受詢人如拒絕回答或拒絕在筆錄上簽名、蓋章或捺指印時，應將其拒絕原因或埋由記載於筆錄上，並由詢問人以口頭敘明事由，全程連續錄音，必要時全程連續錄影。

> **第126點**
>
> 　　詢問犯罪嫌疑人筆錄之製作，應採一人詢問，另一人記錄之方式製作。但因情況急迫或事實上之原因不能為之，而有全程錄音或錄影者，不在此限，惟應將情況急迫或事實上之原因等具體事由記明於筆錄。

解析

- **刑事訴訟法第43條之1第2項**

　　前項犯罪嫌疑人詢問筆錄之製作，應由行詢問以外之人為之。但因情況急迫或事實上之原因不能為之，而有全程錄音或錄影者，不在此限。

一、本點但書規定只有因情況急迫或事實上之原因不能為之，而有全程錄音或錄影者的情形，才能由一人行詢問及記錄。惟實務上發現如有因故未能問錄分離之情形，雖大多有全程錄音或錄影，然亦大多僅在筆錄上記明「本單位因人手不足，你是否同意由一人詢問及記錄」（被詢問人怎可能有反對意見），未將情況急迫或事實上之原因不能為之的具體事由記明於筆錄，因此所製作之筆錄是並不符合法定要件。要知道是，只一人行詢問及記錄，不是經被詢問人同意就可以的，而是記明「情況急迫或事實上之原因不能為之的具體事由」，使此份調查筆錄合乎法律規定。

二、情況急迫或事實上之原因不能為之之可能情形如下：

　　（一）情況急迫

　　　　　1. 擄人勒贖案件，已逮捕部分嫌犯，惟因人質仍在其他嫌犯手裡，非立即詢問，將影響營救人質時效，可能危及人質生命安全。

　　　　　2. 逮捕部分嫌犯，但仍有重要共犯在逃及贓證物尚未起獲，非立即詢問嫌犯，重要共犯可能逃逸，贓證物可能遭受湮滅時。

　　　　　3. 嫌疑人傷重命危時。

（二）事實上之原因

1. 查獲嫌犯數眾多之案件，例如職業賭場、竊盜集團、組織犯罪等，警力不足以因應時。
2. 查獲警察機構配置之警力數不足，無法由行詢問以外之人製作筆錄時。
3. 拘捕人犯，須立即追查共犯及贓證物或擴大偵辦，現有警力不足以因應時。

第127點

與其他司法警察機關共同偵辦案件，對於在同一場所之司法警察或司法警察官間，如因人手不足，經彼此同意互相協力製作筆錄，對於同一犯罪嫌疑人之筆錄詢問與製作，可分由不同機關人員詢問及製作。

解析

• **刑事訴訟法第43條**

前二條筆錄（訊問筆錄之製作、搜索、扣押、勘驗筆錄之製作）應由在場之書記官製作之。其行訊問或搜索、扣押、勘驗之公務員應在筆錄內簽名；如無書記官在場，由行訊問或搜索、扣押、勘驗之公務員親自或指定其他在場執行公務之人員製作筆錄。

第128點

製作筆錄不必拘泥於文句辭藻，應力求通俗易解，可保留原語氣，或記載其所用之土語或俗語，藉以保持真實，使與受詢問人真意相符合。

解析

• **警察詢問犯罪嫌疑人錄音錄影要點第6點**

製作筆錄實施錄音、錄影時，不必拘泥於文句辭藻，應求其通俗易解，保留原語氣，登載於筆錄內時，應與受詢人真意相符。

第129點

　　詢問證人（關係人）應促其對所知或所見之犯罪事實或犯罪情況據實連續陳述，其無根據之個人意見或推測之詞可免予記錄。為使其陳述明確或判斷其真偽，得為適當之詢問。但如證人拒絕作證時，不得勉強，可將其應作證之理由及其拒絕證言情形與原因，一併附送檢察官參考。

　　性侵害案件詢問關係人時，應運用繞道問法、偽裝成別種事件、或無法辨別犯罪被害人之說法，避免他人將案件與犯罪被害人串連，以維護其名譽、隱私。

解析

　　為使其陳述明確或判斷其真偽，得為適當之詢問，例如：瞭解詢問對象是怎樣知道案件情況的，是直接聽到、看到的，還是親自感受到的，或是其他人轉告的。對於親自耳聞目睹的，要審查被詢問對象感知案情時的客觀條件，如光線、距離、聲音強弱等，據此判斷其正確感知案情時的能力。如果是間接知道的，要考慮在輾轉傳播過程中有加油添醋、無中生有的情況。因此，必須問清楚是聽誰講的，在什麼時間、地點講的，有無其他人在場，並要盡量找到原始證人來提供證言，如找不到直接知道案件情況的人，對於間接知道案件情況的人所提供的證言，要經過多方查證，謹慎使用。

- **刑事訴訟法第180條**

　　證人有下列情形之一者，得拒絕證言：
　　（一）現為或曾為被告或自訴人之配偶、直系血親、三親等內之旁系血親、二親等內之姻親或家長、家屬者。
　　（二）與被告或自訴人訂有婚約者。
　　（三）現為或曾為被告或自訴人之法定代理人或現由或曾由被告或自訴人為其法定代理人者。
　　對於共同被告或自訴人中一人或數人有前項關係，而就僅關於他共同被告或他共同自訴人之事項為證人者，不得拒絕證言。

• 刑事訴訟法第181條

證人恐因陳述致自己或與其有前條第1項關係之人受刑事追訴或處罰者，得拒絕證言。

日本警察偵辦案件中，對犯罪被害人周邊關係人之偵查規定：

一、詢問被害人、加害人以外之關係人，僅能透露必要事件之最少部分。

二、關於性犯罪，詢問關係人時，運用繞道問法、偽裝成別種事件、或無法辨別犯罪被害人之說法，避免他人將案件與被害人串連，以維護其名譽、隱私。

第130點

詢問證人時，應全程連續錄音；必要時，並應全程連續錄影。但有急迫情況且經記明筆錄者，不在此限。另對其重大或重要之陳述，應即請檢察官複訊。

筆錄內所載與錄音或錄影之內容不符者，除有前項但書情形外，其不符之部分，不得作為證據。

解析

• 刑事訴訟法第192條

第74條（被告因傳喚到場者，除確有不得已之事故外，應按時訊問之。）、第98條（訊問被告應出以懇切之態度，不得用強暴、脅迫、利誘、詐欺、疲勞訊問或其他不正之方法。）、第99條（第1項：被告為聽覺或語言障礙或語言不通者，應由通譯傳譯之；必要時，並得以文字訊問或命以文字陳述。第2項：前項規定，於其他受訊問或詢問人準用之。但法律另有規定者，從其規定。）、第100條之1第1項（訊問被告，應全程連續錄音；必要時，並應全程連續錄影。但有急迫情況且經記明筆錄者，不在此限。）、第2項（筆錄內所載之被告陳述與錄音或錄影之內容不符者，除有前項但書情形外，其不符之部分，不得作為證據。）之規定，於證人之訊問準用之。

司法警察製作之筆錄屬傳聞證據，如有證明重罪、重病、即將出國或須滯留國外較長期間等之證人，為確保證人筆錄之證據能力，偵查人員於詢問證

人時,除應全程連續錄音,必要時,並應全程連續錄影外,對其重大或重要之陳述,並應即請檢察官複訊,使不致因爾後證人無法再於偵審過程作證、陳述時,偵詢筆錄遭攻擊、質疑,不具證據力。

第131點

　　詢問犯罪嫌疑人,應在警察機關之偵詢室或其他適當處所爲之,並嚴密監護,以防止脫逃、施暴、自殺等意外情事。但遇犯罪嫌疑人不能到場或有其他必要情形,亦得就其所在詢問。

解析

一、詢問犯罪嫌疑人時,絕不可等同一般正常人視之。嫌疑人可能因羞愧(如亂倫)或畏罪等而萌生有脫逃意圖或輕生心理,如加上警察機關內部管理或人員的疏忽使其有機可乘,即可能發生意外情事,因此對犯罪嫌疑人永遠要有危機意識與敵情觀念,防止脫逃、施暴、自殺等意外情事發生。

二、刑事訴訟法第246條(就地訊問被告):「被告不能到場,或有其他必要情形,得就其所在訊問之。」但無司法警察準用之規定。刑事訴訟法之設計,偵查係以檢察官爲主體,司法警察之權限原則上是附隨在檢察官的法定職權之下,檢察官有權限之處分,司法警察機關往往於刑訴法修正時爭取準用之,如果沒有注意爭取,就沒有準用之依據。

三、原則上偵詢犯罪嫌疑人,應在警察機關之偵詢室或其他適當辦公處所爲之,但遇有犯罪嫌疑人不能到場或其他必要情形,須在其所在詢問之情形,最好徵得指揮偵辦之檢察官同意,或將必須就其所在詢問的原因報告主管再進行,且最好有書面紀錄,以避免遭質疑及引發不必要之爭議。

第132點

　　詢問犯罪嫌疑人,發現有下列情形時,應確實載明於筆錄:
　　(一)他人以不正方法取得犯罪嫌疑人之非任意性自白。
　　(二)違背刑事訴訟法第九十三條之一禁止詢問期間之限制(法定障礙)、第九十五條第一項第二款及第三款應告知得保持緘默及選任辯護人之規定或第一百條之三禁止夜間詢問之限制。

前項第二款情形，應調查是否符合刑事訴訟法第一百五十八條之二第一項但書所定，違背非出於惡意，且該自白係出於自由意志之要件，並將相關內容及證據載明及附於筆錄。

解析

• 刑事訴訟法第158條之2第1項

違背第93條之1第2項（各種法定障礙各款情形之經過時間內不得訊問）、第100條之3第1項之規定（禁止夜間詢問），所取得被告或犯罪嫌疑人之自白及其他不利之陳述，不得作為證據。但經證明其違背非出於惡意，且該自白或陳述係出於自由意志者，不在此限。

• 刑事訴訟法第95條第1項

訊問被告應先告知下列事項：

（一）犯罪嫌疑及所犯所有罪名。罪名經告知後，認為應變更者，應再告知。

（二）得保持緘默，無須違背自己之意思而為陳述。

（三）得選任辯護人。如為低收入戶、中低收入戶、原住民或其他依法令得請求法律扶助者，得請求之。

（四）得請求調查有利之證據。

• 刑事訴訟法第158條之4

除法律另有規定外，實施刑事訴訟程序之公務員因違背法定程序取得之證據，其有無證據能力之認定，應審酌人權保障及公共利益之均衡維護。

第133點

警察機關逮捕違反毒品危害防制條例處以刑事處罰之現行犯或通緝犯，應於製作筆錄時，詢問被告或犯罪嫌疑人有無監護或照顧未滿十二歲子女或兒童之情形，並調閱戶役政資料比對檢核，遇有兒童及少年福利與權益保障法第五十三條第一項各款或第五十四條之情事者，應依各該條規定，通報直轄市、

縣（市）主管機關。

解析

• 兒童及少年福利與權益保障法第53條第1項

　　醫事人員、社會工作人員、教育人員、保育人員、教保服務人員、警察、司法人員、移民業務人員、戶政人員、村（里）幹事及其他執行兒童及少年福利業務人員，於執行業務時知悉兒童及少年有下列情形之一者，應立即向直轄市、縣（市）主管機關通報，至遲不得超過二十四小時：

　　（一）施用毒品、非法施用管制藥品或其他有害身心健康之物質。

　　（二）充當第47條第1項場所之侍應。

　　（三）遭受第49條第1項各款之行為。

　　（四）有第51條之情形。

　　（五）有第56條第1項各款之情形。

　　（六）遭受其他傷害之情形。

• 兒童及少年福利與權益保障法第54條第1項

　　醫事人員、社會工作人員、教育人員、保育人員、教保服務人員、警察、司法人員、移民業務人員、戶政人員、村（里）幹事、村（里）長、公寓大廈管理服務人員及其他執行兒童及少年福利業務人員，於執行業務時知悉6歲以下兒童未依規定辦理出生登記、預防接種或兒童及少年家庭遭遇經濟、教養、婚姻、醫療或其他不利處境，致兒童及少年有未獲適當照顧之虞，應通報直轄市、縣（市）主管機關。

　　警察機關執行兒童及少年福利與權益保障法第54條之1查訪工作規定摘要如下：

　　一、查獲違反毒品危害防制條例之犯嫌，應即詢問有無監護、照顧未滿12歲子女或兒童，並記載於筆錄中，若有則實施查訪。

　　二、查訪實施以電話查訪為主，遇兒童行方不明或顯有可疑個案，再輔以當面查訪。

三、執行查訪後，依「高風險家庭」或「兒少保護個案」通報社政單位處理。

四、查訪結果作成紀錄，併附案件移送卷送地檢署知照。

五、警察機關查獲毒品犯已全面執行初次查訪完畢，檢察官或法院後作通緝、羈押、觀察勒戒、強制戒治及入獄服刑等處分時，如需再查訪，應由地檢署或法院自行辦理。

貳、通知案例研討

一、案情摘要

〈警察惡搞，少年個資貼大門〉、
〈拒指認吃案警員，婦驚恐搬家「兒還有命嗎」？〉

內容：臺北縣爆出警員吃案還張貼民眾個人資料離譜案！一名少年遭校內幫派分子痛毆，家長報案卻遭警吃案，事件曝光後警政署徹查，因被害人不願出面指認吃案警員，三重分局督察組竟把通知書貼在被害人家門口、昭告眾人，逼得被害人痛斥：「我們母子是通緝犯嗎？不願出面指證，還要惡搞我們！」

司法改革基金會常務執行委員馬在勤痛批：「把個資貼在門口，是把民眾當通緝犯嗎？」民眾對三重分局處理態度觀感不佳，縣警局督察室應介入調查，解決民眾疑慮。臺北縣警察局則回應，通知書依法貼在民眾家門口，既然造成民眾不良觀感，會重新檢討適當性。

家住北縣的高姓婦人昨接受訪表示，今年二月，就讀國二的么子被校內幫派分子押到公園以槍托痛毆後腦杓，她到轄區三重分局永福派出所報案，值班警員陳○○卻譏諷：「國中生打架還會拿槍出來？」。

婦人轉向臺北市警察局少年隊報案，當北市警方掌握線索調查時，警政署及臺北縣警局下令三重分局展開調查。婦人指出，三重分局督察組多次聯繫她要求協助指認吃案警員，她認為「當初都不受理報案了，何必現在又再調查？」拒絕出面指認。

婦人說，督察組除派員到兒子祖母住處訪談，本月九日還到住家門口張貼「三重分局調查事證陳述意見通知書」，上面列出母子倆姓名、身分證字號、地址以及案由，「警察一定要這麼逼迫我們母子嗎？通知書貼在大門口，要是打我孩子的那群人就住在附近，我兒子還有命嗎？」她驚恐之餘，上周日帶兒

子離家，昨天返家收拾行李後，準備今天搬家。」

三重分局長昨回應，督察組發出的「調查事證陳述意見通知書」是依《行政程序法》第74條規定，文書送達方式可黏貼在收件人的住所門口，送達方式並無違法。

至於警員不受理報案，分局長表示，由於婦人不配合調查，只能對警員陳○○記兩次申戒，若婦人願意出面指認或接受電話訪談，「完成整個調查程序，將會記該名警員兩次小過、考績乙等。」

〈警涉侵犯隱私，可提國賠，罔顧權益〉

內容：少年遭校內幫派痛毆，三重分局不但涉吃案，內部調查時寄送「調查事證陳述意見通知書」，還罔顧被害人隱私，直接張貼在門口，律師高○○批評：「警方行為違法失職！」三重分局督察組洩露民眾隱私，違反行政處理比例原則，被害人可提民事求償，吃案警員可依《公務人員任用法》和《公務人員考績法》懲處。

高○○說，警方徹查警員是否吃案，有權約談被害人，但不該把個資張貼門口觸犯《電腦處理個人資料保護法》，公務機關致當事人非財產上的損害，賠償總額每人每一事件，以2萬元以上、10萬元以下計算，另在民事上可主張隱私權受侵害，提出國賠。

對民眾指控，縣警局督察室否認不法，強調該公文書是由縣府公文管理系統網站下載，填寫民眾資料，依《行政程序法》以「寄存送達」方式張貼民眾家門口，過程並無不法，但因此案特殊，瞭解過程後將重新訂立規範。

二、研　討

（一）有關送達之規定

1. 警察偵查犯罪手冊第100點第1、3項

送達人應製作送達證書，交應受送達人簽名、蓋章或按指印；如未獲會晤應受送達人者，得將文書交予有辨別事理能力之同居人或受僱人代收。但同居人或受僱人為他造當事人者，不得將文書交予之。

如未獲會晤本人或其同居人或受僱人者，得將文書寄存於送達地之自治或警察機關，另製作送達通知書二份，一份黏貼於應受送達人住所居所門首，另

一份置於該送達處所信箱或其他適當位置，以爲送達。

2. 行政程序法第74條第1、2項

送達，不能依前二條規定爲之者，得將文書寄存於送達地之自治或警察機關，並作送達通知書二份，一份黏貼於應受送達人住所居所、事務所、營業所或其就業處所門首，另一份交由鄰居轉交或置於該送達處所信箱或其他適當位置，以爲送達。

前項情形，由郵政機關爲送達者，得將文書寄存於送達地之郵政機關。

（二）送達機關有無違失

三重分局係將通知書直接貼在被送達人住處門首，而非依上揭寄存送達規定，將文書寄存於送達地之自治或警察機關，另製作送達通知書黏貼於應受送達人住所居所門首。將通知書逕貼在門首確有洩露個資之虞，如依規定黏貼送達通知書，則僅有被通知人姓名而已，故三重分局督察組之送達顯有違失，縣警局督察室及分局長認係依法送達之回應亦非正確。

參、移送規定與解析

第197點

警察機關偵查刑案，有下列情形之一者，應將全案移送管轄法院或檢察署：

（一）全案經調查完畢，認有犯罪嫌疑。
（二）全案雖未調查完畢，但經依法提起自訴或向檢察官告訴。
（三）檢察官命令移送。
（四）其他有即時移送必要。

解析

一、刑事訴訟法第230條第2項：「前項司法警察官（警察官長）知有犯罪嫌疑者，應即開始調查，並將調查之情形報告該管檢察官及前條之司法警察官（警政署署長、警察局局長或警察總隊總隊長）。」第231條第2項：

「司法警察知有犯罪嫌疑者，應即開始調查，並將調查之情形報告該管檢察官及司法警察官。」

二、刑事訴訟法第323條第1項：「同一案件經檢察官依第二百二十八條規定開始偵查者，不得再行自訴。但告訴乃論之罪，經犯罪之直接被害人提起自訴者，不在此限。」第2項：「於開始偵查後，檢察官知有自訴在先或前項但書之情形者，應即停止偵查，將案件移送法院。但遇有急迫情形，檢察官仍應為必要之處分。」被害人得向檢察官告發及向法院提起自訴，依此條意旨，司法警察機關偵查之案件雖未經調查完畢，如被害人向檢察官告發及向法院提起自訴，司法警察機關自應將案件移請檢察官併案偵查或該管法院併案審理。

三、檢察官與司法警察機關執行職務聯繫辦法第7條第2項：「司法警察官、司法警察逮捕或拘提犯罪嫌疑人後，除依前項規定得不解送者外，應於逮捕或拘提之時起十六小時內，將人犯解送檢察官訊問。但檢察官命其即時解送者，應即解送。」

四、少年法院（庭）與司法警察機關處理少年事件聯繫辦法第4條第1項：「司法警察機關逮捕、拘提少年，應自逮捕、拘提時起二十四小時內，指派妥適人員，將少年連同卷證，送請少年法院（庭）處理。但法官命其即時解送者，應即解送。」

第198點

　　警察機關偵查刑案，有下列情形之一者，得函送管轄法院或檢察署：

　　（一）告訴乃論案件，經撤回告訴，或尚未調查完竣，而告訴權人已向檢察官告訴。

　　（二）證據證明力薄弱或行為事實是否構成犯罪顯有疑義。

　　（三）犯罪證據不明確，但被害人堅持提出告訴。

第199點

　　刑案移送用紙依刑事訴訟法第二百二十九條、第二百三十條、少年事件處理法第十八條與軍事審判法第一條及第二百三十七條規定，格式如下：

　　（一）警政署、警察局、總隊用移送書（格式如附件三十一）。

（二）警察分局、大隊、中隊或隊用報告書（格式如附件三十一）。

（三）通緝或協尋案件無另犯他罪者，用通緝或協尋案件移送書（格式如附件三十二）。

（四）少年事件用移送書（格式如附件三十三）。

現役軍人於非戰時之犯罪依刑事訴訟法追訴或審判者，準用前項所定移送書或報告書；於戰時犯罪而應受軍事審判者，依軍事審判法第五十八條及第五十九條規定辦理。

解析

• 刑事訴訟法229條

下列各員，於其管轄區域內為司法警察官，有協助檢察官偵查犯罪之職權：

（一）警政署署長、警察局局長或警察總隊總隊長。

（二）憲兵隊長官。

（三）依法令關於特定事項，得行相當於前二款司法警察官之職權者。

前項司法警察官，應將調查之結果，移送該管檢察官；如接受被拘提或逮捕之犯罪嫌疑人，除有特別規定外，應解送該管檢察官。但檢察官命其解送者，應即解送。

被告或犯罪嫌疑人未經拘提或逮捕者，不得解送。

• 刑事訴訟法230條

下列各員為司法警察官，應受檢察官之指揮，偵查犯罪：

（一）警察官長。

（二）憲兵隊官長、士官。

（三）依法令關於特定事項，得行司法警察官之職權者。

前項司法警察官知有犯罪嫌疑者，應即開始調查，並將調查之情形報告該管檢察官及前條之司法警察官。

實施前項調查有必要時，得封鎖犯罪現場，並為即時之勘察。

- **少年事件處理法第18條第1、3項**

　　檢察官、司法警察官或法院於執行職務時，知有第3條第1項第1款之事件者，應移送該管少年法院。

　　對於少年有監督權人、少年之肄業學校、從事少年保護事業之機構，發現少年有第3條第1項第2款之情形者，得通知少年住所、居所或所在地之少年輔導委員會處理之。

- **軍事審判法第1條**

　　現役軍人戰時犯陸海空軍刑法或其特別法之罪，依本法追訴、處罰。

　　現役軍人非戰時犯下列之罪者，依刑事訴訟法追訴、處罰：

　　（一）陸海空軍刑法第44條至第46條及第76條第1項。

　　（二）前款以外陸海空軍刑法或其特別法之罪。

　　非現役軍人不受軍事審判。

- **軍事審判法第58條**

　　下列人員為軍法警察官，於其管轄或防區內，有協助軍事檢察官偵查犯罪之職權：

　　（一）憲兵長官。

　　（二）警察長官。

　　（三）特設軍事機關之稽查長官。

　　（四）軍事機關、部隊、學校、獨立或分駐之長官或艦船長。

　　（五）依法成立之武裝團隊，戰時參加作戰之長官或艦船長。

　　前項軍法警察官，應將偵查之結果，移送該管軍事檢察官，如接受被拘提或逮捕之犯罪嫌疑人，除有特別規定外，應解送該管軍事檢察官。但軍事檢察官命其解送者應即解送。

　　被告或犯罪嫌疑人未經拘提或逮捕者，不得解送。

- **軍事審判法第59條**

　　下列人員為軍法警察官，應受軍事檢察官之指揮，偵查犯罪。

（一）憲兵官長、士官。

（二）警察官長。

（三）特設軍事機關之稽查官長。

（四）依法令關於特定事項，得行使司法警察官之職權者。

前項軍法警察官知有犯罪嫌疑者，應即開始調查，並將調查之情形報告該管軍事檢察官及前條之軍法警察官或其直屬長官。

實施前項調查有必要時，得封鎖犯罪現場，並為即時之勘察。

第200點

　　獲案之犯罪嫌疑人，應先查明有無刑案資料或經發布通緝，附送供為偵查審判之參考；如有通緝並應以移送書或報告書副本通知通緝機關。

解析

逮捕現行犯時，如發現其亦因案遭通緝，應移送現行犯案件所轄之檢察署收案，除於移送書敘明該犯罪嫌疑人另亦因他案遭通緝之資料外，也要另辦理通緝案件移送書移送通緝機關，敘明該犯因涉他案被隨案移送至所轄檢察署及該刑事案件移送書或報告書之案由、日期及文號。

第201點

　　移送竊盜或贓物案件應注意事項：

　　（一）習慣犯合於宣告保安處分者，應於移送書或報告書對本案意見欄內註明擬請依法從重求刑並聲請宣告保安處分等意見。

　　（二）有刑事訴訟法第一百零一條第一項或第一百零一條之一第一項各款情形之一，而有羈押之必要者，應將其具體事實記明於移送書或報告書。

解析

● 刑法第90條

有犯罪之習慣或因遊蕩或懶惰成習而犯罪者，於刑之執行前，令入勞動場所，強制工作。

前項之處分期間為三年。但執行滿一年六月後，認無繼續執行之必要者，法院得免其處分之執行。

執行期間屆滿前，認為有延長之必要者，法院得許可延長之，其延長之期間不得逾一年六月，並以一次為限。

• 刑事訴訟法第101條第1項及第2項前段

被告經法官訊問後，認為犯罪嫌疑重大，而有下列情形之一，非予羈押，顯難進行追訴、審判或執行者，得羈押之：

（一）逃亡或有事實足認為有逃亡之虞者。

（二）有事實足認為有湮滅、偽造、變造證據或勾串共犯或證人之虞者。

（三）所犯為死刑、無期徒刑或最輕本刑為五年以上有期徒刑之罪，有相當理由認為有逃亡、湮滅、偽造、變造證據或勾串共犯或證人之虞者。

法官為前項之訊問時，檢察官得到場陳述聲請羈押之理由及提出必要之證據。

• 刑事訴訟法第101條之1第1項

被告經法官訊問後，認為犯下列各款之罪，其嫌疑重大，有事實足認為有反覆實施同一犯罪之虞，而有羈押之必要者，得羈押之：

（一）刑法第173條第1項、第3項、第174條第1項、第2項、第4項、第175條第1項、第2項之放火罪、第176條之準放火罪、第185條之1之劫持交通工具罪。

（二）刑法第221條之強制性交罪、第222條之加重強制性交罪、第224條之強制猥褻罪、第224條之1之加重強制猥褻罪、第225條之乘機性交猥褻罪、第226條之1之強制性交猥褻之結合罪、第227條之與幼年男女性交或猥褻罪、第271條第1項、第2項之殺人罪、第272條之殺直系血親尊親屬罪、第277條第1項之傷害罪、第278條第1項之重傷罪、性騷擾防治法第25條第1項之罪。但其須告訴乃論，而未經告訴或其告訴已經撤回或已逾告訴期間者，不在此限。

（三）刑法第296條之1之買賣人口罪、第299條之移送被略誘人出國罪、第302條之妨害自由罪。

（四）刑法第304條之強制罪、第三百零五條之恐嚇危害安全罪。

（五）刑法第320條、第321條之竊盜罪。

（六）刑法第325條、第326條之搶奪罪、第328條第1項、第2項、第4項之強盜罪、第330條之加重強盜罪、第332條之強盜結合罪、第333條之海盜罪、第334條之海盜結合罪。

（七）刑法第339條、第339條之3之詐欺罪、第339條之4之加重詐欺罪。

（八）刑法第346條之恐嚇取財罪、第347條第1項、第3項之擄人勒贖罪、第348條之擄人勒贖結合罪、第348條之1之準擄人勒贖罪。

（九）槍砲彈藥刀械管制條例第7條、第8條之罪。

（十）毒品危害防制條例第4條第1項至第4項之罪。

（十一）人口販運防制法第34條之罪。

刑訴法羈押要件不只適用於竊盜、贓物案件，因此宜分兩項敘述：

一、犯罪嫌疑人隨案移送至地檢署，其犯罪事實有合於刑事訴訟法第101條第1項或第101條之1第1項各款情形之一，而有羈押之必要者，應將其具體事實記明於移送書或報告書。

二、移送竊盜、贓物案件，如犯罪嫌疑人為習慣犯習慣犯合於宣告保安處分者，應於移送書或報告書對本案意見欄內註明擬請依法從重求刑並聲請宣告保安處分等意見。

第202點

同一案件有少年與非少年共同犯罪者，應分別繕寫移送書或報告書，移送該管少年法院（庭）及地方檢察署或軍事法院檢察署；且於移送書或報告書關係人欄處填註係同案犯嫌或少年，並於附記欄載明另案移送之機關及移送文號。

持有、施用毒品案件應另案分開一人一案移送。

解析

• 少年法院（庭）與司法警察機關處理少年事件聯繫辦法第8條

少年事件與一般刑事案件相牽連者，司法警察機關應分別移送該管少年法院（庭）處理及該管檢察署偵辦，並應於各該移送書內分別敘明。證物如無法

分別移送者，尤應註明其去處，並應製作影本、繕本或照片附卷。

　　施用毒品者有觀察勒戒或強制戒治之流程，其過程均爲個案處理，此爲「持有、施用毒品案件應另案分開一人一案移送」之原因，因此，同一犯罪嫌疑人同時涉及販賣及施用，或施用與其他刑案罪責時，持有、施用毒品部分仍應單獨移送，與其他罪責使用不同移送書及文號分別移送。

第203點

　　拘提逮捕到案之犯罪嫌疑人，除符合刑事訴訟法第九十二條規定，經填具免予解送報告書（格式如附件三十四）傳眞檢察官核准免予解送者，應將核准免予解送報告書附卷移送外，均應隨案解送。

　　經檢察官核准免予解送之犯罪嫌疑人，仍應依刑事訴訟法第二百零五條之二規定對其執行拍照及按捺指紋等必要措施。

　　解送人犯應填具解送人犯報告書（格式如附件三十五），除應詳填報告書內各欄外，解送前應查明其身分眞實性並注意安全。

解析

• 刑事訴訟法第92條

　　無偵查犯罪權限之人逮捕現行犯者，應即送交檢察官、司法警察官或司法警察。

　　司法警察官、司法警察逮捕或接受現行犯者，應即解送檢察官。但所犯最重本刑爲一年以下有期徒刑、拘役或專科罰金之罪、告訴或請求乃論之罪，其告訴或請求已經撤回或已逾告訴期間者，得經檢察官之許可，不予解送。

　　對於第1項逮捕現行犯之人，應詢其姓名、住所或居所及逮捕之事由。

一、符合不予解送的案件，如係於夜間或深夜查獲，查獲單位填具不予解送請示書傳眞管轄檢察署後，內勤檢察官常未核復，致嫌犯必須留置於查獲單位，除增加查獲單位戒（保）護之人力外，亦經常引發當事人家屬或關心人士之不滿，部分地區之檢察署已與所轄司法警察機關達成協議，甚至於檢警聯席會議（如臺中地檢署）正式決議，檢察官接獲警察機關傳眞之不予解送請示書後，如於一定時間內（大多爲二小時，臺中地檢署則爲一小

時）檢察官未核復，則視同同意不予解送，因此辦理此類案件，應瞭解管轄地方檢察署之做法，除非明確記錄於公文書上，否則檢察官縱未答覆，萬不可以檢察官無明確反對之意思表示，自行解釋為具有檢察官同意之效果，而將該現行犯釋回，如因此發生法律爭議時，恐將涉及刑法第163條之公務員縱放人犯罪之刑責。

二、依據刑事訴訟法第205條之2規定，對於經「拘提逮捕」到案之犯罪嫌疑人得違反其意思強制拍照及按捺指紋，至於後續是否「解送」，非強制採證之要件。實務上對於不予解送案件時有誤認無須強制採證，爰增列本段文字，以資明確。

三、人犯到案時，即要查明身分，偶有發生冒名頂替情形，例如通緝犯持用其兄弟之身分證件。

第204點

移送書或報告書所附案卷，應用刑事案件偵查卷宗卷面（格式如附件三十六），裝訂整齊，並詳具目錄（格式如附件三十七），載明頁數以備查考。

解析

移送書分為通緝案件移送書及刑事案件移送書。由於常有警察機關移送書或報告書僅敘明檢附偵查卷乙宗，未詳具目錄及載明頁數，因此如資料有缺漏或不完整，則無從瞭解到底是移送過程遺失或未附送，且依本點規定辦理，有助於檢察官迅速查閱所須之證據資料。

第205點

移送書或報告書各欄之填寫，應注意下列事項：

（一）詳填犯罪嫌疑人資料及特徵；不知其真實姓名者，得不予記載，於查明後再補行移送；因通知不到場或在逃者，應查明其戶籍記載情形填註或影送，以利通緝或傳喚。被移送人有隨案解送或護送或另案在押者，應在備考欄內註明；其已先行解送者，應註明解送日期及文號。

（二）關係人，應載明刑事訴訟法上之關係，如告訴人、告發人、被害人、證人或同案之少年或一般正犯或共犯等。

（三）犯罪時間：應記載各犯罪行為之起止時間，以定追訴時效。對於影響罪責之加重條件、身分或其他特定關係，應一併記明。

（四）犯罪地點：犯罪之行為地及結果地均應記載。

（五）拘提或逮捕之時間及地點：隨案移送案件，應載明拘提或逮捕到案日期、時間及地點。無拘提或逮捕行為則免記載。

（六）犯罪事實：應敘明犯罪動機、緣由、行為經過情形及據以認定之證據理由等。

（七）破案經過：敘明發覺犯罪（犯罪嫌疑人是否於犯罪發覺前自首）及偵查破案情形。

（八）所犯法條：認事用法、力求允當，除刑法分則及有關特別刑事法令外，其總則部分如累犯、未遂犯、保安處分等，可予併列。

（九）對本案意見：就犯罪嫌疑人犯罪情節輕重，建議應否羈押、從輕、從重求刑或聲請宣告保安處分，均應敘明理由。

（十）附送：載明附送之人犯、文件及贓物或證物等；數目繁多者，應另附目錄清單。

（十一）各欄不敷填寫者，得以附件或附表為之。

解析

移送書或報告書有制式的格式，只要逐欄填寫即可，重點在於「犯罪事實」欄及「偵辦意見」欄之撰寫。如何撰寫犯罪事實，本書第三篇移送實務之第一章第三節犯罪事實欄撰寫要領，有詳細的說明；至於偵辦意見，則在移送書附錄之填表說明三、偵辦意見欄位點選項目勾選符合的項目，例如希望檢方聲押，則在符合羈押要件之項目勾選即可。

第206點

為防止被告或犯罪嫌疑人於解送途中脫逃或發生自殺等情事，應視案情調派適當人員及交通工具。必要時，得使用警械或施用戒具；重要被告或犯罪嫌疑人，應運用警備車、偵防車或航空器等嚴加戒護。

解析

解送被告或犯罪嫌疑人必須「絕對安全」，解送人員必須全程高度警戒，不允許有任何人為的意外事故發生。一律施用械具，如被告或犯罪嫌疑人係

孕婦或殘障人士，可能遭受批評不近人情；如不施用械具而導致被告或犯罪嫌疑人脫逃或發生自殺等情事，不但立刻會遭受外在的檢視與抨擊，亦必然立即遭受內部的行政處分及負擔可能的刑事責任，因此本點之重點在於「必要時」的判斷必須精準。前總統陳水扁涉案被裁定收押後上銬步出特偵組的畫面是最好的說明，因此施用械具是原則，不施用為例外，尤其是重要被告或犯罪嫌疑人，如持槍、槍擊、運輸、販賣毒品、殺人、擄人勒贖、強盜等重罪、慣竊、有脫逃紀錄等，甚至必須兼用手銬與腳鐐。

第207點

　　長途解送被告或犯罪嫌疑人需使用公用之交通工具時，解送途中，應注意下列事項：

　　（一）執行解送應顧及被告或犯罪嫌疑人之名譽及安全，使用戒具應儘量避免暴露。但需注意應有適當之防備，以防其有加害之行為。

　　（二）解送途中，避免被告或犯罪嫌疑人見客、購物、飲酒及循其要求任意隨同他往。

　　（三）被告或犯罪嫌疑人要求如廁時，應嚴防脫逃，遇有二人同時要求如廁時，應分別前往。

　　（四）解送被告或犯罪嫌疑人應全神貫注，經過人群擁擠之處所時，應特別提高警覺，切實控制其行動，非因交通原因，途中不得逗留，縱已抵達解送處所，在未交接清楚前仍不得懈怠。

　　（五）解送途中發生困難時，得請求附近警察機關協助，被請求者不得拒絕。

　　（六）解送被告或犯罪嫌疑人乘坐車、船、航空器時，勿令其靠近門窗，行經出入處所時，應特別注意戒護。

　　（七）被告或犯罪嫌疑人在途中之特殊言行，隨時記錄提供辦案人員參考。

　　（八）人員不得接受被告或犯罪嫌疑人或其親友之招待或餽贈。

解析

一、避免中途必須逗留，可要求被告或犯罪嫌疑人於解送前先如廁，以避免中途其要求時必須停留，因而增加發生意外事件之風險。曾發生人犯解送途中脫逃之事件，最矚目的案例為某調查機關於解送某立委至地檢署途中，礙於情面而應該立委要求前往他處，詎該立委乘隙逃逸，引發喧然大波，

嚴重傷害該機關之形象。

二、被告或犯罪嫌疑人解送至檢察署或法院，需先至法警室辦理解交與接收事宜，因此必須分工明確，有人辦手續，有人戒護，各有所司，使被告或犯罪嫌疑人不致有機可乘或發生意外情事，亦曾發生人犯在解送至地檢署時，乘解送人員忙於辦理交接手續疏於注意之際脫逃成功的案例。

三、查獲涉及數院、檢發布通緝案件之逃犯，如沒有事先瞭解通緝內容，協調發布通緝之機關，經常造成解送機關的困擾，尤其是發布通緝之院、檢距離遙遠，例如這些院、檢分別在桃園、高雄及花蓮，位於臺北市的查獲機關，當然以解送至桃園最方便，但是如果桃園不收，就要再解送至高雄或花蓮，如第二地也不收，就要再解送至第三地，如此解送機關勢必疲於奔命，且影響警力之調度與勤務規劃。通常任何地檢署均應接收任何檢察署發布執行案由之通緝犯，因此警察機關查獲案由為執行之通緝犯，當然會選擇解送至最近、最方便的地檢署，但也有地檢署會拒收，例如判處得易科罰金徒刑之通緝犯，非案件繫屬之地檢署沒有案卷資料，無法辦理易科罰金事宜，就會拒絕接收。因此最好先瞭解各通緝之內容，事先協調發布通緝之機關，確定可以接受之機關優先解送；如協調後仍沒有明確結果，宜依通緝案情評估接收可能性高低，事先規劃路線，安排解送人員及交通工具，依序解送，才不會臨時不知所措，造成不便與困擾。

附件三

（司法警察機關）通知書		
發文日期字號	中華民國　年　月　日　　　字第　　　　　號	
案　　　由		案件
被通知人姓名		先生 女士
性　　　別		
出生年月日		
身分證明文件編　　　號		
住　居　所		
特　　　徵		
應 到 時 日	年　　　月　　　日　　　午　　時　　　分	
應 到 處 所		
聯　　絡　　人	職稱姓名	
	聯絡電話	
注　　　意	一、經合法通知，無正當理由不到場者，得依法報請檢察官核發拘票。 二、應帶本通知書及國民身分證準時報到。 三、得選任辯護人，偕同到場。但應提出委任書狀。 四、此通知書不收任何費用。	
（司法警察機關主管長官簽章）		

註：一、本通知書非經簽發之司法警察機關主管長官蓋章或簽名者無效。
　　二、發文機關應存稿並判行備查。

附件四

<table>
<tr><td colspan="3" align="center">（司法警察機關）送達證書</td></tr>
<tr><td>案　　　由</td><td colspan="2" align="center">案件</td></tr>
<tr><td>應送達之文書</td><td colspan="2" align="center">通知一件</td></tr>
<tr><td>應 受 送 達 人</td><td colspan="2" align="center">先生
女士</td></tr>
<tr><td>一</td><td colspan="2">已將文書交與應受送達人本人。</td></tr>
<tr><td rowspan="3">二</td><td colspan="2">未會晤本人，已將文書交予下列有辨別事理能力之人。</td></tr>
<tr><td>同居人</td><td>　　　　與本人關係</td></tr>
<tr><td>受僱人</td><td>　　　　與本人關係</td></tr>
<tr><td>三</td><td colspan="2">未會晤本人亦無收領文書之同居人、受僱人，已將文書寄存於＿＿＿＿＿＿＿＿＿＿＿＿＿＿，並作送達通知書兩份，一份粘貼於應受送達人住居所、事務所、營業所或其就業處所門首，另一份置於該送達處所信箱或其他位置。</td></tr>
<tr><td rowspan="2">四</td><td colspan="2">　　□本人　　　　　□同居人　　　　　□受僱人</td></tr>
<tr><td colspan="2">無正當理由拒絕收領，已將文書留置於該處。</td></tr>
<tr><td>五</td><td colspan="2">收領人拒絕或不能簽名蓋章及捺指印。</td></tr>
<tr><td colspan="3">收領人簽名蓋章或捺指印：</td></tr>
<tr><td>送達之時日</td><td colspan="2">中華民國　　　年　　　月　　　日　　午　　　　時</td></tr>
<tr><td>送達之處所</td><td colspan="2"></td></tr>
<tr><td colspan="3">中華民國　　　年　　　月　　　日製作
司法警察（職稱、姓名）：</td></tr>
</table>

注意：
一、「一」、「二」、「三」、「四」、「五」等欄所載各方法中，係依其何種方法
　　將文書送達，應在該欄數字右方之空格內打勾為記。
二、如係同居人、受僱人應載其姓名及與本人之關係。

附件五

(司法警察機關)送達證書

受送達人名稱姓名地址	

文　　　　　號	字第	號

送　達　文　書（含　案　由）	

原寄郵局日戳	送達郵局日戳	送達處所（由送達人填記） □　同上記載地址 □　改送：	送達人簽章
		送達時間（由送達人填記） 中華民國　　　　年　　月　　日 　　　　　　午　　時　　分	

送　　　　　達　　　　　方　　　　　式
由　送　達　人　在　□　上　劃　∨　選　記

□已將文書交與應受送達人	□本人　　　　　　（簽名或蓋章）
□未獲會晤本人，已將文書交與有辨別事理能力之同居人、受雇人或應送達處所之接收郵件人員	□同居人 □受雇人　　　　　　（簽名或蓋章） □應送達處所接收郵件人員
□應受送達之本人、同居人或受雇人收領後，拒絕或不能簽名或蓋章者，由送達人記明其事由	送達人填記：
□應受送達之本人、同居人、受雇人或應受送達處所接收郵件人員無正當理由拒絕收領經送達人將文書留置於送達處所，以為送達	□本人 □同居人　　　　　　拒絕收領 □受雇人 □應送達處所接收郵件人員

□未獲會晤本人亦無受領文書之同居人、受雇人或應受送達處所接收郵件人員，已將該送達文書： □應受送達之本人、同居人、受雇人或應受送達處所接收郵件人員無正當理由拒絕收領，並有難達留置情事，已將該送達文書：	□寄存於　派出所 □寄存於　鄉（鎮、市、區）公所 □寄存於　鄉（鎮、市、區）公所村（里）辦公處 □寄存於　郵局	並作送達通知書二份，一份黏貼於應受送達人住居所、事務所、營業所或其就業處所門首，一份□交由鄰居轉交或□置於該受送達處所信箱或其他適當位置，以爲送達。
送　達　人　注　意　事　項	一、依上述送達方法送達者，送達人應即將本送達證書，提出於交送達之行政機關附卷。 二、不能依上述送達方法送達者，送達人應製作記載該事由之報告書，提出於交送達之行政機關附卷，並繳回應送達之文書。	

※請繳回○○○（交送達機關）地址：
（本證書由各機關自行製用；規格A4，※部分建議以紅色粗體套印）單位：○○機關
交郵送達格式

附件六

（司法警察機關）送達通知書	

依　據　刑事訴訟法第六十二條　　　放置本送達通知書
　　　　民事訴訟法第一百三十八條

茲有應行送達 ＿＿＿市（縣）＿＿＿區（市、鄉、鎮）＿＿＿街（路）

＿＿＿段＿＿＿巷＿＿＿弄＿＿＿號＿＿＿樓之＿＿＿（室）

＿＿＿＿＿＿＿＿＿君　之通知書一件

（通知書發文日期字號 中華民國＿＿年＿＿月＿＿日＿＿字第＿＿＿＿號）

於按址送達時，因無人收受，依相關法律規定，寄存於

　　　　　　　　　　地址：＿＿＿＿＿＿＿＿＿＿＿
＿＿＿＿＿＿＿＿＿＿（　　　　　　　　　　　　　）
　　　　　　　　　　電話：＿＿＿＿＿＿＿

請於＿＿年＿＿月＿＿日＿＿時後，持本通知單儘速前往領取，以免遲誤。

送達人　單位＿＿＿＿＿＿＿＿＿＿　簽章＿＿＿＿＿＿＿＿＿＿

中華民國　　＿＿＿＿年　　＿＿＿＿月　　＿＿＿＿日

附註：
一、收件人親自領取者，請攜帶本通知書及身分證明文件正本。
二、收件人委託他人代領者，請攜帶本通知書、收件人委託書及代領人身分證明文件正本。

送達人注意：本送達通知書一式二份，一份黏貼於應受送達人住居所、事務所、營業所或其就業處所門首，另一份置於該送達處所信箱或其他適當位置。

附件七

（司法警察機關）拘票聲請書		
發文日期字號	中華民國　　年　　月　　日　　字第　　號	
犯罪嫌疑人	姓　　　　名	
	性　　　　別	
	年　　　　齡	
	出　　　生 年　月　日	
	出　生　地	
	職　　　　業	
	身分證統 一　編　號	
	住　居　所	
	前　科　紀　錄	
	備　　　　註	
涉嫌 犯罪	事實 摘要	
涉嫌觸犯法條		
附件	（一）案　　卷：　　宗、證物　　件 （二）送達證書：　　紙	
上開犯罪嫌疑人於　年　月　日受合法通知，無正當理由不到場。爰依刑事訴訟法第七十六條、第七十一條之一第一項之規定，報請核發拘票，以便拘提強制到場。　　　　此致 臺灣　　　　地方檢察署檢察官 　　　　　　　　　　　　　司法警察機關主管長官　　（簽章）		
檢察官批示		

附件八

(司法警察機關) 證人通知書			
發 文 日 期 字 號	中華民國　　　年　　　月　　　日　　　字第　　　號		
事　　　　　由			
被 通 知 人 姓 名			
性　　　　　別			
出 生 年 月 日			
身分證明文件編號			
住　居　所			
應 到 時 日	年　　　月　　　日　　　午　　　時　　　分		
應 到 處 所			
聯　　絡　　人	職 稱 姓 名		
	聯 絡 電 話		
注　　　　　意	一、應帶本通知書及國民身分證準時報到。 二、此通知書不收任何費用。		
(司法警察機關主管長官簽章)			

註：一、本通知書非經簽發之司法警察機關主管長官蓋章或簽名者無效。
　　二、發文機關應存稿並判行備查。

附件九

切 結 書（保密）

切　　　結　　　內　　　容	切 結 人 簽 章 （ 或 按 指 紋 ）	切 結 日 期
一、同意接受保護措施。 二、同意在偵查中或審理中到場作證，並依法接受對質或詰問。 三、同意與執行證人保護計畫相關人員合作。 四、同意採取各種方式，避免被察知參與證人保護計畫。 五、同意其他措施： 　（一） 　（二） 　（三）		

切結人	姓　　　　　名	
	性　　　　　別	
	出 生 年 月 日	年　　　　月　　　　日
	身 分 證 或 護 照 號 碼	
	居 住 所 地 址	

備　　註	依證人保護法第三條及其施行細則第二條之規定辦理。

附件十

證人保護聲請書（保密）

聲　請　人　（　或　機　關　）		受　保　護　人
姓　　　　　名		
性　　　　　別		
出　　　　生 年　　月　　日		
身分證或護照號碼		
居　住　所　地　址		
作證之案件（法條）		
作　證　事　項		
請　求　保　護　之　事　由		
有　保　護　必　要　之　理　由		
請　求　保　護　之　方　式	□一、身分保密 □二、隨身安全保護 □三、禁止或限制特定人接近 □四、短期生活安置 　1.安置機關： 　2.安置內容：	
請　求　保　護　之　期　間	□一、自　年　月　日　起至　年　月　日 □二、永久保密（身分保密）	
闡明有關事證資料 及　　　附　　　件		
備　　　註	一、依證人保護法第五條之規定辦理。 二、請求保護之方式可就證人保護法第十一條至第十三條 　之規定提出請求。	
聲　請　人	簽章（按指紋） 年　　　月　　　日	

附件十一

保護證人代號與真實姓名對照表			
代　　　號	真　姓　實　名	身　　分　　證　　或　護　照　號　碼	出　　　生　年　　月　　日
住　居　所　地　址		電話號碼	證指人印
證人為之行關	與人係		
證被人害之關	與人係		
製　作　日　期		年　　月　　日	
證簽人名			

附註：

一、對照表應一證人使用一表。

二、對照表應一式三份，一份由製作單位密封自存；二份以密封套密封附卷，密封套上書寫「○○○案件○○證人真實姓名對照表」，隨案送檢察官備用。

附件十二

　　　　　女士
　　　　　先生

台端因為涉嫌　　　　　　　　　　　　罪名，必須接受偵訊，在接受偵查訊問時，可以行使下列權利：

一、可以保持緘默，不需要違背自己的意思而為陳述。

二、可以選任辯護人。如為低收入戶、中低收入戶、原住民或其他依法令得請求法律扶助者，得請求之。

三、可以請求調查有利的證據。

　　被　　告　　知　　人：

　　司法警察官或司法警察：

　　告知時間：　　年　　月　　日　　時　　分

註：本告知單一式二聯，一聯交被告知人，一聯存查。

附件十三

對 質 筆 錄 第 次									
時　　　間	自　年　月　日　時　分起至　年　月　日　時　分止								
地　　　點									
對 質 要 旨									
對 質 人	代號	姓名	性別	出　生		身 分 證 統 一 編 號	何 種 關 係	現　住　地　址	
				年	月	日			
問	（提出對質問題）								
甲答									
乙答									
問	（提出甲乙說詞之不同點）								
甲答									
乙答									
問	（針對甲乙說詞疑點，再深入探詢）								
甲答									
乙答									
問	（請甲乙就陳述不同部分，提出證明）								
甲答									
乙答									
	上開對質筆錄經對質人親自閱讀確認無訛，始請其簽名捺印								
	對質人甲：								
	對質人乙：								
	詢 問 人：								
	記 錄 人：								

一、犯罪嫌疑人間、犯罪嫌疑人與關係人、關係人間之對質，應使用本筆錄格式。

二、對質人之代號以甲、乙、丙稱之、其問答以甲問、乙問、甲答、乙答……方式標示。

附件十四

（詢問犯罪嫌疑人）

調　查　筆　錄 第　　次										
詢問人	時　　　間	自　　年　　　月　　　日　　　時　　　分　起 至　　年　　　月　　　日　　　時　　　分　止								
	地　　　點									
案　　　　　由										
受詢問人	姓　　　名									
	別（綽）號									
	性　　　別									
	出 生 年 月 日									
	出　生　地									
	職　　　業									
	身 分 證 統 一 編 號									
	戶　籍　地　址									
	現　住　地　址									
	教　育　程　度									
	電　話　號　碼									
	家庭經濟狀況	貧寒		勉持		小康		中產		富裕
應告知事項	你涉嫌　　　　　　　　案，於受詢問時，得行使下列權利： 一、得保持沉默，無須違背自己之意思而為陳述。 二、得選任辯護人。如為低收入戶、中低收入戶、原住民或其他依法令得請求 　　法律扶助者，得請求之。 三、得請求調查有利之證據。 　　　　　　　　　　　　　　　　　　受詢問人：									
問	現在是夜間　　　時　　　分，你是否同意接受詢問？（夜間詢 問時使用）									
答										
問	警方於拘捕你時有無告知「得保持沉默，無須違背自己意思									

	而為陳述」及「得選任辯護人」等二項權利？（拘捕時使用）
答	
問	
答	
問	
答	
問	
答	
問	
答	
問	
答	
	上開筆錄經受詢問人親閱無訛後始簽名捺印
	受詢問人：
	詢 問 人：
	記 錄 人：
	本筆錄製作因　　　（情況急迫）、　　　　（事實不能）之原
	因，無法由行詢問以外之人記錄。

一、詢問犯罪嫌疑人，應使用本筆錄格式。

二、應告知事項於告知後，請受詢問人在「應告知事項」欄內簽名捺印。

三、夜間詢問犯罪嫌疑人，應經其明示同意，並載明筆錄，請其緊接「同意」之文字後簽名或捺印。

四、犯罪嫌疑人筆錄之製作，如由一人自問自錄方式製作時，應將情況急迫或事實不能之原因等具體事由記明筆錄。

五、拘捕人犯時應告知被拘捕人「得保持緘默，無須違背自己之意思而為陳述」、「得選任辯護人」二項權利，並於筆錄製作開端記明告知情形。

附件十五

		調　査　筆　録　第　次						
詢	時　　間	自　　年　　　月　　　日　　　時　　　分　起						
		至　　年　　　月　　　日　　　時　　　分　止						
問	地　　點							
案	由							
受	姓　　名							
	別（綽）號							
	性　　別							
	出生年月日							
詢	出　生　地							
	職　　業							
	身　分　證統　一　編　號							
	戶　籍　地　址							
問	現　住　地　址							
	教　育　程　度							
	電　話　號　碼							
	家庭經濟狀況	貧寒		勉持	小康		中產	富裕
人	問							
	答							
	問							
	答							
	上開筆錄經受詢問人親閱無訛後始簽名捺印							
		受詢問人：						
		詢　問　人：						

詢問關係人，應使用本筆錄格式。

附件三十一

（司法警察機關）刑事案件（報告）移送書

發文日期：中華民國　年　月　日　發文字號：　　　　字第　　　　　　號

單 位 代 碼 流 水 編 號						移　送 屬　性	□新成立案件 □發查（交）核退案件		
犯罪嫌疑人	性　別	年　齡	出生日期	職業	出生地	身 分 證 統 一 編 號		照　片
（此欄可自動放大） □點選後下一位犯嫌								□
	住居所							
關　係　人	性　別	年　齡	出生日期	職業	出生地	何 關		種 係
（此欄可自動放大） □點選後下一位關係人								
	住居所							
（此欄可自動放大） □點選後下一位關係人								
	住居所							
選任辯護人 （此欄亦可不填寫）	辯　護　對　象		事務所名稱、住居所、聯絡處所或聯絡電話					
（此欄可自動放大） □點選後第二位辯護人								
（此欄可自動放大） □點選後下一位辯護人								
上列犯罪嫌疑人因涉　　　　　　嫌疑案件，依法認為應予移送偵查，茲詳開各項於下：								

犯 罪 時 間 犯 罪 地 點	
拘 捕 時 間 拘 捕 地 點	
犯罪事實：（此欄可自動放大）　　　　　　　　　　　　　　　（續下頁）	
偵 辦 經 過	
犯 罪 證 據	
所 犯 法 條	
發查（交） 核 退 案 件	
偵 辦 意 見	
附　　　　送	
承 辦 單 位 人 員 電 話	

　　　此致
臺灣○○地方檢察署

副本送：

　　　　　　　　　分局長○○○

附錄：犯罪嫌疑人照片

	姓名：
	身分證統一編號
正面照片	

填表說明：

一、身分證統一編號欄位如遇外國人或大陸人民時，以護照或居留證號代替。

二、相片欄位以點選方式自動轉列犯罪嫌犯人年籍資料（如無拍照者免附）。

三、偵辦意見欄位點選項目參考：

（一）□犯罪嫌疑人有下列情形，非予羈押，顯難進行追訴、審判或執行。

　　　□犯罪嫌疑重大，有逃亡或有事實足認為有逃亡之虞或防止危害或反覆實施同一犯罪之虞。

　　　□有事實足認為有湮滅、偽造、變造證據或勾串共犯或證人之虞。

　　　□所犯為死刑、無期徒刑或最輕本刑為五年以上有期徒刑之罪。

　　　□犯罪嫌疑人涉有（組織）犯罪所得財產，建議依法扣押其財產。

（二）□犯罪嫌疑人另涉嫌流氓案件，已移送○○○法院治安法庭審理中，或流氓感訓處分尚未執行，如未經聲請羈押、或法院不予羈押、停止或撤銷羈押前，請通知該管法院治安法庭審理是否留置。

（三）□本件證人○○○業經本機關採取左列保護措施

　　　□聲請○○○地方法院檢察署核發證人保護書中

　　　　□身分保密
　　　　□隨身安全保護
　　　　□禁止或限制特定人接近
　　　　□短期生活安置
（四）□本件檢舉人有受身分保密之必要，請依證人保護法規定施以身分保密措施。
（五）□本件犯罪嫌疑人犯家庭暴力罪嫌疑重大，建請命令遷出被害人之住居所。
（六）□本件妨害性自主案件適用減少被害人重複陳述作業規定。
（七）□其他說明或建議（請在下列備註欄說明）

附件三十二

（司法警察機關）通緝案件移送書

發文日期：中華民國　年　月　日　發文字號：　　　　字第　　　號

單 位 代 碼 流 水 編 號							
被 通 緝 人 姓　　　名	性 別	出生年月日	出 生 地	部 隊 名 稱	職 業	身分證統一編號	
住（居）所							
通　　　緝	機　關						
	日　期						
	文　號						
	案　由						
原刊犯罪通報案號							
逃　　　亡	原　因						
	日　期						
	地　點						
	經　過						
緝　　　獲	日　期						
	地　點						
	職　級						
	姓　名						
附　　　件	人　犯						
	附　卷						
備　　　註							

右案敬請查辦

此　致

機關首長

副本抄送：

附件三十三

（司法警察機關）少年事件移送書

發文日期：中華民國　年　月　日　發文字號：　　　字第　　　號

單位代碼 流水編號					移送 屬性	☐新成立案件 ☐發查（交）核退案件	
少年	性別	年齡	出生日期	職業	出生地	身分證 統一編號	
（此欄可自動放大） 點選後第二位犯嫌	法定代理人或陪同在場之人：　　　關係： 戶籍地： 住居所： 電話：						
關係人	性別	年齡	出生日期	職業	出生地	何種關係	
（此欄可自動放大） 點選後第二位關係人	住居所						
輔佐人	輔佐對象	事務所名稱、住居所、聯絡處所或聯絡電話					
（此欄可自動放大） 點選後第二位輔佐人							
上列少年因涉 少年事件處理法第三條第一項所列事件，依法認為應予移送貴庭處理，茲詳開各項於下：							
行為時間 行為地點							
到場時間 到場地點							
少年觸犯少年事件處理法第三條第一項之事實：（此欄可自動放大）							

證　據　資　料	
所　犯　法　條	
發　查　（　交　） 核　退　案　件	
偵　辦　意　見	
附　　　　　送	
偵　辦　人　員 聯　絡　電　話	

　　此致
臺灣○○地方檢察署

副本送：

分局長○○○

填表說明：
一、移送屬性欄位可以勾選方式行之。
二、身分證統一編號欄位如遇外國人或大陸人民時，以護照或居留證號代替。
三、偵辦意見欄位勾選項目參考：
　　□少年行為觸犯刑罰法律，且有少年事件處理法第二十七條規定之情形，建請收
　　　容。
　　□少年居無定所，建請限制住居或出境。
　　□少年行為觸犯家庭暴力，建請命令遷出被害人之住居所或其他措施。

附件三十四

（司法警察機關）不解送人犯報告書		
事　　　　由		下列嫌疑人因涉嫌　　　　　案件，經初步調查結果，其所犯爲刑事訴訟法第九十二條第二項但書所列案件，請准不予解送。
犯罪嫌疑人	姓　　　　名	
	性　　　　別	
	出　　　　生年　月　日	
	身　分　證統一編號	
	住　居　所	
逮　捕　時　間		
逮　捕　地　點		
犯罪嫌疑事實及所犯法條		
得不解送之理由		□所犯爲最重本刑一年以下有期徒刑、拘役或專科罰金之罪。 □告訴或請求乃論之罪，其告訴或請求已經撤回或已逾告訴期間者。
相關資料		□被告前科調查表 □筆錄 □其他
備　　　　註		

此　　致 臺灣　　　　地方檢察署 　　　　　　　　　（司法警察機關主管長官簽章）				
中　華　民　國　　　　　年　　　　　月　　　　　日				
承辦司法警察 職　稱　姓　名				
報告檢察官時間	年　　　　月　　　　日　　　　時　　　　分			
檢　察　官　批　示				

附件三十五

（司法警察機關）解送人犯報告書		
犯罪嫌疑人（被告）	姓　　　　名	
	性　　　　別	
	出　　　　生年　月　日	
	身　分　證統　一　編　號	
	住　居　所　地	
	選任辯護人	
逮　捕　或　拘　提時　　　　　間	年　　　月　　　日　　　午　　　時　　　分	
逮　捕　或　拘　提地　　　　　點		
犯罪嫌疑事實及所犯法條	一、嫌疑事實	
	二、所犯法條	
所附證據資料	□嫌疑人、被害人及相關證人之筆錄 □扣案證物： □嫌疑人身分證件、指紋卡、口卡片 □嫌疑人前科調查表 □逮捕通知書（需記載逮捕日、時、分）	

有無羈押必要之參考事項	□嫌疑人係通緝犯 □有同案共犯未到案 □有同案共犯已移送偵辦 □有重要證物未起獲或有重要證人待訊問 □嫌疑人有繼續加害被害人之危險 □為逮捕拘提時有無脫逃行為 □其他（請簡要說明）
法　　定　　障　　礙　　事　　由	□因交通障礙或其他不可抗力之事由所生不得已之遲滯。 （　　　　　　　　　） □在途解送期間。 （　　　　　　　　　） □依第一百條之三第一項規定不得為詢問者。 （　　　　　　　　　） □因被告或犯罪嫌疑人身體健康突發之事由，事實上無法訊問者。 （　　　　　　　　　） □被告或犯罪嫌疑人表示已選任辯護人，<u>或強制辯護案件</u>，因等候其辯護人到場致未予訊問者。 （　　　　　　　　　） □<u>依第三十五條第三項通知陪同在場之人到場致未予訊問者。</u> （　　　　　　　　　） □被告或犯罪嫌疑人不通國語須由其通譯傳譯，因等候其通譯到場致未予訊問者。 （　　　　　　　　　） □經檢察官命具保<u>或責付</u>之被告，在候保<u>或候責付</u>中者。 （　　　　　　　　　） □犯罪嫌疑人經法院提審之期間。 （　　　　　　　　　） □<u>依第三十四條第二項辯護人與偵查中受拘提或逮捕之被告或犯罪嫌疑人接見之時間。</u> （　　　　　　　　　） 因上述法定障礙事由，其經過之時間合計（　　　　　）小時 （註：上列每一法定障礙事由下之括弧內均須記明起迄之日、時、分）

此　　致
臺灣　　　　地方檢察署

　　　　　　　　　（司法警察機關主管長官簽章）

人犯解交地檢署時間：　　　年　　　月　　　日　　　時　　　分	
解交人：	接收人：

附件三十六

	（　司　法　警　察　機　關　　） 刑　案　偵　查　卷　宗				
案　　　由					
犯 罪 嫌 疑 人 或　　少　　年					
關 係 人（含 被 害 人、告 訴 人、告 發 人、證 人）					
案　　　號	字 第　　　　　　　　　　　　　　　　　號				
收　　　案	民　國	年	月	日	時
寄　　　押	民　國	年	月	日	時
保 外 釋 放	民　國	年		月	日
結　　　案	民　國	年		月	日
結　　　果					
承　辦　人 職 稱 姓 名					
聯　絡　電　話					

附件三十七

編號	文　件　目　錄	頁　碼	備　考
1			
2			
3			
4			
5			
6			
7			
8			
9			
10			
11			
12			
13			
14			
15			
16			
17			
18			
19			
20			

參考文獻

1. 邱俊智、林故廷，測謊理論之應用及其限制，刑事科學，第44期，1997年9月。

2. 邱俊誠，使用營救式刑求對付恐怖分子的探討——以灌水取供（waterboarding）為例，警學叢刊，第41卷第1期，2010年。

3. 何家弘主編，新編犯罪偵查學，北京：中國法制出版社，2007年7月。

4. 何家弘著，冤案講述——刑事司法十大誤區，臺北：元照出版，2014年5月。

5. 李震山，人性尊嚴之憲法意義，收錄於：人性尊嚴與人權保障，臺北：元照出版，2000年2月。

6. 吳巡龍，私人不法取得證據應否證據排除——兼評最高法院92年度台上字第2677號判決，月旦法學雜誌，第108期，2004年5月。

7. 吳巡龍，新刑事訴訟制度與證據法則，臺北：新學林，2005年4月。

8. 林故廷，從刑案案例中建構本土訪談與偵訊模式，刑事警察學術與實務研討會，臺灣警察專科學校，2006年12月。

9. 林培仁，偵訊筆錄與移送作業，臺北：元照出版，2014年9月。

10. 徐國禎，揭開偵訊的神祕面紗——暴力篇，臺北，五南圖書，2008年4月。

11. 馬傳鎮，犯罪心理學新論，臺北：心理出版，2008年。

12. 許春金，犯罪學，臺北：三民書局，2007年1月，修訂5版。

13. 陳英淙，從人性尊嚴與保護義務之衝突探討法治國的刑求禁忌，警學叢刊，第36卷第6期，2006年。

14. 郭若萱、林燦璋，對目擊證人使用認知詢問法之分析，警學叢刊，第41卷第6期，中央警察大學，2014年5月。

15. 張博文編著，偵訊學理論與實務，臺北：華泰圖書，1994年7月，5版。

16. 張曉明專訪，王家儒組長談真理子命案突破的種種，警光雜誌，第418期，1991年5月。

17. 翁景惠口述，王宛如執筆，證據：臺灣福爾摩斯翁景惠回憶錄，臺北：早安財經文化，1993年。

18. 翁福裕著，斗數執法，臺北：宏然流身靈治本中心，2000年。

19. 詹明華、邱紹洲、易序忠，通聯紀錄在犯罪偵查上之應用──行動電話持機人之動態與靜態分析，警學叢刊，第33卷第2期，2002年9月。

20. 劉至剛，偵訊自白的形成因素──以調查局調查官及受刑人為例，犯罪與刑事司法研究，第14期，2010年3月。

21. 廖訓誠，警察詢問過程影響因素之研究以陌生人間性侵害案件為例，中央警察大學犯罪防治研究所博士論文，2010年6月。

22. 謝立功、蔡庭榕、簡建章、柯雨瑞合著，跨境犯罪偵查之理論與實務，桃園：中央警察大學，2002年4月。

23. 刑事警察局，〈刑案偵訊要領〉，《警察實務94年常訓教材》，內政部警政署編印。

24. 警察百科全書（七），刑事警察，臺北：正中書局，2000年。

25. 警察偵查犯罪手冊，民國108年10月4日修訂。

26. Fred E. Inbau & John E. reid & Joseph P. Buckley著，高忠義譯，刑事偵訊與自白，臺北：商周出版，2000年2月。

27. Daniel L. Schacter 著，李明譯，記憶七罪，臺北：大塊文化，2002年。

28. Geoffrey M. Stephenson著，蔡中理譯，犯罪心理學，臺北：五南圖書，1997年。

29. Gleitman. H著，洪蘭譯，心理學，臺北：遠流出版，1995年。

30. Joe Navarro、Marvin Karlins, Ph. D.合著，林奕伶譯，FBI教你讀心術，臺北：大是文化，2009年3月。

31. W. Lawrence Neuman著，朱柔若譯，社會研究方法，臺北：揚智文化，2000年11月。

32. Drug Enforcement Handbook, U.S. Department of Justice, Drug Enforcement Administration.

33. Interviewing, Partners in Training, International Financial Fraud Training Program, Federal Law Enforcement Training Center, Department of the Treasury.

34. Interview for C.I., Office of General Training Behavioral Science Division, Federal Law Enforcement Training Center, Department of the Treasury.

國家圖書館出版品預行編目資料

偵訊技巧、筆錄製作與移送實務／何招凡著.
　　-- 三版. -- 臺北市：五南圖書出版股份有
　　限公司, 2022.08
　　面；　公分
　　ISBN 978-626-317-955-4（平裝）

1.CST: 偵查　2.CST: 刑事偵察

548.641　　　　　　　　　　111009204

1V10

偵訊技巧、筆錄製作與移送實務

作　　　者 ─ 何招凡（49.6）

發 行 人 ─ 楊榮川

總 經 理 ─ 楊士清

總 編 輯 ─ 楊秀麗

副總編輯 ─ 劉靜芬

責任編輯 ─ 黃郁婷、李孝怡

封面設計 ─ 王麗娟

出 版 者 ─ 五南圖書出版股份有限公司

地　　　址：106台北市大安區和平東路二段339號4樓

電　　　話：(02)2705-5066　　傳　　真：(02)2706-6100

網　　　址：https://www.wunan.com.tw

電子郵件：wunan@wunan.com.tw

劃撥帳號：01068953

戶　　　名：五南圖書出版股份有限公司

法律顧問　林勝安律師事務所　林勝安律師

出版日期　2016年8月初版一刷
　　　　　2018年9月二版一刷
　　　　　2022年8月三版一刷

定　　　價　新臺幣520元

經典永恆・名著常在

五十週年的獻禮——經典名著文庫

五南，五十年了，半個世紀，人生旅程的一大半，走過來了。

思索著，邁向百年的未來歷程，能為知識界、文化學術界作些什麼？

在速食文化的生態下，有什麼值得讓人雋永品味的？

歷代經典・當今名著，經過時間的洗禮，千錘百鍊，流傳至今，光芒耀人；

不僅使我們能領悟前人的智慧，同時也增深加廣我們思考的深度與視野。

我們決心投入巨資，有計畫的系統梳選，成立「經典名著文庫」，

希望收入古今中外思想性的、充滿睿智與獨見的經典、名著。

這是一項理想性的、永續性的巨大出版工程。

不在意讀者的眾寡，只考慮它的學術價值，力求完整展現先哲思想的軌跡；

為知識界開啟一片智慧之窗，營造一座百花綻放的世界文明公園，

任君遨遊、取菁吸蜜、嘉惠學子！